|高等院校市场营销系列教材

5th edition

CONSUMER BEHAVIOR

消费者行为学

第5版

王曼 白玉苓 ◎编著

机械工业出版社
CHINA MACHINE PRESS

本书广泛借鉴了国内外有关消费者行为研究的最新成果，结合新现象、新问题、新资讯，紧贴生活中的消费热点选择素材，加之两位编者在讲授"消费者行为学"课程中积累的经验，在综合介绍消费者行为学的主要概念、消费者行为学的内涵及研究的具体方法的基础上，沿着"消费者购买决策形成过程及影响因素"这一主线展开阐述与分析。

本书既可作为普通高等院校市场营销、工商管理、贸易经济等经济管理专业学生的教材，又可作为企业经营管理、市场营销管理和商贸业务从业人员的实践指导和培训教材。

图书在版编目（CIP）数据

消费者行为学 / 王曼，白玉苓编著. —5版. —北京：机械工业出版社，2024.2（2025.3重印）
高等院校市场营销系列教材
ISBN 978-7-111-74658-4

I.①消… Ⅱ.①王… ②白… Ⅲ.①消费者行为论–高等学校–教材 Ⅳ.①F713.55

中国国家版本馆CIP数据核字（2024）第030491号

机械工业出版社（北京市百万庄大街22号　邮政编码100037）
策划编辑：张有利　　　　　　　　　　责任编辑：张有利
责任校对：张勤思　薄萌钰　韩雪清　　责任印制：任维东
北京中科印刷有限公司印刷
2025年3月第5版第3次印刷
185mm×260mm・25.75印张・560千字
标准书号：ISBN 978-7-111-74658-4
定价：59.00元

电话服务　　　　　　　　　　网络服务
客服电话：010-88361066　　　机 工 官 网：www.cmpbook.com
　　　　　010-88379833　　　机 工 官 博：weibo.com/cmp1952
　　　　　010-68326294　　　金　书　网：www.golden-book.com
封底无防伪标均为盗版　　　　机工教育服务网：www.cmpedu.com

前言

市场不是抽象的,是由许多具有消费倾向、消费需求、消费偏好的消费者构成的。所以,"先研究消费者,再研究产品"是企业经营活动的一个永恒原则。因此,关于消费者行为的研究,对所有企业而言都是极其重要的,而消费者行为学正是消费者行为研究的基础。

本书第1版在2007年2月由机械工业出版社出版,出版后受到国内大专院校市场营销专业、经济管理专业和贸易经济专业师生的普遍好评,并在2008年荣幸地被北京市教育委员会评审为"北京市高等教育精品教材"。之后又相继出版了第2版、第3版和第4版。

在消费者行为数字化变革和消费升级的时代背景下,编者开始了本书第5版的修订工作。然而由于受新冠疫情的影响,第5版修订工作时断时续,可以说编写工作艰辛且快乐着。

本书遵循党的二十大报告中"加强基础学科、新兴学科、交叉学科建设"的要求,在延续第4版特点的基础上进行修订。具体包括:首先,在第1章(消费者行为学概述)1.2节中增加了数字化消费行为的兴起与变革;其次,对第2章(消费者购买行为模式与购买决策)、第10章(经济文化因素与消费者行为)、第14章(网络购物影响因素与消费者行为)和第16章(消费者权益与消费伦理)进行了比较大的修改;最后,更换了部分专栏和案例,更新了部分数据,尽量使本书第5版不仅内容更充实、更完善,而且更鲜活、更富有时代感。

本书由王曼和白玉苓共同编写、修订,各章执笔人如下:王曼执笔第5版前言、第4~6章。白玉苓执笔第1~3章、第7~16章,并且重新审订、修改了各章的专栏和案例。全书由王曼总纂定稿。

本书在修订过程中参阅了国内外众多的消费者行为学著作和相关教材，在此谨对所涉及的各位专家、学者表示诚挚的感谢！

本书的出版得到机械工业出版社的大力支持，在此表示诚挚的谢意。

由于编著者水平和时间有限，书中难免存在疏漏甚至错误之处，敬请广大师生和读者批评、指正，以便今后修改、完善。

编著者

2023 年 6 月于北京金融街长安中心公寓

教学建议

教学目的

"消费者行为学"是为市场营销专业、工商管理专业和贸易经济专业的学生开设的专业必修或专业选修课。这门学科在行为学和心理学原理的基础上,广泛吸收经济学、社会学、人类文化学、市场营销学、广告学等相关学科的研究成果,逐渐发展成为一门独立的、综合性和应用性很强的学科。它主要阐明和分析消费者行为的基本特征及影响因素,既研究消费者的当前消费行为,也研究在各种客观条件影响下消费行为的发展趋势及其规律性。鉴于此特征,本课程的教学目的在于使学生掌握消费者行为学的基本原理和研究方法。教师通过讲授这门课,努力做到让学生了解"理论是永恒的,原理的运用是灵活的",在此基础上,引导学生综合运用基本理论与方法,解决市场中的实际问题。

前期需要掌握的知识

经济学、管理学、市场营销学、市场调查与预测等课程相关知识。

课时分布建议

教学内容	学习要点	课时安排		案例使用建议
		研究生	本科	
第1章 消费者行为学概述	(1)掌握消费者行为学的相关概念 (2)了解消费者行为学的研究对象 (3)了解消费者行为学产生和发展的市场基础与学科基础 (4)掌握数字化消费行为的兴起与变革 (5)掌握消费者行为学研究的具体方法	2	3	结合本章案例所提问题进行深入讨论

（续）

教学内容	学习要点	课时安排		案例使用建议
		研究生	本科	
第2章 消费者购买行为 模式与购买决策	（1）了解消费者购买行为理论 （2）结合营销策略分析阿萨尔购买行为类型 （3）了解消费者购买决策的内容 （4）结合实例分析消费者购买决策过程 （5）掌握消费者满意和消费者忠诚的相关理论	3	4	结合本章案例讨论怎样建立消费者满意测评体系
第3章 消费者的需要与 购买动机	（1）了解消费者需要的含义、划分和特点 （2）掌握消费者需要的基本形态与研究方法 （3）理解购买动机的含义和理论 （4）了解购买动机和购买行为的关系 （5）掌握消费者购买动机的形态 （6）掌握购买动机的冲突与营销策略	2	2	
第4章 消费者的注意、 感觉与知觉	（1）了解消费者的注意 （2）结合实际理解感受性、感觉阈限、感受性的变化 （3）结合实际分析感觉在营销活动中的作用 （4）了解知觉的基本特征，知觉特性与营销策略的制定 （5）领会错觉现象已经被广泛地运用于市场营销活动 （6）掌握消费者的社会知觉偏差和消费者的知觉风险	2	4	结合本章案例体会注意、感觉和知觉对消费者购买行为的作用
第5章 消费者的记忆、 想象与思维	（1）了解消费者记忆的基本内容 （2）掌握影响遗忘进程的因素 （3）掌握记忆在营销中的作用 （4）了解消费者的想象 （5）了解消费者的思维	2	2	
第6章 消费者的情绪、 情感与意志	（1）了解消费者情绪和情感的含义及关系 （2）了解情绪和情感的生理机制 （3）了解情绪和情感理论 （4）掌握影响消费者情绪和情感变化的因素 （5）了解消费者的意志心理过程	2	3	
第7章 消费者的个性、 自我概念与 生活方式	（1）了解消费者个性的含义及特征 （2）了解消费者气质、性格和能力的基本内容 （3）熟悉自我概念的含义及形成的影响因素 （4）掌握自我概念与产品象征性之间的关系 （5）认识生活方式与消费行为 （6）了解生活方式的测量	2	3	结合本章案例谈谈"00后"大学生的生活方式特点
第8章 消费者的学习 心理与行为转变	（1）了解学习的含义、作用及方法 （2）了解消费者学习的理论 （3）掌握经典性条件反射理论 （4）掌握操作性条件反射理论 （5）熟悉消费者学习的基本特征	2	3	结合本章案例反复揣摩条件反射理论和学习的基本特征
第9章 消费者态度的 形成与改变	（1）了解态度的含义及构成要素 （2）了解心理学的态度形成与改变理论 （3）比较消费者态度的测量方法 （4）掌握影响消费者态度改变的因素 （5）把握当前消费者态度改变的特点 （6）掌握营销策略与消费者态度改变	2	3	结合本章案例深入分析消费者偏爱态度与销售的关系
第10章 经济文化因素 与消费者行为	（1）掌握在研究消费者收入和支出时常用的指标 （2）结合实际分析消费者储蓄和消费信贷 （3）了解经济发展水平、经济周期对消费者行为的影响 （4）了解文化的含义和特征 （5）了解中国人的传统文化与消费者行为 （6）掌握流行文化与消费者行为 （7）掌握时尚与消费者行为 （8）比较不同亚文化群	4	5	

（续）

教学内容	学习要点	课时安排 研究生	课时安排 本科	案例使用建议
第11章 社会群体因素与消费者行为	（1）了解参照群体的含义 （2）掌握参照群体对消费者的影响方式 （3）了解决定参照群体影响强度的因素 （4）结合实际把握参照群体在营销中的作用 （5）熟悉消费者模仿与从众行为 （6）了解社会阶层的基本理论 （7）掌握不同社会阶层消费行为的差异性 （8）了解社会角色的含义及对消费者行为的影响 （9）熟悉社会角色对营销的启示 （10）了解家庭对消费者行为的影响 （11）熟悉家庭生命周期与家庭购买角色 （12）掌握家庭购买决策方式 （13）把握家庭变化趋势对消费者行为的影响	3	4	
第12章 口碑传播、创新扩散与消费者行为	（1）了解口碑传播的含义与分类 （2）掌握口碑传播的原因与作用 （3）了解意见领袖的含义与特征 （4）掌握意见领袖与企业营销策略 （5）了解创新扩散的含义与扩散过程 （6）掌握影响创新扩散的因素 （7）理解创新产品不同时点采用者的特点 （8）掌握新产品扩散过程与企业营销策略	2	3	结合本章案例深刻理解口碑传播对消费者行为的影响
第13章 情境、商店环境因素与消费者行为	（1）了解消费者情境的含义及构成 （2）注重消费者情境对营销的启示 （3）熟悉商店选择与消费者行为 （4）掌握商店外观设计与消费者行为 （5）掌握商店内部设计与消费者行为	2	4	建议结合本章内容开展商店环境的主题调查
第14章 网络购物影响因素与消费者行为	（1）了解网络消费的含义和当前网络消费的特点 （2）掌握网络消费形成的心理基础 （3）了解网络消费者的基本类型 （4）掌握影响网络消费者行为的因素 （5）重视研究网络消费者行为的营销价值	2	3	结合本章案例比较拼多多与天猫、淘宝和京东等电商平台的区别
第15章 营销组合因素与消费者行为	（1）分析产品与消费者行为 （2）把握价格与消费者行为 （3）了解渠道与消费者行为 （4）重视各种促销方式在消费者不同认知阶段的成本效应 （5）重视各种促销方式在产品生命周期不同阶段的成本效应 （6）熟悉整合营销传播的主要特征	2	2	观看本章"央视：星巴克咖啡价格调查"视频，并进行讨论
第16章 消费者权益与消费伦理	（1）掌握消费者权益的含义以及消费者权益保护的意义 （2）掌握新修订的《中华人民共和国消费者权益保护法》中消费者享有的权利及消费者维权的方式 （3）掌握消费伦理的原则和规范 （4）熟悉非伦理行为的具体表现 （5）比较分析消费者非伦理行为与消费者问题行为 （6）了解营销道德和企业社会责任的含义 （7）掌握营销活动中的道德问题	2	3	组织学生收听FM 96.6中央人民广播电台经济之声每天12点15分的《天天3·15》节目
课时总计		36	51	

说明：（1）在课时安排上，对于MBA学生和研究生可以设置36～48个学时；对于营销专业本科生和工商管理专业、贸易经济专业本科生可以设置51个学时，非以上专业的本科生可以设置36个学时。

（2）讨论、案例分析、调查汇报等时间已经包括在前面各个章节的课时安排中。

目 录

前　　言
教学建议

第1章　消费者行为学概述 ·· 1
1.1　消费者行为学的研究对象 ·· 1
1.2　消费者行为学的起源与发展 ·· 10
1.3　消费者行为的学科来源与研究方法 ·· 19
本章小结 ··· 23
复习思考题 ·· 23
实践活动 ··· 23
案例选编 ··· 24

第2章　消费者购买行为模式与购买决策 ··· 27
2.1　消费者购买行为模式 ··· 27
2.2　消费者的购买决策 ·· 34
2.3　购买决策中的非理性行为 ··· 43
2.4　消费者满意与消费者忠诚 ··· 45
本章小结 ··· 56
复习思考题 ·· 56
实践活动 ··· 56
案例选编 ··· 57

第 3 章　消费者的需要与购买动机 ·· 59

3.1　消费者的需要 ·· 61
3.2　消费者需要的基本形态与研究方法 ··· 67
3.3　消费者的购买动机 ··· 69
3.4　购买动机调查与研究范例 ··· 79
本章小结 ·· 83
复习思考题 ·· 83
实践活动 ·· 84
案例选编 ·· 84

第 4 章　消费者的注意、感觉与知觉 ··· 87

4.1　消费者的注意 ·· 87
4.2　消费者的感觉 ·· 92
4.3　消费者的知觉 ·· 99
本章小结 ·· 110
复习思考题 ·· 111
实践活动 ·· 111
案例选编 ·· 111

第 5 章　消费者的记忆、想象与思维 ······································· 115

5.1　消费者的记忆 ·· 116
5.2　消费者的想象 ·· 122
5.3　消费者的思维 ·· 125
本章小结 ·· 126
复习思考题 ·· 127
实践活动 ·· 127
案例选编 ·· 127

第 6 章　消费者的情绪、情感与意志 ······································· 129

6.1　消费者的情绪和情感 ·· 129
6.2　消费者的意志心理过程 ·· 139
本章小结 ·· 140
复习思考题 ·· 141
实践活动 ·· 141
案例选编 ·· 141

第 7 章　消费者的个性、自我概念与生活方式　144

　7.1　消费者的个性特征　144
　7.2　消费者的自我概念　155
　7.3　消费者的生活方式　161
　本章小结　167
　复习思考题　168
　实践活动　168
　案例选编　168

第 8 章　消费者的学习心理与行为转变　171

　8.1　消费者学习的作用　171
　8.2　有关消费者学习的理论　174
　8.3　消费者学习的基本特征　178
　本章小结　184
　复习思考题　185
　实践活动　185
　案例选编　185

第 9 章　消费者态度的形成与改变　188

　9.1　消费者态度的基本构成　188
　9.2　消费者态度的基本功能　190
　9.3　消费者态度的形成　191
　9.4　消费者态度的测量　194
　9.5　消费者态度的改变　199
　本章小结　206
　复习思考题　206
　实践活动　207
　案例选编　208

第 10 章　经济文化因素与消费者行为　210

　10.1　经济因素与消费者行为　210
　10.2　文化因素与消费者行为　220
　10.3　亚文化群与消费者行为　230
　本章小结　233

复习思考题 ·· 233
　　实践活动 ·· 233
　　案例选编 ·· 234

第 11 章　社会群体因素与消费者行为 ··· 237

　　11.1　参照群体 ·· 237
　　11.2　消费者模仿与从众行为 ·· 245
　　11.3　社会阶层 ·· 248
　　11.4　社会角色 ·· 256
　　11.5　家庭环境 ·· 258
　　本章小结 ·· 267
　　复习思考题 ··· 268
　　实践活动 ·· 268
　　案例选编 ·· 268

第 12 章　口碑传播、创新扩散与消费者行为 ·································· 270

　　12.1　口碑传播信息对消费者行为的影响 ····································· 270
　　12.2　口碑传播中的意见领袖 ·· 277
　　12.3　创新扩散 ·· 281
　　本章小结 ·· 286
　　复习思考题 ··· 287
　　实践活动 ·· 287
　　案例选编 ·· 287

第 13 章　情境、商店环境因素与消费者行为 ·································· 290

　　13.1　情境因素与消费者行为 ·· 290
　　13.2　商店选址与消费者行为 ·· 293
　　13.3　商店环境与消费者行为 ·· 301
　　本章小结 ·· 316
　　复习思考题 ··· 316
　　实践活动 ·· 316
　　案例选编 ·· 317

第 14 章　网络购物影响因素与消费者行为 ····································· 319

　　14.1　网络消费的发展现状 ··· 319
　　14.2　网络消费者行为特征与类型 ·· 323

14.3　影响网络消费行为的因素 329
14.4　研究网络消费者行为的营销价值 333
本章小结 337
复习思考题 337
实践活动 338
案例选编 338

第15章　营销组合因素与消费者行为 340

15.1　产品与消费者行为 340
15.2　价格与消费者行为 348
15.3　渠道与消费者行为 355
15.4　促销与消费者行为 361
本章小结 368
复习思考题 369
实践活动 369
案例选编 370

第16章　消费者权益与消费伦理 372

16.1　消费者权益 372
16.2　消费中的伦理 379
16.3　消费者的非伦理行为 385
16.4　营销道德与企业社会责任 390
本章小结 395
复习思考题 395
实践活动 396
案例选编 396

参考文献 398

第1章
消费者行为学概述

本章作为开篇,从总体上阐述了消费者行为学的基本内容与体系,是学习以后各章的基础与指导。本章的逻辑顺序安排如下:首先从消费者行为学的研究对象和内容入手进行分析,然后对消费者行为学产生的市场基础、学科基础、变革特点、发展趋势进行介绍,最后阐述消费者行为研究的理论来源和实用的研究方法。

1.1 消费者行为学的研究对象

1.1.1 消费与消费者

1. 消费

消费是社会经济活动的出发点和归宿点。它和生产、分配、交换一起构成社会经济活动的整体,是社会经济活动中一个十分重要的领域。具体地说,消费是人们消耗物质资料和精神产品以满足生产和生活需要的过程。消费既包括生活消费,也包括生产消费。生活消费是人们为了自身的生存与发展,消耗一定的生活资料和服务,以满足自身生理和心理需要的过程。例如,吃、穿、住、行、通信、休闲、娱乐等的消费都是生活消费。生产消费是指生产过程中工具、原材料、燃料、人力等生产资料和活劳动的消耗。它包含在生产之中,是维持生产过程连续进行的基本条件。消费者行为学研究消费的主体——消费者,就必须涉及消费,并且消费者行为学主要研究生活消费。

> **专栏1-1** 　　　　　　　　　　搭上新消费的快车
>
> 　　不畏浮云遮望眼,风物长宜放眼量,尽管受新冠疫情冲击的消费经济逐渐步入正轨,巨大的消费潜力没有受新冠疫情发生根本性改变,但是新消费领域的确发生了深刻变化。环境变幻莫测,同时也影响着消费者的消费心理、重塑消费者行为。人们追求的不再是简单的衣食住行,消费风向转向品质化和个性化,沉浸式体验成为全新的营销手段,全民养

生再次掀起热潮，元宇宙更是赋能助力数字化消费成为新的风尚。

2020年，习近平总书记提出要充分发挥我国超大规模市场优势和内需潜力，逐步形成以国内大循环为主体、国内国际双循环相互促进的新发展格局。我国三线及以下城市人口超10亿，消费人群远远大于市场趋于饱和的一二线城市，庞大的下沉市场蕴含着大规模的潜在市场，因此在新格局下聚焦蓝海市场、吸引低消费人群以扩大内需成为实现国内大循环的重要手段。根据全国工商联官网的数据，2021年全国农村网络零售额2.05万亿元，同比增长11.3%。由此可见，以农村为代表的下沉市场爆发出强大的消费实力，更是证实了蓝海市场不容忽视的庞大潜力。

新消费势头蒸蒸日上，消费市场繁荣活跃，人们也跟着享受了一把"开挂式"的体验。无论是从消费热点、消费方式还是消费领域、消费场所来看，新消费这趟列车，早已悄然驶向生活的方方面面。

清晨去上班，在小区门口，用手机刷开一辆共享单车，骑到地铁站的时间比走着缩短了许多。

坐上地铁，在手机上刷刷朋友圈，逛逛淘宝、京东，无论是大件家电，还是小件服饰，购物随时随地。

走进公司，每周一送来的大捧鲜花仍然开着，互联网让鲜花成为日常美好。

中午休息出去买点东西，无论是水果摊、面包坊、便利店、超市甚至路边的菜店，微信或支付宝付款码无处不在，一部手机全部搞定。下班后不想做饭，用坐地铁的时间点好外卖，外卖小哥跟自己差不多同时到家。如果不想挤公交地铁，再干脆用打车软件约个车。

休息日窝在床上，打开爱奇艺或腾讯追剧，看看电影、纪录片，为娱乐付费已经成为新习惯，能提前看到更多好片，也不会为各种广告闹心。如果和亲友约好一起出去玩，更是有逛街、密室、剧本杀、网红打卡地等各种各样的场所可供选择，花样百出。

高瞻消费结构，实物商品消费正向服务消费转型，大众餐饮、文化旅游、教育培训、健康养生等消费占总支出的比重越来越高。首先是我国强有力的消费主体——Z世代群体催生了养生经济、懒人经济、体验经济及潮玩经济等各类新经济；其次银发群体的消费能力也不容小觑，因此无论是线下老年教育、旅游、社区养老等服务型场景，还是线上的老年社交、社会资讯、养老理财等应用，在现在乃至未来都会是重点关注的消费领域。

远观消费热点，购物提倡国潮国货，绿色消费成为永不过时的风尚，娱乐讲究沉浸式体验，饮品打起零糖低脂的旗号。

种种现象昭示着国货品牌正在逐渐崛起。更是有鲜明的数据直观地表达消费者对国货的接纳和认可正在大幅度提升，《2021百度国潮骄傲搜索大数据》显示，2021年中国品牌关注度占比达到75%，其中"90后""00后"对"国潮"关注度最高，占比达到74.4%。消费者越来越倾向于绿色消费方式、绿色产品，越来越多的消费者逛街自带购物袋，不使用一次性餐具，旅行住宿自带洗漱用品，碳中和、碳达峰在2021年更是再次进入大众视野并成为网络热词之一。毋庸置疑，这离不开政府对可持续发展的重视。此外，沉浸式展览、换装剧本杀等文娱类体验项目正在成为消费新热点，消费场景慢慢与 VR、AR 等虚拟现实技术挂钩，人们越来越重视来自感官的消费体验。以往被可乐和冰红茶占据的便利店冷藏柜，已被"元气森林"等无糖气泡水分割了半壁江山。以上种种说明消费不再只是解决温饱，而是成为对精神愉悦的追求。

环顾消费方式，普华永道的调研数据表明，移动购物的频次正在超越实体店购物，成为消费者最重要的购物渠道。同时在新冠疫情影响下，国内激发了数字化零售、在线服务、社交电商、直播带货等新的消费现象。尤其短视频与直播、电商相互加成，快手、抖音等平台成为重要的电商阵地。截至 2021 年 12 月，我国网络直播用户规模达 7.03 亿，与 2020 年同期相比增加 8 652 万，其中，电商直播用户规模为 4.64 亿，与 2020 年同期相比增加 7 579 万。主要是因为直播带货作为数字化消费的 3.0 阶段，消费者不仅能够在直播时实时购买、实时消费，还能够跟主播有很好的交流，实现更好的消费体验。线下消费也进入了高度智能化阶段，机器人咖啡厅、智能餐厅等都已经出现，消费者在餐厅中已经体验到机器人自动送餐服务。

再看消费政策，近年来我国出台了一系列鼓励消费的政策。从 2019 年开始国内提出促进汽车消费，具体落地在发放购车补贴、增加车牌号、鼓励购买新能源电动车等措施上。直到 2021 年，刺激汽车消费的政策也没有停下脚步。同时在国家政策的扶持下，我国跨境电商行业出现新的拐点，从无序向合规化、品牌化发展。

总的来说，我们可以看出消费者行为正逐渐从"基础消费、实物消费、大众消费、单一消费、生存型消费"向"品质消费、体验消费、个性消费、多元消费、发展型、享受型消费"进行迭代升级。而它之所以在近几年来发展得如火如荼，归根结底是居民收入的持续提高，消费能力的不断增强，对美好生活的向往从量的满足迈向质的飞跃。同时，移动互联网、人工智能等新技术的发展，让被时间和空间压抑的消费需求得到充分释放。

资料来源：作者根据多篇媒体报道资料整理改编而成。

2. 消费者

消费者是指为个人或家庭购买或使用产品和服务的社会成员。消费者与生产者、销售者不同，他们购买产品或服务主要是为了满足个人和家庭需要。

有时，一个组织或单位购买、使用某种消费用品时，也被称为消费者。比如，某银行为员工定制了统一的制服作为工装，对于服装公司来说，这个银行就是消费者，一般被称为集团消费者。

1.1.2 消费者行为

1. 消费者行为的含义

由于所站角度不同，对于消费者行为概念也众说纷纭，在这里介绍两个比较典型的消费者行为概念。

恩格尔（Engel，1986）把消费者行为定义为"为获取、使用、处置消费物品所采取的各种行动以及先于且决定这些行动的决策过程"。[1]这一定义强调消费者行为是一个整体，是一个过程。

在现代市场经济条件下，企业研究消费者行为是为了与消费者建立和发展长期的交换关系，为此，它需要了解消费者活动的全过程。在获取阶段，企业需要了解消费者是如何获取产品和服务信息的，需要分析影响消费者选择产品和服务的因素有哪些；在使用阶段和处置阶段，企业需要了解消费者是如何消费产品的，以及产品在用完和消费之后是如何被处置的。因为消费者的消费体验，消费者处置旧产品的方式和感受，将会影响消费者的下一轮购买。比如，对旅游者而言，一次愉快的旅途生活（沿途见闻、风土人情、热情周到的服务）会让他们流连忘返；反之，一次糟糕的游历也会让人刻骨铭心。也就是说，消费者所期望的没有兑现，那么他们会表现出失望、沮丧、不满，甚至当矛盾不可调和的时候，他们还会诉诸法律，这种情况屡见不鲜。所以当前研究消费者行为，既要了解消费者在获取产品和服务之前的需要、评价与选择活动，也应重视其在获取产品后对产品的使用和处置活动。只有这样，对消费者行为的理解才会更全面、更完整。

美国市场学会把消费者行为定义为："感知、认知、行为以及环境因素的动态互动过程，是人类履行生活中交易职能的行为基础。"在这一定义中，至少包含了三层重要的含义：①消费者行为是动态的；②它涉及了感知、认知、行为及与环境因素的互动作用；③它涉及了交易。

首先，这个定义强调消费者行为是动态的。这意味着作为个体的消费者和作为群体的消费者，会随着社会历史的变迁和社会经济的发展变化而发生着或大或小、或慢或快的变化。比如，"80后"和"90后"消费者群体是在20世纪八九十年代出生的一代，物质生活相对比较优越，同时深受互联网，特别是移动互联网文化的影响，这使他们具有与以往不同的消费行为。有一句口号最能反映他们的消费行为——"我喜欢的就是最好的！"再比如，"00后"消费者群体是在21世纪出生的一代，他们在移动互联网上花费大量的时间，他们的消费行为特点是开放、自信和国际化。

从企业制定营销战略的角度出发，消费者行为的动态属性表明，企业不能期望同一个营销战略在所有的时期对全部的产品、市场和产业都适用，企业必须根据自身的经营战略、资源状况、市场环境、消费者的需求反应变化来制定目标市场营销战略。越来越多的企业在这一点上达成了共识，并取得了卓有成效的营销业绩。

其次，这个定义告诉我们，消费者行为不仅仅是一个行为过程，它还包含感知、认知、行为以及环境因素的互动作用。也就是说，企业要想了解消费者、把握住消费者并制定适宜的营销战略和策略，就必须了解他们的心理活动、他们在想什么（认知）、感觉如何（感知）、他们要做什么（行为），还要了解消费者的认知、感知和行为如何相互影

---

[1] Engel J F, BLACKWELL R D, MINARD P W Consumer Behavion [M]. New York: The Dryden Press, 1986.

响，与环境因素是如何互动的。

最后，这个定义强调，消费者行为是一个涉及交易的行为。消费者行为包含了人类之间的交易。这一点使消费者行为的定义与市场营销的定义保持了一致性，市场营销就是通过系统地制定和实施营销战略和策略实现交易的。

2. 消费者行为的特点

消费者行为有很多特点，比较主要的特点可以归纳为以下几点。

（1）广泛性和分散性。生活中每一个人都不可避免地产生消费行为，成为消费者市场的一员，消费者市场人数众多，使消费者行为具有广泛性。同时，消费者分散在全国各地，大江南北，甚至全世界，消费者又以个人或家庭为购买单位，表现为购买数量少，购买次数频繁，这就使消费者行为具有分散性。

（2）多样性和复杂性。消费者需求、偏好以及选择产品的方式等方面各有侧重，互不相同，使消费者行为呈现出多样性。即使是同一消费者，其在不同时期、不同环境、不同情境、不同产品的选择上，购买行为也会呈现出多样性。另外，消费者行为受各种内部因素和外部因素的影响，决定了消费者行为的复杂性。

（3）易变性和发展性。消费需求具有求新求变的特性，这种特性体现在消费者行为上就是易变性。总体来说，消费者的需要是不可能被完全满足的，正因为如此，创新的产品不断被生产出来。一般来说，随着市场上产品质量的改进、产品品种的丰富，新产品替代老旧产品成为必然。消费者需求呈现由少到多、由多到细、由细到精、由低级到高级的发展趋势，从而使消费者行为具有发展性。

（4）非专家性和可诱导性。在购买过程中，消费者一般根据已有知识、经验来判断选择，随着社会的发展和社会分工的细化，商品越来越丰富，消费时尚和消费流行变化越来越快，消费者不是购买专家的特点就显得十分突出。在购买商品时，特别是购买商品房、轿车、大件耐用消费品、电子类产品时，为了降低购买风险，消费者往往用品牌和价格作为降低购买风险的标志，这就使企业与消费者的整合营销沟通显得十分必要，从而体现了消费者行为的可诱导性。

应当指出，消费者行为的可诱导性说明企业在一定程度上可以影响消费者的行为，但任何隐瞒或欺骗消费者的行为都不可取，任何交易应该以满足消费者需要、能够给消费者带来利益为前提。

专栏 1-2　　　　**2022 年最终消费支出对经济增长的贡献率达 32.8%**

2023 年 1 月 17 日，国家统计局发布了 2022 年全年经济运行数据。国家统计局局长康义表示，国内消费市场扩内需是 2023 年工作的重点之一。2022 年，整个消费市场受到新冠疫情冲击较大，特别是聚集性、接触性消费受限。

关于"三驾马车"对经济增长的贡献率，康义提到，2022 年最终消费支出、资本形成、货物和服务净出口拉动经济增长分别是 1 个百分点、1.5 个百分点和 0.5 个百分点；对经济增长的贡献率分别是 32.8%、50.1% 和 17.1%。

值得注意的是，2021 年中国最终消费支出对经济增长的贡献率达 65.4%，是经济增长的第一驱动力。

康义分析到，2022 年居民消费意愿也在下降，不敢消费、不便消费问题比较突出，全年社会消费品零售总额 439 733 亿元，比 2021 年下降 0.2%，消费市场受新冠疫情短期扰动比较明显。在这种情况下，政府及时出台了一些促消费政策，基本稳住了国内消费市场，也出现了一些新变化。例如，2022 年 12 月社会消费品零售总额下降 1.8%，比 11 月收窄了 4.1 个百分点。

康义表示，他对 2023 年我国的消费市场充满信心。随着新冠疫情防控进入新阶段，生产生活秩序恢复正常，线下消费场景加快拓展，消费市场有望逐步恢复，我国消费市场的复苏有几个有利的条件。

一是我国居民消费潜力巨大。14 亿多人口本身就有一个巨大的消费需求，消费结构升级总体趋势没有改变。

二是线下消费和服务消费正在逐步恢复。随着正常的生产、生活秩序加快恢复，消费场景限制将大幅减少，为服务消费、线下消费的恢复创造了条件。

三是新消费热点在不断涌现。"互联网" + "数字 +" 这些消费新模式快速发展，绿色消费、健康消费、文化消费比较活跃。

四是就业稳、收入增有利于拉动消费。2023 年我国经济整体好转。经济好转，就业会相应改善，居民收入也会相应提高，这将有效带动提高居民的消费能力和消费意愿。

五是 2022 年年底，政府出台了扩消费、扩内需的中长期规划的方案，扩大国内市场、促进消费、扩大就业、提高收入、改善收入分配、完善收入分配格局、提供便利化消费场景，把扩大内需和深化供给侧结构性改革相结合做了一系列安排。这些促消费政策的实施，将不断提高居民的消费能力，消费市场和消费规模都将稳步恢复和提升。

资料来源：周慧. 国家统计局：2022 年最终消费支出对经济增长贡献率 32.8%[N]. 21 世纪经济报道，2023-01-17.

1.1.3 消费者心理

1. 消费者心理的含义

"心理"一般是指"所思所想"。消费者心理是指消费者在消费过程中发生的心理活动，即消费者根据自身需要与偏好，选择和评价消费对象的心理活动。

人作为消费者，在消费活动中的各种行为无一不受到心理活动的支配。比如，消费者购买决策的内容，是否购买某种商品，购买何种品牌、款式的商品，何时、何处购买，采用何种购买方式，以及怎样使用等，其中的每一个环节、每一个步骤都需要消费者做出相应的心理反应，进行分析、比较、判断和决策。这一过程中消费者所有的表情、动作和行为，都是复杂的心理活动的自然流露。所以说，消费者的消费行为都是在一定的心理活动支配下进行的，消费心理是消费行为的基础。

2. 消费者的心理活动构成

消费者的心理活动构成包括紧密联系的两个方面，即心理过程和个性心理，可以用如图 1-1 所示的结构图表示。

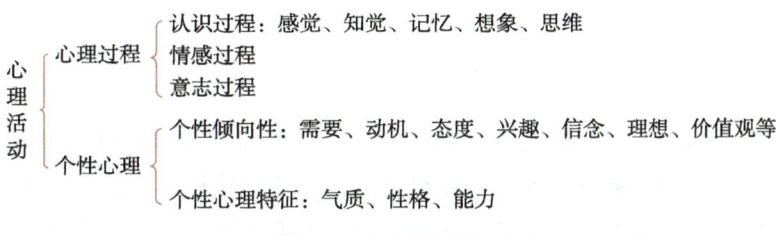

图 1-1　心理活动构成

（1）心理过程。心理过程是指人的心理形成及其活动的过程，包括认识过程、情感过程和意志过程。认识过程是人们认识事物现象的心理活动过程，包括感觉、知觉、记忆、想象和思维。丰富的认识心理元素，不仅是消费者接受储存、加工和理解各种商品与劳务信息的过程，也是消费者更准确地定位商品或劳务的心理过程。由于客观事物与人存在某种联系，人在认识客观事物的过程中总会产生一定的态度和主观体验，引起满意、喜爱、厌恶、恐惧等心理活动，这就是情感过程。人对客观事物不仅感受、认识，还要处理、改造，人自觉地支配行动以达到预期目标的心理活动过程叫意志过程。

（2）个性心理。个性心理是指一个人的整个心理面貌，是个人心理活动稳定的心理倾向和心理特征的总和，包括个性倾向性和个性心理特征。个性倾向性是指人所具有的意识倾向，它决定着人对现实世界的态度以及对认识活动对象的趋向与选择。个性倾向性是个性结构中最活跃的因素，是一个人进行活动的基本动力，主要由需要、动机、态度、兴趣、信念、理想和价值观等构成。个性心理特征是指一个人身上经常地、稳定地表现出来的心理特点，包括气质、性格和能力。它集中反映了个人心理的独特性。人们的心理特征是千差万别的，有些人开朗健谈、直爽热情，有些人寡言少语、稳健、持重，这是个性差异在气质方面的表现；有些人能歌善舞，有些人勤于计算，有些人下笔如流，这是个性差异在能力方面的表现；有些人在待人接物中表现得谦虚、礼貌、不卑不亢，而有些人则显得轻浮、傲慢，或者虚伪、狡猾，这是个性差异在性格方面的表现。

人的心理过程和个性心理彼此密切联系，构成整体。没有心理过程，个性无法形成。如果没有对客观事物的认识，没有对客观事物与人的需要之间的态度体验而产生情绪和情感，没有对客观事物的积极改造的意志过程，个性就会成为无本之源。反过来，已经形成的个性倾向性和个性心理特征又制约着心理过程，并在心理活动过程中得到体现，从而对心理过程产生重要影响，使之带有个人独有的特征。因此，既没有不表现在心理过程中的个性倾向性和个性心理特征，也没有不带有个性倾向性和个性心理特征的心理过程。心理过程和个性心理是心理现象的两个不同方面，在了解人的心理全貌时，特别是了解消费者的心理活动时,必须把两者结合起来进行考察,总之,心理分析可以更好地说明人的经济行为,同时可以更好地说明消费者的消费行为。

就心理活动构成的两个方面的关系的内在逻辑顺序而言,以后各章基本上是循着消费者心理活动这两个方面与行为的关系及其影响因素这一主线展开阐述的,其主导思想是将该学科的知识按消费者行为的一定逻辑结构有机地组织起来,形成一个知识体系呈献给学生和读者。

专栏1-3　"佳佳"和"乖乖"的不同命运:消费者不同心理认知

"佳佳"和"乖乖"是香脆小点心的商标,在20世纪末曾经相继风靡我国台湾市场,并掀起过一阵流行热潮,致使同类食品蜂拥而上,多得不胜枚举。然而时至今日,率先上市的佳佳在轰动一时之后销声匿迹了,而竞争对手乖乖却经久不衰。为什么会出现两种截然不同的命运呢?

经考察,佳佳上市前做过周密的准备,并以巨额的广告申明:销售对象是青少年,尤其是恋爱男女和失恋的人。广告中有一句话是"失恋的人爱吃佳佳"。显然,佳佳把希望寄托在"情人的嘴巴上"。佳佳的产品是咖喱味的,并采用了大盒包装。乖乖则以儿童为目标,以甜味与咖喱味抗衡,用廉价的小包装吸引敏感又冲动的孩子们的小嘴,使他们在举手之间吃完,嘴里留下余香。这就促使疼爱孩子的家长重复购买。为了刺激消费者,乖乖的广告直截了当地说"吃":"吃得个个笑逐颜开"。可见,佳佳和乖乖有不同的消费对象、不同大小的包装、不同的口味风格和不同的广告宣传。正是这几个不同,最终决定了两个竞争者的不同命运。乖乖击败了佳佳,佳佳昙花一现。

消费心理研究指出,在购买活动中,不同消费者的不同心理现象,无论是简单的还是复杂的,都会经过对商品的认识过程、情感过程和意志过程这三种既相互区别又相互联系、相互促进的心理活动过程。

首先,从消费者心理活动的认识过程来看,消费者购买行为发生的心理基础是对商品已有的认识,但并不是任何商品都能引起消费者的认知。心理实验证明,商品只有在某些属性或总体形象对消费者具有一定强度的刺激以后,才会被选为认知对象。如果刺激达不到强度或超过了感觉阈值的承受度,就不会引起消费者认知系统的兴奋。商品对消费者刺激强弱的影响因素较多。以佳佳和乖乖为例,商品包装规格大小、消费对象的设计、宣传语言的选择均会对消费者产生不同程度的刺激,佳佳采用大盒包装,消费者对新产品的基本心理定式是"试试看",偌大一包不知底细的食品,消费者颇费踌躇,往往不予问津;且消费对象限于恋爱情人,又赶走了一批消费者;再加上广告语中的"失恋的人爱吃佳佳",又使一部分消费者在"与我无关"的心理驱动下对佳佳视而不见、充耳不闻。乖乖的设计就颇有吸引力:一是廉价小包装,消费者在"好坏不论,试试再说"的心理指导下愿意一试,因为量小,品尝不佳损失也不大;再者广告突出了"吃"字,吃得开心,开心地吃,正是消费者满足食欲刺激的兴奋点。两相对比,乖乖以适度、恰当的刺激引起了消费认知,在市场竞争中最终击败了佳佳。

其次,从消费心理活动的情感过程来看,通常情况下,消费者完成对商品的认知过程后,具备了购买的可能性,但消费行为的发生,还需要消费者情感过程的参与。积极的情感如喜欢、热爱、愉快,可以增强消费者购买欲望,反之,消极的情感如厌恶、反感、失望等,会打消购买欲望。佳佳的口味设计是咖喱的辣味,与恋爱情调中的轻松与甜蜜不太相宜,未免让人有些扫兴。再加上"失恋的人爱吃佳佳"这种晦气的印象,给人以消极的情感刺激。因此,它最终败下阵来也就没有什么奇怪的了。

在商品购买心理的认知过程和情感过程这两个阶段,佳佳都未能给消费者带来充分的良性情感刺激,失去了顾客的爱心;而乖乖则给人以充分的积极情感刺激,大获消费者青睐。因此,消费者在意志过程的决断中,舍谁取谁,已在不言之中了。

资料来源:作者根据公开资料整理而成。

1.1.4 消费者行为学的研究对象与范围

1. 消费者行为学的研究对象

对什么是消费者行为学,国内外学者从不同角度、不同侧面下过许多定义,可谓是仁者见仁、智者见智。

德尔·I. 霍金斯(Del I. Hawkins)和戴维·L. 马瑟斯博(David L. Mothersbaugh)在《消费者行为学》第11版中定义消费者行为学是研究个体、群体和组织为满足其需要而对产品、服务、体验和观点进行选择、获取、使用、处置的过程,以及由此对消费者和社会产生的影响。

龚振等人编著的《消费者行为学》指出:消费者行为学是一门运用一定的理论和技术,分析预测个人和群体消费行为规律的学科。消费者行为学的研究对象是消费者个人和群体的消费行为,它的研究内容和体系结构是由影响消费者行为的因素所决定的。影响消费者行为的因素主要有三大类:消费者自身因素、环境因素和市场营销因素。

上述两个定义叙述的角度虽然不同,但它们所阐述的内容是一致的。在此基础上,我们是这样描述消费者行为学的:消费者行为学是借鉴不同学科的多种研究方法,通过对消费者心理活动及其行为过程的观察、记述、分析和预测,探索和把握消费者行为的规律性,以便适应、引导、改善和优化消费者行为,为政府部门制定宏观经济政策、为工商企业制定营销战略和策略提供依据和参考。

2. 消费者行为学的研究内容和体系

根据消费者行为学以消费者在消费活动中的心理与行为现象作为研究对象的特点,消费者行为学的研究对象在具体内容上可以分为以下几个方面。

(1)消费者行为学概述。它包括若干基本概念:消费与消费者、消费者行为、消费心理与消费行为、消费者意识与心理构成等的理论界定；消费者行为学的产生与发展基础、数字化消费行为的兴起与变革；研究消费者行为的意义与作用；消费者行为的学科来源与研究方法等做概括性的介绍。这部分内容在本章中进行阐述。

（2）消费者购买行为模式与购买决策分析。消费者的购买行为不像物理现象那样可以准确地测量，特别是消费者的思想活动过程更难以直接观察和测量。因此，专家学者们在研究消费者的购买行为时提出了各种理论和模式。消费者在购买过程中的决策被看作一种问题解决的过程。它一般是由五个连续的阶段组成：需求确认、收集信息、比较评估、购买行动和购后反应。消费者购买决策过程还涉及顾客满意及顾客忠诚。这部分内容将在第2章阐述。

（3）消费者的心理现象与行为研究。这部分是消费者的心理活动，首先讨论消费者的需要及购买动机，然后侧重对支配消费者行为的内在心理活动进行研究。它的主要内容包括消费者的注意、感知觉；记忆、想象与思维；消费者的情绪情感与意志；消费者的个性、自我概念与生活方式；消费者的学习心理与行为变化；消费者的态度形成与改变等。这部分内容分别在本书的第3~9章论述。

（4）外在环境因素对消费者行为的影响。消费者行为除受到内在的心理活动的影响外，还受到诸多外在环境因素的影响，主要包括经济文化因素、社会群体因素、口碑传播和创新扩散以及情境、商店环境因素。这部分内容在本书的第10~13章讨论。

（5）网上购物这一新型消费方式和购物选择已经深入人心，越来越多的消费者参与到网络购物中。网络消费者行为特征类型、影响网络消费者行为的因素，研究网络消费者行为的营销价值，这些内容将在第14章讨论。

（6）企业营销人员研究消费者行为的目的是更好地运用营销组合策略去影响和引导消费者行为，以增加企业产品销售利润。市场营销组合因素对消费者行为的影响是从产品、价格、渠道、促销和整合营销传播反映出来的。这部分内容将在第15章论述。

（7）消费者权益与消费伦理是与每一位消费者息息相关的大事情。消费者权益规定了消费者应享有的权利，保护好消费者权益是企业义不容辞的责任。消费伦理反映了人们通过对消费生活正当性的追问、反思和批判，确定消费行为应遵循的道德原则。在多数情况下消费者非伦理行为和消费者的问题行为是有区别的。另外，营销道德与企业社会责任也是不容忽视的问题，这些内容将在第16章论述。

1.2 消费者行为学的起源与发展

1.2.1 古代的消费思想

无论是中国还是西方，都有一些史料记载证明，自古以来就有精明善断的商人注意到了买卖活动中顾客的某些心理现象和行为表现。

1. 我国古代的消费思想

我国对消费行为的经验描述，早在春秋战国时期就已有萌芽。春秋后期的计然运用他的经济循环学说预测市场，认为物价会随天时和气候的变化而变化，提出了"旱则资舟，水则资车，物之理也"的经营思想。意思是天旱的时候，船价下跌，则要大量收购船只储备起来，等待以后发大水，船价上涨时卖个好价钱；而在水灾车价下跌时，则要大量收购车子储备起来，等待以后天旱车价上涨时好赚大钱。计然的弟子范蠡师承这一理论，提出"夏则资皮，冬则资绤"的经营思想。意思是夏天皮货价格下跌，应当大量收购皮货储备起来，以待冬天皮货价格上涨时卖个好价钱；冬天绤的价格下跌，应当大量收购储备起来，以待夏天价格上涨时卖个好价钱。这种根据消费需求变化安排经营的思想帮助范蠡在弃官经商后的19年中"三致千金"，成为当地有名的大富翁。荀子提出生产要"养人之欲，给人之求"，讲的就是满足人的消费需要。战国时期的白圭，是继计然和范蠡之后最著名的商业理论家，他提出了"人弃我取、人取我与"的八字经商原则，即在丰年谷价下跌时购进储存起来，在荒年谷价上涨时大量抛售。在物质消费方面，围绕着主俭还是主奢的争论，从先秦诸子如孔子、孟子、老子、荀子、管子一直延续到近现代。中国古代的商店、饭馆等都用招贴、幌子等以引起顾客的注意，也会通过匾额、题词和对联等做广告。

2. 西方古代的消费思想

在西方，古希腊哲学家亚里士多德（Aristotle）提出"欲望是心理运动的源泉，一切情感、需要、动作和意志均为欲望所引发"的命题。亚里士多德还十分关注人们各种形式的"闲暇"消费，以及由此对个体和社会产生的影响。古希腊另一位哲学家色诺芬（Xenophon）最早提出"消费"这个术语。在近代，法国的西斯蒙第（Sismondi）提出了社会生产的目的是满足消费者需要的观点。西方重商主义的杰出代表托马斯·曼（Thomas Mun）提出了折中的消费原则；英国古典经济学家则强调节制消费。英国的托马斯·莫尔（Thomas More）、法国的西斯蒙第等人也较早地论及了精神文化消费的问题。就连经济学之父亚当·斯密（Adam Smith）所信奉的"看不见的手"的原理，也是建立在他对个体消费者行为的观察和某些假设之上的。

1.2.2 消费者行为学产生和发展的基础

任何一门学科的形成都要有基础、背景和原因。发展要有条件、标志和趋势，消费者行为学也不例外。我们不妨从市场基础和学科基础入手来分析一下原因，说明其形成和发展的必然性与必要性。

1. 市场基础

消费者行为学的产生是市场经济发展和消费者地位变化的共同结果。20世纪以来，世界上商品经济比较发达的国家，大多经历了市场观念演变的过程。这一演变过程是商品经济发展的必然结果，而能够反映这一过程各个阶段特征的一个重要标志，就是消费者地位的变化。下面简略地对这段历史做一些回顾。

第一阶段，从19世纪末到20世纪初。当时资本主义国家处于工业化初期，市场需求旺盛，整个社会产品供应能力相对不足。企业只要将注意力集中于与生产相关的要素方面，如原材料、劳动力、机器设备的购买上，千方百计地增加生产，提高质量，降低成本，生产出来的产品就不愁卖不出去。所以企业无须在推销和消费者身上花太多心思，美国著名的福特汽车公司就是一个典型实例。1908年，福特汽车公司生产出世界上第一辆属于普通百姓的T型车，当时亨利·福特（Henry Ford）曾宣称："不管顾客需要什么颜色，我的汽车只有黑色这一种。"言外之意，我生产什么，消费者就得买什么。这种"供给创造需求"的态势，正是这一时期的主要特点。因此这一时期是由消费者适应生产者。消费者处于被动与基本无权选择的地位。这一时期被称为"以生产为中心"的市场观念时期。

第二阶段，从20世纪初到第二次世界大战。这个时期各主要资本主义国家，特别是美国，由于生产技术水平的不断提高，劳动生产率大幅度提高，交通和传播工具的发展，使市场规模急剧扩大。1860—1900年的40年间，美国人口由3 140万人增加到9 190万人。同时，城市化速度加快，城市人口占美国人口的比例由21%增加到40%，到1920年再增加至51%。同时，按人均收入计算的市场规模也有很大的提高。人均收入1859年为134美元，1889年为185美元，而到1894年则为285美元。这意味着20世纪初美国的市场规模较之19世纪60年代翻了一番。市场规模的急剧扩大，极大地刺激了生产厂商的扩张欲望，科学技术的进步使得大规模生产成为可能。还是以福特汽车公司为例，到1913年10月，福特汽车公司全部实行流水线上作业，每生产一辆汽车的工时由5年前的12小时降至2小时，每天生产汽车1 000多辆。大规模工业化生产使得中产阶层也能消费得起汽车和收音机等曾经的奢侈品。之后，这种市场形势的变化迫使企业把注意力由生产转向销售。企业不能摆出一副唯我独尊的老爷面孔，而是要笑脸相迎，想方设法让消费者购买自己的商品。此时，企业为了大量推销商品，开始对推销员的素质进行研究，对消费者的需要和愿望进行调查，消费者行为学便应市场之运、应企业之需萌生了。这一时期被称为"以销售为中心"的市场观念阶段。

第三阶段，20世纪50年代以后。第二次世界大战以后，科学技术日新月异，劳动生产率迅速提高，市场上生产和消费的矛盾越来越尖锐，企业向消费者强行推销产品，但仍不能从根本上扭转销售困境。因为产品能否卖出去，在很大程度上取决于消费者的接受程度。消费者行为取向作为一只"看不见的手"，无形地控制着市场，掌握着企业的生死大权。在这种情况下，消费者一改往日的弱势地位，被尊为"上帝"，受到企业前所未有的重视。这一时期被称为"以消费者为中心"的市场观念阶段。

如今，随着经济全球化的发展，消费市场在一个国家经济发展中处于举足轻重的位置，"以消费者为中心"的市场观念已成为企业经营的普遍共识。由此，从实践方面推动了消费者行为学的产生与发展，同时也为消费者行为学的研究提供了新的思路。

2. 学科基础

在市场基础中我们已经了解了消费者行为学产生和发展的社会历史背景。消费者行为学是一门侧重于应用的交叉学科，所以它的诞生、发展与创新必然受到心理学和其他相关学科发展的制约。消费者行为学最早产生于19世纪末20世纪初的美国，我们按照历史发展的顺序，将消费者行为学赖以产生、发展和创新的学科基础大致做以下划分。

（1）萌芽与初创时期。从19世纪末到20世纪30年代，有关研究消费者心理与行为的理论开始出现并得到了初步的发展。

1895年，美国明尼苏达大学的心理学家盖尔（Harlow Gale）采用问卷调查的方法，研究消费者对于广告的态度以及对于广告中所宣传产品的态度，从消费者的态度中分析广告影响消费者的效用。1899年，美国社会学家凡勃伦（Thorstein Veblen）出版了《有闲阶级论》（*Theory of the Leisure Class*）一书，提出了炫耀性消费及其社会意义。此时，一些专家、学者根据企业销售实践活动的需要，着手从理论上研究商品的需求与销售问题。1901年12月20日，美国学者斯科特（Scott）在美国西北大学做报告时，提出了广告工作应成为一门科学，心理学可以在其中发挥重要作用的见解。1903年，斯科特汇编了十几篇论文出版了《广告论》，标志着消费者行为学的雏形——广告心理学的诞生。有学者出版了《社会心理学》《工业心理学》，分析并阐述商品销售中群体、广告和橱窗陈列对消费者的影响。同时，还有一些学者在市场营销学、管理学等著作中也研究了有关消费者心理与行为的问题。

需要指出的是，在第一次世界大战前后，人们普遍对社会、对前途感到迷茫，这就使心理学得到了长足的发展，而心理学的理论与实践的研究成果为消费者行为学的创立、发展奠定了基础。比如，消费者对广告的认知心理主要以心理学中的认知理论和学习理论为基础。20世纪20年代开始的推销员素质的甄选，又得益于心理学中的"智力测验""心理测验"。

在这一时期，消费者行为学的研究才刚刚开始，研究的范围比较狭窄，研究方法是从经济学和心理学中简单地移植过来的。而且，学者们研究关注的焦点往往不是现实中的消费者。经济学家把消费者看成"理性经济人"并假设消费者"追求效用最大化"等，采用纯演绎推理的方法分析消费者，由此得出的研究结论与现实中的消费者行为有较大的差距；心理学家则依赖苛刻受控条件下的实验分析消费者行为，所得出的研究结果与现实中的消费者行为也往往相去甚远，并没有被具体应用到市场营销活动中，因此尚未引起社会的广泛重视。

（2）应用与发展时期。从20世纪30年代到60年代末，消费者行为研究被广泛地应用于市场营销活动中并得到迅速发展。

在20世纪30年代的经济大危机中，市场中的产品严重过剩，销售十分困难。此时，企业纷纷加强广告、促销等方面的力量。在广告界，运用心理学原理与方法探测广告对购买行为的影响日益普遍，由此使广告心理学得以繁荣。与此同时，关于顾客心理和销售心理的各种专门研究不断发展。

第二次世界大战以后，主要发达国家生产技术水平发展迅速，市场上商品日益丰富，消费者购买商品的可选择性不断加大，消费者的需求和愿望也在不断变化，其购买行为更加捉摸不定，企业开始重视和加强市场调研。在此背景下，越来越多的心理学家、经济学家、社会学家都转入这一领域的研究，并相继提出了许多理论。在这里必须一提的是更早时期，西方最具权威的经济学家凯恩斯（Keynes）总结出造成经济危机的"三大心理规律"：第一，边际消费倾向递减；第二，资本边际效率递减；第三，流动性偏好。他还指出，刺激经济最活跃的动力因素来自"个人的多血质和成就动机精神"。凯恩斯关于消费心理与经济危机关系问题研究的学说，对于推动西方各国建立以消费者为核心的经济指标体系发挥了很大作用。

20世纪四五十年代，最引人注目的莫过于关于消费者购买动机的研究。受弗洛伊德精神分析学说的影响，一些研究人员试图探究消费者购买或不购买某种商品的深层动机。其中，1950年由梅森·海尔（Mason Haire）主持的速溶咖啡的研究最具有代表性。

20世纪50年代初，美国著名心理学家马斯洛（Maslow）提出了"需要层次理论"。同一时期，盖斯特（Guest）和布朗（Brown）开始对消费者在购买商品的活动中所表现的品牌忠诚性进行研究。谢里夫（Sherrif）、凯利（Kelley）和谢巴托尼（Shibutoni）等人开展对参照群体影响的研究。此外，风险知觉及潜意识与广告等方面的专题研究也达到了前所未有的水平，从而大大拓展了消费者行为学研究的内容。

1960年，美国心理学会正式成立了消费者心理学分科学会。1968年美国学者恩格尔等人所著的《消费者行为学》被认为是第一本消费者行为学教材。1969年霍华德（Howard）和谢思（Sheth）提出的购买者行为理论推动了消费者行为学的发展。

（3）变革与创新时期。从20世纪70年代至今，是消费者行为学的变革创新时期。

在这一时期，西方国家高科技的投入加快了产品的更新换代，新产品令消费者目不暇接。捉摸不定的消费时尚，无规律可言的消费流行给产品推销工作带来了挑战和难度，许多新型的现代学科，如计算机科学、经济数学、行为学、社会学等也被广泛运用于消费者行为、营销决策者行为和营销沟通的研究中。消费者行为学研究进入了多角度、跨学科的研究时代。

20世纪90年代以后，消费者行为学的研究主要集中在跨文化研究、消费者决策、消费者价值、消费者介入和消费者体验等方面。

21世纪以来，对消费者非理性行为的研究成为热点。美国杜克大学行为经济学家丹·艾瑞里（Dan Ariely）指出人们非理性的"怪诞"行为是大量存在的。美国芝加哥大学行为科学教授、诺贝尔经济学奖得主理查德·塞勒（Richard Thaler）提出"心理账户"的概念。他认为，由于心理账户的存在，消费者在做决策时往往会违背一些简单的经济运算法则，做出许多非理性的消费行为。

消费者行为学的学术发展史说到底就是该学科从思想起源到体系创设再随时间推移不断受到新问题、新理论、新方法的作用而逐渐完善的历史。从创新和发展趋势上来说，消费者行为学的现状、变革和创新有三大特点。

1）研究范围趋向扩大化。以往的研究，主要是从商品生产者和经营者的单一角度研究消费者行为。关注点集中在帮助工商企业通过满足消费者需求来扩大销售，增加利润。然而，从20世纪70年代以来，这种单一局面逐渐被打破，学者更注重从宏观方面对消费者行为学涉及的消费者心理活动和行为倾向进行研究——从社会经济发展的角度，从技术革新普及过程等范围来研究消费行为的变化；研究消费者行为间的相互作用对社会经济的影响；研究消费生态问题、文化消费问题、绿色消费问题、消费决策模式、消费者保护、消费政策、消费信息处理（程序研究）、消费心理内在结构（"临床"研究）、消费信用和消费心理控制问题等。

当前，消费者行为学的研究范围扩大到以数字为特征的新变化。随着电子商务的繁荣，商家可以创造性地使用互联网（包括移动互联网）加强与客户的关系，以形成稳固的顾客资源。显然，一些公司就会利用网络以从前不可能做到的方式联系和影响它们的客户，并把销售作为一系列客户服务的一部分。这样一来，顾客价值、顾客满意、顾客忠诚就成为消费者行为学的研究课题。另外，消费者行为学更关心的是新的生活方式带来的新的消费方式。比如，用移动互联网购物，用支付宝或者微信进行支付和缴费，在微信群中分享消费成果；新消费者关注消费过程远甚于关注消费结果；绿色、环保、简约的消费心理等。

2）研究参数趋向多样化。在最初的研究中，人们主要利用心理学的理论对消费者行为学中涉及的问题做一般的描述。后来加进了经济学、社会学的有关概念作为参数变量，根据消费者的收入支出、储蓄信贷、年龄、性别、职业、家庭和社会阶层等来分析与解释各种消费行为的差异。随着研究的深入，为了准确把握日益复杂的消费行为，研究者又引入了一系列新的变量，如文化、历史、地域、民族、宗教、价值观、信息化程度等。随着数字经济的发展，研究者又引入了消费者行为的移动化程度、社交化程度等变量。新变量的加入为消费者行为学研究的精细化和准确性提供了可能，也使变量在数量和内容上更加丰富。

3）研究方法趋向定量化。过去对消费者行为学的研究仅局限于对各种简单现象的一般性描述。各种新变量的加入使各参数之间的相互关系更加复杂，单纯对某一消费现象进行事实性记述和定性分析显然是不够的。为此，更多的学者越来越倾向于采用不同学科中实验的方法、个案分析的方法、跨文化研究法，运用统计分析技术以及运筹学、动态分析等现代科学方法和技术手段，揭示变量之间的内在联系，如因果关系、相关关系等。定量分析的结果，使建立更加精确的消费行为模式成为可能。但是，研究人员在操作过程中发现，定量分析的弊端是可能会形成一种虚假的相关性，可能忽视对整体情况的分析掌握，现在更多采用定性定量分析相结合的方法。

1.2.3 数字化消费行为的兴起与变革

党的二十大报告提出"加快发展数字经济，促进数字经济和实体经济的深度融合"。2022年，在经济下行压力加大的情况下，数字经济作为国民经济的"加速器"作用凸显，成为经济恢复向好的关键力量。作为数字经济的重要组成部分，数字消费是面向数字化产品及服务的消费活动，在数字化时代的背景下，消费者行为呈现如下特征。

1. 数字化多元消费形式的变革

数字化多元消费是数字经济时代的创新产物。数字交易平台的蓬勃发展、互联网电子支付方式的简单便捷，催生了网约车、网络外卖、网络直播、在线旅行预订、在线教育、在线医疗等数字化多元消费形式，也带来了居民消费结构的调整与优化。亚马逊、eBay、速卖通等跨境电商平台（B2C）的快速发展和海外代购（C2C）的风起云涌，让消费者足不出户就可以顺利实现"全球购买"，成为数字化多元消费的必要补充。

2. 购买方式从线下转为线上

传统购物是消费者在商店（线下）完成购买行为，而互联网的发展使消费者可以通过网络（线上）完成购买行为。从2013年起，我国已连续9年成为全球最大的网络零售市场。随着越来越多的消费者接受线上购物，影响消费者行为的差异点从商店距离、商店规模、店内商品和品牌、商店的装饰装修等转化为电商平台的可信度、电商网络页面布局、配送时间、配送方式、售后服务等。同时，线上和线下融合的趋势越来越明显。例如，消费者买手机时先在线上比较评估，然后到实体店体验，最后在线上完成购买。再如，京东、拼多多、美团、叮咚等电商平台大力发展社区购物。

实际上，随着移动互联网经济的兴起和发展，从C端来看，购物场景变得越来越碎片化。消费者可以在线上浏览商品，然后去线下门店购物；也可以在线下门店体验商品，然后去线上下单。因此，无论是线上还是线下，加深对消费者行为的了解，提高消费者购物效率，改善消费者购物体验，为消费者提供更大价值成为商家竞争的关键。

3. 支付方式的数据化

随着现金、支票和自动取款机逐渐消失于人们的视线，支付方式正在被数字化重塑，向更高效、更快速和更方便的趋势转变。消费者可以通过微信、支付宝、储蓄卡或信用卡等多种支付方式完成付款，给消费带来了极大的便利。

国际清算银行（Bank for International Settlements，BIS）基于支付和市场基础设施委员会（CPMI）红皮书统计数据的研究发现，2012—2019年，超过一半的CPMI经济体更多地使用了数字支付方式，包括直接扣款、信贷转账、卡和电子货币支付，而减少了实物支付工具的使用，尤其是现金。CPMI的成员来自包括中国、美国、英国、德国、法国、瑞士、瑞典、巴西和新加坡等数十个经济体的中央银行和金融管理局的高级职员。BIS的数据显示，CPMI经济体内平均每年数字支付次数从2012年的人均176次增加到2019年的人均303次，增加了72%。

新冠疫情对消费者的支付方式产生了比较大的影响。有研究显示，公众对通过现金传播新冠病毒的担忧、电子商务活动的增加以及隔离措施等因素正在加速数字化支付的使用。

4. 购买决策受社交媒体的影响

根据腾讯广告携手波士顿咨询联合发布的《2020中国"社交零售"白皮书》（以下简称《白皮书》），随着互联网的爆发式发展，我国的社交媒体渗透率已经超过97%，移动社交成为我国消费者日常生活的重要组成部分。《白皮书》数据显示，伴随着"全民社交"，中国的社交零售渗透率也已冲刺到71%，69%的消费者曾在社交媒体分享过自己的网购链接，更多消费者表示在进行购买决策时会受到社交媒体的影响。

因此，对于品牌或企业来说，如何通过社交平台更好地触达目标消费者，通过发布优质内容吸引并影响目标消费者的购买决策是其实现增长的关键。

5. 购物体验的重要性正在提升

产品的极大丰富与购物方式的便捷化，令消费者的购物选择多种多样。有研究显示，消费者购物时对产品价格的考虑的重要性正在降低，而对"能提供令人愉快的购物体验"期待更高。比如，某餐厅不设传菜员，食物是从后厨通过多螺旋轨道系统自动传到餐桌上的，食物像飞车一样交叉穿梭，非常炫酷、刺激，正是这样好玩儿又新奇的体验吸引了众多消费者。

因此，传统意义上购买商品的单独体验不足以令消费者为之买单，给消费者提供一个场景，以氛围来烘托，使消费者的口、耳、鼻、眼、心同时感受到"情感共振式"的体验，这种"场景触发式购物体验"正成为商家新的竞争点。

6. 数据驱动的个性化产品及服务

伴随网络成长起来的消费者，不仅自我表达欲望强，而且希望产品和服务能满足个性化需求和彰显品位，对个性化的产品和服务需求强烈。因此，很多企业通过大数据分析来获取消费者的需求信息，从而满足其个性化需求。大数据已经渗透到当今每一个角落。比如，大数据通过进店摄像头对消费者进行人脸识别，捕捉他们在店内停留的时间及购物偏好等信息，或者通过网站和应用程序来追踪消费者的网上痕迹，收集在线信息，全面分析消费购物动机、方式、频率、时间和结果，增强对消费者的了解，实现产品和消费者的"匹配"，为消费者创造更大的价值。

总之，数字化时代的消费者比过去拥有更多的选择自由，购物空间更广阔，消费者与产品、品牌、体验、媒体、社群之间会产生新的变化。同时，消费者购买行为更加丰富多彩。

1.2.4 消费者行为学在我国的研究

有关消费者行为学的研究是在20世纪80年代中期从西方引入我国的。在此之前，我国在该领域的研究基本处于空白状态。

改革开放以来，随着市场经济体制的逐步确立，我国消费品市场迅速发展，20世纪90年代中期基本形成以消费者为主体的"买方市场"。与此同时，广大消费者的消费水平、消费结构发生了巨大变化，逐渐由贫困型向温饱型、小康型转化；消费方式由单一化、被动式向多样化、选择式转化。进入 21 世纪，消费方式变化的一大特点是向市场化转化，突出表现在住房消费、教育文化消费、轿车消费、旅游和医疗等领域。另外，网络消费，特别是移动互联网购物已经成为一种新的消费方式。

现在，消费者自身的主体意识和成熟程度也远远高于以往任何时期，他们在社会经济生活中扮演着日益重要的角色。正是在这一背景下，我国理论界及工商企业一改以往的漠视态度，对消费问题予以前所未有的热情和关注。关注的重点既有宏观消费现象，又有微观消费者心理与行为的研究。

20 世纪 80 年代中期，我国一些学者开始从国外引进有关消费者行为的研究成果，20 世纪 90 年代中后期到 21 世纪最初几年，随着研究工作的深入，这一新兴研究领域在我国已由介绍、传播进入普及和应用阶段。单从这门学科的名称上看，已由"消费者心理学""消费者心理与行为研究"转变为"消费者行为学"。研究的内容也从单一研究消费者转变为将消费者放在宏观环境和微观环境之中进行研究，涉及消费者各种心理现象与行为的研究。同时，各种调研机构纷纷开展居民收入、储蓄保险、投资理财、消费信贷、消费者态度、消费者信心指数和消费趋势预测研究，及时跟踪分析我国消费者行为的变化动态。近几年，更是把数字化时代网络购物行为、口碑传播、消费者权益和消费伦理作为研究的新课题。政府有关部门也将上述研究作为制定宏观经济决策的重要依据。工商企业则将消费者行为学研究的成果直接应用到市场营销活动中，用以指导和改进产品设计、制定价格、广告宣传和销售服务等。

1.2.5　研究消费者行为学的现实意义

从消费者行为学产生和发展的历程中可以看出，这门学科是市场经济发展的产物，深入开展研究消费者行为，无论过去、现在还是将来都有非常重要的现实与实践意义。就我国目前的国情而言，研究消费者行为学的意义与作用有以下几个方面。

1. 有利于提高宏观经济决策水平，改善宏观调控效果，促进国民经济协调发展

当今市场作为经济运行的中枢系统，是国民经济发展的晴雨表。处于买方地位的消费者对市场的稳定运行、国民经济的协调发展具有举足轻重的作用。消费者行为的变化会直接引起市场供求状况的改变，从而对整个国民经济产生连锁式的影响。它不仅影响市场中商品流通和货币流通的规模、速度及储备状况，而且对生产规模、生产周期、产品结构以及劳动就业、交通运输、对外贸易、财政金融、旅游乃至社会治安等各方面都会造成影响。

近年来的改革实践表明，消费者行为是影响改革进程和国家宏观调控效果的重要因素。重视和顺应消费者行为，改革方案就能为广大消费者接受和支持，各种调控措施也能达到预期效果。相反，忽视或违背消费者行为趋向，就有可能引起决策失误，导致宏观调控无力，甚至失灵。比如，为抵御 1997 年亚洲金融风暴的影响，我国政府自 1998

年以来采取各种措施启动市场、刺激消费、扩大内需，连续几次下调银行存款利息，而我国多数消费者仍坚持多储蓄，以致居民储蓄增长快于GDP的增长，市场需求回升缓慢。当时，政府部门很担心，这么多钱存在银行，哪天这只笼中虎跑出来可不得了。然而，2003年以后逐渐明白了，这只笼中虎不会跑出来，因为当时我国还没有建立完善的社会保障体系，子女的教育费用也是一笔不小的开支。迅速蹿升的商品房价格，使得大多数消费者不敢随便花钱。政府清楚这一点以后，相应宏观政策的出台就有针对性了。

2. 有助于企业根据消费者需求变化组织生产经营活动，提高市场营销活动效果，增强企业竞争力

在现代市场经济的条件下，生产企业拥有生产经营的决定权，但只有按市场需求生产适销对路、符合消费潮流、适应消费者消费水平的产品，才能加快产品的销售，在市场竞争中占据优势，取得良好的社会效益和经济效益。因此，只有研究和应用消费者行为学，以消费者的需求为依据设计、开发、生产产品，才能取得市场经营的主动权。同时，商业企业如果能够在消费者行为学的指导下，购进适合消费者需要的各类产品，按消费者购买行为特点改进卖场布局、商品陈列、接待顾客的方式等，并按消费行为规律和特点开展促销、广告、宣传活动，就能加快销售、降低成本，实现更好的经济效益，增强企业的市场竞争能力。

3. 有助于消费者提高自身素质，科学地进行个人消费决策，改善消费行为，实现文明消费

消费就其基本形式来说，是以消费者个人为主体进行的经济活动。消费活动的效果既受社会经济发展水平、市场供求状况及企业营销活动的影响，又受消费者个人的决策水平和行为方式的制约。而消费决策水平和行为方式又与消费者自身的素质有直接的联系。现实生活中，消费者由于商品知识不足、认知水平偏差、消费观念陈旧、信息筛选能力较低等，造成决策失误、行动盲目、效果不佳甚至利益受损。因此，从消费者角度而言，加强对消费者行为的研究是十分必要的。传播和普及有关消费者行为的理论知识，可以帮助消费者正确认识自身的心理特点和行为规律，全面了解现代消费者应具备的知识、能力素质条件，掌握科学消费决策的方法，由此提高消费者的消费决策水平，使消费决策更加合理。

1.3 消费者行为的学科来源与研究方法

1.3.1 消费者行为研究的学科来源

消费者行为学属于应用学科，是在多门学科基础上发展起来的综合学科。心理学、社会心理学、社会学、人类学和经济学等学科的发展为消费者行为学提供了丰富的学科来源。

1. 心理学

心理学是研究人的心理现象及其规律的科学。心理学经过100多年的发展，已经形成了很多分支。各心理学分支均能为理解消费者行为提供某些帮助。比如，生理心理学是通过探索个体的生理过程来解释个体行为的科学。一些研究人员运用该学科的技术，如通过测量脑电波的变动，就可以探测消费者对广告的反应。另外一些心理学家，则通过研究记忆机制来了解消费者是如何对信息予以加工和处理的。运用心理学研究方法还可以解释更具体的消费者行为。

2. 社会心理学

社会心理学家在参与消费者行为学的研究中特别关注某一个体是如何影响另一个体的购买行为的；信息是如何在群体内和群体间传播的；从众心理、提示心理、暗示心理、循环刺激心理等社会心理因素又是怎样影响消费者行为的，并分析社会媒体对消费者行为的影响，解释消费群体成员之间的互动方式等。

3. 社会学

社会学是研究社会结构及其内在关系与社会发展规律的学科。社会学的一些理论和原理，对于考察、分析消费者行为是极有价值的。用社会学的观点可以分析文化和亚文化是如何影响消费者的；不同社会阶层的消费者有何差异；社会阶层是如何影响消费者的购买偏好的；家庭的变迁与消费需求的变化有何关联；群体规范是怎样形成的，它通过什么机制影响消费者；人们在社会中扮演的角色对消费者行为有什么影响。

4. 人类学

人类学是用历史的眼光研究人类及其文化的科学。人类学对文化和环境的研究，使得消费者行为研究人员能够了解不同地区和不同国家人们的基本价值观、态度和民族文化的差异，必然导致他们在消费心理与行为上表现出较大的差异。人类学家采用的跨文化比较研究的方法，对考察不同国度的消费者行为无疑是十分有价值的。人类学关于民俗、宗教等方面的研究，对分析习俗、禁忌与信仰如何影响消费者购买决策，如何影响消费者选择商品是深远而直接的。

5. 经济学

经济学是一门研究稀缺资源如何配置和利用的社会科学。最初从事消费者行为研究的学者，大多是经济学家或接受过经济学知识训练的人。经济学家认为，消费者的心理趋向是影响社会资源最终配置的重要因素，而资源的合理配置与否又直接制约着消费者行为。边际效用递减规律、理性预期理论、无差异曲线理论、消费者剩余理论等都是经济学关于消费者行为研究的成果。

经济学原理在帮助营销经理根据目标市场消费者购买行为特点评价影响某种特定产品供需状况的各种因素、制定价格和非价格竞争策略等方面也极有价值。

1.3.2 消费者行为学研究的方法

消费者行为学是一门应用性极强的学科，进行研究的出发点和归宿点是指导实际的工作。这个性质决定了它比较重视实证研究和经验的积累，因此，消费者行为学的基本研究方法就包括了观察法、问卷法、实验法、投射法、访谈法等。把握好研究方法往往可使我们突破和摆脱传统方法的框架与束缚，得出新的结论。

1. 观察法

观察法是指在购买现场以及日常消费活动中，有目的、有计划地观察消费者的动作、表情、语言等方面的外部表现，并把观察结果按时间顺序系统地记录下来，然后分析其原因与结果，从而揭示其心理活动规律的方法。在实际应用中，观察法主要用于研究消费者的现期行为，如观察广告、品牌、包装、橱窗、柜台等的设计效果，消费者对产品价格的反应及新产品销售情况等。

观察法一般通过直接观察、仪器观察和痕迹观察等方式进行，其优点是简单易行、显性直观，而且被观察的消费者行为在不受干扰的情况下自然表现出来，因此，所获得的结果比较真实和切合实际。观察法也带有一定的局限性：在观察时只能被动地等待所要观察的行为出现，而行为出现时，也只能观察到消费者的外在表现，并不能了解其内在想法，因而对观察所得到的资料往往不足以区别哪些是偶然的，哪些是规律性的。

2. 问卷法

问卷法是根据研究内容的要求，由调查者事先设计调查问卷，向被调查者提出问题，然后汇总调查问卷，进行问卷整理和分析，从中了解被调查者心理与行为的一种方法。根据操作方式，问卷法可以分为邮寄问卷法、入户问卷法、拦截问卷法和集体问卷法。

问卷调查只有在达到一定的数量时，相关的统计结果才有意义，当统计数量较少、统计范围较小时，得出的数据就会有很大的随机性。因此，保证调查问卷有一定的规模和有效性就显得非常重要。

值得一提的是，现在更多的企业，甚至相关政府部门，更愿意采用在线问卷调查法，又称网上调查。在线问卷调查的范围很广，包括市场、消费者行为、相关政府宏观政策和企业市场营销策略制定的各个方面。在线调查法被广泛使用是因为调查者收集调查信息迅速、及时，几乎与被调查者的填写是同步的，这对某些时效性较强的调查而言是极其必要的。此方法的高效率、更好的接触效果和更低的成本受到一致的肯定。实践表明，大多数消费者不反感网上调查方式且乐于参与。

3. 实验法

实验法是有目的地严格控制或创设一定的条件，人为地引起某种心理现象与行为的产生,从而对它进行分析研究的方法。根据实验场所的不同,实验法又可分为市场实验法和实验室实验法两种形式。

市场实验法是指在市场营销环境中,有目的地创设或变更某些条件,或者给消费者的心理活动以一定的刺激和诱导,或者针对某一心理与行为问题选择一定的实验对象进行调查,从而观察和记录其心理活动的各种表现。常用的市场实验法主要有事前事后对比实验法和控制组同实验组对比实验法。

实验室实验法是指在专门的实验室内,借助各种仪器和设备进行心理测定分析的方法。在设备完善的实验室里研究消费者的心理活动,从呈现刺激到记录被试者的反应、数据的计算和统计处理,都采用计算机、录音、录像等现代化手段,实行自动控制,因而对心理现象的产生原因、大脑生理变化以及被试者行为表现的记录和分析都是比较精确的。但是这种方法一般难以准确测定复杂、深层的心理活动,应用范围有限。

4. 投射法

投射法是指不直接对被试者提出明确问题以求回答,而是给被试者一些意义不确定的刺激,让被试者想象、解释,使其内心的动机、愿望、情绪、态度等在不知不觉中投射出来。常用的投射法有主题统觉测试法、造句测验法、漫画实验法和角色扮演法。这里主要介绍主题统觉测试法。

主题统觉测试法又称绘画解释法。这种方法是让被试者看一些内容模糊、意义模棱两可的图画,让被试者看图编一段故事并加以解释,以此来掌握消费者的购买动机。由于主题统觉图本身没有特定含义,让消费者把它的"意义"讲出来,往往就会把消费者的性格结构强加在图上,即把"意义"投射到这些图上,测试者就可以根据消费者对图画的解释,判断其内心的活动,掌握消费者的潜在购买动机。例如,将绘有一个家庭主妇在超市面对罐头食品陈列架的图展示给被试者(见图1-2),然后要求被试者将该主妇内心的想法说出,由于图上并未提示任何资料,因此,当被试者按照自己的理解来解读图片中的家庭主妇(如年龄、职业、身份、购买目的)时,无疑反映了被试者本人的真实想法。

图 1-2 在超市选购罐头的家庭主妇

5. 访谈法

访谈法是通过与消费者交谈来了解其心理和行为的研究方法,可以通过面对面访谈或电话访谈等进行。根据研究问题的性质、目的或对象的不同,访谈法分为一般访谈和深度访谈、结构型访谈和非结构型访谈、个人访谈和集体访谈等形式。访谈法在理解消费者是如何做出购买决定、产品被如何使用,以及了解消费者在生活中的情绪和个人倾向时尤其有用。新的产品概念、设计、广告和促销信息可通过访谈法得到灵感或依据。

此外，在消费者行为学的研究中，还有跨文化研究法、各种心理要素量表法、语义级差法、统计数量测量法等具体的研究方法。而在具体研究过程中，研究方法是互相联系、互相补充的。可以同时采用两种或两种以上的方法，以便使调查结果相互印证，提高对消费者行为中各种心理现象与行为把握的准确程度。

本章小结

本章作为全书的开篇，在消费者行为学的研究对象中，对消费者行为学的若干基本概念进行了界定，分析了消费者行为的特征并阐述了作为一门学科的研究对象和研究范围。

在消费者行为学的起源与发展中，讨论了古代的消费思想，继而从市场基础和学科基础两方面入手对消费者行为学的产生和发展进行分析。当前，数字化消费行为的兴起与变革凸显了科技发展对消费方式的重要影响，使消费者行为更加丰富多彩。

在消费者行为的学科来源与研究方法中，阐述了心理学、社会心理学、社会学、人类学和经济学等学科的发展，为消费者行为学提供了丰富的学科来源。消费者行为学的研究方法主要有观察法、问卷法、实验法、投射法和访谈法。

复习思考题

1. 如何理解消费者行为的含义？它有哪些特点？
2. 消费者行为学的产生与发展经历了哪几个阶段？
3. 论述数字化时代消费者行为的特征。
4. 学习消费者行为学应掌握哪些实用的研究方法？
5. 如果采用询问的方法不能测知消费者心理，或有可能得到虚假的结果，那么你有没有其他办法较为准确地测知消费者的心理？

实践活动

1. 选择一家面包店对顾客进行观察，统计一天中哪个时间段顾客人数最多（或最少）。观察顾客的特征（如年龄、性别等），并统计这些顾客主要买了哪些品类的面包。由此得出什么结论？
2. 采用访谈法调查你身边5位同学的手机消费状况，请列出访谈提纲，包括购买原因、手机品牌、价格、购买渠道、使用时间和用后处置等内容。
3. 下面介绍的是某连锁企业采用实验法了解商品价格需求弹性情况的实验。该连锁企业所进行的价格实验旨在系统地改变某种商品的价格后，排除价格变动以外的其他因素，观察价格变动在需求量上引起的变化。

在表 1-1 中,7 月 1—7 日这一周中,两个商店价格变动前的销售额为 100.0%(指数)。8 日起,A 商店(实验组)商品价格下降 15%,B 商店(对照组)仍保持原价格不动。8—14 日(价格变动后)这一周,这两个商店的销售额与价格变动前相比,A 商店降价后一周内销售额增加了 40%,而没有降价的 B 商店同期销售额增加了 22%。显然,除降价以外,还有其他因素使商店销售额上升。

表 1-1　采用对照法进行的价格实验

商店	价格变动前的销售额（7月1—7日）	价格变动（7月8日）	降价变动后的销售额（7月8—14日）
A 商店	100.0%	降价 15%	140.0%
B 商店	100.0%	未降价	122.0%

问题:假定其他因素对 A、B 商店同样起作用,那么,降价产生的纯效果是多少?

表 1-2 表明价格变动后不同时段出现的情况。表中所列的数据表明,在进行实验的商店中,降价后的第一周,虽然销售额有大幅度的增长,但在后来的几周中,销售额的增长实际上低于对照商店的销售额的增长。更令人吃惊的是,降价的商店在价格变动的三周中,平均销售额指数为 119.0%,而对照商店为 118.3%。

表 1-2　观察变价后不同时段的价格实验

商店	价格变动前的销售额（7月1—7日）	价格变动（7月8日）	观察降价后不同时段效果的价格实验			
			7月8—14日	7月15—21日	7月22—28日	平均（7月8—28日）
A 商店	100.0%	降价 15%	140.0%	114.0%	103.0%	119.0%
B 商店	100.0%	未降价	122.0%	118.0%	115.0%	118.3%

问题:表 1-2 中,降价后的 A 商店平均销售额指数为 119.0%,未降价的 B 商店平均销售额指数为 118.3%,数据反映出价格的降低对需求量变化产生了什么影响?

 案例选编

聚焦城市消费新增长点

2023 年 8 月人民网舆情数据中心、人民网北京分公司联合发布《城市消费发展空间及拓展路径洞察报告》(以下简称《报告》)。

《报告》基于政府部门及行业协会公开信息、大数据技术应用和智能化平台数据、相关学术文献、媒体报道、消费者反馈等数据信息,综合分析了城市消费现状与趋势、消费业态和场景创新、消费空间拓展三个维度。

《报告》指出,在城市消费话题中,消费新兴业态备受公众关注,聚焦点主要包含衣、食、住、行、娱乐体育五大领域。

衣:"首店经济""6·18 个购物节""直播电商""服装消费"等热词体现出城市服装

消费市场持续恢复、服装消费规模正稳步提升的趋势。

食："夜间消费""餐饮消费""餐饮数字化"等热词体现出城市餐饮消费需求大幅释放、餐饮消费场景从线下拓展到线上的情形。

住："楼宇经济""住宅消费""城市更新"等热词体现出楼宇经济成为推动城市经济发展的重要抓手、备受社会关注的趋势。

行："文旅消费""汽车消费""暑期旅游""五一出行"等热词体现出公众出游意愿持续增强，城市旅游消费规模不断扩大的趋势。

娱乐："演出经济""体育消费""休闲娱乐"等热词体现出部分城市着力搭建购物、体育、文化演出等消费场景的举措。

在服装消费方面，随着消费逐步回暖，国内居民服装消费需求将持续释放。2023年上半年，服装、鞋帽、针纺织品类商品零售同比增速为12.8%，超过社会消费品零售总额增速（8.2%）。以北京地区为例，2023年前五个月共引入403家品牌首店落地。西单大悦城通过引入品牌首店、旗舰店、高能级店等方式，主打年轻消费者喜爱的群体网红、时尚品牌，以"品牌+品质"助推城市消费商圈建设。《报告》认为，"首店经济"正在成为各地挖掘消费潜力、激发市场活力的主力。

在餐饮消费方面，夜间已成为促进消费的"黄金时段"。随着夜间消费场所的增加以及居民夜间消费需求的提升，我国夜间经济发展规模将持续增长。据商务部城市居民消费习惯调查报告显示，60%以上的消费发生在夜间，大型商场每天18时至22时的销售额占比超过全天销售额的50%。不少消费者选择在晚上出门，逛夜市、品美食，令夜间经济不断升温，促使餐饮业更具活力，催生出城市消费新"夜"态。随着夜间消费场所的增加以及居民夜间消费需求的提升，我国夜间经济发展规模将持续增长。例如，作为北京市唯一一家入选文化和旅游部《夜间文化和旅游消费集聚区重点辅导培育名单》的商业小镇，中粮·祥云小镇依托夜市、露营、深夜食街等形式，构建了"商圈+生活圈+夜经济"的消费重地，荣获北京十大商业品牌、消费季品牌榜"十大文化消费地标"。西安"大唐不夜城"在唐食坊演出，带动街区夜间消费，并推出"演艺+餐饮"模式，联合街区美食文创，也是城市激发夜间消费潜力的典型。

在老旧楼宇改造方面，随着北京、天津、杭州、广州、苏州、重庆等多地老旧楼宇改造步伐的加快，多个商圈存量资源被盘活。以北京的中粮广场、中粮·置地广场、汇京双子座、中糖大厦为例，通过旧改提升、轻（中）资产输出等方式，打造高端商务地标，完成了精准的客群匹配，一方面提升了王府井、西直门、CBD等传统商圈的消费吸引力，另一方面激活了北京商圈新一轮发展，推动片区重构和能级提升，为城市消费带来新的增长点。

在出行方面，感受传统文化魅力的出游方式走红，并已成为各地文旅消费新的增长点。随着暑期开启，各地文旅消费市场再次进入旺季。其中，亲子游、研学游是公众最为关注的热点。伴随着消费逐步恢复，培育新型业态和消费模式、叠加优化升级消费结构是城市消费进一步拓展空间的重要力量。

在娱乐体育消费方面，北京、成都两座城市作为"标杆"，在建设国际消费中心城市方面成效突出，消费拉动经济增长作用明显。以北京为例，2023 年是北京培育建设国际消费中心城市两周年。两年里，北京持续完善消费品牌矩阵、升级迭代消费新场景。2023 年上半年，北京新开京西大悦城、西长安中骏世界城、西三旗万象汇等 10 个新项目。目前，北京市构建"国际—城市—地区—社区"四级商圈体系，推动 29 个城市消费中心和 57 个重点商圈"一圈一策"发展。

《报告》建议，下一步，各大城市可以从提升城市消费品质、培育新场景和新业态、融合商旅文体资源、积极推动数字消费服务平台等四方面进一步拓展城市消费空间。

资料来源：人民网，城市消费发展空间及拓展路径洞察报告，2023-08-26.

仔细阅读本文，回答下列问题：

1. 结合案例谈谈当前城市消费新热点。
2. 结合案例谈谈怎样打造贴近百姓、丰富多元的数字消费服务平台？

第 2 章
消费者购买行为模式与购买决策

行为学家和营销专家对消费者为什么采取某种购买行为已做了多年的研究，其结论是这种行为太复杂了。主要原因是消费者的购买行为不像物理现象那样可以准确地测量，特别是消费者的思想活动过程更难以直接观察和测量。因此，专家在研究消费者的购买行为时提出了各种理论和模式。消费者购买决策过程是消费者购买动机转化为购买活动的过程。不同消费者的购买决策过程有特殊性，也有一般性，对此加以研究可以更有针对性地开展营销活动。与传统观念相比，现代市场营销观念十分重视对消费者购后满意与否的研究，以提高其满意度。所以，本章先讨论消费者购买行为模式，继而讨论消费者购买决策过程，最后讨论顾客满意与顾客忠诚。

2.1 消费者购买行为模式

2.1.1 消费者购买行为理论

市场营销研究人员和营销实践工作者最感兴趣的是，消费者的购买行为是否有规律可循。在探索购买行为规律的过程中，学者们做了大量的工作，提出了解释消费者购买行为的一些理论。这些理论框架的主要目的就在于说明消费者为什么要购买某种商品，他们为什么在此时此地购买，消费者的购买行为能否预测和控制等诸如此类的问题。下面介绍几个主要理论模型。

1. 习惯建立理论

习惯建立理论认为，不论消费者是否了解某商品的有关信息，消费者在内在需要激发和外在商品的刺激下，购买了该商品并在使用过程中感觉不错（正强化），那么他可能会再次购买并使用。如果多次购买和使用给消费者带来的是愉快和满意的经历，购买、使用和愉快满意的多次结合，最终在消费者身上形成了固定化反应模式，消费习惯就建立了。每当产生消费需要时,消费者就会想到这种购物方式或这种商品,并随之产生相应的购买行为。比如,新冠疫情发生后,很多中老年人学会了用商超 app(美团买菜、多多买菜)和社区团购买菜进行网购。在新冠疫情情况好转后,这种建立起来的习惯很难改变,他们依然在网上买菜,买生活必需品。再如,人们日常生活中常用的许多商品,如调味品、洗涤用品等都是先尝试购买,发现使用效果满意,而后反复购买,每次都得到了满意的或者肯定的体验,最终形成了牢固的"商品-购买"的条件反射。因此,消费者的购买行为实际上是重复购买并形成习惯的过程,是通过学习逐步建立稳固的条件反射的过程。

习惯建立理论完全符合斯金纳操作性条件学习理论,是行为主义心理学观点在消费者行为研究上的应用。消费者主动的购买和使用行为在先,满意和愉快这种正强化在后,此过程丝毫不见认知因素的影子。多次购买和使用与满意和愉快经验的结合就在消费者身上形成了固定的联结,一种新的条件反射建立了(见图2-1)。

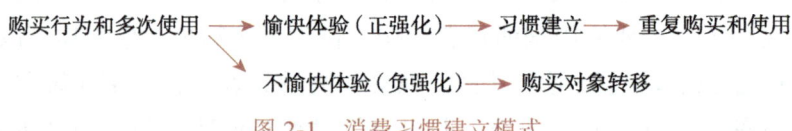

图 2-1 消费习惯建立模式

习惯建立理论能够解释许多现实生活中的消费行为,尤其对那些习惯性消费行为能提供比较满意的解释。在日常生活中每个人都有许多这样的习惯性购买行为存在,如对牙膏、香皂、理发服务等都有其固定的消费偏好,而不会轻易选择新的消费对象。这样做可以使人最大限度地节省用于选择的精力投入,同时又避免了不必要的消费风险的发生。

专栏 2-1　　　　　　　　经济学中的路径依赖

路径依赖(path dependence)又译为路径依赖性,是指一旦人们做了某种选择,就好比走上了一条"不归路",惯性的力量会使这一选择不断自我强化,并让人们不能轻易走出去。经济学家道格拉斯·诺斯(Douglass North)在《经济史中的结构与变迁》一书中,用路径依赖理论成功地阐释了经济制度的演进,并获得1993年诺贝尔经济学奖。人们把路径依赖理论广泛应用在选择和习惯的各个方面,在一定程度上,人们的一切选择都会受到路径依赖的影响。人们过去做出的选择决定了他们未来可能的选择,因此,消费者选择熟悉的商品、品牌或商店也可以用路径依赖理论来解释。

---

2. 信息加工理论

信息加工理论不是某一种理论的名称,而是一类理论的统称。信息加工理论把人看作一个信息处理器,而人的消费行为就是一个信息处理过程,即信息的输入、编码、加工、储存、提取和使用的过程。消费者面对各种大量的商品信息,要对信息进行选择性注意、选择性加工、选择性保持，最后做出购买决定并做出购买行为（见图 2-2）。这个过程可以用心理学原理解释为：商品信息引起了消费者的有意或无意注意，此时大脑就开始对所获得的信息进行加工处理，这个过程包括知觉、记忆、思维和态度，购买决定就产生了。

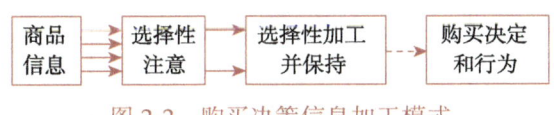

图 2-2　购买决策信息加工模式

需要说明的是，信息加工理论的假设前提是"人是理性的"，只有这个前提成立，信息加工理论才能成立。而事实上人是理性和非理性的复合体，其纯粹的理性状态和非理性状态都是非常态，所以在应用信息加工理论时必须注意这个问题。可以这样说，信息加工理论揭示了人的一个侧面，能够解释消费者购买行为的某些种类和某些部分。但是，信息加工理论无法解释消费者的随机性购买和冲动性购买。另外，受教育程度较低和智力较低的消费者的购买行为，其信息加工过程不明显，或者说谈不到什么真正的信息加工。而前面介绍的习惯性购买行为也不存在明显的信息加工过程。而那些受过良好教育的人，当他们既面临高卷入的购买行为，同时又有大量的商品信息可以利用时，信息加工理论就能为其此时的购买行为提供比较完美的解释。

3. 效用理论

效用就是商品或服务满足人们某种欲望的能力，或者是消费者在消费商品或服务时所感受到的满足程度。效用理论认为消费者在决策中所要面对的问题是"我应怎样花钱才能使其效用最大化"，即消费者决策以追求效用最大化为目标。效用理论中按对效用的衡量方法分为基数效用论和序数效用论。

（1）基数效用论中的边际效用理论。基数效用论认为效用作为消费者从消费商品中得到的满足程度，其大小可以用基数 1，2，3，……数值来表示，并可以加总求和。同时，还提出了边际效用递减规律的假定。基数效用论在分析消费者行为时，提出了总效用与边际效用的概念。

1）总效用与边际效用。总效用（total utility，TU）是指消费者在一定时间内从消费一定量某物品中所得到的总的满足程度。总效用是相对于一定的商品消费数量而言的，随着商品消费数量的变化而变化。因此，总效用可以用商品消费数量 Q 为自变量的函数来表示，即

$$TU = f(Q)$$

边际效用（marginal utility，MU）是指消费者在一定时间内每增加一个单位商品的消费所得到的效用量的增量。用数学公式可以表示为

$$MU = \frac{\Delta TU}{\Delta Q}$$

可以用总效用与边际效用表来说明它们之间的相互关系,如表 2-1 所示。

表 2-1　某物品的总效用与边际效用

某物品的量	总　效　用	边 际 效 用
1	30	30
2	50	20
3	65	15
4	75	10
5	83	8
6	89	6
7	93	4
8	96	3
9	98	2
10	99	1

根据表 2-1 可以制作总效用曲线与边际效用曲线,如图 2-3 和图 2-4 所示。

在图 2-3 和图 2-4 中,横轴代表某物品的数量(Q),纵轴代表效用(U)。在图 2-3 中,TU 为总效用曲线,在图 2-4 中,MU 为边际效用曲线。

从图 2-3 和图 2-4 中可以看出,在一定的时间内,随着某物品数量的增加,总效用一直是增加的,但边际效用却是一直减少的,这种现象普遍存在于各商品之中,被称为边际效用递减规律。

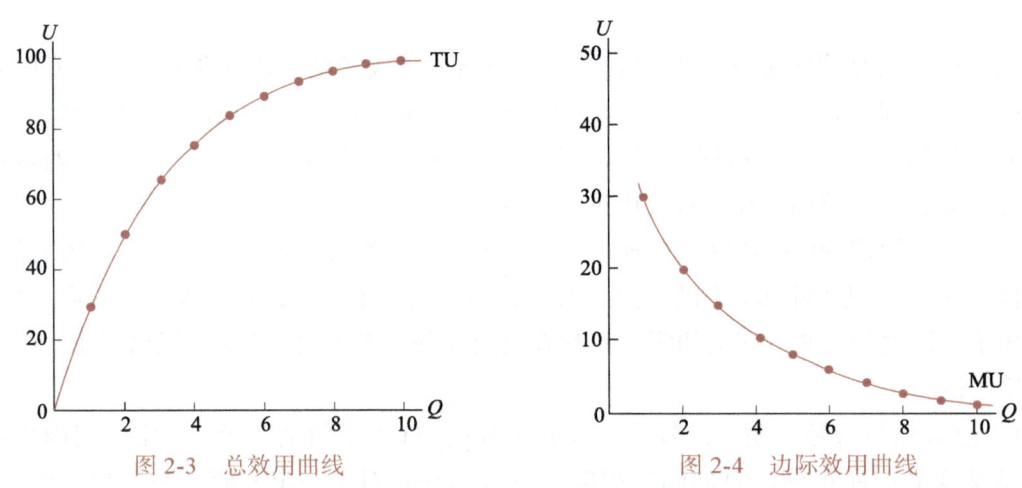

图 2-3　总效用曲线　　　　　　图 2-4　边际效用曲线

2)边际效用递减的特点。边际效用递减的原因在于消费者的生理或心理特点,以及商品本身用途的多样性,它的特点如下。

第一,边际效用的大小,与欲望的强弱成正相关。

第二,边际效用的大小,与消费数量的多少反向变动。由于欲望强度有限,并随满足的增加而递减,因此,消费数量越多,边际效用越小。

第三,边际效用是特定时间内的效用。由于欲望具有再生性、反复性,边际效用也具有时间性。

第四,边际效用实际上永远是正值。虽然理论上有负效用,但实际上,当一种商品的边际效用趋于零时，理性的消费者必然会改变其消费方式，去满足其他欲望，以提高效用。

第五，边际效用是决定商品价值的主观标准。边际效用价值认为，商品的需求价格不取决于总效用，而取决于边际效用。消费数量少，边际效用高，需求价格也高；消费数量多，边际效用低，需求价格也低。

（2）序数效用论中的无差异曲线理论

序数效用论认为，消费者行为活动的目标虽然在于使自己既定的收入来达到效用的最大化，但是效用是无法计量的，不能加总求和，也不能进行效用量的比较，它只能根据满足程度的高低进行排序。因此，效用只能用序数第一，第二，第三，……来表示。序数效用论通过无差异曲线的分析来解释消费者购买决策行为。

1）无差异曲线。无差异曲线（indifference curve）是一种用来表示两种商品或两组商品的不同数量的组合、搭配对消费者所提供的效用是相同的曲线，所以无差异曲线也叫作等效用线。

比如，现有 X 与 Y 两种商品，它们有 A、B、C、D、E、F 六种组合方式，这六种组合方式可以给消费者带来同样的满足。于是可以做出 X、Y 两种商品的不同组合方式（见表 2-2）。

表 2-2　X、Y 两种商品的不同组合方式

组合方式	X 商品	Y 商品
A	5	30
B	10	18
C	15	13
D	20	10
E	25	8
F	30	7

根据表 2-2，可以作图 2-5。

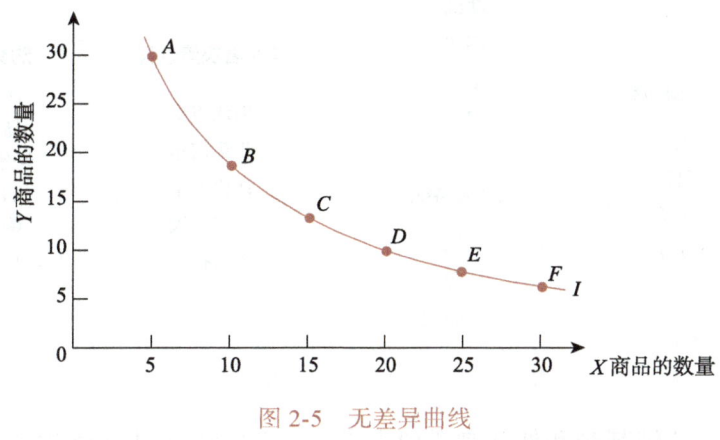

图 2-5　无差异曲线

在图 2-5 中，横轴代表 X 商品的数量，纵轴代表 Y 商品的数量。I 为无差异曲线。由

图2-5可以看出无差异曲线的特征：在无差异曲线上任何一点X商品与Y商品不同的组合给消费者所带来的满足程度是相同的。

2）序数效用论的启示。序数效用论把市场中的消费者描绘成"经济人"或理性的决策者，从而给消费者行为研究带来启示：第一，消费者效用的实现需要一定条件，如消费者想要购买，前提是要有足够的预算，这种前提条件在经济学中称为预算经济条件。想要的东西很多，但收入有限，因此是一种约束。那么，想要将有限的收入用好，以让消费后的自己满足程度达到最大该怎么做呢？固定的收入有很多搭配的方式，如少买奢侈品、零食、衣服等。总而言之，消费者要在各种搭配之间选择一个最让自己感到满意的搭配，经济学称消费者的这种行为为效用最大化。可见，效用最大化是消费者在收入约束下所追求的目标。第二，在实际生活中，作为一个活生生的消费者，在他的消费行为中还要受到其他各种因素的影响，因此，他很难按照效用最大化的模式去追求最大效益，消费者只能做到"有限理性"。

2.1.2 科特勒的刺激–反应模式

消费者购买行为模式是对消费者实际商品购买过程进行形象的说明。模式是指某种事物的标准形式。消费者购买行为模式是指用于表述消费者购买行为过程中的全部或局部变量之间因果关系图式的理论描述。在消费者行为学和市场营销学方面影响较大的并且具有代表性的模式有：霍华德–谢思模式、恩格尔–科拉特–布莱克韦尔模式（EKB模式）和美国著名市场营销学家菲利普·科特勒的刺激–反应模式，由于篇幅所限，在这里仅介绍菲利普·科特勒的刺激–反应模式。

美国著名市场营销学家菲利普·科特勒教授认为，消费者购买行为模式一般由从左至右的四个部分构成，如图2-6所示。

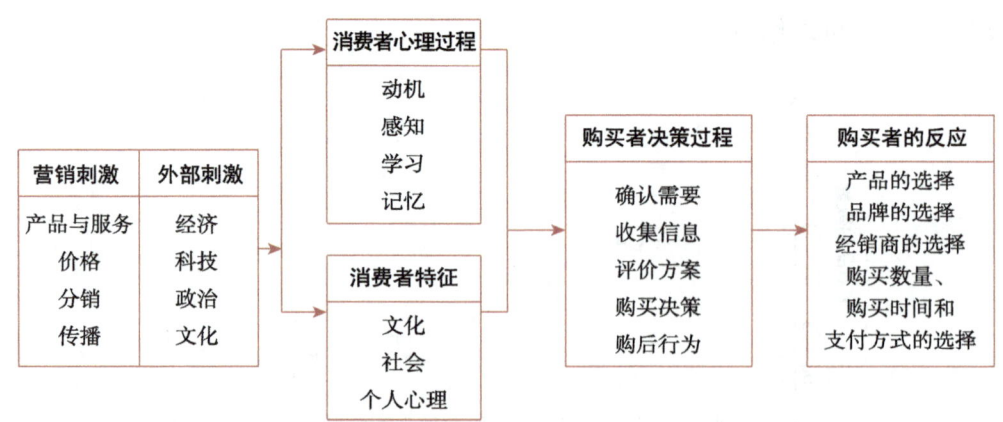

图2-6 科特勒的刺激–反应模式

第一部分包括营销刺激和外部刺激两大类，这两类因素共同刺激消费者的意识；第二部分包括消费者的一系列心理过程和某些消费者特征；第三部分是消费者购买决策过程；第四部分购买者的反应可以视为购买决策过程中"决策"内容的展开，包括对产品的选择，品牌的选择，经销商的选择，购买数量、购买时间和支付方式的选择。

科特勒的刺激－反应模式是一个概念性模式，虽然简洁，但很清晰地说明了消费者购买行为的一般模式，因此，该模式易于掌握和应用。

2.1.3 阿萨尔购买行为类型

在日常生活中消费者的购买行为是多种多样的，不仅在不同的消费者之间其购买行为存在着差异，而且在同一个消费者身上在不同条件下其购买行为也存在着差异。究其原因是受诸多因素影响，其中最主要的是参与程度和品牌差异大小。同类产品不同品牌之间的差异越大，产品价格越高昂，消费者越是缺乏产品知识和购买经验，感受到的风险越大，购买过程就越复杂。比如，洗涤灵、毛巾与电脑、平板电脑、智能手机、新能源电动车和商品房之间的购买复杂程度显然是不同的。阿萨尔（Assael）根据购买者的参与程度和产品品牌之间的差异程度区分出四种购买类型（见表 2-3）。

表 2-3 阿萨尔购买行为类型

	高度卷入	低度卷入
品牌间差异很大	复杂的购买行为	寻求变化的购买行为
品牌间差异很小	减少失调的购买行为	习惯性购买行为

（1）复杂的购买行为。当消费者参与购买的程度较高，并且了解品牌间的显著差异时，则他们会有复杂的购买行为。一般来说，购买贵重物品、大型耐用消费品、风险较大的商品、特别容易引起他人注目的产品及其他需要消费者高度卷入的产品，消费者的购买行为往往是复杂的购买行为。

（2）减少失调的购买行为。这种购买行为是指由于产品的各种品牌之间并没有多大差别，并且由于产品具有很大的购买风险或者价格很高，所以需要消费者高度卷入才能慎重决定；但购买商品之后，有时往往又会使消费者产生一种购后不协调的感觉，于是开始通过各种方法试图做出对自己的选择有利的评价，并采取种种措施试图证明自己当初的购买决策是正确的。

（3）寻求变化的购买行为。当消费者卷入程度很低而且品牌间的差异很大的时候，消费者就会经常改变品牌的选择。这种购买行为的产生往往不是因为对原有品牌的不满意，而是因为同类产品有很多可以选择的品牌，而且由于这类产品本身一般价格并不昂贵，所以消费者在求新求异的消费动机下就会经常不断地在各品牌之间进行变换，达到"常换常新"的目的。比如，我们经常看到周围的同学或好友，今天喝的是农夫山泉水溶 C100 西柚汁饮料，明天也许就换成加多宝凉茶，后天可能又换成屈臣氏新奇士橙汁汽水了。

（4）习惯性购买行为。这是指消费者卷入程度不高，同时品牌之间的差异也不大时，消费者一般采取的购买行为。这类产品一般价格较低而且大多是经常购买的日用消费品。消费者在购买这类产品的时候并不需要刻意地形成态度和信念，然后按照决策过程一步一步地实施计划最后完成购买活动,而是以一种不假思索的方式直接采取购买行动。而且,在这种情况下消费者购买某类产品并非出于品牌忠诚,而是出于习惯,或者说只是因为熟悉的缘故,所以消费者在购买之后几乎不产生购后评价。

2.2 消费者的购买决策

消费者的购买行为是由一系列环节、要素构成的完整过程。在这一过程中,购买决策过程居于核心地位。

2.2.1 购买决策的含义

消费者购买决策是指消费者寻找、比较、选择、评价商品、品牌或服务的属性,并进行判断、决定等一系列活动的过程。

购买决策在消费者购买活动中占有极为重要的地位。首先,消费者是否进行决策,决定了其购买行为的发生或不发生;其次,决策的内容决定了购买行为的方式、时间和地点;最后,决策的质量决定了购买行为的效用。正确的决策可以使消费者以较少的费用、时间买到满意的商品;反之,错误的决策不但会造成时间、金钱上的损失,消费无法得到满足,甚至会导致不同程度的心理挫折,影响以后的购买行为。因此,购买决策在消费者购买行为中居于核心地位。

2.2.2 消费者决策的原则

在购买决策过程中,消费者总是依据一定的标准和原则,对各种方案进行比较选择,从中确定最终方案。这种标准和原则始终贯穿于决策过程,指导消费者的决策过程。

1. 最大满意原则

就一般意义而言,消费者总是力求通过决策方案的选择、实施,取得最大效用,使某方面需要得到最大限度的满足。按照这一指导思想进行决策,即为最大满意原则。遵照最大满意原则,消费者将不惜代价追求决策方案和效果的尽善尽美,直至达到目标。最大满意原则只是一种理想化原则,现实中,人们往往以其他原则补充或代替之。

2. 相对满意原则

该原则认为,现代社会消费者面对多种多样的商品和瞬息万变的市场信息,不可能花费大量时间、金钱和精力去搜集做出最佳决策所需的全部信息,即使有可能,与所付代价相比也绝无必要。因此,在制定购买决策时,消费者只需做出相对合理的选择,达到相对满意即可。比如,在购置服装时,消费者只要经过有限次数的比较选择,买到质量、外观、价格比较满意的,而无须花费大量时间跑遍所有商店,对每一件衣服进行挑选。贯彻相对满意原则的关键是以较小的代价取得较大的效用。

3. 遗憾最小原则

若以最大或相对满意作为正向决策原则，遗憾最小则立足于逆向决策。由于任何决策方案的后果都不可能达到绝对满意，都存在不同程度的遗憾，因此，有人会以可能产生的遗憾最小作为决策的基本原则。运用此项原则进行决策时，消费者通常要估计各种方案可能产生的不良后果，比较其严重程度，从中选择情形最轻微的作为最终方案。比如，当消费者因各类皮鞋的价格高低不一而举棋不定时，有人便宁可选择价格最低的一种，以便使遗憾减到最低程度。遗憾最小原则的作用在于减少风险损失，缓解消费者因不满意而造成的心理失衡。

4. 预期-满意原则

有些消费者在进行购买决策之前，已经预先形成对商品价格、质量、款式等方面的心理预期。消费者在对备选方案进行比较选择时，与个人的心理预期进行比较，从中选择与预期标准吻合度最高的作为最终决策方案，这时他运用的就是预期-满意原则。这一原则可大大缩小消费者的抉择范围，迅速、准确地发现拟选方案，加快决策进程。

2.2.3 消费者购买决策的类型

1. 根据消费者购买决策的不同研究视角划分类型

（1）理性决策。理性决策的假设前提是"消费者是理性经济人"，实现个人利益最大化是"理性经济人"行为的终极目的。消费者的购买决策表现为最大限度地收集信息，全面细致地对比各种产品特征、性能、特色、价格等，最终做出理性的决定。比如，消费者买冰箱、洗衣机往往是一个理性决策过程。

理性决策必备的条件包括：①决策过程中必须获得全部有效的信息；②找出与实现目标相关的所有决策方案；③能够准确地预测出每一个方案在不同的客观条件下所能产生的结果；④可以选择出最优决策方案。

从心理学的角度看，理性决策是消费者根据自己的认知做出的自认为合理的决策。比如，当人们收入有限时，消费者就会精打细算，这就是理性消费者。但是，消费者在购买时并不能够完全理性地对待，因为消费者不愿意仔细考虑决策的各个方面，而且也很难做到，所以，理性决策的条件很难全部具备。此外，不同人对理性的判断是不同的。比如，一个人花了680元看了一场演唱会，他认为很值，自己很理性，但有些人却认为是不理性的。

专栏2-2　　　　　　　　　　关于"有限理性模型"

20世纪50年代以后，人们认识到建立在"经济人"假说之上的完全理性决策理论只是一种理想模式，不可能指导实际中的具体决策。诺贝尔经济学奖得主赫伯特·西蒙

（Herbert Simon）提出了满意标准和有限理性标准，用"社会人"取代"经济人"，大大拓展了决策理论的研究领域，并随之发展出"有限理性模式"，又称为"西蒙模型"。这是一个比较现实的模型，西蒙认为，因为人的知识有限，决策者既不可能掌握全部信息，也无法认识决策的详尽规律。比如，人的计算能力有限，即使借助计算机，也没有办法处理数量巨大的变量方程组；人的想象力和设计能力有限，不可能把所有备选方案全部列出。人的价值取向并非一成不变，目的时常改变，人的目的往往是多元的，而且互相抵触，没有统一的标准。因此，作为决策者，人的理性是处于完全理性和完全非理性之间的一种有限理性，因此，人们在决定过程中寻找的并非是"最大"或"最优"的标准，而只是"满意"的标准。

（2）经验决策。经验决策是指消费者根据以往与商品或行为相关的体验、情感来购买商品或做出决策。在经验决策视角下，消费行为在很大程度上是以追求享乐价值为基础的，如一个消费者入住一家度假酒店是基于他过去的体验而做出的选择。

从经验决策可知：①商品的价值来源于经验而非最终的结果，一般以感情（满意、愉快）为基础，而非以漫长的决策过程（全面认识）为基础；②经验决策主要是个体凭借个人的素质和经验做出决策，因此带有较强的主观性。

（3）行为决策。行为决策认为消费者的决策实际上是对环境影响的一种反应。例如，餐厅中柔和的音乐和灯光让消费者用餐时间延长，清新舒畅的商场环境则可以使消费者购买更多的商品。

根据行为决策，消费者的行为受环境的影响而不是受认知的影响，这为商家提供了一个思路，即从内部布局、门面设计或商品陈列方面来留住消费者，促进购买行为的产生。

2. 根据消费者在购买过程中的介入程度划分类型

（1）扩展性决策。扩展性决策是指消费者在广泛吸收内外部有关购买的各种信息的基础上，认真分析所收集的信息，并且谨慎评估每一个选择，形成对不同商品的认知，引发购买某种商品的意向并做出购买行动的决策。扩展性决策一般发生在消费者缺乏有关商品知识和使用经验或者面临决策风险时，比如有关汽车、商品房或其他贵重商品的购买行为都发生在扩展性决策之后，扩展性决策是消费者深思熟虑的结果。

（2）限制性决策。限制性决策通常发生在购买风险相对较小并且商品相关度相对较低的情况下，消费者几乎不花费时间搜集信息，一般以对商品的认识以及商品的属性为基础进行决策。例如，消费者在购买打印纸时，如果他只想买便宜的打印纸，那么他就有可能选择任何具有这一特征的打印纸。

（3）习惯性决策。在习惯性决策中，消费者已经具有有关商品和品牌的使用经验，并且建立起了一系列评价标准，是在既有使用经验，又熟悉品牌的情况下做出的不用思考的习惯性决策。比如，消费者口渴时，会直接购买日常习惯的饮料品牌。

以上三种决策类型的差别有以下几点。第一，购买决策所经历的阶段以及各阶段消费者的介入程度存在差别。在习惯性决策过程中，消费者介入程度最低；在扩展性决策过程中，消费者介入程度最高；而在限制性决策过程中，消费者介入程度介于前述两种决策类型之间。第二，在不同决策类型下，消费者重复选择同一品牌的概率不同。一般而言，越是复杂的购买行为，消费者在下一次购买中再选同一品牌的可能性越小，而越是趋于习惯性购买决策，重复选择同一品牌的可能性越大。第三，在不同决策类型下，消费者在信息搜集上花的时间存在差异。通常，习惯性决策基本不进行信息搜集，限制性决策会进行少量信息搜集，而扩展性决策则需要进行广泛的信息搜集。

2.2.4 购买决策的主要内容

在市场的购买活动中，消费者的购买决策一般包含以下内容：购买主体（who）、购买对象（what）、购买原因（why）、购买地点（where）、购买时间(when)和购买方式(how)，即通常所说的5W+1H。

（1）购买主体（who），即谁是购买者。购买主体是执行购买决策、从事购买的人，即支出货币换取商品的人，依消费者的年龄、性别、职业、收入可划分为不同的类型。

（2）购买对象（what），即购买什么。消费者需要确定购买对象及具体的内容，包括商品的名称、品牌、款式、规格、型号、颜色、式样、包装和价格，这是决策的核心和首要问题。

（3）购买原因（why），即为什么买。购买原因是消费者的主导购买动机或真正购买动机的反映。消费者的购买动机是多种多样的。比如，同样购买一束鲜花，有人为了装饰家居，自我欣赏；有人为了表达情感，献给爱人；有人则是为了沟通交流，看望朋友、同事。

（4）购买地点（where），即确定购买地点。购买地点是由多种因素决定的，如路途远近、可挑选的品种数量、价格以及服务态度等。它既和消费者的购买习惯有关，也和消费者不同的购买动机有关。例如，求便、求速的消费者会光顾便利店；追求声望的消费者会去高档百货商店。即便现在有美团买菜、叮咚买菜和多多买菜这样的网购平台，但是很多的消费者还是愿意去距离自己家比较近的商超购买蔬菜、水果和其他生活必需品。

（5）购买时间（when），即确定购买时间。决定什么时候购买与消费者对某商品需要的急迫性、存货的情况、营业时间、交通情况和消费者自己可供支配的空闲时间有关。不过由于网络购物的普及，现在消费者购物时间非常自由，甚至全天24小时都可以随时购物。

（6）购买方式（how），即如何购买。购买方式可以理解为消费者购买商品时的支付方式或者购物形式。例如，直接到商店购买，或网上购买；现金支付，或是刷卡支付，全款支付，或是分期付款；用微信，或是用支付宝。新的支付技术使消费者的支付方式更加快捷方便。

2.2.5 消费者购买决策过程

消费者购买决策过程是指消费者在特定心理机制驱动下，按照一定程序发生的心理与行为活动过程。简单地说就是消费者在购买商品和服务过程中所经历的步骤。

典型的购买决策过程一般分为五个阶段，即确认需求、收集信息、比较评估、购买行动和购后反应，具体如图 2-7 所示。

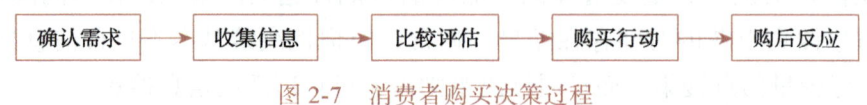

图 2-7　消费者购买决策过程

从图 2-7 中可以看出，消费者的购买过程是在实际购买之前就已开始，并延伸到实际购买以后，因此，营销人员应该注意购买过程的各个阶段而不仅仅注意销售。需要强调的是消费者的整个购买过程，而不单单是购买决定。

实际上，消费者并不是在购买每件商品时都要经过这五个阶段。对某些物品的购买过程就非常简单。消费者可能跃过其中的某个阶段或倒置某个阶段。这个模式所展示的是消费者面临新的或较复杂的购买情况时所进行的一系列考虑和活动，是一个较全面的购买过程。

1. 确认需求

确认需求是消费者购买决策过程的起点。当消费者在现实生活中感觉到或意识到有未满足的需求，而他的需求又升高到一定阈限时就变成一种驱动力，驱使人们采取行动去予以满足。

需求可由内在刺激或外在刺激唤起。内在刺激是人体内的驱动力，如饥饿、口渴等；外在刺激是外界的"触发诱因"。需求被唤起后可能逐步增强，最终驱使人们采取行动，也可能逐步减弱以至消失。那么，有哪些原因促使消费者确认问题，产生需求呢？

（1）通过消费，某些物品即将用尽时。如电池快用尽了，要换新的；油盐快用完了，要重新买，等等。这些都会使我们认识到问题。

（2）喜新厌旧。如衣服旧了，或者款式不合潮流了，要买新的。对过去买的单开门冰箱不满意了，要换台对开门组合冰箱等。

（3）收入的变化。收入的增加和减少对消费者都有一定的影响。收入增加会使消费者认识新的问题，产生更多的需求；收入减少消费者则会减少开支、降低需求标准。

（4）需求环境的改变。新环境下会产生新的需求。比如新婚夫妇要买家具、买室内装饰品、要外出旅行等。刚参加工作的年轻人往往需要彻底"包装"，以成熟、稳重的形象进入社会，还要为父母买些礼物、与朋友相聚等。另外每年季节交替的自然环境变化也使消费者不断购买应季产品。

（5）对新产品的需求。由于技术的发展、新产品不断涌现，看到丰富多彩的消费品，消费者会产生强烈的购买欲，比如，2007 年 6 月 iPhone 手机上市，之后一发不可收拾，智能手机和平板电脑成为更多消费者的最爱。

（6）对配套产品的需求。比如，消费者买了西服后就要买衬衫、领带、皮鞋和皮包等配套；买了计算机就要买打印机、扫描仪等外设。

在确认需求阶段，营销人员的任务是搞清楚引起消费者问题的各种环境。可以通过消费者调研来回答如下问题：所引起的是哪种需求？这种需求由何而生？这些需求是如何把消费者引向购买某一特定产品的？除此以外，营销者还必须注意两点：①了解是什么原因驱使消费者来购买本企业的产品，即本企业的产品提供给消费者的价值是否具有竞争力。②消费者对某产品的需要程度会随时间而变化。也许某种诱因使需求变得更强烈，也许会变淡漠。掌握了这些情况，营销者就可以在适当的时间用适当的策略，设计诱因，增强刺激，唤起需求，最终影响消费者采取购买行动。

2. 收集信息

一个确认了需求的消费者，通常情况下是会主动搜集与满足需求有关的各种信息的，以便进行评价工作。这种搜集信息的积极性会因其需求程度的不同有高有低。如果消费者对某些商品的需求不很迫切，搜集信息的积极性就不很高，但是他们仍然对同满足自己需求有关的信息保持关注。如果消费者对某些商品的需求很迫切，那么他们搜集有关信息的积极性就会很高。

消费者需要搜集的信息量取决于其购买情况的复杂程度。在购买活动是"经常性行为"的情况下，消费者几乎不需要搜集信息；在"限制性决策"的情况下，消费者需要搜集的信息量不大；而在"扩展性决策"的情况下，由于消费者对所需购买的产品完全不了解，因而需要搜集大量的信息。

在收集信息阶段，营销人员的任务包括以下方面。

（1）了解消费者的信息来源。消费者的信息源有以下四类。

1）人际来源，是指家庭、亲朋好友、邻居及其他熟人。

2）商业来源，是指商业广告、售货员介绍、商品陈列展览、商品包装、商品说明书。

3）公众来源，是指大众媒体，如广播、电视、报纸、杂志、新媒体，以及消费者协会组织等。

4）经验来源，是指消费者直接使用该产品得到的经验。

（2）了解不同信息源对消费者的影响程度。每一种来源在影响购买决策上都具有一些不同的功能。商业信息通常执行告知的功能，而人际来源则执行认可或评估的功能。还可以换一个角度考虑问题，这就是经验来源的影响最强，商业来源的影响最弱。当消费者购买自己未曾使用的产品时，人际来源的影响最强。

（3）设计有效的信息传播策略。为了使消费者将所寻求的信息限定在本企业产品的范围内，一个企业需要了解不同信息来源及传播的特点，尽量使本企业的产品包含在消费者的选择之列。比如，可通过电视、广播、报纸、杂志等大众媒体或微信朋友圈等自媒体做广告，或展销会、商场橱窗、POP广告等方式进行广泛的商业性宣传。此外，还可以设法刺激和利用人际关系，提高信息的影响力和有效性，为消费者选择购买本企的产品创造条件。

另外,从消费者的角度看,由于互联网,特别是移动互联网的普及,手机等移动通信工具的使用变得普遍,消费者进行信息收集变得简单方便。在当前的社会环境下,收集信息已不是问题,问题是消费者面对海量的信息而难以判断和选择。

3. 比较评估

当消费者从不同的渠道获取到有关信息后,还要对得到的各种有关信息进行分析、评估和比较。一般而言,消费者的比较评估涉及五个方面。

(1)分析产品属性。产品属性即产品能够满足消费者需要的特性。消费者一般将某一种产品看成一系列属性的集合,对一些不同的产品,他们关心的属性有些差异,比如:服装,主要是服装的式样、颜色、面料、价格、做工、流行性;智能手机,主要考虑操作系统、处理器、内存和存储、手机尺寸、屏幕、摄像头、电池和充电技术;轮胎,关心的属性是轮胎的安全性、胎面弹性、行驶质量等。

消费者不一定对产品的所有属性都视为同等重要,对各种属性的关心程度因人而异。他们最关心的是那些最能满足其当前需要的属性。通常可以按照不同消费者群体所重视的主要属性的不同将其划分为重视流行的消费者、重视品牌的消费者、重视价格的消费者、重视质量的消费者等。

市场营销人员应分析本企业产品应具备哪些属性,以及不同类型的消费者分别对哪些属性感兴趣,以便进行市场细分,对不同需求的消费者提供具有不同属性的产品,以此满足消费者的需求。

(2)建立属性等级。建立属性等级即消费者对产品有关属性所赋予的不同的重要性权数。消费者会有意或无意地运用一些评价方法对不同的产品进行评价和选择,建立属性等级。比如,消费者收集了A、B、C……I 9种品牌的服装信息。首先,他认为价格是第一考虑的属性,假如他要求的价格不超过1 000元,C、D、E三种超过此价的品牌被淘汰;其次,他要求面料要超过9分(按主观标准打分,满分10分),B、F、G、H 4种未达到9分的品牌被淘汰,还剩2种(A、I)品牌供选择,这时消费者会选择自己认为具有最重要的属性或品质的品牌产品,如选品牌A。产品不同属性的重要程度因人而异。

(3)确定品牌信念。消费者会根据各品牌的属性及各属性的参数,建立起对各个品牌的不同信念,比如确认哪种品牌在哪一属性上占优势,哪一属性相对较差。

(4)形成"理想产品"。消费者的需求只有通过购买才能得以满足,而他们所期望的从产品中得到的满足,是随产品每一种属性的不同而变化的,这种满足程度与产品属性的关系,可用效用函数描述。效用函数,即描述消费者所期望的产品满足感随产品属性的不同而有所变化的函数关系。它与品牌信念的联系是,品牌信念是指消费者对某品牌的某一属性已达到何种水平的评价,而效用函数则表明消费者要求该属性达到何种水平他才会接受。消费者对不同产品属性的满足程度不同,便会形成不同的效用函数。比如,消费者购买一台电视机的满足感,会随着功能的齐全、图像的清晰、操作的方便等而得以实现，但也会因价格的上升而使满足感降低。把各属性效用的各最高点连接起来，便成为消费者最理想的电视机效用函数。

（5）做出最后评价。消费者从众多可供选择的品牌中，通过一定的评价方法，对各种品牌进行评价，从而形成对它们的态度和对某种品牌的偏好。在这一评价过程中，大多数的消费者会将实际产品与自己的理想产品进行比较。在消费者的评估选择阶段，有以下几点值得营销人员注意：

1）产品性能是购买者所考虑的首要问题；

2）不同消费者对产品的各种性能给予的重视程度不同或评价标准不同；

3）消费者心中既定的品牌信念与产品的实际性能可能有一定差距；

4）消费者对产品的每一属性都有一个效用函数；

5）多数消费者的评选过程是将实际产品同自己理想中的产品相比较。

据此，营销人员可以采取以下对策，以提高自己产品被选中的概率：①修正产品的某些属性，使之接近消费者理想的产品。这是"实际的重新定位"。②改变消费者心目中的品牌信念，通过广告和宣传报道努力消除其不符合实际的偏见。这是"心理的重新定位"。比如，某种产品确实是物美价廉，而有些消费者却以为价廉的一定不如价高的质量好；又如，某种国产货已经达到或超过进口货水平，而有些消费者却总是迷信进口货，认为该国产货不如进口货好。因此，营销者要在这方面进行广泛的宣传，改变消费者的偏见。③改变消费者对竞争品牌的信念。当消费者对竞争品牌的信念超过实际时，可通过比较性广告，改变消费者对竞争品牌的信念，实行"竞争性反定位"。④通过广告宣传，改变消费者对产品各种性能的重视程度，当然，营销人员对其产品的广告宣传必须实事求是，符合实际，使消费者感到满意。

4. 购买行动

消费者经过产品评估后就开始实施方案评价结果，这一阶段就是购买行动阶段。营销人员要特别注意，在消费者将购买意向转为实际购买行动之前，有以下两个不容忽视的影响因素。

（1）他人态度。消费者的购买意图，会因他人的态度而增强或减弱。他人态度对消费意图影响力的强度主要取决于三个因素：①他人否定态度的强度。否定态度越强烈，影响力越大。②他人与消费者的关系。他人与消费者关系越密切，影响力越大。③他人的权威性。此人对产品的专业知识了解越多，对产品的鉴别力越强，则影响力越大。

由于许多产品具有使消费者在他人面前提升自我表现的作用，因而消费者在购买时会更加在意他人的看法。他人看法与消费者意见相悖，将会导致消费者犹豫不决，很难在短期内做出购买决策，甚至会打消购买意向。

（2）意外因素。消费者购买意向是以一些预期条件为基础形成的，如预期收入、预期价格、预期质量、预期服务等，如果这些预期条件受到一些意外因素的影响而发生变化，购买意向就可能改变。比如，预期的年终奖由于各种原因没有得到、通货膨胀使打算购买的家具价格突然提高很多,或者购买现场销售人员态度十分恶劣等,都可能导致顾客购买意向的改变。

当然,消费者的购买意向是否能转化为实际购买,还受所购商品价格的高低、购买风险的大小和消费者自信心的强弱等因素影响。

购买行动是消费者购买决策过程中的关键阶段,营销人员在这一阶段一方面要向消费者提供更多更详细的商品信息,以便使消费者消除各种疑虑,促使消费者坚定地实施购买意向;另一方面要通过提供各种销售服务,方便消费者选购,促进消费者做出购买本企业产品的决定。

5. 购后反应

现代消费者行为学最重要的特征之一是重视对消费者购买后的研究,以提高其满意度。消费者的购后过程分为以下三个阶段。

(1) 购后使用和处置。消费者在购买所需商品或服务之后,会进入使用过程以满足需要。有时只是一个直接消耗行为,如喝饮料、看演出等;有时则是一个长久的过程,如家电和家具等耐用消费品的使用。营销人员应当关注消费者如何使用和处置产品。如果消费者使用频率很高,说明该产品有较大的价值,会增强其对购买决策正确性的信心。如果一个应该有高频率使用的产品而消费者实际使用率很低或闲置不用,甚至丢弃,说明消费者认为该产品无用或价值较低,会对产品不满意,进而怀疑自己的购买决定或产生后悔心理。如果消费者把产品转卖他人或用于交换其他物品,将会影响企业产品的销售量。

(2) 购后评价。消费者通过使用和处置过程对所购产品和服务有了更加深刻的认识,检验自己购买决策的正确性,确认满意程度,作为以后购买活动的参考。消费者的购后满意程度不仅仅取决于产品质量和性能发挥状况,消费者的心理因素也对此具有较大影响。

说明消费者购买后行为有两种理论。一种叫"预期满意理论"。该理论认为,顾客满意是消费者将产品可感知效果与自己的期望值相比较后所形成的心理感受状态,即消费者购买产品以后的满意程度取决于购前期望得到实现的程度,可用函数式表示为

$$S=f(E, P)$$

式中,S 表示消费者满意程度;E 表示消费者对产品的期望;P 表示产品可觉察性能。消费者根据从不同来源所获得的信息形成对产品的期望 E,购买产品以后的使用过程形成对产品可觉察性能 P 的认识。如果 $P=E$,则消费者会感到满意;如果 $P>E$,则消费者会很满意;如果 $P<E$,则消费者会不满意,实际同预期的效果差距越大,不满意的程度也就越大。消费者购后感受的好坏,会影响消费者是否重复购买,并将影响他人的购买。也就是说,如果消费者对产品满意,则在下一次购买中可能继续购买该产品,并向其他人宣传该产品的优点。如果对产品不满意,肯定不会再买这种产品,甚至有可能退货并劝阻他人购买这种产品。

另一种叫"认识差距理论"。这种理论认为,消费者购买商品后都会引起程度不同的不满意感。原因是任何产品总有它的优点和缺点,消费者购买后往往较多地看到产品的

缺点，而别的同类产品越是有吸引力，对购买的产品的不满意感就越大。企业的任务就是使消费者的不满意感降到最低限度。

消费者对所购产品不满意时，往往做出相应的反应。比如，他可能收集更多的产品信息，期望证实自己的购买行动的正确，从而获得安慰；他可能要求退货，或者到二手商店将产品处理掉；他也可能暗下决心，从此再也不买这种产品。所以，企业除了要向消费者提供货真价实的产品外，还要采取积极的办法，促使消费者消除不满意感，使他们自信自己的购买选择是正确的。在国外，有的汽车制造商在消费者购买汽车之后通过定期沟通，给消费者介绍汽车的使用常识、保养知识，同时提供优质的售后服务，让消费者确认自己的购买是正确的，以此来提高消费者满意度。

（3）购后行为。消费者对产品的评价会形成其对该产品的信赖、忠诚或者是排斥态度。这就决定了相应的购后行为：信赖产品，重复购买同一产品；推荐、介绍产品给周围人群；抱怨、投诉，直接向生产商索赔；个人抵制，不再购买，并劝阻他人购买；控诉，通过大众媒体和消费者保护组织投诉等。

企业应当采取有效措施减少或消除消费者的购后不满意感。比如，有的耐用消费品经营企业在产品售出以后，请顾客留下姓名、地址、电话等，定期与顾客联系，祝贺他们买了一件理想产品，通报本企业产品的质量、服务和获奖情况，指导顾客正确使用产品，征询改进意见，并建立良好的沟通渠道处理来自消费者的意见，并迅速赔偿消费者所遭受的损失。事实证明，与消费者进行恰当的购后沟通可减少退货情况，增强消费者对产品的信心。如果消费者因不满意而向有关部门投诉或抵制产品，企业将遭受更大的损失。

2.3 购买决策中的非理性行为

由于个体的地域、知识、经验等因素所限，以及性格、情绪、情境、习惯、习俗等多重因素的影响，消费者常常做出一些违背经济运行法则甚至背离最优选择的消费决策，表现为一些不正常的行为状态，非理性消费行为就是其中之一。

2.3.1 非理性消费的含义

非理性消费是指消费者在各种因素影响下做出的不合理的消费决策，一般表现为不按价值最大化原则进行消费；消费时没有考虑收入的约束；不按边际效用递减规律进行消费；对消费品的判断认知不足等。非理性消费的具体表现为冲动消费、炫耀消费、攀比消费、奢侈消费、不节约能源消费和不保护环境消费等。

2.3.2 导致非理性消费的原因

1. 经济能力的提升

有研究显示，可支配资金越充裕，消费者就越容易进行非理性消费；反之，可支配资金越紧张，消费者就越倾向于理性消费。消费者的经济能力提升后，很容易进行冲动消费、攀比消费等非理性消费。

当前，随着我国经济的稳定增长，我国居民可支配收入不断提高，社会上出现了盲目追求购买奢侈品却不考虑奢侈品的文化、内涵、使用场合等现象。有的人通过购买奢侈品向他人炫耀和展示自己的财力和社会地位，以及这种地位所带来的荣耀、声望、名誉等。甚至还出现有些商品越贵越有人追捧的现象，如高档轿车、昂贵的手机、超大的豪宅、价格不菲的大餐等。

2. 虚荣效应心理

心理学中的虚荣效应心理是指人们想拥有只有少数人才能享用或独一无二的商品的心理偏好。拥有某种虚荣性商品的人越少，该商品能带来的虚荣效应就越大。名家艺术品、限量版跑车，以及定制的奢侈品等都是虚荣性商品。消费者从艺术品或跑车中获得的价值，多半来源于"几乎没有人拥有与我一样的东西"这一事实而产生的对特权、地位和排他性的满足感。

可见，消费者在消费过程中不仅要通过购买商品获得商品的使用价值，更需要通过商品的附加价值来满足其虚荣心理。这种虚荣心理主要表现在攀比心理和炫富心理两个方面。

3. 危机风险意识

在现实经济生活中，人们对危机事件的反应非常敏感，如通货膨胀、疾病、灾难等。部分消费者心理脆弱，理性承受消费风险的能力较弱而产生了跟风似的非理性消费。比如，2002年1月的阿根廷抢购风。在担心阿根廷比索可能严重贬值的心理影响下，阿根廷人纷纷涌向购物中心和百货商场抢购商品，造成混乱。再如，2003年初在我国爆发的"非典"疫情，由于消费者受恐慌情绪感染，一度引发市场抢购商品和板蓝根。2020年初爆发的新冠疫情，短时间内社会上恐慌情绪蔓延，引发消费者抢购商品和连花清瘟中成药。

4. 企业营销因素的影响

企业的营销因素对消费者的购买选择具有重要作用。商店环境、商品的特殊包装、诱导性的价格、独特的商品陈列、铺天盖地的广告宣传等也会引起消费者的非理性消费。

另外，消费者决策偏见导致的非理性消费又与消费者的群体差异、外界环境的刺激有关。应该指出的是，非理性消费有时也是一种缓解压力、发泄不良情绪的方法，如有些人在心情低落、情绪不佳状态下的冲动消费就是一种"心理补偿性消费"。

专栏 2-3　　　　　　　　　非理性消费中的心理账户

心理账户影响了人们的决策选择，它揭示了人们在进行消费决策时的心理认知过程。

心理账户的概念最早是由美国芝加哥大学的行为经济学和行为金融学重要代表人物理查德·塞勒（Richard Thaler）教授在1980年提出的。他发现在消费者的行为过程中，人们习惯于将不同来源、不同种类、不同用途的货币视为相互之间独立性很强的不同财富，并在心目中按照不同的账户将其分门别类地进行安置，而不同的心理账户对应的是消费者的不同决策模式。因此，心理账户是指我们的大脑会把钱存在不同的账户内，不同账户内相同的钱并不是等值的。根据钱的来源不同，人们会将它们分到不同的心理账户中去，不同账户的边际消费倾向是不一样的。比如，辛苦挣来的10 000元工资当然要精打细算地花，但要是10 000元奖金，则有可能会被轻松地花掉。由此可见，消费者内心对商品价格的感受会随着其归属心理账户的不同而发生变化。

2.4 消费者满意与消费者忠诚

我们知道，消费者的购买决策过程的最后一个阶段是购买后的行为。而购买后的满意与否，可以影响消费者以后的重复购买与品牌忠诚，所以，在本章的最后一个问题中将专门讨论消费者的满意与忠诚，即顾客满意与顾客忠诚。

2.4.1 顾客满意

1. 顾客满意的含义

顾客满意是指顾客购买和使用某产品之后通过对该产品的感知的效果与他的期望值相比较后，所形成的满足或失望的感觉状态。从本质上讲，顾客满意反映的是顾客的一种心理状态，是顾客的需求被满足后表现出的愉悦感。菲利普·科特勒指出："满意是指一个人通过对一个产品和服务的可感知的效果与他的期望值相比较后所形成的感觉状态。"它来源于顾客对企业的某种产品和服务消费所产生的感受与自己的期望所进行的对比。也就是说"满意"并不是一个绝对概念，而是一个相对概念，由于期望不同，同样产品不同顾客的满意度是不同的。顾客对产品期望的形成来源于过去的购买经验、朋友和伙伴的各种建议、销售者和竞争者提供的信息和许诺等。若一个企业使顾客的期望过高，则容易引起购买者的失望，从而降低顾客满意程度。但是，如果企业把期望定得过低，虽然能使顾客感到满意，但难以吸引大量的购买者。

顾客对满足其需要的感知效果（绩效），既是企业的预期，也是顾客通过购买和使用产品的一种感受。尽管它是顾客的一种主观感觉状态，但是建立在"满足需要"的基础上的，是从顾客的角度对企业产品或服务价值的综合评价。研究表明，顾客满意既是顾客本人再购买的基础，也是影响其他顾客购买的要素。对企业来说，前者关系到企业能否保持老顾客，后者关系到企业能否吸引新顾客。为此，企业必须创造卓越的顾客感知价值，使顾客满意是企业赢得顾客、占有和扩大市场、提高效益的关键。

2. 顾客让渡价值

（1）顾客让渡价值的含义。顾客价值即顾客让渡价值，是指顾客总价值与顾客总成本之差。顾客总价值就是顾客期望从某一特定产品或服务中获得的一组利益，包括产品价值、服务价值、人员价值和形象价值等。顾客总成本是指顾客为购买某一产品所耗费的时间、精神、体力以及所支付的货币资金等。因此，顾客总成本包括货币成本、时间成本、精神成本和体力成本等。

由于顾客在购买产品时，总希望把有关成本，包括货币、时间、精神和体力等降到最低限度，而同时又希望从中获得更多的实际利益，以使自己的需要得到最大限度的满足。因此，顾客在选购产品时，往往从价值与成本两个方面进行比较分析，从中选择出价值最高、成本最低，即"顾客让渡价值"最大的产品作为优先选购的对象。

（2）顾客满意度。顾客满意度是指顾客总价值与顾客总成本之比。或者说是顾客消费后对消费对象和消费过程的一种个性、主观的情感反映，是顾客满意水平的量化指标。企业营销人员应该清醒地认识到，顾客满意度是一个比较难以精确衡量的指标。对于购买同一种产品和服务，不同的顾客的期望值不一样，因而满意度也不同；而同一个顾客在不同时期和不同场所购买同一种产品和服务的满意度也是不同的。企业一般需要根据目标顾客的需求以及自身产品和服务的特点来构建一套顾客满意指标并进行测评。

3. 如何提高顾客满意

顾客满意是顾客对产品或服务的消费经验的情感反映状态，是任何一个企业生存与发展的重要条件。这种满意不仅仅体现在对一件产品、一项服务、一种思想的满意，还体现为对一种系统、一种体系的满意。顾客在消费中获得的让渡价值越大，满意度就越高，企业可以从以下几个方面提高顾客满意。

（1）提高顾客购买的总价值。

1）产品价值。产品价值是由产品的质量、功能、规格、式样等因素所产生的价值。产品价值是顾客需求的核心内容之一，产品价值的高低也是顾客选择商品或服务所考虑的首要因素。因而一般情况下，它是决定顾客购买价值大小的关键和主要因素。如何才能提高产品价值？要提高产品价值，就必须把产品创新放在企业经营工作的首位。企业在进行产品创新、创造产品价值的过程中应注意以下方面。

①产品价值的实现是与产品整体概念密不可分的，现代营销学认为产品包含三个层次的内容：核心产品（主要利益）、形式产品（包装、品牌、花色、式样）和附加产品（保证、安装、送货、维修）。与此相对应，产品的价值也包含三个层次：内在价值，即核心产品的价值；外在价值，即形式产品的价值；附加价值，即附加产品的价值。

现代的产品价值观念要求企业在经营中应该全面考虑产品的三层价值，既要首先保证第一层次的价值，做到以核心价值为重点，同时也不能忽视第二、三层次的价值，尤其是提高产品的附加价值，是企业创造竞争差异优势的主要方面。

②产品创新目的是更好地满足市场需求,进而使企业获得更多的利润。因此,检验产品价值的唯一标准就是市场,即要求新产品能受到市场上顾客的欢迎,能为企业带来满意的经济效益,这才说明该产品的创新是有价值的。

产品的价值是由顾客需求决定的,在分析产品价值时还应注意:第一,在经济发展的不同时期,顾客对产品的需求有不同的要求,构成产品价值的要素以及各种要素的相对重要程度也会有所不同;第二,在经济发展的同一时期,不同类型的顾客对产品价值也会有不同的要求,在购买行为上表现出极强的个性特点和明显的需求差异性。

2)服务价值。服务价值是构成顾客总价值的重要因素之一。从服务竞争的基本形式看,可分为追加服务与核心服务两大类:追加服务是伴随产品实体的购买而发生的、企业向顾客提供的各种附加服务,包括产品介绍、送货、安装、调试、维修、技术培训、产品保证等所产生的价值。其特点表现为服务仅仅是生产经营的追加要素。从追加服务的特点得出,虽然服务已被视为价值创造的一个重要内容,但它的出现和作用却是被动的,是技术和产品的附加物,显然高度发达的市场竞争中,服务价值不能以这种被动的竞争形式为其核心。核心服务是消费者所要购买的对象,服务本身为购买者提供了其所寻求的效用。核心服务把服务内在的价值作为主要展示对象。这时,尽管存在实体商品的运动,但两者的地位发生了根本性的变化,即服务是决定实体商品交换的前提和基础,实体商品流通所追求的利益最大化应首先服从顾客满意的程度,而这正是服务价值的本质。很多企业在服务价值的构建方面不断推陈出新,比如,美国惠普公司与星巴克公司曾经"联姻",两家公司宣布联手推出一项店内音乐服务业务。通过这项业务,顾客在星巴克咖啡店喝咖啡时,可顺便从大量的数字音乐中挑选出自己喜爱的歌曲刻录成CD音乐盘带走,此法提高了顾客满意度,提升了企业的服务价值,从而提高顾客让渡价值。

3)人员价值。人员价值是指企业员工的经营思想、知识水平、业务能力、工作效率与质量、经营作风以及应变能力等所产生的价值。只有企业所有部门和员工协调一致地成功设计和实施卓越的竞争性的价值让渡系统,营销部门才会变得卓有成效。因此,企业的全体员工是否就经营观念、质量意识、行为取向等方面形成共同信念和准则,是否具有良好的文化素质、市场及专业知识,以及能否在共同的价值观念基础上建立崇高的目标,作为规范企业内部员工一切行为的最终准则,决定着企业为顾客提供的产品与服务的质量,从而决定顾客购买总价值的大小。由此可见,人员价值对企业进而对顾客的影响作用是巨大的。因此,高度重视企业人员综合素质与能力的培养,加强对员工日常工作的激励、监督与管理,使其始终保持较高的工作质量与水平至关重要。

4)形象价值。形象价值是指企业及其产品在社会公众中形成的总体形象所产生的价值,是企业宝贵的无形资产,包括企业的产品、技术、质量、包装、品牌、工作场所等所构成的有形形象所产生的价值,也包括企业及其员工的职业道德行为、经营行为、服务态度、作风等行为形象所产生的价值,以及企业的价值观念、管理哲学等理念形象所产生的价值等。所以形象价值是企业各种内在要素质量的反映,任何一个内在要素的质量不佳都会使企业的整体形象遭受损害，进而影响社会公众对企业的评价，因而塑造企业形象价值是一项综合性的系统工程，涉及的内容非常广泛。显然，形象价值与产品价值、服务价值、人员价值密切相关，在很大程度上是上述三方面价值综合作用的反映和结果。所以形象价值是企业知名度的竞争，是产品附加值的部分，是服务的竞争，说到底是企业"含金量"和形象力的竞争，它使企业营销从感性走向理性。

（2）减少顾客购买的总成本。要实现最大程度的顾客让渡价值，仅仅创造价值是远远不够的，与此同时，还应该设法降低顾客购买的总成本。顾客总成本不仅包括货币成本，还包括时间成本、精力成本等非货币成本。通常情况下，顾客购买商品首先要考虑货币成本的高低，因而货币成本是构成整体顾客成本的主要和基本因素。在货币成本相同的情况下，顾客还要考虑其购买所花费的时间、精神和体力等，这些支出也是构成顾客购买总成本的重要因素。这里我们主要讨论时间成本和精力成本。

专栏2-4　　减少顾客货币成本仅仅是冰山的一角

我国很多企业在如何提高顾客满意度这个问题上，总喜欢在减少顾客货币成本上做文章，打价格战，结果谁也赚不到钱。其实不妨借鉴美国西南航空公司的做法，在其他成本上另辟蹊径。

美国西南航空公司主要飞美国国内航线。一次，在一条航线上，竞争对手将46美元的机票降到23美元，西南航空公司十分清楚，如果自己也跟着降到23美元，就是自己的成本价，根本赚不到钱。西南航空公司没有立刻跟着竞争对手降价，而是做了一个市场调查。在调查中他们发现，往返该条航线的**80%**是公务人员，公务人员的机票不是自己掏腰包而是组织给买的。此时，西南航空公司决定不去与竞争对手正面打价格战，而是用一种新的促销方法，即凡是乘西南航空公司这条航线上航班的乘客，下飞机以后，凭着飞机票可以免费得到一瓶威士忌酒。这样一来不仅留住了老乘客，而且将竞争对手的乘客也吸引过来了。

资料来源：作者根据收集的资料整理而成。

1）时间成本。时间成本是指顾客为得到所期望的商品或服务而必须处于等待状态的时期和代价。时间成本是顾客满意和价值的减函数，在顾客价值和其他成本一定的情况下，时间成本越低，顾客购买的总成本越小，从而"顾客让渡价值"越大，反之"让渡价值"越小。因此，为降低顾客购买的时间成本，企业经营者必须对提供商品或服务有强烈的责任感并做好事前的准备，在经营网点的广泛度和密集度等方面均需做出周密的安排，同时努力提高工作效率，在保证商品服务质量的前提下，尽可能减少顾客为购买商品或服务所花费的时间支出，从而降低顾客购买成本，为顾客创造最大的"让渡价值"，增强企业产品的市场竞争力。

2）精力成本。精力成本（精神与体力成本）是指顾客购买商品时，在精神体力方面的耗费与支出。在顾客总价值与其他成本一定的情况下，精神与体力成本越小，顾客为购买商品所支出的总成本越低，从而顾客感知价值越大。因此，企业如何采取有力的营销措施，从企业经营的各个方面和各个环节为顾客提供便利，使顾客以最小的成本耗费，取得最大的实际价值是每个企业需要深入探究的问题。

（3）利用价值链创造顾客让渡价值。建立高度的顾客满意，要求企业创造更多的顾客让渡价值。为此，企业有必要系统协调其创造价值的各分工部门即企业价值链，以及由供应商、分销商和最终顾客组成的价值链的工作，达到顾客和企业利益最大化。顾客让渡价值系统建立的实质是设计出一套满足顾客让渡价值最大化的营销机制。哈佛大学的迈克尔·波特教授把这一系列活动称之为价值链。竞争者价值链之间的差异是企业创造顾客让渡价值的关键，也是企业竞争优势的一个关键来源。

企业的价值链不是一组相互独立的活动，而是由相互依存的活动组成的一个系统。企业的价值链不仅在其内部是互相联系的，而且和其供应商以及销售渠道的价值链密切相关。因此，供应商和销售渠道的活动影响着企业的成本和效益，也影响着企业实现顾客让渡价值最大化。比如，著名的牛仔服装制造商李维斯与其供应商和分销商的合作堪称典范。李维斯公司最大的零售商是西尔斯公司，每天晚上，李维斯公司都可通过信息交换系统了解西尔斯公司及其他商店所出售的牛仔服的尺码和式样。然后，李维斯公司通过电子信息系统向它的布料供应商——米尔肯公司订购第二天所需要的货。而米尔肯公司则向杜邦公司（纤维供应商）订购纤维。通过这种方式，供应链上的成员利用最近的销售信息生产出要出售的产品，充分满足了顾客需求的多样化诉求。同时，李维斯量体裁衣式的服务及其高效率吸引、取悦并维系了顾客，提高了顾客所购买产品的实际价值并降低了顾客购买成本，从而向顾客让渡了价值。

> **专栏2-5** 　　　　　　　　凝聚"人和"：翠微的大顾客观
>
> **1. 供货商和消费者同样是翠微的"顾客"**
>
> 1998年11月18日，刚满周岁的翠微大厦将"店庆"的营销概念引入了中国百货业。这一天，是北京入冬以来最寒冷的一天，但是，受"翠微店庆"活动吸引，还没到开门时间，翠微门前广场便聚集起上千顾客。为此，翠微提前开门让顾客进店躲避风寒，而顾客却潮水般涌向柜台。
>
> 从早晨8点多开始，商场内的88个收银台，每个台前都排起了数十米的长龙，京城久违的"爆棚"场面出现了。人们不断地用BP机和手机呼朋唤友过来购物，商场不得不增加了18个临时收款台。本应晚上9点停止营业，那天不得不将营业时间延长到凌晨。这一天，翠微创造了全国大商场单日销售纪录。
>
> 从这一天起，"翠微店庆"就成了一个品牌。2007年在翠微大厦十周年店庆的三天时间里，销售额达到1.6亿元，创下自取消返券以来，北京大型百货商场销售额的最高纪录，甚至2008年全球性金融的寒潮也没能挡住"翠微店庆"在消费者中所激发的购物热

情。2008年,"翠微店庆"的第一天,销售额突破了6 000万元,4天下来,翠微一共卖出了2.13亿元。翠微能取得如此骄人的业绩,是和翠微的大顾客观密不可分的。在翠微的大顾客观里,供货商和消费者同样是翠微的"顾客"。

过去只生产羊毛、羊绒衫等季节性商品的"珍贝",在翠微的建议下开始生产真丝内衣,既能和羊绒衫搭配穿着,体现出品位,又突破了季节限制。从款式到颜色甚至包装设计翠微都帮着出谋划策,真丝内衣摆上柜台之后,"珍贝"在翠微的销售业绩翻了一番。

2008年末,面对全球金融危机,翠微推出了支持供货商的3项政策:缩短结款周期,对经营困难的供货商先行支付货款,完成经营指标翠微给予奖励。这样的诚意打动了"供货商"这个特殊的"顾客","子苞米"等品牌在翠微店庆时给出了全国仅有的低折扣。

2. 善待员工,就是善待顾客

除了消费者和供货商,翠微"大顾客"观里的另一个群体就是员工。顾客的满意在很大程度上是通过商场员工的服务来实现的。因此,善待员工即善待顾客。翠微的经理刘可晶说:"翠微对员工最大的关心和爱护就是通过持续不断的培训和培养,提高员工的综合素质,为员工实现自身价值搭建平台。"他还说:"企业真诚地对待员工,员工就会把对企业的热爱,转化为真诚的服务。"翠微的管理层深知,善待员工,就是善待顾客。

导购员为了给顾客找一个为80岁母亲贺寿的寿篮,联系了16家商场,并自付打车费把寿篮送到了顾客给母亲过生日的酒店,车费甚至高过了寿篮的价钱。

顾客孙先生的女儿哭闹着要父亲买布娃娃,一气之下,冲动的父亲竟然买了20个芭比娃娃。这笔开销对一个工薪家庭来说是一个沉重的负担,孩子的姥姥向翠微的工作人员说明情况,想把娃娃退掉,可购物小票被孩子的父母亲在争吵时撕得粉碎。翠微员工耐心地从计算机中查到了这笔销售,立即予以退货。当有的商家在促销活动现场挂起"打折商品,概不退换"的冰冷标语时,翠微却坚持售出的商品顾客不满意就退货。

资料来源:张莱.四天卖出两个亿的生意经[N].北京晚报,2009-11-05.

2.4.2 顾客忠诚

1. 顾客忠诚的含义

顾客忠诚是指消费者对某产品或品牌感到十分满意而产生的情感上的认同,对该产品或品牌有一种强烈的持久偏爱,并试图重复购买该品牌产品的趋向。它包括两层含义:一是消费者在以往的购买中,选择某一特定品牌的频率很高;二是消费者对该品牌形成偏好,显示一种明显的购买意图。

2. 顾客忠诚对企业的意义

(1)增强顾客忠诚感,可提高企业生产率。衡量顾客忠诚感的一个重要指标是顾客保持率。调查表明：企业的顾客保持率越高，其生产力指数越高，即企业劳动生产率越高。

（2）增强顾客忠诚感，可提高企业利润率。有学者研究发现，顾客保持率增加5%，这些行业的利润可增长至少25%，最多达95%，主要有4条。①节约成本，顾客忠诚能够降低企业留住老顾客的成本，而且使企业服务他们的成本比服务新顾客低，因为他们比新顾客了解企业，所以忠诚的顾客对企业更具成本效益，而且有时老顾客甚至可以向企业提出一些节约成本的建议。②增加销售收入，忠诚的顾客重复购买、消费公司的一种或数种产品，随着时间的推移，其购买数量也不断增加，即老顾客对企业具有较大的生命期价值。③企业可从忠诚顾客那里获得较好的口碑优势。忠诚的顾客不仅重复购买或消费该品牌产品，还可能向其亲朋好友推荐这个品牌的产品。而这是一种成本低、效果好的广告。④企业可以获得价格优惠，因为根据营销学研究结果，与新顾客相比，老顾客对公司产品的提价并不敏感，很多老顾客愿意支付较高价格从而获得较好的产品与服务，而且付款迅速、可靠。

（3）增强顾客忠诚感，可延长企业增长周期，使企业实现长期可持续发展。企业应该注意的是，顾客忠诚的前提是顾客满意，只有满意的顾客才有可能培育成忠诚的顾客。顾客忠诚是顾客满意的直接体现，它代表了企业在其所服务的市场中的所有消费者的消费经验的实际和预期的总体评价，它是企业经营"质量"的衡量方式。因此，顾客忠诚是企业的滚滚财源。提高顾客满意，创造顾客忠诚是企业争取市场份额、增加利润、提升竞争力的决定性因素。管理大师彼得·德鲁克曾经说过："衡量一个企业是否兴旺发达，只要回头看看其身后的顾客队伍有多长就一清二楚了。"可见顾客对于企业的重要意义。当今时代谁能占有稀缺的顾客资源，谁就能获得更大的生存和发展空间，谁就能在激烈的市场竞争中立于不败之地。

专栏2-6　　　　　　　拥有忠诚顾客的10大原则

（1）忠诚意味着你必须尽量协调客户的所需与所要，所需和所要不一定相同。

（2）不要以为自己知道顾客想要什么和需要什么。

（3）市场调整仅是明确顾客需求的一个要素（期望度、兴奋度）。

（4）低质量的客户服务是由于商业结构组织欠佳。

（5）把担忧带入工厂也会把担忧带给顾客。

（6）企业的整体政策及程序是否与顾客相抵触。

（7）顾客需要数据和信息来做出明智的决定。

（8）推卸责任意味着失去商机。

（9）最好人人都有顾客，这最好是企业活动的下一程序。

（10）人人都致力于顾客服务。

3. 衡量顾客忠诚度的标准

如上述定义，顾客忠诚既有行为忠诚，也包括情感和态度的忠诚。可以用以下标准衡量。

（1）顾客重复购买次数。根据顾客重复购买率的不同分为，忠诚者（又称高度忠诚者）：重复购买概率在50%以上；跳跃者（中度忠诚者）：重复购买概率在10%～50%之间；价格驱使者（低度忠诚者）：重复购买概率在10%以下。

（2）顾客挑选时间。顾客评价、选择商品的速度越快，时间越短，顾客对商品的信任度越高，反映出对商品的忠诚。

（3）顾客对价格的敏感程度。忠诚的顾客对产品价格的变动敏感性较低，一般价格变动不会影响其继续购买其"忠诚"的产品或品牌。

（4）顾客对竞争产品的态度。忠诚的顾客有时不特别注意或忽视竞争产品的变化，依然"我行我素"购买所忠诚的产品。

（5）顾客对产品质量故障的承受能力。任何企业不会保证所有的产品质量都是不可挑剔的，当产品质量出现问题时，忠诚的顾客会宽容、谅解企业，并期待企业能及时改进，在一定的时间里会继续保持忠诚。

4. 顾客忠诚的建立

（1）影响顾客忠诚的因素。

1）顾客满意。顾客满意一般被人认为是顾客重复购买、口碑效应和顾客忠诚的决定性因素。大量研究表明，顾客满意对顾客忠诚产生积极的影响。一般来讲，满足顾客的期望，顾客会感到满意，这导致顾客忠诚；超过顾客期望，顾客会感到非常满意，一般会带来强烈的顾客忠诚。顾客虽然有时候对自己所购买的产品和服务满意，但是，并不一定达到忠诚。不过，当顾客满意达到一定的程度时，顾客的忠诚度将直线上升。

2）顾客信任。顾客信任也是影响顾客忠诚的一个非常重要的因素。顾客信任是顾客对企业履行交易诺言的一种感觉或者信心。如果顾客对企业没有产生信任，那么顾客就不会长久地购买此企业的产品和服务。当顾客信任某个企业或者某个产品时，顾客的情感忠诚就会发挥得淋漓尽致。

3）转换成本。转换成本是顾客在重新选择产品和服务的厂商或品牌时所付出的代价。转换成本不仅包括货币成本，还包括心理成本和时间成本。转移成本的加大有利于顾客忠诚的建立和维系。虽然顾客有时候发现，有更适合自己的产品，但是由于某些特定的原因，如垄断、地理位置等原因造成了顾客没有太多可供选择的产品，或者另外选择其他产品需要付出较高的转换成本，不足以弥补其给顾客带来的新增价值，这样顾客就放弃了购买其他企业的产品和服务。特色产品和服务的不可替代性能够大大地增强顾客的忠诚度。

4）替代者吸引力。替代者吸引力在理论上是指顾客在消费市场中选择竞争者产品的可行性，缺乏有吸引力的企业是保持顾客的一个有利条件。如果顾客感知现有企业的竞争者能够提供价廉、便利和齐全的服务项目或者较高的利润回报,他们就可能决定终止现有关系而接受竞争者的服务或者产品。因此,当竞争性选择吸引力减小时,顾客满意与顾客忠诚之间的转换关系将会减弱。也就是说,替代者吸引力越小,顾客忠诚度越高。

5)消费经历。消费经历是指顾客对产品或服务的先验知识和信息。顾客忠诚的一个典型特点是顾客多次消费某产品。顾客每次购买之后都会有一个评价,通过多次购买之后,顾客一般会忠诚于他感觉最好的产品并继续购买。所以,顾客的消费经历也对顾客忠诚有较强的影响。

6)购买风险。顾客的忠诚感与其感知的购买风险有关。感知的购买风险是指顾客感觉到的购买某种产品或服务可能带来的风险,主要包括社会风险、财物风险、时间风险、心理风险、身体风险。因此,消费者为降低购买风险,很有可能购买以前曾经消费过的品牌产品,这样就倾向于对某个品牌忠诚,有可能增强对某一品牌的忠诚感。

可以根据以上六个影响因素中的具体变量,建立与本企业营销战略和目标市场相关的顾客满意度、顾客忠诚度的测评指标体系,然后通过市场调查,采用统计分析进行数据处理并建立模型。针对顾客不满意方面的差评意见制定具体的补救措施和策略。

(2)提高顾客忠诚的策略。提高顾客忠诚,首先应该牢固树立以顾客为中心的思想,让企业的一切活动都围绕着消费者的需求展开,自觉地满足顾客的需求,赢得顾客的信任,这是提高顾客忠诚的一个根本途径。可以通过下面具体的几个方法来实现。

1)采取数据库营销,分析了解顾客。数据库营销是指建立、维持和使用顾客数据库以进行交流和交易的过程。数据库营销具有极强的针对性,是一种借助先进技术实现的"一对一"营销,可看作顾客化营销的特殊形式。数据库中的数据包括以下几个方面:现实顾客和潜在顾客的一般信息,包括个人的基本信息、个性特点和一般行为方式;交易信息,如订单、退货、投诉、服务咨询等;促销信息,即企业开展了哪些活动,做了哪些事,回答了哪些问题,最终效果如何等;产品信息,如顾客购买何种产品、购买频率和购买量等。近几年,大数据营销更是把消费者在网上收集某类商品的信息全方位推介给潜在消费者。企业鼓励消费者下载商超 APP 或扫描二维码,通过微信公众号与消费者保持紧密的联系,以达到吸引和保留顾客的目的。

2)深层次的关系营销,与顾客建立伙伴关系。现代营销学理论认为,关系营销策略是保留老顾客与增强顾客忠诚感的有效策略。关系营销是以盈利为目的,识别、建立、维护和巩固企业与顾客及其他利益相关者的关系的活动。关系营销的核心是建立顾客忠诚。

第一,设立顾客关系管理机构。

在企业中,高层领导一定要高度重视顾客忠诚。作为一个企业的高层,产品的战略规划以及企业的产品质量和服务质量将直接影响顾客的忠诚程度,所以,作为战略层一定不能忽视这个问题。

在高层领导的支持下,建立专门从事顾客关系管理的机构是必要的。选派业务能力强的人任该部门总经理,下设若干关系经理。总经理负责确定关系经理的职责、工作内容、行为规范和评价标准，考核工作绩效。关系经理负责一个或若干个主要客户，是客户所有信息的集中点，是协调公司各部门做好顾客服务的沟通者。

企业的基层员工更应该提高认识和业务水平。作为制造行业，一线工人直接负责产品的生产，他们的技术水平将影响着产品质量的高低；作为服务行业，基层职工将直接与顾客接触，他们的服务态度对顾客的满意程度起着决定性的作用。因此培养基层员工为顾客负责的思想是非常重要的。

第二，增加顾客的财富利益。

公司可考虑以下方法增加顾客的财务利益。

首先，实施频繁营销计划。频繁营销计划也称为老主顾营销规划，是指设计规划向经常购买或大量购买的顾客提供回报和奖励。频繁营销计划体现出一个事实：20%的顾客占据了80%的公司业务，企业要抓住20%的重点顾客。奖励的形式有折扣、赠送商品、奖品等。

美国航空公司是首批实施频繁营销规划的公司之一，20世纪80年代初推出了提供免费里程的规划，一位顾客可以不付任何费用参加公司的AA项目，乘飞机达到一定里程后换取一张头等舱位票或享受免费航行和其他好处。由于越来越多的顾客转向美国航空公司，其他航空公司也相继推出了相同的规划。比如许多酒店规定，顾客住宿达到一定天数或金额后，可以享受上等住房或免费住宿。再如，许多商店采取顾客分级的方式。对忠诚度越高的顾客，做越多的投资，让他们享受特殊的优惠和更多的好处。商店发行VIP卡用于奖励自己的常购顾客，顾客在持卡购物的时候就可以获得一般消费群体所不具备的优惠。对于具体的商品而言，则通常会用下一次消费的折扣券或者累积购买的特殊奖励来达到奖励顾客的目的。

然而，实施频繁营销规划也存在一些问题，主要是：①竞争者容易模仿。频繁营销规划、优惠、积分等方式很容易被竞争者模仿。②顾客容易转移。由于只是单纯价格折扣的吸引，顾客易于受到竞争者类似促销方式的影响而转移购买。所以，单纯以经济杠杆是无法打造顾客忠诚度的。③可能降低服务水平。单纯价格竞争容易忽视顾客的其他需求。

其次，会员营销计划。会员营销计划就是吸收购买一定数量产品或支付会费的顾客成为会员。企业对会员提供一定的优惠服务。

比如，小米手机的米粉文化，类似车友会的性质，用户因小米手机而结缘。小米的用户不是用手机，而是玩手机。爆米花奖、同城会、米粉节等，将米粉紧密地联系在一起。

再次，增加顾客的社会利益。企业可以通过了解单个顾客的需要和愿望，并使服务个性化和人格化，来增加企业与顾客的社会联系，即增加目标顾客的财务利益，同时也增加他们的社会利益。在与顾客沟通中，建立一定的个人联系是必要的。个人联系即通过营销人员与顾客的密切交流增进友情，强化关系。比如，有的市场营销经理经常邀请客户的主管经理参加娱乐活动，如滑冰、野炊、打保龄球、观赏歌舞等，双方关系逐步密切；有的营销人员记住主要顾客及其家人的生日，并在生日当天赠送鲜花或礼品以示祝贺；有的营销人员设法为爱养花的顾客弄来优良花种和花肥；有的营销人员利用自己的社会关系帮助顾客解决生活中的其他问题。通过个人联系开展关系营销的缺陷是易于造成企业过分依赖长期接触顾客的营销人员，增加管理的难度，甚至步入旁门左道。

最后，增加结构性联系。它是指增加结构纽带，与此同时附加财务利益和社会利益。结构性联系要求提供这样的服务：它对关系客户有价值，但不能通过其他来源得到，这样在增加客户利益的同时，也增大顾客依附于企业而存在的专有性资产。这些服务通常以技术为基础，并被设计成一个传送系统，而不是仅仅依靠个人建立关系的行为，从而为客户提高效率和产出。良好的结构性关系将提高客户转向竞争者的机会成本，同时也将增加客户脱离竞争者而转向本企业的可能性。特别是当面临激烈的价格竞争时，结构性联系能为扩大现在的社会联系提供一个非价格动力，因为无论是财务性联系还是社会性联系都只能支撑价格变动的小额涨幅。当面对较大的价格差别时，交易双方难以维持低层次的销售关系，只有通过提供买方需要的技术服务和援助等深层次联系才能吸引客户。特别是在产业市场上，由于产业服务通常是技术性组合，成本高、困难大，很难由顾客自己解决，这些特点有利于建立关系双方的结构性合作。

3）实行定制营销，满足顾客个性化需求。定制营销，是根据每个顾客的不同需求制造产品并开展相应的营销活动，其优越性是通过提供特色产品、优异质量和超值服务满足顾客需求，提高顾客忠诚度。比如，日本有些服装店采用高新技术为顾客定制服装，由电子测量仪量体，计算机显示顾客穿上不同颜色、不同风格服装的形象并将顾客选定的款式传送到生产车间，激光仪控制裁剪和缝制，顾客稍等片刻就可穿上定做的新衣。日本东芝公司在20世纪80年代末提出"按顾客需要生产系列产品"的口号，计算机工厂的同一条装配线上生产出9种不同型号的文字处理机和20种不同型号的计算机，每种型号多则20台，少则10台，公司几百亿美元的销售额大多来自小批量、多型号的系列产品。美国一家自行车公司发现自行车的流行色每年都在变化且难以预测，总是出现某些品种过剩，某些品种又供不应求，于是建立了一个"顾客订货系统"，订货两周内便能生产出顾客理想的自行车，销路大开，再也不必为产品积压而发愁了。

我国的企业在定制营销方面也没有放慢脚步。比如，海尔在生产家庭中央空调时，提出"客户为自己设计"的理念，让顾客参与到产品设计活动中，并提供完善的个性化的售前服务，这成为海尔中央空调最大的卖点。

实行顾客化营销的企业要高度重视科学研究、技术发展、设备更新和产品开发；要建立完整的顾客购物档案，加强与顾客的联系，合理设置售前、售后服务网点，提高服务质量。

总之，顾客忠诚是由很多因素决定的，企业只有根据实际情况，认真分析顾客的心理，综合考虑各种因素，才能更好地提高顾客的忠诚度。创建顾客忠诚，就是为了给顾客创造更多价值，增强顾客满意感。数据库营销、关系营销和定制化服务，能够为顾客提供更有针对性的服务，赢得顾客的信任，提高顾客的满意度，使企业能够比竞争对手更多地为其顾客创造价值，在竞争中取得优势。

本章小结

本章讨论了四个相互联系的问题。

在阐述消费者购买行为模式问题时，介绍了习惯建立理论、信息加工理论、效用理论和营销专家科特勒的"刺激－反应"模式，最后讨论了阿萨尔的购买行为类型。

消费者购买决策是指消费者寻找、比较、选择、评价商品、品牌或服务的属性，并进行判断、决定等一系列活动的过程。消费者购买决策遵循一定的原则，可以根据消费者购买决策的不同研究视角划分决策类型。

消费者购买决策的内容其实就是回答5W+1H的问题；典型的消费者购买决策过程一般分为确认需求、收集信息、比较评估、购买行动和购后反应五个阶段。

消费者购买决策并不是完全理性的，导致非理性消费的原因包括：经济能力的提升、虚荣攀比心理、危机风险意识和企业营销因素的影响。

顾客满意是指顾客购买和使用某产品之后，通过将该产品感知的效果与他的期望值相比较后形成的满足或失望的感觉状态。顾客满意涉及顾客总价值与顾客总成本。

顾客忠诚是指消费者对某产品或品牌感到十分满意而产生的情感上的认同，对该产品或品牌有一种强烈的持久偏爱。衡量顾客忠诚度有一定的标准，企业要掌握影响顾客忠诚的因素，并制定切实可行的提高顾客忠诚的策略。

复习思考题

1. 边际效用递减规律给企业营销带来哪些启示？
2. 结合本章思考消费者的"经济人"模型，并写一篇读书笔记。
3. 简述科特勒的刺激－反应模式。
4. 说明阿萨尔购买行为模式的产生条件和营销策略。
5. 说明消费者购买决策的含义及内容。
6. 举例说明消费者购买决策过程。
7. 分析消费者非理性消费的原因。
8. 什么是顾客满意？企业要从哪些方面做出努力去达到顾客满意？
9. 简述顾客忠诚的含义及顾客忠诚的建立。

实践活动

1. 选择一家汽车4S店进行调查，了解该品牌汽车购买者的消费决策特征，包括消费者对该品牌汽车的了解程度、决策时考虑的因素、如何进行评估选择、哪些因素对其决策起决定作用等。
2. 农村消费者因为社交活动范围较小、信息来源有限，所以对于大件耐用消费品的购买，在很大程度上受亲朋好友、左邻右舍的影响（见表2-4）。这就是一些地区出现"嘉陵村"和"轻骑乡"的原因。表2-4中影响消费者购买的主要因素各属于哪类信息源？这种消费趋同性给摩托车厂商营销带来哪些便利？并策划一个营销方案。

表2-4 影响消费者购买的主要因素

选 项	亲朋好友推荐	本地流行	销售人员介绍	广告宣传影响	其 他	合 计
比例（%）	39.2	38.3	9.5	6.9	6.1	100.0

3. 试设计一家大型超市的顾客满意度调查问卷，并进行实地调查，分析该商店顾客满意情况和影响因素，并提出相应对策。

案例选编

利用价值链创造顾客让渡价值

美国西南航空公司是美国多家航空公司中主打国内航线的一家航空公司。自从1972年创立以来，除了创立之初的第一年，一直保持着稳健的双位数的增长态势。从经营业绩的角度看，美国西南航空是美国整个航空行业多年来唯一一家持续盈利的航空公司，其股票是公认的最成功的航空股，同时也是全行业唯一一家一直赢得衡量航空公司经营质量的"三顶皇冠"（航班准时、行李丢失最少、顾客抱怨最少）的航空公司。与美国航空业传统的战略模式不同，西南航空公司在经营方向上强调的是与汽车进行竞争，为旅客提供亲切友好、安全可靠和低成本的中短程的服务。西南航空公司的成功不仅因为它"在做正确的事情"，同时还由于它"在用正确的方式做事"。

由于西南航空提供中短程服务，因此飞机在降落与起飞之间的周转次数就比较多，这实际上构成了西南航空在与提供远程服务的公司竞争中的一个劣势。为此，西南航空的做法是在一线员工中间建立一种团队合作关系，行李员、乘务员、飞行员和其他地勤人员一起参与旅客的登机和下机。再加上只采用波音737一种机型来标准化和简单化检修人员的任务等措施，西南航空公司能够用其他公司一半的时间完成飞机的周转。公司的领导和经理们尊重员工个人并真心关爱员工，从而在公司的上下级之间建立了一种相互信任、类似亲情的关系。西南航空甚至鼓励员工持有竞争对手的股票来分散投资风险，其对员工利益的关爱可见一斑。西南航空的高绩效关系体系还表现在劳资关系上。西南航空公司84%的员工是工会会员，公司不仅尊重员工个人也尊重代表他们的工会。公司在合同中规定任何一个员工都可以担任任何岗位，从而在员工与公司之间发展了一种合作而不是对抗的劳资关系。这一系列健康的关系链条相互结合，形成了一种进取与合作的企业文化，并作为一种组织能力促进西南航空经营战略目标的达成。

西南航空高绩效关系型的组织文化不仅作用于公司内部运营，同时还扩展到公司与顾客之间。在旅途中，乘务人员用玩笑和善意的恶作剧等活动愉悦乘客，为旅客提供单纯旅行以外的快乐。这对提高回头客比例和口碑途径的广告起到了有效的作用。在上述几种健康的关系被建立和发展起来以后，西南航空公司实现了优秀的财务业绩，从而使投资人的利益得到了保障，实现了公司与股东之间的良好关系。

不仅如此，西南航空公司的员工在得到行业平均水平的货币工资加上相当于工资8%的利润分享以及养老金以外，还获得了极高的工作满意度和极高的个人成就感。从西南航空公司发展起来的高绩效关系导向的做事方式可以发现，公司实际上是以"为员工创造价值"为出发点，随后将受到高度激励的员工创造的价值的一部分转移给顾客和股东。这正是西南航空公司成功的关键所在。

仔细阅读本文，回答下列问题：

1. 与美国航空业传统的战略模式不同，西南航空公司产品定位或者说经营方向的特点体现在什么地方？
2. 与其他航空公司相比，西南航空公司的劣势在哪些方面？它采取了哪些措施？
3. 本案例中西南航空公司独特的"做事方式"是以谁为出发点的？怎样理解利用价值链创造顾客让渡价值？

第3章
消费者的需要与购买动机

在现实生活中，消费者各种各样的购买行为都是由消费者的购买动机引起的，而购买动机的基础是消费者的需要。消费者购买行为的一般规律是：需要决定动机，动机支配行为，本章主要讨论消费者的需要与购买动机。

专栏3-1　　　　　　　　　肯德基的"可达鸭"

2022年夏天，可达鸭彻底爆火出圈。本来，可达鸭是日本动画《宝可梦》里面的角色，是一只有鸭嘴兽外貌特征的宝可梦。它的身体是黄色的，眼睛里有极小的瞳孔，嘴巴是扁状的，头上有三条黑色的呆毛，四肢短壮，还有短小的尾巴和有蹼的脚掌。可达鸭外表呆萌可爱，虽然它经常头痛，但当头痛达到某种程度时却隐藏惊人实力。那么，可达鸭怎么会和肯德基有了关联呢？

2022年儿童节前夕（5月21日），肯德基微信官方公众号发布文章《超大宝可梦玩具，乐翻六一！》。文章写道，即日起购买肯德基69～109元不等的指定套餐，就能获得随机一款宝可梦联名玩具，随机发放，售完即止。对于这次促销活动，肯德基推出了三款玩具，其中两个是皮卡丘，另一个是可达鸭，或许肯德基以为大家会一如既往地喜欢以前赠送的玩具皮卡丘，但没想到这次却是可达鸭的"一鸭难求"。

这次肯德基套餐随机赠送的可达鸭不仅外表可爱呆萌，最有趣的是当可达鸭双手交叉就会随着动感的音乐一摇一晃地舞动起来，蠢萌的舞姿彻底俘获了消费者的"芳心"（见图3-1）。不仅如此，可达鸭在网友们各种奇怪的创意下被玩出了新花样（如图3-2所示）。

可达鸭吸引着消费者纷纷涌入肯德基，实

图3-1　肯德基随餐赠品——可达鸭

际上，有的人来吃肯德基其实就是奔可达鸭而来。由于缺货，网友们可谓是绞尽脑汁：在肯德基官方微博里求补货，潜匿于各肯德基门店群内等待到货，更有甚者竟然跑去麦当劳要可达鸭！据说，在有的二手平台可达鸭被炒至1 300元一个。

图3-2 手持"标语"的可达鸭

令人颇为意外的是，这款本属于儿童套餐的赠品，真正的追捧者却是"孩儿爹"和"孩儿妈"，大都是成年人。有人说："这款玩具对小孩来说太幼稚，但对成年人来说却是刚刚好。"为啥？因为成年人可以用可达鸭进行二次创作啊！比如，有拒绝加班的"打工鸭"，有全副武装的"高达鸭"，还有打扮得很高贵的"公主鸭"……

成年人的需要，甚至是冲动，也成功让话题"可达鸭"在2022年5月23日登上微博热搜第一位。在小红书搜索"可达鸭"，相关笔记数量超5万多篇。不管是抖音、微博还是朋友圈，网友们纷纷致力于模仿可达鸭的魔性舞蹈、制作表情包，玩梗玩得不亦乐乎。不少买到可达鸭的网友纷纷表示，"可达鸭太魔性了，能玩上一天。"

某网友几经周折终于拿到可达鸭玩具，她表示："太满足了，5月的快乐是可达鸭给的……尽管现在年龄大了，但童年的记忆和童趣从未消退，尤其是看到可达鸭的那一刻，瞬间就被唤醒了。"这个网友表示，动画片《宝可梦》是自己童年的记忆，但当时不管是整个玩具产业还是自己的经济实力，都不允许她实现"玩具自由"。

正如网友所说，比起童年时期，成年后用户有了稳定的经济来源，也更愿意为"快乐"付费。那些看似颇为"低龄"的玩具，其成年用户数量却早已超越儿童，成了主要的消费群体。每个人都会长大，而这些简简单单的童年"玩具"，或充满了年少时的珍贵记忆，或在某一刻让成年人回到了少年时。看来，肯德基这次促销掌握了"六一营销密码"——让年轻人也可以吃出儿童过节般的快乐来！

资料来源：金融界，成年人的疯狂不止"可达鸭"，2022-05-29.

3.1 消费者的需要

3.1.1 消费需要的含义

1. 人的一般需要

需要是指人们在个体生活和社会生活中感到某种缺乏而力求获得满足的一种心理状态，通常以欲望、渴求、意愿的形式表现出来。

2. 消费者需要的含义

消费者需要是指在一定的社会经济条件下，消费者表现出的对商品和服务的要求和欲望，是人类一般需要在社会经济活动中的具体体现。比如，饥饿时产生购买食物的需要，寒冷时产生购买衣服的需要。需要是消费者进行消费活动最基本、最核心的动力因素。

3.1.2 消费者需要的产生

1. 需要和需求的区别

需要有时也称为需求，然而，需要与需求虽然只有一字之差，但两者的内涵不同。消费者的需要主要是指个体感到有某种缺乏而力求获得满足的心理倾向，是内外环境的客观要求在头脑中的反映，它源于自然性要求和社会性要求，表现为物质需要和精神需要。需要常以一种缺乏感体现出来，以意向、愿望的形式表现出来，最终发展为推动个体进行活动的动机。而从市场营销角度看，消费者需求主要是指人们有能力购买并且愿意购买具体商品的欲望，是个体在欲望驱动下的一种有条件的、可行的、又是最优的选择，即经济学中总是强调的有效需求和有支付能力的需求。

可见，需求与需要两个概念不能等同。形成需求有三个要求：对物品的偏好、物品的价格和支付能力。需要只相当于对物品的偏好，并没有考虑支付能力等因素，因此，一个没有支付能力的购买意愿并不构成需求。可以说，需求是客观的，需要则是主观的。需要与需求的内涵虽不相同，但在日常生活中，人们并不对两者做严格的区分。

2. 需要的产生过程

消费者需要是如何产生的呢？均衡论认为，在正常条件下，人的生理和心理处于正常的均衡状态或平衡状态，一旦生理或心理的某个方面出现缺乏，便会导致原有均衡或平衡状态被破坏，变为不均衡或不平衡。比如，当一个人缺乏食物时，血液中的成分会发生变化，体内平衡遭到破坏，这时人在生理上便会产生饥饿感，这种饥饿感让人感受到紧张或压力，从而促使人去寻找食物，只有吃到食物，使血液成分恢复到正常状态，才能减轻或消除这种紧张或压力，人的生理和心理才能恢复均衡。依据这种理论，需要可以被看作减轻或消除紧张或压力状态的心理反应。根据均衡论，需要的产生过程如图 3-3 所示。

正常的均衡 → 缺乏 → 不均衡 → 紧张 → 需要

图 3-3　需要心理的激发过程

需要的产生还与个体产生需要时的生理状态、情境和认知水平有关。认知因素是产生需要的重要条件，认知对个体的主客观条件进行分析、判断、推理，是个体确立活动目标的基础以及产生需要的前提条件。

具体来说，形成需要有两个条件：一是不足之感，即人感到在生理上和心理上有某种缺乏。如果个体在主观上没有产生欠缺感，即未产生心理失衡，这时需要就无法产生。当消费者受自身条件的限制而产生自我抑制时，需要也无法产生。二是求足之愿，即个人产生追求满足的欲望。当个人的身心未达到一种生理和心理需求的饱和状态时，就会产生追求满足的需要。当然，消费者的这种饱和状态并不恒定，它会随着条件的变化而变化。

3.1.3　消费者需要的划分

消费者需要的类别极其丰富多样，对其研究的角度不同，分类的结果也不相同。

1. 按照需要的起源划分

（1）生理需要。生理需要是消费者为维持和延续生命，对于衣、食、住、行等基本生存条件的需要。这种需要是人作为生物有机体与生俱来的，是由消费者的生理特性决定的。

（2）心理需要。心理需要是消费者在社会环境的影响下形成的带有人类社会特点的某些需要，如社会交往的需要、对荣誉的需要、自我尊重的需要、表现自我的需要。这种需要是人作为社会成员在后天的社会生活中形成的，是由消费者的心理特性决定的。

2. 按照需要的内容划分

（1）物质需要。物质需要是人们生存的基础。消费者的物质需要指向社会的物质产品，并且以购买这些产品来获得满足。物质需要还可以细分为基本的物质需要和高级的物质需要。前者是指消费者在衣食住行等方面对物质产品的欲求，这一需要既是物质需要，也是天然需要，主要追求生理上的满足和享受；后者主要是消费者在工作、学习、健身、旅游和社会交往等方面对物质资料的欲求，如高档服装、健身器材、礼品、奢侈品和旅游等，这一需要既是物质需要，也是社会需要，反映了消费者对社会文化产品和高级消费用品的需求。

（2）精神需要。精神需要是指消费者为改善和提高自身素质而对文化教育、科学知识、艺术欣赏、宗教信仰、社会交往等方面的需要。这种需要大多属于社会需要和心理需要。

在经济落后、生活水平低下的时期，人们需要的是温饱，以物质需要为主；在经济发展、生活水平提高的时期，人们需要的不仅是丰裕的物质生活，更表现为更高层次的精神需要。

> **专栏3-2　　您的消费是否被"符号化"了**
>
> 随着社会经济的发展，各种新经济模式层出不穷，其中创意、文化、艺术等相关产业正成为社会经济的重要支柱，即便是传统的制造业也越来越具有文化内涵，这些新经济模式被称为"符号经济"。
>
> 符号经济的首创者法国学者让·鲍德里亚（Jean Baudrillard）认为，消费不仅仅是物品和劳务的消费，更重要的是一种符号的消费。这种理论其实是说，人们消费的不是物品，而是附着在物品上的某种符号。比如曾经流行的鱼翅，由于有人宣称鱼翅富含胶原蛋白，有营养且很稀缺，所以有些人趋之若鹜。但问题在于，鱼翅这种食品的生产本身就违背了伦理道德，受到广泛的抵制，更何况鱼翅根本不具备所宣称的功效。既然人们已经知道鱼翅根本没有多大的食用价值，可能还不如一条普通的鲫鱼，为何还有一些人热衷消费？可能的原因就是鱼翅成了一种符号消费品，因为其价格昂贵，消费行为就成为财富的象征。这些人爱好鱼翅，无非是一种炫富方式而已。
>
> 心理学家马斯洛提出，人类有着多层次、多样化的需求。基本需求可以体现为纯个体属性，而高层次需求则是社会化的。为了满足社会化的高层次需求，人类在消费过程中实现了物品和劳务的符号化，从而从物品和劳务的消费进化为符号消费，由此产生了更丰富的符号经济。
>
> 因此，符号经济是为了满足人类更高层次需求而自发形成的经济形式，从一定意义上来看，它恰恰是人类自身进步的标志。
>
> 按照现代行为和实验经济学的思想，个体的消费决策不仅取决于消费的内容，更取决于消费的框架，也就是说，个体的消费决策具有框架效应。这个框架就是物品和劳务的描述，比如外观设计、广告营销、参数设定等。
>
> 同样一台空调，如果仅仅是实物的呈现，并不足以吸引消费者。假定空调厂商给这台空调贴上绿色认证标签，那么这台空调就被赋予了文化含义。购买这台空调不仅是为了调节室内温度，更重要的是展示了消费者的环保消费理念。绿色认证就是一种符号，它引导消费者寻求某种社会属性的认同，从而让消费者有了归属感，甚至有了精神层面的自我实现的满足。
>
> 现代社会中，随着人们收入水平的上升，各种畸形需求也开始出现，看似造就了经济的五彩缤纷，实则扭曲了资源配置，浪费了社会生产能力。最典型的例子就是保健品的消费。保健品单从使用功能看的确有非常重要的意义。一旦保健品被"符号化"，情况就发生了质的改变。通过广告和各种促销机制，普通的物品被神化成具有独特康复功效的神奇药品，然而事实上迄今并没有证据证明这些保健品真的有如此神奇的功效。
>
> 把符号化和人类认知能力关联起来是符号经济的一个核心问题。符号化的背后是人

类与生俱来的认知偏见做支撑,这种认知偏见就体现为决策和判断中出现的框架效应。既然如此,如果通过合理的机制来引导符号化,实际上可以改进人类社会的福利水平,这个过程称之为"正向符号化"的过程。比如一些重工业地区严重依赖当地的矿产资源,随着资源逐步耗竭,这些地区的重工业就会陷入困境。在这种情况下,符号化就显得非常关键。通过把这些地区的重工业园区的厂房、设备以及企业文化等完整保留下来,重新设计改造,构造成令人耳目一新的工业文明旅游胜地,就创造出了一种文化旅游的新商业模式,即便在当地矿产资源完全耗竭的情况下,其产业转型后仍然保持了发展的可持续性。这种符号化就是正向符号化。这种正向符号化纠正了人们对资源耗竭地区的偏见认知,同时给社会带来积极的影响。

资料来源:周业安,您的消费是否被"符号化"了,北京日报,2020-02-25。

3. 按照需要的层次划分

美国人本主义心理学家马斯洛于1943年提出了"需要层次论"。该理论把人类多种多样的需要划分为五个层次,即生理需要、安全需要、爱与归属的需要、尊重需要和自我实现的需要,如图3-4所示。

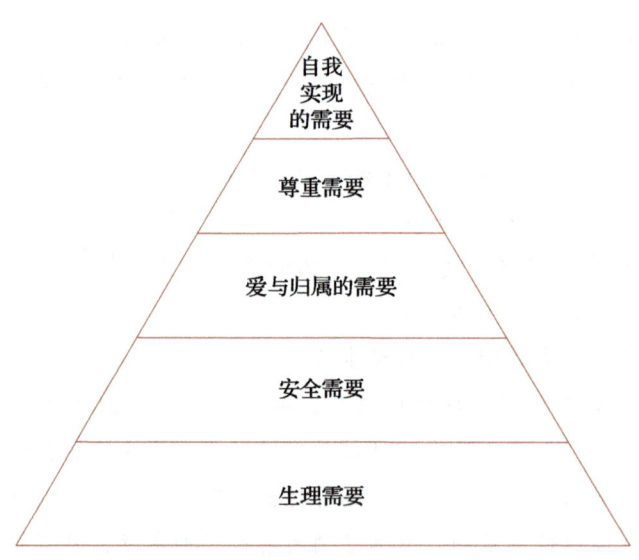

图3-4 马斯洛的"需要层次论"

(1)生理需要,是维持个人最基本生存的需要,如食物、水、衣服等。

(2)安全需要,包括人身安全、生活稳定的需要等。

(3)爱与归属的需要,个人要求与他人建立情感联系以及隶属于某一群体,并在群体中享有地位的需要。

(4)尊重需要,包括自我尊重和受人尊重两方面的要求。具体表现为渴望实力、成就、独立与自由;渴望名誉或声望,受到别人的赏识和高度评价。

（5）自我实现的需要，这是最高层次的需要。自我实现是人们希望发挥自己的特长和潜能，实现对理想、信念、抱负的追求，取得事业的成功，使自我价值得到充分实现。

在马斯洛看来，各层次的需要之间存在着一定的关系，阶梯状由低到高逐层递升。在最基本的生理需要和安全需要得到满足后，高层次的需要才能依次出现并得到满足。越到高层次需要，满足程度越低，因为满足需要的愉快体验会产生更高的需要。

4. 按照需要的表现形式划分

（1）生存需要。生存需要是维持人的生命活动所产生的基本物质生活资料的需要。比如，对食物、衣服、住房等的需要。随着社会的发展，人们对生存条件的要求日益提高，生存需要的内容不断发生变化。

（2）享受需要。享受需要是为了提高生活质量和生活情趣而产生的需要。比如，这几年家用按摩椅的销量不断上升，因为按摩椅可以让人缓解疲劳、减轻压力，这就是一种享受需要。当然，普通的商品也能满足人们的享受需要，如洗衣液不仅能使衣物洁净，并且味道还令人愉快。

（3）发展需要。发展需要是人们对提高智力、体力、才能、修养等方面的需要。比如，对图书、钢琴、收藏品等的需要。一个人下班后去健身房、上瑜伽课，或上舞蹈班，以达到锻炼身体、放松身心的目的，这也是一种发展需要。

除上述划分方法外，消费者需要还可以从不同角度做多种分类，这对于政府根据消费者需要的特点制定相关的产业政策、消费政策具有不同的意义；对于企业根据消费者需要的特点制定市场营销战略与策略也具有不同的意义。

3.1.4 消费者需要的特点

现实生活中，人们的消费需要丰富多彩，纷繁复杂，并随着社会经济的发展而不断丰富和变化。尽管如此，人们的消费需要还是有一定规律可循。这些规律体现在消费需要的基本特征之中，具体包括以下几个方面。

1. 多样性

消费需要的多样性，首先体现在人们需要的差异性上。消费者由于民族传统、宗教信仰、文化程度、收入水平、个性特征、生活方式等方面的不同，具有不同的价值观念和审美标准。由于每个消费者都按照自身的需要选择、购买和评价商品，因此产生了多种多样的消费需要。

就同一消费者而言，消费需要也是多方面的。每个消费者不仅有生理的、物质的需要，还有心理的、精神的需要；不仅要满足衣、食、住、行方面的基本需要，而且希望得到社会交往、文化教育、娱乐消遣、体育休闲、艺术欣赏等高层次需要的满足。这些都体现出消费需要的多样性。此外，同一消费者对某一特定的消费对象常常同时兼有多方面的要求，如既要求商品质量好，又要求其外观新颖和经济实惠。

2. 层次性

尽管消费者的需要是多种多样的，但是有一定的层次性。按照不同的划分方法，可以把消费需要划分为若干个高低不同的层次。一般来说，人的消费需要总是由低层次向高层次逐渐发展和延伸的，即在低层次的、最基本的生活需要得到满足以后，就会产生高层次的精神需要。但在特殊情况下，需要的层次顺序也可能发生变化，比如有些人在高层次需要得到相当程度的满足之后，转而寻求低层次需要的满足。

3. 发展性

消费需要的发展主要体现在两个方面：一是需要层次的发展变化，一般是在较低层次的需要得到满足之后，逐步向较高层次推进；从简单需要向复杂需要发展；从物质需要向精神需要发展；从单纯追求数量上的满足向追求质量和数量的全面充实发展，这样就形成阶梯式发展趋势。二是消费需要随时代而发展变化。随着时代的进步往往产生许多新的商品、新的观念、新的社会风尚，这必然引起消费需要的发展。没有消费需要的发展，就不会有时代的进步；同样，没有时代的进步，消费需要的发展也将受到限制。

4. 周期性

消费需要的满足是相对的，某些消费需要在获得满足后，在一段时间内可能不再产生，但随着时间的推移，已经消退的需要又会重新出现，周而复始，呈现出周期性。消费需要周期性由消费者的生理运行机制及某些心理特性引起，并受到自然环境变化周期、产品生命周期和社会时尚变化周期的影响。但周期性并不是一直在原有水平上的循环，重新出现的需要不是对原有需要的简单重复，而是在内容、形式上都有所发展和提高。

专栏3-3　　　　　　　　　　服装流行的周期性

服装是典型的具有流行周期性特征的商品，任何一种服装的流行都会经过兴起、普及、盛行、衰退和消亡这五个阶段，并呈现出螺旋式的周期变化。服装流行周期交替的频率和持续时间并不固定，这种周期性变化常与产品的生命周期相联系，即将一个服装流行周期划分为投入期、成长期、成熟期和衰退期。投入期一般是新款服装刚刚进入市场的阶段，商品的价位高，原创性强，但往往无法确定是否能够被消费者接受；进入成长期，新款服装开始逐渐引起人们的关注，仿制品也开始以不同的价格大量出现；发展到成熟期，新款服装受欢迎的程度达到顶峰，消费者跟风购买的现象非常明显；接下来，当新款服装不再被人们喜欢或者被人们逐渐厌倦时，进入衰退期，厂商就会开始关注新的服装色彩或样式，原来的服装元素逐渐淡出直到消亡。一般来说，服装的生命周期长，流行周期也较长；生命周期短，流行周期也较短。

资料来源：白玉苓.消费者行为学[M].北京：人民邮电出版社，2021.

5. 伸缩性

伸缩性又称需求弹性。消费需要来源于消费者的生理和心理满足的欲望，但它又受社会环境诸多因素的影响和制约。这些因素都可能对消费者的消费需要产生促进或抑制作用，这就使消费需要表现出伸缩性的特点。

消费者需要的伸缩性既可能是由消费者本人需要和欲望的特征、强度及货币支付能力等内因引起的，也可能是由商品的供应状况、价格、广告宣传、销售方式、他人的实践经验、储蓄利率等外部环境因素引起的。

6. 可诱导性

客观现实的各种刺激对消费者需要的产生起一定的作用。一般把能够引起消费者需要的外部刺激（或情境）称作消费诱因。消费诱因按性质可以分为两类：凡是消费者趋向或接受某种刺激而获得满足的，称为正诱因；凡是消费者逃避某种刺激而获得满足的，称为负诱因。心理学研究表明，诱因的刺激强度过大或过小都会导致个体的不满或不适，从而抑制需要的产生。需要的这一特性说明消费需要可以通过引导和培养形成，也可以因外界的干扰而受到削弱或改变。因此，诱导需要，甚至开发和创造需要是企业营销管理的重要任务。

3.2 消费者需要的基本形态与研究方法

3.2.1 消费者需要的基本形态

从消费需要与购买行为的关系来看，消费者需要具有以下基本形态。

（1）现实需要。它是指消费者已经具备对某种商品的实际需要，且具有足够的货币支付能力，而市场上也具备充足的商品，因而消费者的需要随时可以转化为现实的购买行动。

（2）潜在需要。它是指目前尚未显现或明确提出，但在未来可能形成的需要。潜在需要通常由于某种消费条件不具备所致。比如，市场上缺乏能满足需要的商品；消费者的货币支付能力不足；缺乏充分的商品信息；消费意识不明确；需求强度低等。然而，上述条件一旦具备，潜在需要可以立即转化为现实需要。

（3）退却需要。它是指消费者对某种商品的需要逐步减少，并趋向进一步衰退之中。导致需要衰退的原因，通常是时尚变化、消费者兴趣转移；新产品上市，对老产品形成替代；消费者对经济形势、价格变动、投资收益的心理预期等。

（4）不规则需要，又称不均衡或波动性需要。它是指消费者对某类商品的需要在数量和时间上呈不均衡波动。有许多季节性商品、节日礼品，以及对旅游、交通运输的需求，就有明显的不规则性。

（5）充分需要，又称饱和需要。它是指消费者对某种商品的需求总量及时间，与市场商品供应量及时间基本一致，供求之间大体趋向平衡，这是一种理想状态。但是，由于消费需要受多种因素影响，任何一个因素变化，如新产品问世、消费时尚改变等，都会引起需求的相应变动。因此，供求平衡的状况只能是暂时的、相对的，任何充分需要都不可能永远存在下去。

（6）过度需要，又称超饱和需要。它是指消费者的需要超过了市场商品供应量，呈现供不应求的状况。这类需要通常由外部刺激和社会心理因素引起。比如，消费者因为通货膨胀对某种商品的抢购行为，对未来经济形势不乐观的心理预期等。

（7）否定需要。它是指消费者对某类商品持否定、拒绝的态度，因而抑制其需要。之所以如此，可能是商品本身不适合消费者需要，也可能由于消费者缺乏对商品性能的正确认识，或者因旧的消费观念束缚、错误信息误导所致。

（8）无益需要。它是指消费者对某些危害社会利益或有损于自身利益的商品或劳务的需要。如对香烟、烈酒、赌具、毒品、色情书刊或色情服务的需要，无论对消费者个人还是社会都是有害无益的。

（9）无需要，又称零需要。它是指消费者对某类商品缺乏兴趣或漠不关心，没有需求。无需要通常是由于商品不具备消费者所需要的效用，或消费者对商品效用缺乏认识，未与自身利益联系起来。

从上述关于消费者需要的基本形态分析中可以看出，并不是任何需要都能够直接激发购买动机，进而形成消费行为。现实中，有的需要如潜在需要、零需要、否定需要、退却需要等，必须给予明确的诱因和强烈的刺激，加以诱导、引发，才能达到驱动行为的足够强度。此外，并不是任何需要都能够导致正确、有益的消费行为。有些需要如过度需要、无益需要等，就不宜进一步诱发和满足，而必须加以抑制或削弱。因此，不加区分地倡导满足消费者的一切需要，显然是不适当的。正确的方法应当是区分消费者需要的不同形态，根据具体形态的特点，从可能性和必要性两方面确定满足需要的方式和程度。

专栏3-4　　　　　　　苹果和小米擅长用饥饿营销策略

饥饿营销是指产品提供者通过有意降低（限制）产量的办法，以期达到调控供求关系、制造供不应求的假象，从而吊足消费者胃口，引发更大的消费者需求，获得较高利润的营销策略。苹果和小米都是擅长饥饿营销的高手。企业在产品推广初期，由于信息不对称，制造产品供应紧张的气氛，造成供不应求的假象以激起消费者求购心切、求新求快的需求，在这种情况下饥饿营销是可行的。但随着消费者对信息的了解以及消费心理的成熟，可能会对饥饿营销的做法麻木，甚至会反感。另外，由于物质的极大丰富，替代品或者直接竞争产品的进入，消费者的注意力被分散，如果品牌一窝蜂地模仿饥饿营销，则不一定能收到好的市场效果。

资料来源：白玉苓.消费者行为学[M].北京：人民邮电出版社，2021.

3.2.2 掌握消费者需要的研究方法

从消费者需要的基本形态可以了解，需要不仅是消费者购买行为的动力，而且是动态的，这样一来，消费者需要是永远不会彻底满足的，所以消费者的购买行为也永远不会停止。工商企业必须努力探索消费者尚未满足的需要，不断推出新产品以唤起人们潜在的需要。如何去探索、认识消费者的需要呢？可以用观察法、访谈法、问卷调查法、电话调查法、小组讨论法和线上调查法等具体方法，还可以用二手资料分析法了解消费者需要。

3.3 消费者的购买动机

购买动机是在消费需要的基础上产生的，是引发消费者购买行为的直接原因和动力。相对于消费者的需要而言，购买动机更为清晰显现，与消费行为的联系也更加直接具体。

3.3.1 购买动机的概念和形成

1. 购买动机的含义

动机的原意是引起动作。心理学将动机定义为引发和维持个体行为并导向一定目标的心理动力。

动机是一种内在的驱动力量。当个体采取某种行动时，总是受到某些迫切需要实现的意愿、希望和要求的驱使，而这些内在的意愿、希望和要求具有能动的、积极的性质，能够激发和驱动特定行为的发生，由此就构成该行为的动机。通常，人们在清醒状态下采取的任何行为都是由动机引起和支配的，并通过动机导向预定的目标。消费者的消费行为也是一种动机性行为，他们所从事的购买行为直接源于各种各样的购买动机。

所谓购买动机，是指消费者为满足自己一定的需要，而引起购买某种商品或劳务的愿望或意念，是驱使消费者产生购买行为的内在原因。

2. 购买动机的形成

消费者购买动机是一种基于需要而由各种刺激引起的心理冲动。它的形成要具备一定的条件。首先，购买动机的产生必须以需要为基础。只有当个体感受到某种生存或发展条件的需要，并达到足够强度时，才有可能产生采取行动以获取这些条件的动机。购买动机实际上是需要的具体化。购买动机不仅建立在消费需要的基础上，也受消费需要的制约和支配。其次，购买动机的形成还要有相应的刺激条件。当个体受到某种刺激时，其内在需求会被激活，使内心产生某种不安情绪，形成紧张状态。这种不安情绪和紧张状态会演化为一种动力，由此形成动机。最后，需要产生以后，还必须有满足需要的对象和条件，才能形成动机。比如，消费者普遍具有御寒的需要，但是，只有当冬季来临，消费者因寒冷而感到生理紧张，并在市场上发现有销售的羽绒服时，才会产生购买羽绒服的强烈动机。在消费者购买动机的形成过程中，上述三个方面的条件缺一不可，其中尤以外部刺激更为重要。因为在通常情况下，消费者的需要处于潜伏或抑制状态，需要外部刺激加以激活。外部刺激越强，需要转化为动机的可能性就越大，否则，需要将维持原来状态。

购买动机的形成过程告诉我们，企业在营销活动中多方位地满足消费者的需要和强化商品或服务的刺激，对于促成消费者产生购买动机是非常重要的。

3.3.2 关于购买动机的理论

长期以来，国内外专家学者就消费者购买动机进行了大量的研究，购买动机理论研究的中心问题是消费者行为中"为什么"的问题。比如，一个消费者为什么购买OPPO FindN(8GB/256GB/5G版)配置手机？为什么这个消费者对OPPO FindN(8GB/256GB/5G版)系列的广告宣传抱有积极的态度？为什么消费者愿意惠顾OPPO专卖店？在研究的过程中，专家学者提出了一些很值得研究的理论。由于篇幅有限，仅介绍当前比较流行的理论要点。

1. 两个相反的动机理论

（1）内驱力理论。这种理论认为，动机作用是过去的满足感的函数，其意义是人对现在行为的决策，大部分以过去行为所获结果或报酬进行考虑，也就是人的现在的行为动机要以过去的效益为依据。在客观上，许多人的确如此行事，如果以往的某个行为得到良好的结果，从中受益，人们就有反复进行这种行为的趋向。

（2）认知理论。这种理论与内驱力理论正好相反，该理论认为人的行为的主要决定因素与信念、期望和对未来变化的预测有关。内驱力理论是着眼于过去事件的结果，认知论认为人的行为都是有目的性的，以有意识的意图为基础。比如，消费者为货币保值而去购买价值较高的商品，如果他对这种行为能达到保值的信念十分坚定，并且认为购买结果能得到经济上的好处，那么购物保值动机会很强烈，会做出种种努力去购买。反之，他预期得不到好处，那么他购物保值的动机会减弱，也无须再做购买的努力。

2. 唤醒理论

依照传统动因理论，人的行为旨在消除因匮乏而产生的紧张，但人类某些追求刺激的冒险的行为，如登山、探险、观看恐怖电影等，恰恰是为了唤起紧张而不是消除紧张，这类现象是动因理论无法解释的。为此，一些学者提出了唤醒理论（激活理论）。他们认为，每一个人在内部和外部刺激的关系上都有一个最适宜的环形水平，当出现偏离这个水平的内外刺激时，个体会促使有机体活动，以恢复这种水平。

唤醒或激活是指个体的激活水平或活动水平，即个体是处于怎样一种警醒或活动反应状态。人的兴奋或唤醒程度可以很高，也可以很低，从熟睡时的活动几近停止到勃然大怒时的极度兴奋，中间还有很多兴奋程度不等的活动状态。

刺激物的某些特性，如新奇性、变动性、模糊性、不连贯性、不确定性等均可以引起人们的兴奋感。根据唤醒理论，个体寻求保持一种适度的兴奋水平，既不过高也不过低，因此个体总是偏好那些具有中度唤醒潜力的刺激物。影响个体最适度兴奋水平的因素很多，如一天中不同的时间段、刺激物的类别、个体本身的差异等。一般而言，个体倾向于使兴奋水平处于小范围的起伏状态，追求那些具有中度不确定性、新奇性和复杂性的刺激物。

根据唤醒理论的观点，个体的兴奋水平与刺激物的模糊性之间有一定的关系。如图 3-5 所示，在 $O \sim x_1$ 区间段，刺激物的模糊性很低，消费者的兴奋水平呈下降的趋势。此时消费者对刺激物有某种乏味感，因而需求使购买趋于复杂的新的方式与途径。比如，选择某个不知名的品牌或购买某种新产品。在 $x_1 \sim x_2$ 区间段，模糊性处于中等水平，此时消费者被激起从事诸如搜寻信息、对不同品牌进行比较等活动。在 $x_2 \sim x_3$ 区间段，兴奋水平达到很高的程度，刺激物模糊程度进一步提升，会招致兴奋水平的下降和购买搜寻过程的中止。

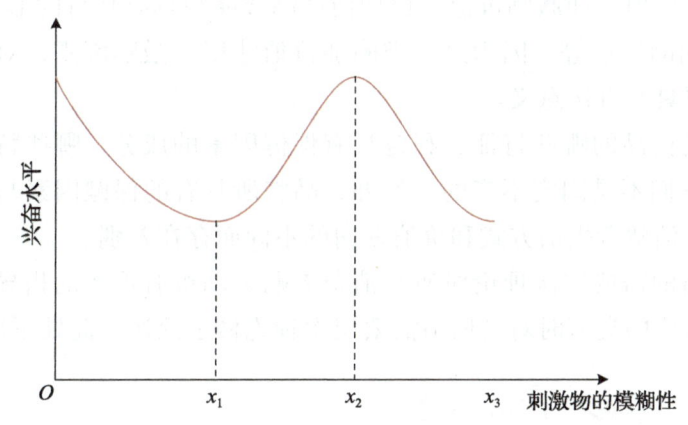

图 3-5　兴奋水平与刺激物的模糊性之间的关系

唤醒理论可以解释很多市场营销与购买行为关系。比如，对某一品牌形成忠诚度的消费者在连续选择该品牌一段时间后，往往会由于对该品牌的"饱和感"而尝试选择新的品牌。可是，如果后者没有特别的吸引力，该消费者又会恢复选择原来的品牌。这种消费行为在食品、冷饮、洗涤用品、服装鞋帽等商品上比较常见。又如，唤醒理论中强调的适度兴奋可以很好地解释为什么消费者有时会大量搜寻信息，以降低购买风险，从而使决策简单化；有时则存在使购买决策复杂化的倾向。如今，更多的企业发现在宣传企业产品时，隔一段时间对广告画面或文案做些变动，广告效果会更好，这实际上也运用了唤醒理论。

3. 双因素理论

双因素理论亦称"激励—保健理论"，是由美国心理学家赫茨伯格（Herzberg）提出来的。赫茨伯格将影响工作积极性的因素分为两类：一类是激励因素，如成就、认可、工作自身、责任感和发展等，它们一般都与工作内容有关，即都存在于工作内部，激励因素的满足导致工作满意；另一类是保健因素，诸如规章制度、工资水平、福利待遇、工作条件、人际关系以及个人生活所需等因素，它们一般与工作环境有关，保健因素的满足能减少工作的不满意感。赫茨伯格认为，工作满意和不满意不是一个维度的两个极端，而是两类不同的因素。激励因素的满足虽然能导致工作满意，但缺乏激励因素也不会产生不满意；缺乏保健因素虽然会导致工作不满意，但保健因素的满足也不会增加员工对工作的满意。

将赫茨伯格双因素理论运用于消费者动机分析，也具有多重价值与意义。商品的基本功能或为消费者提供的基本利益与价值，实际上可视为保健因素。如果不具备这类基本的利益和价值，就会使消费者不满。比如空调如果不能很好地制冷，手机干扰较大，都会使消费者产生强烈的不满情绪，甚至导致对企业的不利宣传、要求退货、赔偿损失、提起法律诉讼等对抗行动。然而，商品具备了某些基本利益和价值，也不一定能保证消费者对其产生满意感。要使消费者对产品、服务形成忠诚感，还需在基本利益或基本价值之外，提供附加价值，即激励价值。比如使产品或品牌具有独特的形象，产品的外观、包装具有与众不同的特点等。因为这一类附加价值才属于激励因素，对满足消费者更高的社会层次的需要具有直接意义。

还要注意的是商品的哪些特征、利益具有保健因素的成分，哪些特征、利益具有激励因素的成分，它们不是固定不变的。另外，品牌所具有的保健因素与激励因素还会因目标市场的不同、消费者生活方式和价值取向的不同而存在差别。

此外，马斯洛的需要层次理论对研究消费者购买动机有重要的指导意义，由于在上一节讨论消费者需要的类型时对马斯洛需要层次理论做了论述，此处不再赘述。

3.3.3　购买动机与购买行为的关系

与需要相比，消费者的购买动机更为具体直接，有着明确的目的性和指向性，但同时也具有更加复杂的特性，购买动机与购买行为的关系表现在以下方面。

1. 主导性

现实生活中，每个消费者都同时具有多种动机。这些复杂多样的动机之间以一定的方式相互联系，构成完整的购买动机体系。在这一体系中，各种动机所处的地位及所起的作用互不相同。有些动机表现得强烈、持久，在动机体系中处于支配性地位，属于主导动机；有些动机表现得微弱而不稳定，在动机体系中处于依从性地位，属于非主导性动机。一般情况下，人们的行为是由主导性动机决定的。比如，现阶段买房、买车、出国旅游是很多人共同的购买动机，但受经济条件的限制，上述购买动机无法同时实现时，需要改善住房条件，或者等房结婚的人是一定要把钱投向买房的需要方面的，不敢轻易随便花钱买车和出国旅游，这就是主导动机起作用的结果。

2. 实践性

购买动机不是朦胧的意向，它已经与一定的作用对象建立了心理上的联系，所以购买动机一旦形成，必将导致行为。因此，我们可以说，购买动机是消费活动的推动力，有购买动机产生，就有消费者的行为活动。消费者可能用不同的方法达到不同的目的，但却都是在动机的驱使下进行的。

3. 内隐性

购买动机是消费者的内在心理活动，主体意识的作用往往使购买动机形成内隐层、过渡层、表露层等多层次结构。而在现实中，消费者较复杂的消费活动常常将真正的动机隐蔽起来。比如，某消费者买了一辆奔驰车，他表面的动机是为了上班方便，但真正的购买动机可能是要向别人显示他事业的成功、生活的优越和家庭的富有。这就是动机的内隐性。

4. 复杂性

购买动机虽然是引起消费行为的动力，但动机在引发行为时可能有多种情况。有些动机本身直接促成一种购买行为，而有些动机会促成多种消费行为的实现，也有可能在多种动机的支配下才促成一种消费行为。动机与行为的关系，如图 3-6 所示。

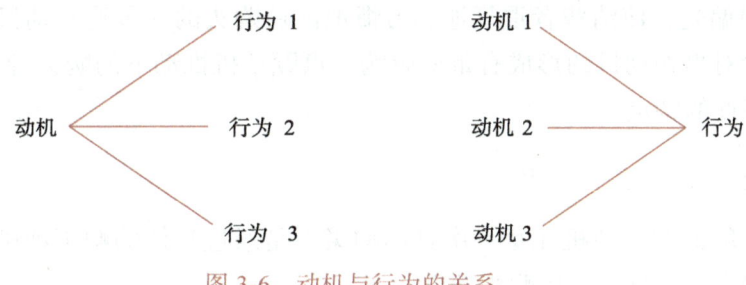

图 3-6 动机与行为的关系

3.3.4 消费者购买动机的形态

1. 消费者一般的购买动机

由于消费者需要和外在影响因素的多样性，购买动机的表现十分复杂细微，但是，在现实生活中，消费者的购买动机又呈现出一定的共性和规律性。不论消费者在购买动机上表现出多么大的差异，共性和规律性却始终存在。在这个问题中，我们把消费者在各种消费活动中普遍存在的购买动机概括为两种类型。

（1）生理购买动机。它是指消费者为保持和延续生命有机体而引起的各种需要所产生的购买动机。这种购买动机都是建立在生理需要的基础之上的，具体可以分为以下四种类型。

1）维持生命的购买动机。消费者饥时思食、渴时思饮、寒时思衣所产生的食品、饮料、衣服等的购买动机均属于这一类。

2）保护生命的购买动机。消费者为保护生命安全的需要而购买商品的动机。比如，购买建筑材料建房子，为治病而购买药品的动机等，就属于这一类。

3）延续生命的购买动机。消费者为了组建家庭、繁殖后代、哺育儿女的需要而购买有关商品的动机，就属于这一类。

4）发展生命的购买动机。消费者为使生活过得舒适、愉快，为了提高文化科学知识水平，为了强身健体而购买有关商品的动机，就属于这一类。

（2）心理购买动机。它是指由消费者的认识、情感、意志等心理过程引起的购买动机。具体包括：情绪动机、情感动机、理智动机和惠顾动机。

1）情绪动机，是由人的喜、怒、哀、乐、欲、爱、恶、惧等情绪引起的购买动机。情绪动机推动下的购买行为，一般具有冲动性、情境性和不稳定性的特点。

2）情感动机，是由人的道德感、理智感和审美感等人类高级情感引起的购买动机。这类动机推动下的购买行为，一般具有稳定性和深刻性的特点。

3）理智动机，是建立在消费者对商品客观、全面认识的基础上，对所获得的商品信息经过分析、比较和深思熟虑以后产生的购买动机。理智动机推动下的购买行为，具有客观性、周密性和控制性的特点。

4）惠顾动机，是建立在以往购买经验基础之上，对特定的商品、品牌、商店等产生特殊的信任和偏爱，使消费者重复地、习惯地前往购买的一种购买动机。消费者个人的购买活动体验对惠顾动机的形成有重要影响，惠顾动机推动下的购买行为，具有经验性、稳定性和重复性的特点。

2. 消费者具体的购买动机

消费者一般的购买动机在每一次具体购买中是通过具体的购买动机表现出来的。在市场营销实践中，常见的具体购买动机如下。

（1）求实购买动机。这是以追求商品或劳务的使用价值为主要目的的购买动机。具有这种购买动机的消费者在选购商品时，一方面比较注重商品的功用和质量，要求商品具有明确的使用价值，讲究经济实惠，经久耐用；另一方面比较重视所购买的商品能为使用者带来更多的实际利益，如方便、适用、省时、省力、减轻家庭负担，增加休闲娱乐时间等。他们不过多强调商品的品牌、包装和新颖性。从现在看，具有这种购买动机并不一定与消费者收入水平有必然联系，而主要取决于个人的价值观念和消费态度。

专栏3-5　　　　　　　　　**美国的 Dollar Tree**

美国的 Dollar Tree 是一家销售 1 美元商品的打折连锁店，其前身是一家杂货铺，成立于 1953 年。该公司总部位于弗吉尼亚州切萨皮克，是财富 500 强企业之一。该公司在美国 48 个州和加拿大部分地区拥有共计 4 900 家商店，拥有覆盖美国全境的 10 家物流配送中心。

Dollar Tree 包括保健及美容产品、食品和小吃、季节性装饰、家居用品、玻璃器皿、餐具、家居清洁用品、糖果、玩具、礼品、礼品袋和包装、文具、工艺用品、教学用品、汽车、电子产品、宠物用品和书籍，大部分 Dollar Tree 商店也卖冷冻食品和乳制品，如牛奶、冰激凌和预先做好的烘焙食品。2009—2019 年，Dollar Tree 营收年复合增长率达 16.3%，并且上榜德勤《2020 年全球零售力量》增长最快零售商 TOP10。Dollar Tree 以物美价廉、品类丰富的产品吸引了中低收入群体和讲究实惠、寻求低价的消费者。

资料来源：白玉苓.消费者行为学 [M].北京：人民邮电出版社，2021.

（2）求新购买动机。这是以追求商品的时尚、新颖和奇特为主要目的的购买动机。具有这种购买动机的消费者非常重视商品的外观造型、款式、色彩、装潢以及时尚性，喜欢那些别出心裁、标新立异、与众不同的商品，而不太重视商品的实用程度和价格高低。

（3）求美购买动机。这是以追求商品的欣赏价值和艺术价值为主要目的的购买动机。具有这种购买动机的消费者，一方面重视商品本身存在的客观的美的价值，如色彩美、造型美、艺术美等；另一方面重视商品能为消费者创造出的美和美感，如美化了自我形象、美化了个人生活环境等。因此，这些人在选购商品时，特别重视商品的外观造型、色彩和艺术品位，而不大看重商品的价格。

（4）求廉购买动机。这是以追求商品价格低廉，希望以较少货币支出获得较多利益为主要目的的购买动机。具有这种购买动机的消费者在选购商品时，特别注重"价廉"和"物美"，非常注意商品的价格变动，他们宁肯多花体力和精力，多方面了解有关商品的价格信息，并对商品之间的价格差异进行详细的比较、反复衡量。他们喜欢选购优惠价、特价、折扣商品，不太计较商品的外观质量和包装。这类购买动机与消费者的经济条件有关，但收入较高而节俭成性的人，也会保持求廉购买动机。

（5）求名购买动机。这是以追求名牌、高档商品和仰慕某种传统商品的名望，借以显示或提高自己的身份、地位和威望为主要目的的购买动机。具有这种购买动机的消费者特别重视商品的品牌、产地、声誉以及象征意义。他们对商品的使用价值不太注重。崇尚名牌产品已成为现代消费市场的一大趋势。

（6）求便购买动机。这是以追求商品使用方便、购买方便或维修方便为主要目的的购买动机。具有这种购买动机的消费者对时间、效率特别看重，厌烦反复地挑选比较，希望能快速方便地买到中意、适合需要的商品。同时，他们也希望购买的商品携带、使用、维修方便，减少麻烦。随着我国人民生活节奏的加快和社会竞争的加剧，具有求便购买动机的消费者在社会各阶层中，尤其在城市人口中会越来越多。

（7）从众购买动机。这是以在购买某些商品方面要求与别人保持同一步调为主要特征的购买动机，所以也叫模仿购买动机。具有这种购买动机的消费者，其购买动机是在参照群体和社会风气的影响下产生的。从众动机驱使这类消费者购买和使用别人已经拥有的商品，而不充分顾及自身的特点和需要。因此，这类消费行为往往有盲目性和不成熟性。

（8）储备购买动机。这是以储备商品的价值或使用价值为主要目的的购买动机。一是表现为购买金银首饰、名贵工艺品、名贵保值的收藏品等进行保值储备。这类商品的价值较稳定，不仅能保值而且还能在收藏期间出现增值的情况。二是购买有价证券进行保值储蓄。三是在市场出现不正常的现象，如商品供不应求、社会动乱的时候，尽可能多地购买商品以备将来需要。

以上列举的仅是现实购买活动中常见的一些购买动机。需要指出的是，消费者的购买动机是一个复杂的动机体系，实际生活当中人们的消费行为往往不是由一种动机引发的，而常常是多种动机共同作用的结果。同时，消费者又不愿或根本说不清真实的购买动机。要了解消费者的购买动机，营销人员必须采取一系列调查方法，如问卷调查法、观察法、实验法等。但是要记住，购买动机或者简单说购买原因一般是难以全部通过询问直接了解到的。

专栏3-6　　　　　　　　礼品类商品消费者购买动机分析

在中国这个传统礼仪之邦，"礼"在中国人的社交往来中扮演着重要的角色，"千里送鹅毛，礼轻情意重"的古谚就是很好的礼品购买心理及购买行为。建立中国市场的礼品营销理论和策略是我国营销领域重要的问题。可以从消费者购买动机出发，根据影响礼品购买决策的关键因素将消费者进行分类，并为产品的市场细分以及市场定位提供营销策略的对策建议。

首先，分析消费者礼品购买动机。购买动机是直接驱使消费者实行某种购买活动的一种内驱动力，通过因子分析，对测试进行评估打分，研究人员发现消费者礼品购买动机主要出自公关、致谢、祝福和问候四个方面，从可能购买红枣这种商品出发，对消费者礼品购买动机进行分析解释，如表3-1所示。

表3-1　消费者礼品购买动机分析表

购买动机		动机说明	节日	人生庆典				不可预期的时间	
				结婚	生子	乔迁	祝寿	探病	其他
公关	持明确目的行动	有明确利益需求，讨好、献媚							√多在公关探路阶段
	借机讨好，为未来的需要铺垫	无明确利益需求，讨好、献媚，为以后利益交换做铺垫	√	√	√	√	√	√	√
	目的达到后致谢	礼节性，为以后利益交换巩固基础							√
致谢	商务性，未预期的事被办成	带一定个人情感，同时也兼有商务性利益，期望有助于以后的利益交换。可能感激等情感略多							√
	略有私交的人将事办成	一般是在事前没有预料，或者没有在事先做过多的公关工作，比较富含个人情感，为感激，也为情面							√

(续)

购买动机		动机说明	节日	人生庆典				不可预期的时间	
				结婚	生子	乔迁	祝寿	探病	其他
祝福	对长辈	饱含个人情谊，传递美好愿望			√	√	√	√	
	对平辈	私交较近，包含个人情谊，美好愿望		√	√	√	√	√	
问候	私交较远	礼节性，出于文化习惯							√因某种原因而拜访
	有一定私交	礼节性，出于文化习惯							√久未见面后的拜访
	不同居住的同辈亲属	出于关切、问候等私人情谊	√						√久未见面后的拜访
	不同居住的长辈	出于祝福、尊敬、感激等私人情谊	√						√久未见面后的拜访
	亲密的私交	私交亲密，甚至如同一体，因此更重实用而轻礼							√出于特殊原因，如偶尔看到比较特殊的商品

其次，从两个维度归纳礼品购买动机的实际意义。一个维度是礼节惯例——情感驱动，另一个维度是利益交换——情谊传递。

礼节惯例——情感驱动这个维度刻画出送礼者和受礼者的关系亲疏。关系较远的人之间送礼主要是出于礼节习惯，并不包含丰富的感情。出于风俗和传统文化惯例送礼称为礼节惯例动机。比如，即使相互关系不亲密，出于习惯见面也要带点小礼物。与此对立的，送礼者是出于对受礼者的爱或敬等较深的情感，比如给长时间没见面的亲属带礼物。

利益交换——情谊传递这个维度主要是指送礼者是否持比较明确的意图。持公关目的者是出于以礼换利的动机，其中并无多少感情因素。与此对立的，送礼者与受礼者有感情的纽带，送礼主要出于在特定时刻传递情意的目的，比如乔迁新居的贺礼就不带太多的利益交换功利目的。

资料来源：作者根据 MBA 智库网资料整理而成。

3.3.5 购买动机冲突与营销策略

1. 购买动机冲突的产生及类型

当消费者同时具有两种意向的动机且共同发生作用时，动机之间就会产生矛盾和冲突。这种矛盾和冲突可能是由于动机之间的指向相悖或相互抵触，也可能是出于各种消费条件的限制。人们的欲望是无止境的，而人们的时间、金钱和精力却是有限的，当多种动机不可能同时实现时，动机之间的冲突就是不可避免的。解决动机冲突的方法影响消费者的消费方式，所以对企业营销人员来说非常有意义。营销人员要分析产生动机冲突的原因，并向消费者提供解决方案，使面临动机冲突的消费者选择最合理的购买行为。

常见的购买动机冲突有三种形式。

（1）利——利冲突，又称双趋冲突。双趋冲突是指一个人以同样强度追求同时并存的两个目的又不能兼得时产生的内心冲突。在这种情况下，相互冲突的各种动机都会给消费者带来相应利益，因而对消费者有着同样的吸引力。但由于消费条件的限制，消费者只能在有吸引力的各种可行性方案中进行选择。因此，吸引力越均等冲突越厉害。比如，某消费者获得一笔可观的年终奖金，他希望将这笔钱用于向往已久的澳大利亚游，以满足求奇的动机；但他又渴望购置一套高档家庭影院，以满足休闲娱乐的动机。这两种选择都可能给这位消费者带来利益，且对他都有强烈的吸引力，因而动机之间产生了冲突。

（2）利——害冲突，又称趋——避冲突。趋避冲突是指一个人对同一消费目标同时产生两种对立的动机，一方面好而趋之，另一方面恶而避之。在这种情况下，消费者面临着同一消费行为既有积极后果，又有消极后果的冲突。其中，具有积极后果的动机是消费者极力追求的，具有消极后果的动机又是消费者极力避免的，因而使消费者经常处于利弊相伴的动机冲突中。比如，许多消费者既喜欢吃各种美食，又害怕身体发胖，品尝美味佳肴的动机与避免体重增加的动机之间就经常发生冲突。

（3）害——害冲突，又称双避冲突。双避冲突是指一个人同时遇到两个威胁性的事件，但又必须接受其一，才能避免其二时的内心冲突。有时消费者同时面临着两种或两种以上均会带来不利结果的动机。由于这些结果都是消费者企图回避或极力避免的，但因条件所迫又必须对其做出选择，因此这些不利动机之间也会产生冲突。比如，对于部分低收入消费者来说，物价上涨将使他们的购买力降低，而提前购置稍大屏幕液晶彩电、空调等新一代家用电器，又面临着占用资金、挤占其他消费开支、产品更新换代等问题，避免涨价损失的动机与减少购买风险的动机之间便产生冲突。面对这类冲突，消费者总是趋向选择不利和不愉快程度较低的动机作为实现目标，以便使利益损失减少到最低限度。

2. 解决购买动机冲突的营销策略

（1）针对"利——利冲突"的营销策略。针对利——利冲突，由于相互冲突的动机都会给消费者带来相应利益，因而对消费者有着同样的吸引力。但由于消费条件的限制，消费者"鱼和熊掌不可兼得"，只能选择对自己更有吸引力的一方。企业可以通过强调产品与竞争产品不同的差别化策略或通过降价、分期付款等推广方式来解决消费者的动机冲突，增加产品的吸引力，强化产品带给消费者的价值与利益。

（2）针对"利——害冲突"的营销策略。要解决消费者的利——害冲突心理，可以采取尽可能降低不利后果的严重程度，或采取替代品抵消有害结果影响的方式。比如，一家啤酒公司针对一些消费者既爱喝啤酒，同时又担心摄入酒精后影响身体健康的心理，开发出不含酒精的啤酒，就是对消费者利——害冲突的一种反应。另外，还可以提高消费者对产品的认识和信赖，增强消费者有意识的购买动机，促使其实现购买行为。比如，对喜欢吃糕点，同时又怕吃了会发胖或对健康不利的消费者，可以告知消费者糕点中的甜味是来自甜味剂而不是蔗糖，甜味剂的好处是不参与糖的代谢过程，也就不会引发与糖有关的疾病，而且甜味剂只需要蔗糖用量的几百分之一就可以获得相同的甜度，不产生热量或产生的热量完全可以忽略。这样的信息可以打消消费者的疑虑，使消费者产生信任感。

（3）针对"害——害冲突"的营销策略。解决消费者害——害冲突心理的方式有很多。首先，消费者可能对冲突中的问题存在不正确的信念，如一个人牙痛又不敢去看牙医，认为看牙医是十分可怕的事情。此时，就应该通过宣传来消除或部分消除这种不全面或错误的想法。其次，害——害冲突可能为企业提供新的市场机会。比如，当家里的空调经常出故障时，消费者可能既不想花钱买一台新的，又觉得请人来修理不划算，于是产生害——害冲突心理。在这种情况下，企业通过推出以旧换新的推销方式，或通过为新空调提供更长时间的保修承诺，可能促使消费者采取购买行动来解决动机冲突。

3.4 购买动机调查与研究范例

3.4.1 企业促销活动与购买动机调查

企业营销的最终目的是让消费者购买本企业的产品。要达到这个目的，企业的促销活动就需要直接影响消费者由购买动机到购买行为的过程，所以企业的促销活动就必须达到下面的效果：

- 直接激发购买欲望。
- 让顾客了解产品（品牌、包装等）。
- 让顾客熟悉产品性能及效用。
- 使顾客对产品产生好感。
- 使顾客产生购买欲望。
- 使顾客购买本企业产品而不是其他企业的产品。
- 使顾客重复购买本企业产品。

3.4.2 购买动机的调查方法

要了解消费者的购买动机，营销人员必须采用切实可行的调查方法。除了经常采用的问卷法、访谈法、实验法等以外，在企业的营销实践中，营销人员还可以采用以下调查方法了解和分析消费者的深层购买动机。

1. 示意图法

示意图法又称图画解决法，是指向被试者出示一张图画，让其写出图中所画人物提出的问题的答案，从中了解被试者的想法。美国学者史密斯曾用这种方法调查香烟销售情况。示意图上画了一个男子下班回家后,对妻子说:"我决定吸烟啦!"要求被试者看图以后说出听到丈夫决定吸烟的话后妻子会说些什么。据此,借第三者之口自然说出被试者对吸烟的看法和态度。

2. 推测试验法

这种方法是使被试者对具备特定条件的人的人品、职业、年龄、行动特别是购买行为加以想象和说明,从中了解被试者对特定商品的印象。比如,李先生,38 岁,月收入 1 万元左右,有一个美满的家庭,孩子 8 岁。最近李先生买了一辆 7 万多元 A 品牌的低档轿车,调查李先生的朋友小王对该车的看法,就可以采取推测试验法,让小王对李先生的购买行为进行评论。小王可能会说:"李先生为人沉稳持重,在食品公司工作,收入还可以。A 品牌轿车的质量还可以,两厢、省油,但对于将近 40 岁的李先生来说,这款轿车买的小了点。不如咬咬牙,多花一些钱买一辆 15 万元左右的车,又实用又省油,还比较上档次。"从小王的这些评论中,调查人员可以了解到小王对轿车的印象和需求意向:①可以考虑低档轿车甚至可以考虑 A 品牌低档轿车;② 15 万元左右的轿车又实用又省油;③不能因一时手头紧而凑合。

3. 语义区别法

语义区别法,又称语义分析法。这种方法原是奥斯古德为分析语言的语感差异设计的方法。用这种方法可以测定被试者对品牌、商品和企业的态度。一般用 5 点、7 点、9 点等距离的序数量表,这个表上有几组正反意义的形容词,让被试者反复进行概念判断。这种量表既可用于评定商品、品牌、广告效果,又可用于对商店、厂家、公司的印象评定,还可用于评定消费者对企业、产品和服务的态度。

3.4.3 购买动机的研究范例及营销意义

1. 角色扮演法的研究范例

角色扮演法是投射法测试中的一种具体方法。它是指实验者向被测试者描述某种情境,然后让被测试者充当情境中的某一角色,观察被测试者在该情境中的反应,从而取得实验结果。

角色扮演法就是让被测试者扮演某种角色,然后以这种角色的身份来表明对某一事物的态度或对某种行为做出评价。

这是因为在使用问卷法和访谈法时,研究人员往往会发现,被调查者对问题的回答可能并不真实,他们自觉或不自觉地会把自己内心真实的想法掩饰起来,而用合乎社会一般见解的说法应付测试。为了克服一般问卷法和交谈法的这种缺点,真正能够了解到受访者或受测者的真实动机和态度,心理学家创造了这种方法。这是一种间接调查的方法,通过一个情境和一个角色的扮演,被测试者以自然流露的方式,间接地反映出自己的真实动机和态度。在对消费者心理的研究中，美国加州大学教授海尔（Mason Haire）进行的研究最具典型意义。

在20世纪40年代后期，速溶咖啡作为一种方便饮料进入美国市场。与生产者和经营者的想法大相径庭，这种被他们在广告中宣传的方便、省时、省力、快捷、价格适中的新产品投放市场后并不受消费者欢迎，问津者寥寥无几。当直接询问其原因时，消费者回答是，不喜欢速溶咖啡的味道。但是进一步询问时，没有人确切说出传统豆制咖啡和速溶咖啡的味道有什么不同。所以，企业对调查的结果感到茫然和困惑。海尔认为：消费者并没有回答他们拒绝购买的真实原因，而"味道"只是一个托词，一种潜在的心理在起着真正抵制的作用。于是海尔采用了角色扮演法进行深入的调查。在调查中，他首先制定了两份类似平时使用的购物单。在这两份购物单中，各开列数种食品，除咖啡外，其余项目完全相同。在咖啡一项中，一份写速溶咖啡，另一份写新鲜咖啡豆，如表3-2所示。

表3-2 速溶咖啡购买动机研究中的两张购物单

购物单（一）	购物单（二）
1罐朗福特发酵粉	1罐朗福特发酵粉
2块油煎饼面包	2块油煎饼面包
1捆胡萝卜	1捆胡萝卜
1听雀巢速溶咖啡	1磅①咖啡豆
1.5磅汉堡牛排	1.5磅汉堡牛排
1听德尔蒙特桃子罐头	1听德尔蒙特桃子罐头
5磅土豆	5磅土豆

在调查中，把两份购物单分别给A、B两组各50名家庭主妇，要求她们描述按购物单买东西的家庭主妇的个性。调查者要求两组家庭主妇们对自己购物单上的所有食品做出回答，但真正要调查研究的只有咖啡一项。这种间接的方式能够使被调查者（或被测试者）较为真实地反映出自己的"个性特征"。结果，调查发现，家庭主妇们认为购买速溶咖啡者被认为是懒惰、无计划、邋遢、没有家庭观念的人，而购买新鲜咖啡豆的家庭主妇则被认为是有生活经验、勤俭、会安排、有家庭观念的人。非常明显，被调查的家庭主妇们大多用消极的词语来描述速溶咖啡的使用者。这表明速溶咖啡在消费者心中的不良印象，并非产品本身的原因，而是一种由情感偏见造成的消极购买动机所致。谜底揭开以后，速溶咖啡的生产商和经销商利用这一调查结果"对症下药"，改变广告宣传策略，进行有针对性的综合宣传，同时，在速溶咖啡的包装上增加了开起的难度，商品很快打开销路占领了市场。今天，速溶咖啡已经成为世界各国的通用饮料。

2. 宝马公司的消费者动机调查研究范例。

宝马是一家出口导向型的德国汽车公司，其2/3的产量集中在欧洲市场销售。1993年1月1日是欧洲市场一体化形成的标志。这段时间，许多汽车制造商纷纷调整他们对

---

① 1磅＝0.453 592 37千克

欧盟市场的销售策略,宝马也不例外。众所周知,经过多年的艰辛努力,宝马在世界上已经创立了一种轮廓鲜明的形象。不过,创立一种驰名世界的品牌形象是一回事,在某一特定市场上成功地销售又是一回事。为了迎合不同区域市场的不同需求,宝马决定对奥地利、意大利、荷兰、法国和瑞士消费者的需求进行详细调查。调查的主要内容是欧洲顾客购买汽车的动机类型及这些动机在不同国家所占比例。调查结果如图3-7和表3-3所示。

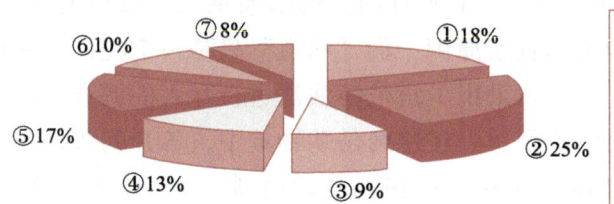

图3-7 欧洲汽车消费者购买动机类型

表3-3 各种动机类型在欧洲五国所占的比例　　　　　　　　　　（单位：%）

	类型①	类型②	类型③	类型④	类型⑤	类型⑥	类型⑦
意大利	21	29	29	2	8	7	4
法国	8	12	4	6	30	5	35
荷兰	24	25	4	18	20	6	3
瑞士	21	25	4	22	16	6	6
奥地利	14	25	2	20	13	24	2
平均值	17.6	23.2	8.6	13.6	17.4	9.6	10.0

调查结果的运用如下。

1) 有些特性对每个国家所有驾驶汽车的人都同等重要,如可靠性、安全性、质量、先进技术等。宝马把这些标准称为基本要求,那些不符合这些要求的汽车将被消费者首先淘汰,而符合这些要求的汽车也不一定畅销。

2) 不同国家的消费者对汽车的要求标准重要程度的看法不同,这些看法构成国别差异。在荷兰,汽车的吸引力有赖于"内部品质",如精工细琢的内部配置。在奥地利,汽车可能也应该展示个人的自信,"车如其人"的观念在这里比其他任何国家都强。在意大利,人们十分希望车能符合驾驶员的个人风格,他们对设计和审美品质以及行驶中动力的要求表现强烈。宝马公司认为一辆好车要在各国销售,重要的是广告诉求点要符合各国消费者的口味,定位要准。

3) 调查结果运用于市场定位上,产品应尽可能多地对目标群体成员富有吸引力,并提供一个超越竞争对手的独特地位。宝马因此改变了市场定位。新的定位方式扩展至包容情感因素、审美价值、风格雅致、构思精巧、独特超群和个性鲜明等新的方面,突破了宝马品牌传统上强调以技术与运动风格为核心的形象。

3. 研究深层购买动机对营销的意义

深层购买动机的研究是通过采用同个别消费者深层次的会谈方式来进行的，这种方法比大规模定量的调查花费要少许多，因为会谈和数据处理的成本相对于大规模调查来说要少很多。

同时，使用投射法进行深层购买动机的发掘，可以获得消费者对产品品牌的真正认识。比如，奥利奥公司在小组访谈背景下运用该技术，获得了对奥利奥品牌的更深刻的了解：我们知道奥利奥这个牌子的饼干能激发人们的强烈感情，但是我们没有料到许多人认为奥利奥很"神奇"。于是，"释放奥利奥的魔力"成为该公司的营销主题。

同样，在发掘消费者的深层购买动机后，可以改变广告制作的传统思路，改善广告宣传主题，使广告更能击中要害，打动消费者。比如，为糖果做广告，就没有必要吹捧糖果味道的鲜美，其一，谁都知道糖果的味道如何；其二，这样做反而会给人带来压力，使人担心自己由于贪图美味而发胖或者损坏牙齿。所以，有关糖果的广告应当鼓励人们把这种甜美可口的食品，当作完成繁重工作以后的一种自我奖励，从而可以把工作变得更为愉快。这样就将吃糖与较积极的事情联系起来，使消费者减少消费时的心理压力。又如，纳爱斯集团的雕牌洗衣粉广告，没有一句吹捧洗衣粉的广告词，而是以人们最为熟悉的洗衣机控制面板为创意元素，雕牌成为洗衣机必须专门配置的一个操作按钮，暗示雕牌洗衣粉在人们日常洗涤衣物中不可替代的地位和作用。当消费者看到这则广告，为这则广告的新创意而会心一笑时，消费者也就接受了雕牌洗衣粉。

本章小结

需要是消费行为的起点，消费者的需要是指在一定的社会经济条件下，消费者表现出的对商品和服务的要求和欲望。消费者需要具有多样性、层次性、发展性、周期性、伸缩性和可诱导性的特点，可以从多个角度将消费者需要划分为九种基本形态，营销管理者应根据不同形态的特点实施不同的调查方法，掌握消费者的需要。

购买动机是消费者产生购买行为的驱动力。购买动机理论研究的中心问题是消费者行为中"为什么"的问题。购买动机主要有三个功能，而购买动机与购买行为的关系主要表现在主导性、实践性、内隐性和复杂性等方面。消费者购买动机的形态可以分为一般的购买动机和具体的购买动机。解决购买动机冲突时，营销人员需要分析产生动机冲突的原因，并向消费者提供解决方案。企业营销实践中经常采用示意图法、推测试验法和语义区别法了解消费者深层次的购买动机。

复习思考题

1. 简述消费者需要和消费者购买动机，归纳两者的联系与区别。
2. 简述马斯洛需要层次理论的内容，分析该理论对分析消费者行为的启发。

3. 简述消费者需要的基本形态。
4. 消费者购买动机是如何形成的？常见的具体购买动机有哪些？
5. 试述赫茨伯格双因素理论。
6. 什么是购买动机冲突？购买动机冲突的形式有哪些？

实践活动

1. 描述下列商品可能满足的需要，列出购买不同商品获得的利益和需要支付的成本。
   （1）农夫山泉矿泉水。
   （2）李宁运动套装。
   （3）宝马 X5 SUV。
   （4）一套 90m² 新商品房（你所在城市）。
2. 访问周围的五位同学，了解他们购买智能手机的动机，并写出一份访谈报告。
3. 根据自己的理解，请模仿完成下面"主题统觉测验"中的另外两张图画。

  20 世纪 80 年代初，美国西部的链锯行业正经历着急剧的变化。汉密尔顿动力工具公司为了扩大经营项目，并使经营多样化，买下了一家生产经营链锯的小企业。因为链锯工厂原班人马已经所剩无几，公司又要把它纳入自己的业务轨道，而对哪些人构成顾客、产品质量怎么样、销量如何、主要市场在哪里、选择何种广告形式等，公司上下全都心中无数。该公司用不同方法对顾客进行了调查，其中一种方法就是对链锯的潜在买主进行"主题统觉测验"。他们聘请芝加哥消费者评估公司负责组织这项测验，目的是要发现并概括潜在的链锯买主在决定购买某种链锯前后的购买动机和决策过程。评估公司的专业人员设计了四幅漫画式的图画。

  第一幅画：一位男子对着一棵或几棵大树在发愣。要求被试者就下列问题提出看法：①画中男子可能在想什么？②假设此人出于某种理由需要砍倒这棵树，如果是你，或者如果此人向你寻求建议，你是否会想到并向他推荐购买一台动力链锯？③你是否会建议他设法不要砍倒这棵大树？④仅仅为一棵树购买一台链锯是否划算？⑤如果不买或者不用链锯，是否能用别的方法砍倒它？

  第二幅画：这个男子正在链锯商店里与售货员讨论链锯的性能、价格、使用方法，链锯的重量、功率大小、注意事项、维修保养、使用年限、是否安全等问题。要求被试者根据自己对这些问题的重视程度依次谈谈看法。

案例选编

萌化人心的汉堡猫窝，成功制造出圈声量

  在快节奏、高压力的现代生活中，宠物成为了年轻人不可或缺的调剂。尤其是随着单身人口的增加以及人际关系的疏离，背后潜在的情感需求愈发强烈。养宠物便是治愈

心灵、获取陪伴、消除孤独感的最佳良药。因此，很多人将"吸猫撸狗"作为一种新的生活方式，随着养宠人数持续走高，催生出的"宠物经济"吸引了无数品牌布局此领域。

从星巴克的猫爪杯到喜茶的宠物友好主题店，再到天猫上线超级星秀养猫活动，品牌围绕宠物做营销迎合了年轻人的爱宠诉求，在实现与年轻人沟通并打入他们的心智之余，也激起了品牌声量与销量的提升。2021年12月麦当劳围绕宠物经济推出"汉堡猫窝"，上线半天就卖空，还登上了微博热搜，大量网友争先晒图分享萌宠钻进猫窝的瞬间。

1. 全网疯抢，麦当劳的汉堡猫窝火了

这款猫窝是继2020年大暑日麦当劳打造盲盒"喵喵薯夹"之后麦当劳推出的新周边产品。这款猫窝以汉堡打包盒为设计灵感，共推出吉士堡、巨无霸、麦香鱼三款，其造型软萌可爱，精准击中了年轻人的内心。每一款汉堡盒里还附赠贴纸和猫抓板，既能通过DIY打造出专属猫窝，又可以让猫安心地"窝"在里面（见图3-8）。

图 3-8　汉堡猫窝

在2021年12月7日至12月21日活动期间，消费者只要在麦乐送或饿了么app购买指定套餐，就能获得汉堡猫窝。为了让产品更具卖点，麦当劳还通过全国限量10万份营造稀缺感来赋予产品收藏价值，极大地激发了用户对产品的兴趣。

在这款猫窝上线之前，麦当劳特别推出了一支萌趣十足的动画短片，用5个猫和主人互动的小故事展示猫咪从汉堡盒子里探出脑袋的可爱画面，并诠释出"不想出门的日子里，让我们窝在一起过冬天"的品牌主张，让消费者真切感受到来自品牌的暖意。

这款猫窝一经上线后，就引发了消费者们的热情，纷纷准备第一时间抢购汉堡猫窝。活动开始1小时后，麦当劳就宣布全国多地门店已售罄，在消费者的疯狂抢购下甚至导

致麦当劳 app 崩溃，消费者对汉堡猫窝的热情程度可见一斑。

成功俘获消费者的汉堡猫窝还引发了消费者的自发分享。许多抢到汉堡猫窝的消费者在社交平台上晒出猫窝照片，令其他没有抢到的用户羡慕不已。

通过用户的二次传播，"麦当劳猫窝"话题迅速登上热搜，阅读量突破 1 亿人次，讨论次数达到 6.2 万，而另一个话题"能睡猫的汉堡盒"也收获了 4 700 万多的阅读量及 4.2 万的讨论量。

2. 软萌契合了年轻人的需要，心甘情愿为之买单

此次麦当劳打造的汉堡猫窝可爱、软萌的特点精准契合了年轻人的心理需要，让年轻人心甘情愿为之买单。麦当劳不仅捕捉到猫咪爱钻盒子的行为和年轻人与猫之间的情感关系以及当下的营销热点，还将这些元素巧妙融入自身产品之中，从而赢得年轻人的青睐和追捧，成功带动此次营销火爆出圈，加速了流量到销量的转化。麦当劳的这一创意既给产品贴上了"周边""云吸猫"等宠物标签，又使产品拥有差异化和辨识度，成功获得广泛传播，也在很多人的心中留下了深刻印象。

资料来源：作者根据网络相关资料整理而成。

仔细阅读本文，回答下列问题：

1. 为什么麦当劳的汉堡猫窝上线半天就卖空了，还登上微博热搜？
2. 麦当劳在汉堡猫窝上线之前做了哪些营销活动？

第 4 章 消费者的注意、感觉与知觉

注意是一种特殊的心理活动,它必须伴随其他心理过程同时出现,可见消费者在购买活动中时刻离不开注意的参与,所以本章先讨论消费者的注意,然后进一步论述消费者认识心理过程中的感觉和知觉。

4.1 消费者的注意

4.1.1 注意的含义和功能

1. 注意的含义

注意是人的心理活动对外界一定事物的指向与集中。它是伴随着感知觉、记忆、思维等心理过程而产生的一种心理状态。消费者的购买活动一般以注意为开端,在心理过程开始后,注意仍伴随着心理过程,维持心理过程的指向性和集中性。比如,消费者在选购商品时,其心理活动总是集中在购买目标上,全神贯注地将心理活动稳定在所选择的商品上。这时他对商场内的噪声、喧哗、音乐等干扰进行抑制,以获得对所选商品的清晰、准确的反映,继而决定是否购买。

2. 注意的功能

注意是一种复杂的心理活动,它使消费者的心理活动处于一种积极状态并使之具有一定的方向。从这个角度来说,注意有以下三种功能。

(1)选择功能。注意的基本功能是对信息进行选择,使心理活动选择有意义的、符合需要的和与当前活动任务相一致的各种刺激,避开或抑制其他各种无关的刺激。注意的选择功能表现在对心理活动对象的指向上,表明心理活动对象的内容和范围。

(2)保持功能。外界大量信息输入后,每种信息单元必须经过注意才能得到保持,如果不加注意,就会很快消失。因此,需要将注意对象的印象或内容保持在意识之中,一直到完成任务，达到目的为止。注意的保持功能主要表现为对心理活动对象的集中上。

（3）调节监控功能。注意，特别是有意注意，可以控制心理活动向特定的目标或方向进行，使注意适当分配和适时转移。工作和学习中的错误和事故一般都是在注意分配或注意没有及时转移的情况下发生的。苏联心理学家加里培林把注意称为"智力监督动作"。

> **专栏4-1　　　　　　　　　　大脑诡计之注意**
>
> 　　2013年，央视10套《走进科学》栏目播放《大脑诡计之注意》节目。主持人张腾岳让18位测试者与他一起做一个很简单的测试。主持人请他们集中精力观看一段25秒的视频。视频中有一群拿刀和棍的武术演员在进行武术表演，张腾岳要求18位测试者在观看这段视频时，尽可能数出刀和棍接触的次数。当视频播完后，主持人张腾岳问大家："画面上有什么不和谐的地方出现？"18位测试者中只有2位观看到武术表演者舞刀弄棍时，有一只熊大摇大摆地走过去，这只可爱的熊甚至还朝镜头看了几眼。由于测试者过于集中精力观察刀和棍接触的次数，所以没有注意到一只熊的出现。主持人张腾岳总结说："注意是一种资源，而且是有限的，在每一个时刻，人们只能把注意力集中在一件事情上，那么，你就不会注意到别的事情。只有当我提起它时，你可能才会注意看。"
>
> 资料来源：作者根据央视10套《走进科学》栏目《大脑诡计之注意》节目整理而成。

4.1.2　注意的外部表现

消费者在集中注意某个对象时，常伴有一些显著的外部表现，主要有下列几种。

（1）适应性运动。比如，把耳朵转向声源的方向，即侧耳倾听；瞪着眼睛盯着某一对象，表现为注目凝视；思考问题时，眉头紧锁，双手托腮，全神贯注等，都是注意的适应性运动。

（2）无关运动的停止。比如，儿童在看精彩的动画片时，张着嘴，瞪着眼，目不转睛地盯着电视机，其他无关运动都停止了。

（3）呼吸运动的变化。人在注意集中于某一对象时，呼吸往往变得轻而慢，在紧张注意时，甚至发生屏息现象。

4.1.3　注意的分类

根据注意的产生有没有预定目的，以及保持注意时是否需要意志努力，可以把注意分为无意注意、有意注意和有意后注意。

1. 无意注意

无意注意也叫不随意注意，是指事先没有预定目的，也不需要做意志努力的注意。

这种注意的产生和维持，不是依靠意志努力，而是人们自然而然地对那些强烈的、新颖的和感兴趣的事物所表现出的心理活动的指向和集中。

在实际生活中，引起无意注意的原因经常综合在一起，为了行文方便，这里将它们分为两个方面论述，即刺激物的特点和人本身的状态。

（1）刺激物的特点。

第一，刺激物的强度。无意注意基本上服从于刺激的强度法则。强烈的刺激物，如一道强光、一声巨响、一种浓烈的气味，都会不由自主地引起人们的注意。对引起人的无意注意起决定作用的往往不是刺激的绝对强度，而是刺激的相对强度与周围物体强度的对比。比如，在喧闹的大街上，大声说话不大引起人们的注意，但在寂静的夜晚轻微的耳语声也可能引起人们的注意。

第二，刺激物之间的对比关系。刺激物在强度、形状、大小、颜色和持续时间等方面与其他刺激存在显著差别时会引起人们的无意注意。比如，绿草丛中的花比绿草丛中的青蛙更能引起人们的注意。

第三，刺激物的活动和变化。活动、变化的刺激物比不活动、无变化的刺激更容易引起人们的注意。比如，夜间的霓虹灯一亮一暗，很容易引起人们的注意；活动的玩具很容易引起儿童的注意和兴趣。

第四，刺激物的新异性。千篇一律的、刻板的、多次重复的事物很难吸引人的注意。新异性可以分为两种：绝对新异性，就是人们从未经历过的事物及其特征；相对新异性，刺激物特性的异常变化或各种特性的异常结合。研究表明，刺激物的相对新异性更能引起人们的注意。

（2）人本身的状态。无意注意不仅可以由外界刺激物的特点引起，也与人的自身状态有关。

第一，需要和兴趣。凡是能满足人的需要，符合人的兴趣的事物，就容易成为无意注意的对象。比如，企业销售人员外出度假时，零售商店举办的户外促销宣传都会自然而然地引起他们的注意。因为职业关系或其他的爱好产生的直接兴趣是无意注意的重要来源。人们常常会被感兴趣的事物所吸引，不自觉地加以注意。

第二，人的情绪和精神状态。人在心情愉快时，即使平时不被他注意的事物，也会引起注意。而心情郁闷时，平时容易引起注意的事物也不易引起注意。

2. 有意注意

有意注意也叫随意注意，是指事先有预定目的，必要时还须做一定意志努力的注意。有意注意主动地服从于既定的目的和任务，它受人的意识的自觉调节和支配。有意注意的客体不易吸引人的注意，但又是应当去注意的事物。因此，要使意识集中在这种对象上就必须有一定的意志努力。比如，青年工人在开始学习机床操作时，对于操作过程还没有掌握，操作动作也还不熟练，稍不注意就会出废品或发生事故，掌握动作熟练的过程又是一种单调的学习，所以他必须通过意志努力克服一定的困难把注意集中在当前的操作上，特别是在容易发生差错的地方。

引起和保持有意注意的条件与方法如下。

（1）加深对活动目的、任务的理解。人们对活动的目的、任务的重要意义理解得越清楚、越深刻，完成任务的愿望也就越强烈，那么与完成任务有关的一切事物也就越能引起和保持人的有意注意。

（2）培养间接兴趣。间接兴趣，特别是稳定的间接兴趣，是引起和保持有意注意、克服困难的重要条件。间接兴趣越稳定，就越能对活动保持有意注意。比如，在 21 世纪初，有些初中生喜欢玩日本 Play Station 2，为了玩好游戏，他们克服困难，努力掌握日语。

（3）合理地组织活动。在明确活动的目的、任务的前提下，合理地组织活动，有助于集中有意注意，具体策略如下。

第一，智力活动与实际操作相结合策略。比如，初学摄影的人在购买单反相机时，就可以利用这个策略，让他们更多地了解该单反相机的操作方法。

第二，根据任务的需要，提出一定的自我要求，经常提醒自己保持注意。特别是在要求加强注意的紧要关头，向自己提出"必须注意"的要求尤其重要。比如，在商务谈判中，对于焦点问题的讨论、重要合同的签订，就需要相关谈判人员利用此策略保持高度注意，这样才能立于不败之地。

第三，提出问题有利于加强有意注意。比如，消费者在购买商品房、大件耐用消费品，或者一些高新技术产品时，一边浏览商品，一边可以向销售人员就商品的品牌、功能、性价比、使用方法等方面的问题进行询问，这样有助于保持自己的有意注意。

3. 有意后注意

有意后注意是指事前有预定目的，不需要意志努力的注意。有意后注意是注意的一种特殊形式。它一方面类似于有意注意，因为它和自觉的目的、任务相联系；另一方面类似于无意注意，因为它不需要人的意志努力。

有意后注意是个人的心理活动对有意义、有价值的事物的指向和集中，它是在有意注意的基础上发展起来的。人们开始从事某项生疏的或不感兴趣的活动时，需要一定的意志努力才能保持注意，经过一段时间对这项活动十分熟悉了，就可以不需一直努力而保持注意。

无意注意、有意注意和有意后注意在实践活动中紧密联系，协同互动。无意注意在一定条件下可以发展为有意注意，有意注意可以发展为有意后注意。

4.1.4 注意的特征

衡量一个人注意的心理活动，常常从以下几种注意的特征去分析。

（1）注意的稳定。这是指在较长时间内，把注意保持在某一对象或某一活动上。注意的稳定是注意在时间上的特征，也是注意维持功能的表现。

人在感受某一对象时，常常很难长时间保持固定不变。这种注意的周期性变化叫作注意的起伏或注意的动摇现象。心理学家用实验测出，注意动摇（即每一次起伏）平均为8～12秒。

（2）注意的广度。这是指人在同一有限时间内所能清晰地把握的注意对象的数量。

心理学家用速示器进行注意广度的研究。在速示器里呈现实验材料，如词汇、数码、几何图形等，看被试者在注视点来不及移动的很短时间（1/10秒）内所能接受的同时输入的信息量。实验结果表明，成人在1/10秒内能注意到7 ± 2个彼此无关的对象。

（3）注意的分配。这是指在同一时间内，把注意指向两种或几种不同的对象与活动的现象。

在一定条件下，注意的分配是可能的。1887年心理学家潘尔哈姆发现，一边口诵一首熟悉的诗，一边手写另一首熟悉的诗，是可以做到的。当然注意分配的条件是：第一，同时进行的两种活动中必须有一种是熟练的；第二，同时进行的几种活动之间的关系也很重要。如果它们之间毫无联系，同时进行这些活动就很困难，但是如果它们之间已经形成了某种反应系统，同时进行这些活动就比较容易。比如，自拉自唱，边歌边舞，就是将拉和唱、歌和舞形成系统，而有利于注意的分配。

（4）注意的转移。这是指根据新的任务，主动地把注意从一个对象转移到另一个对象上。注意转移对消费者和营销人员来说都是非常重要的。

专栏4-2　　　　那件非买不可的衣服为何"不香了"

每次"买买买"时，我们的快乐总是在银货两讫的那一刻就达到了巅峰，然而买回来用过之后，会产生"不过如此"的感觉。比如有些衣服，刚买回来的时候是美的，可是穿过几次之后，就觉得腻了、旧了、不想再穿了。

来自神经科学的研究表明，购物时多巴胺的分泌在准备购买前逐渐累加，在执行支付行为的那一刻达到顶峰，购物完成后多巴胺分泌便一路下降，直至一个较为平稳的低点。

还有一个比较可靠的解释是，购物前的快乐其实来自人的想象。比如我们看到某件大衣穿在某个明星身上，就会脑补出如果它穿在自己身上那种走路带风、霸气侧漏的感觉；看到某个海报中优雅的法国女郎带着草帽和墨镜的画面，我们会想象自己戴上后也可以拥有这样的气质和惬意……所以，购物前直至付款那一刻的快乐，很多时候就是自己脑补出来的快乐，而真正开始使用之后，这种快乐会随着现实的提醒而逐渐消失。

"橱窗里那件非买不可的衣服，买回来穿过之后也就不过如此了。"这其实是消费品自身的一个特性，即它们的边际效用本身就是递减的。简单来说，某个新刺激使人的神经兴奋从而有了很高的满足感，即产生了效用。但随着同样刺激的反复进行，神经兴奋程度就会不断下降，这就是所谓的边际效用递减。

> 评价体系也会时移势易。简单来说，在得到某件物品之前我们的注意力会聚焦在它积极的一面上，会觉得没有了它会有哪些坏处，有了它会发挥哪些作用；而当我们将它买回来之后，我们的注意力会逐渐集中到它的缺点之上，我们会慢慢地开始给它挑刺儿，会觉得它也有这样那样不尽如人意，不如其他同类产品的地方。
>
> 资料来源：张昕. 那件非买不可的衣服，为何到手后就"不香了"[N]. 科技日报，2020-08-13（8）.

4.1.5　注意在营销活动中的作用

（1）利用有意注意和无意注意的关系，创造更多销售机会。在实际活动中人的无意注意和有意注意是相互联系、相互转换的。而消费者在商场购物时，因为需要走路，需要长时间处于有意注意状态中，感觉很疲劳。营销人员就可以利用现代大型零售商厦集购物、餐饮、娱乐、健身和休闲为一体的特点，配上主题营销策略，使消费者的购物活动时而有意注意，时而无意注意，时而忙于采购，时而消遣娱乐。这种多角化经营显然有利于延长消费者在商场停留的时间，不仅可以创造更多的销售机会，同时也使消费者自然而然地进行心理调节，感到去商场是一件轻松的乐事。

（2）发挥注意心理功能，引发新的消费需求。正确地运用和发挥注意的心理功能，可以使消费者实现由无意注意到有意注意的转换。比如，大部分消费者在接受广告宣传时都是处于无意注意状态之中，特别是广播广告和电视广告还有一些新媒体广告。往往是在无意注意状态中被强烈刺激之后引起消费者注意的转换。当营销人员了解了这个现象之后，就要千方百计增强广告的效果，使消费者的无意注意转换为有意注意。

4.2　消费者的感觉

心理学界有一个命题：人是如何触摸世界的？如果把这句话放在消费者行为研究中，稍微改变一下，消费者是如何了解商品或服务的？消费者对商品或服务的认知是从感觉开始的。

4.2.1　感觉及其产生

1. 感觉的含义

感觉是人脑对直接作用于感觉器官的客观事物的个别属性的反映。例如，嗅到气味、尝到滋味、看到颜色、听到声音、摸到软硬，这就是感觉。感觉反映的是当前直接接触到的客观事物，而不是过去的或间接的事物。感觉不仅反映外界事物的个别属性，也反映有机体本身的活动（躯体的运动和位置、内部器官的状况），如我们感觉四肢屈伸、饥饿、饱胀等。

消费者通过各种感觉器官（眼、耳、鼻、舌、身各部位、皮肤等），分辨商品的色彩、气味、温度、重量等各种具体特性，并通过神经系统传递至大脑，从而引起对商品的各种感觉，包括视觉、听觉、嗅觉、味觉、触觉等。比如，一种新型护肤品上市，消费者透过晶莹剔透的包装瓶，用眼睛看到金黄色的透明膏体，用鼻子嗅到清纯馥郁的香气，用手触摸膏体的细腻柔滑，然后用小勺取出适量的透明膏体，涂抹在皮肤上，感觉清新滑爽、舒适滋润。这个过程中的一连串动作，使消费者产生对该护肤品颜色、香型、状态、质地等方面的感觉。

2. 感觉的产生

生理心理学的研究认为，感觉的产生是分析器工作的结果。分析器是一种复杂的神经机构，是产生感觉全过程的生理通路。每一种分析器都由三个部分组成：①外周部分，就是感觉器官，它们接受来自内外环境的刺激，并将刺激转化为神经冲动；②传递神经，有传入神经和传出神经，它们往返传导外周与中枢间的神经冲动；③中枢部分，大脑皮层的感觉中枢区域，就是大脑皮层的相应部位的神经细胞群（如视觉区、听觉区等），它们接受神经冲动后就产生了各种感觉。这三个部分缺一不可，外周感受器与中枢部分由传入神经和传出神经做出反馈联系，如图 4-1 所示。

感觉是人的认识过程的初级阶段，是人认识客观世界的开端，也是意识形成和发展的基本成分。通过感觉，人从外界获得信息，这些信息在感觉系统的不同水平上经过加工，并与已经存贮的知识经验进行对照、补充，从而产生对外界事物基本属性的反映。消费者通过感觉获得的只是对商品属性的表面、个别、孤立的认识。因此，若仅仅依靠感觉对商品做出全面评价和判断，显然是不可靠的。但是，感觉又是一切比较高级、比较复杂的心理现象的基础。

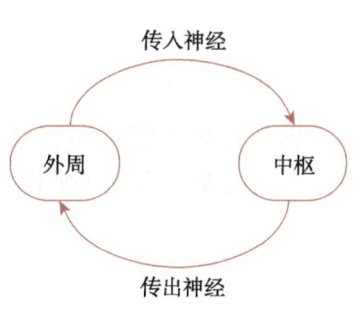

图 4-1 分析器结构

4.2.2 感觉的分类

客观事物千差万别的不同属性作用于人的感觉器官，人便产生了不同的感觉。根据感觉的性质可以把感觉分为两大类，即外部感觉和内部感觉。

（1）外部感觉是指接受外部刺激，反映外界事物个别属性的感觉，包括视觉、听觉、味觉、嗅觉和肤觉。肤觉又可细分为温觉、冷觉、触觉和痛觉。在外部感觉中，视觉是人们获得信息的最主要渠道。据研究统计，85% 的信息通过视觉获得，10% 左右的信息通过听觉获得，其余通过其他感觉获得。

（2）内部感觉是指接受机体本身的刺激，反映机体的位置、运动和内部器官不同状态的感觉，包括位置觉（也叫平衡觉）、运动觉和机体觉三种。

> **专栏4-3　　　　　　　　感觉剥夺实验**
>
> 1954年，加拿大麦吉尔大学心理学家贝克斯顿（Bexton）等人进行过一项"感觉剥夺"实验。把被实验者放在极少有刺激作用的实验环境中，使其极少有可能产生感觉，并要求被试者待的时间尽量长久。典型方法是：让被试者躺在隔音的小床上，蒙上眼睛，戴上手套，堵住耳朵，基本上剥夺了被试者的听觉、视觉、嗅觉和肤觉等。实验结果表明，大多数被试者在这种环境下生活都不超过一周，在实验期间出现注意力不集中、思维不连贯、条理不清、反应迟钝、烦躁等现象，甚至出现幻觉、神经症状和恐怖症状等。这项实验说明，感觉的丧失会严重地影响人的认识活动，特别是思维，并波及人的情绪和意志，造成心理紊乱。可见，人们在日常生活中所"漫不经心"地接受的刺激以及由此而产生的感觉是多么重要，它既能提供人类生存的重要线索或依据，也为人们及时把握客观环境产生新的认识，维持身心健康提供了重要的保证。
>
> 资料来源：叶奕乾，等.普通心理学[M].2版.上海：华东师范大学出版社，2005.

4.2.3　感受性和感觉阈限

1. 感受性的含义

感受性是指感觉器官对刺激物的主观感受能力。它是消费者对商品、品牌、广告、价格等消费刺激有无感觉以及感觉强弱的重要标志。

2. 感觉阈限

感受性的大小是用感觉阈限的大小来度量的。感觉阈限是指能够引起感觉并持续一定时间的刺激量，是人感觉到某个刺激存在或发生变化所需的强度或感受强度变化的临界值。阈限，是界限、门槛的意思。

比如，视觉的适宜刺激波长为770纳米（毫微米）到390纳米之间的光波。这段光波是整个电磁波中的一小部分，是可见光波。它反映在光谱排列上的七种色调是以赤、橙、黄、绿、青、蓝、紫为序的。其中，红光波长可达770纳米左右，紫光波长短至390纳米左右。在红光和紫光之外就是我们感受不到的光波了。而听觉的适宜刺激是声波。人的耳朵可听到声音频率的范围是16～20 000赫兹/秒。在此界限内就产生感觉，超过这个界限就没有感觉。

消费者感受性的大小主要取决于消费刺激物的感觉阈限值高低。一般来说，感觉阈限值越低，感受性就越大；感觉阈限值越高，感受性就越小，二者呈反比关系。

消费者每一种感觉都有两种感受性和感觉阈限，即绝对感受性和绝对感觉阈限、差别感受性和差别感觉阈限。

(1) 绝对感觉阈限。在消费活动中，并不是任何刺激都能引起消费者的感觉。如要产生感觉，刺激物就必须达到一定的量。心理学上把那种刚刚能够引起感觉的最小刺激量，称为绝对感觉阈限。对绝对感觉阈限或最小刺激量的觉察能力，就是绝对感受性。绝对感受性是消费者感觉能力的下限。凡是没有达到绝对感觉阈限值的刺激物，都不能引起消费者的感觉。绝对感受性与绝对感觉阈限成反比关系，绝对阈限越小，即能引起感觉的刺激强度越弱，绝对感受性就越大，说明人的感觉器官越灵敏。用字母 S 代表绝对感受性，用 R 代表绝对感觉阈限，则两者之间的关系可用公式表示为

$$S=\frac{1}{R}$$

绝对感觉阈限可因刺激物的性质和有机体的状况而有所不同。活动性质、刺激强度、刺激持续时间、个体的自身状态等都会影响绝对感觉阈限。

(2) 差别感觉阈限。在刺激物引起感觉之后，如果刺激的数量发生变化，但变化极其微小，则不易被消费者察觉。早在19世纪，德国物理学家、生理学家韦伯（Weber）在研究举起重量的结果时发现，100克的重量，当增加1克时，一般没有比刚才重了的感觉，但增加3克时，就会有比刚才重了的感觉。其实，在消费过程中，我们有时会遇到刺激强度发生了变化，人们并不一定能有所感觉的情况。比如，某品牌的国产轿车，在促销中价格下降1%～2%时，消费者并不一定能立即有所觉察，但如果降幅达10%～20%，则会立刻引起消费者的注意。心理学中把刚刚能引起两个同类性质刺激物的最小差异量称为差别感觉阈限，而人们感觉最小差别量的能力称为差别感受性。

差别感受性的大小是用差别感觉阈限的大小来度量的，两者成反比关系。差别感觉阈限越小，差别感受性越大，反之，差别感觉阈限越大，差别感受性越小。在广泛的范围内，差别感觉阈限与原刺激量的比值是一常数，用公式表示为

$$K=\frac{\Delta I}{I}$$

式中，I 为原刺激量，ΔI 代表刺激量的增加量，为差别感觉阈限。当 I 不同时，ΔI 也不同，但是 ΔI 与 I 的比值却是一个相对固定的常数，用 K 代表这个常数，又称之为韦伯分数。上述公式也称为韦伯定律，表明了差别感觉阈限与刺激量之间近似为恒定的正比关系。同时，韦伯分数还告诉我们，增加的量和最初的量的比例关系是：差别感觉阈限与原有刺激量的比值为常数，与差别感受性呈反比。即原有刺激量越大，差别阈限值越高，差别感受性则越小；反之亦然。或者，通俗地说，最初刺激越强，要感觉第二种刺激就越不容易。在心理学的研究中发现不同的感觉，其差别阈限（或 K 值）是不同的。视觉和听觉的差别阈限（或 K 值）小，而味觉和嗅觉的差别阈限大。这一规律清楚地解释了一个带有普遍性的消费心理现象，即各种商品因效用、价格等特性不同，而有不同的差别阈限值，消费者也对它们有不同的差别感受性。如前面所述，一辆轿车降价500元，往往不为消费者所注意，而一瓶洗涤灵降价0.50元，立刻会引起消费者的注意。了

解消费者对不同商品质量、数量、价格等方面的差别感受性，对合理调节消费刺激量，促进商品销售有重要意义。

4.2.4 感受性的变化

感受性的变化也称感觉的特性。根据人和环境的相互作用，多种刺激物的影响，以及自己多种感官的相互作用，人的感受性是不断在变化的。常见的变化有以下几种。

（1）感觉适应性。感觉适应性是指随着刺激物持续作用时间的延长，而使感受性发生变化的现象。适应性是一种普遍的感觉现象。它既可以提高感受性，也可以降低感受性。我国古代有句谚语，"入芝兰之室，久而不闻其香；入鲍鱼之肆，久而不闻其臭"，这是感受性的降低。如果我们从强光下走进暗室，起初什么也看不见，经过几分钟，就能看到周围的东西，这是感受性的提高。

显然，适应性引起的感受性降低，对企业在市场营销中不断激发消费者的购买欲望是不利的。要改变这一现象，使消费者保持对消费刺激较强的感受性，就要调整消费刺激的作用时间，经常变换刺激物的表现形式。

（2）感觉对比性。它是指感受器因同时有两种刺激或先后相继的两种刺激，引起感受性发生变化的现象。

同时对比如图 4-2 所示，这是同样明度，同样大小的方格，分别放在同样大小的白色和黑色的背景下，我们会感到放在白色背景上的方格比放在黑色背景上的要黑一些。在商店布局中也有类似的现象存在，这就提醒营销人员如何更好地利用感觉对比刺激消费者需求。

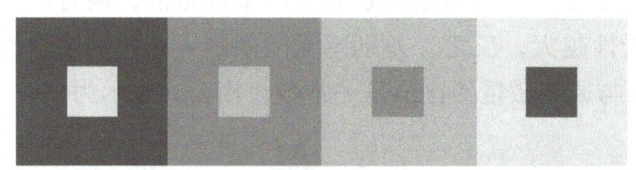

图 4-2 感觉对比图

（3）感觉联觉性。感觉联觉性是指一种感觉引起的另一种感觉的心理过程。比如，当用铲子刮锅时，我们感到不寒而栗，给皮肤带来冷的感觉。这种现象就是联觉。颜色有冷暖色调之分，也是联觉现象。

消费者在同时接受多种消费刺激时，经常会出现由感觉间相互作用引起的联觉现象。如在优雅柔和的音乐声中挑选商品，对色泽的感受力会明显提高；进餐时色泽鲜亮的菜肴会使人的味觉感受增强。这两个例子说明，联觉对消费者行为有直接影响。我国的大型连锁超市在卖场营销活动中巧妙运用联觉性原理，在果蔬区域的墙壁挂有大幅果园的照片，在奶制品区域绘有大片牧场的照片，很好地调动消费者感觉联觉性的效果，有效地对消费行为进行调节和引导。

专栏 4-4　　　　咖啡杯颜色影响味道？

除了奶油、糖、奶，你知道还有什么能改变咖啡的味道吗？答案是：咖啡杯的颜色。听上去不科学，但这确实是有科学依据的，2014 年 11 月发表于《味道》(*Flavour*)期刊上的一篇文章证实了这点。

这一研究的负责人是澳大利亚联邦大学心理学讲师乔治·范·多尔恩，他做了两个实验来验证咖啡杯的颜色是否会影响消费者对拿铁咖啡的味道评判。实验中，研究者让受试者分别使用白色、透明以及蓝色咖啡杯喝咖啡，再记录下其对咖啡苦味的感受。

实验结果显示，咖啡杯的颜色在很大程度上影响了受试者对咖啡味道的判断：较之透明和蓝色咖啡杯，使用白色咖啡杯的受试者感受到更低的甜度和更强烈的苦味。而蓝色咖啡杯既能增强苦味也能增强甜味，会让受试者认为咖啡更浓（见图 4-3）。

图 4-3　不同颜色的咖啡杯

多尔恩表示："我们的研究证实，咖啡杯的颜色确实能影响人对咖啡的感官体验。这一成果的意义在于，咖啡馆、咖啡师乃至陶器生产商都该正视这一问题，也许杯子的颜色能影响消费者成为常客还是不会再光顾。"

其实，颜色影响味觉的研究屡见不鲜。据《医学日报》(*Medical Daily*)报道，类似于"对食品品质的判断可能会受食物容器特质影响"的研究此前已有多起。2013 年发表在《感官研究期刊》(*Journal of Sensory Studies*)的一篇论文就研究过放在什么颜色杯子里的热巧克力更好喝的问题。结果显示，虽然事实上热饮的甜度以及香味不会因为杯子的颜色而改变，但受试者确实认为，奶油色的杯子会使热巧克力甜度和香味都有提升。

另据《生命时报》报道，如果看不到食物的颜色，人的感官能力会下降。美国华盛顿大学的一项研究显示，一旦改变了饮料的颜色，多数人很难将其正确辨认出来，不看颜色，"只有 70% 的人能尝出葡萄味饮料，30% 的人能分辨出樱桃味饮料，15% 的人能够品出柠檬酸"。

如果利用好颜色对味觉的影响，会起到意想不到的效果。《色随心动》一书的作者莉雅翠丝·艾斯曼称，红色能给人热烈、喜庆、祥和的感觉，黄色能让人感受到温暖与舒适，均能增进食欲感，红色和黄色的搭配能让人不知不觉多吃几口。类似地，日本《色彩心理学》一书的作者滝本孝雄认为，蓝色代表静谧、冷静，能产生安静的效果，对人能产生不能食用潜在的暗示，如果在冰箱里打蓝光，会让人不怎么想吃东西，对节食有帮助。

如此看来，说"人是视觉动物"不是没有道理的。

资料来源：白玉苓. 消费心理学 [M]. 北京：人民邮电出版社，2018.

4.2.5　感觉在营销活动中的作用

1. 感觉是消费者获得对商品的第一印象

感觉是消费者认识商品的起点，通过感觉，消费者才能认识和分辨商品或服务的各种基本属性,只有在感觉所获得的信息基础上,其他高级的、复杂的心理活动才能得到产生和发展。因此,感觉可以使消费者获得对商品的第一印象,而第一印象的好与坏、深刻与否,往往决定消费者是否购买某种商品。同样道理,第一印象的好与坏,也决定消费者是否选择这个商店。

专栏4-5　　　　　　　　　　　　**设计界的 0.2 秒法则**

日本包装设计大师笹田史仁曾在他的著作《0.2 秒的设计力》中提到,其实消费者在走进商店前,很少先想好买哪个品牌的产品。这就意味着消费者的购买决策是在货架前决定的。而让商品映入眼帘的时间只有 0.2 秒,想要在这个瞬间让消费者惊叹一声"哇",并且愿意驻足停留,抢眼的包装起着关键作用。图 4-4 是笹田史仁为日本果味饮料品牌商麒麟公司旗下的一款默默无闻的果味低酒精饮料(麒麟冰结)设计的包装。在包装中笹田史仁着意突出果味特征,将"水果切开来",制造出水果相当新鲜足以让果汁飞溅的感觉,吸引了不少对酒精饮料抱有排斥心理的女性顾客,使这款饮料的市场占有率达到了四成之多。

图 4-4　"麒麟冰结"饮料通过包装吸引顾客的注意

这个设计力法则说明包装设计要讲究与消费者沟通,让消费者一眼看到并感受到包装的力量,使消费者获得对商品的第一印象,从而进一步对商品产生兴趣。

---

2. 感觉特性为营销工作者提供了制定营销策略的依据

感觉特性说明了消费者的感觉是有一定局限的。在市场营销活动中,工商企业做广告、调整商品价格和介绍商品时,向消费者发出的刺激信号强度应当适应他们的感觉阈限,比如,为推销商品而降价,降价幅度过小,刺激不够,消费者不会积极购买;而降价幅度过大,消费者又可能会怀疑商品的质量。因而,必须有一个准确的把握。另外,消费者的感觉阈限大小还与商品本身有关。如几千元的商品降价十几元,并不会引起消费者的注意,而日常生活用品,如蔬菜、肉类、蛋类,即使上涨几角钱也会很快被消费者感觉到。

3. 感觉在一定程度上引发消费者的情绪

消费者的情绪在一定程度上是受之于对客观事物的感觉影响的。大型连锁超市、百货商场和购物中心的环境布置、店内商品的陈列造型和颜色搭配及卖场的音乐效果都会对购物氛围造成一定的影响，从而影响消费者的感觉，并进一步影响他们的情绪及购买行为。

4. 感觉可以实现商品的使用价值

消费者在使用商品的过程中，商品的使用价值只有通过消费者的感觉，才能进入到更高级的心理活动阶段。漂亮的色彩、美妙的音乐、诱人的香味、鲜美可口的食物，可以使我们产生舒适和愉悦，与此同时，实现了商品的使用价值。

4.3 消费者的知觉

4.3.1 知觉及其产生

知觉是人脑对直接作用于感觉器官的客观事物的整体反映。在现实生活中，消费者通常以知觉形式反映商品等消费对象，而不是孤立地感觉商品的某个特性，感觉是知觉的基础，知觉以感觉为前提，但是知觉不是把感觉简单地相加，知觉的产生借助于人的知识和经验，比如品酒专家和普通饮酒者对同一种酒的认识就存在很大的差异。也就是说，知觉是经验参与其中的纯粹的心理活动。另外，人的兴趣爱好、个性特征和需要也使知觉具有一定的倾向性。

4.3.2 知觉的分类

1. 根据知觉反映的事物特征划分

（1）空间知觉。它是指对占有一定的空间位置的形状、大小、深度、方位、远近等特征的知觉。

（2）时间知觉。它是指对客观事物的延续性、顺序性的反映。这种反映通常是借助于某种媒介进行的，如依靠大自然的春、夏、秋、冬周期性的季节，花草鱼虫的规律，人体内部生理节律的变化，以及时钟和日历的参照来判断时间，更重要的是依靠人们自己的活动、经验等来估计时间。

专栏4-6　　　　　　　　人的时间知觉能力

人具有判断时间间隔精确性方面的时间知觉能力。一般来说，在这方面听觉和触觉的时间知觉较强，如视觉辨认间隔性的精度为 1/20～1/10 秒，触觉辨认的精度为 1/40 秒，而听觉辨认的精度可达 1/100 秒。

> 在时间知觉中，人的个别差异和误差较大。心理学研究表明，用计时器测量的时间和人对时间的主观估计存在差异。一般情况是对于 1 秒左右的时间间隔，人的主观估计最准确，短于 1 秒钟的间隔常被高估，而长于 1 秒的时间常被低估。在一项实验中，有的被试者在 13 秒时便认为到了 1 分钟。时间间隔越长，人对时间的估计错误越大，同时个别差异也越明显。
>
> 人的时间知觉和自身活动的内容、情绪、动机、态度有密切关系。活动内容丰富而有趣的情境，使人觉得时间过得很快，而内容贫乏枯燥的活动，则会使人觉得时间过得很慢；积极的情绪会使人觉得时间短暂；消极的情绪会使人觉得时间很长；期待会使人觉得时间过得较慢。
>
> 资料来源：叶奕乾，等.普通心理学[M].2版.上海：华东师范大学出版社，2005：130.

（3）运动知觉。它是指对物体的空间位移和移动速度的知觉。通过运动知觉，我们可以分辨物体的静止和运动及其运动速度的快慢。

2. 根据知觉起主导作用的分析器进行划分

根据知觉起主导作用的分析器，可以将知觉分为视知觉、听知觉、触知觉、嗅知觉等。比如，当我们去摆弄一件东西，这时要通过视觉、运动觉、触摸觉等，最后便可弄清楚这件东西的形状、结构、颜色等特征，进而认识到它是什么。对这个物体的认识，可以说主要是视知觉的结果。听音乐时，主要是靠听知觉。

4.3.3 知觉的基本特性

知觉是消费者对消费对象的主观反映过程，这一过程受到消费对象特征和个人主观因素的影响，从而表现出某些独有的活动特性。

1. 选择性

知觉的选择性是指人对外来信息有选择地进行加工的能力。知觉的能动性主要表现在它的选择性上。如图 4-5 所示，当你转换不同的对象与背景时，会发现同一图案中有不同的两种判断，而这正是由于你所选择的信息不同造成的。

心理学的研究表明，消费者每天都置身于千千万万消费信息的包围之中，在同一个时间内，作用于消费者的各种消费刺激也是极为众多、复杂的。然而，限于消费者各种感觉通道的感受能力的不同，主观内在的需求、兴趣等因素的不同，消费者不可能把什么信息都

图 4-5 知觉的选择性：花瓶与对话人的双关图

接收下来，而只能有选择地把其中一部分刺激作为信息加以接受、储存、加工和理解，于是就出现了知觉的选择性。早在1969年美国广告协会曾经做过调查，平均每天潜在地显现在消费者眼前的广告信息达1 500项，但被感知的广告只有75项，而产生实际效果的只有12项。

引起消费者知觉选择性的原因主要有以下三条。

首先，源于消费者的感觉阈限和人脑信息加工能力的限制，凡是低于绝对感觉阈限和差别感觉阈限的较弱小的消费刺激，均不能被感觉器官所感受，因而也不能成为知觉的选择对象。只有达到足够强度的刺激才能为消费者所感知。

其次，消费者自身的需要、欲望、态度、偏好、价值观念、情绪、个性特征等对知觉选择也有影响。

最后，防御心理也潜在地支配着消费者对商品信息的知觉选择。当某种带有伤害性或于己不利的刺激出现时，消费者会本能地采取防御姿态，关闭感官通道，拒绝信息的输入。

由于消费者的心理活动是一种整体活动方式，知觉的选择性表现形式包括选择性注意、选择性曲解和选择性保留。

（1）选择性注意。它是指在外界诸多刺激中仅仅注意到某些刺激或刺激的某些方面，而对其他刺激加以忽略。人的感官每时每刻都可能接受大量的刺激，而知觉并不是对所有刺激都做出反应，而是仅仅把注意力集中到重要的刺激或刺激的重要方面，排除次要刺激的干扰，更有效地感知和适应外界环境。选择性注意的影响因素有客观与主观两个方面。众多的因素都会影响知觉对象的选择、知觉过程和结果。

（2）选择性曲解。它是指人们有选择地将某些信息加以扭曲，使之符合自己的意向。在消费品购买中，受选择性曲解的作用，人们会忽视所喜爱品牌的缺点和其他品牌的优点。

（3）选择性保留。人们倾向于保留那些与其态度和信念相符的信息。

专栏4-7　　　　　　　　飞利浦公司的电咖啡壶广告

飞利浦公司曾经在电视节目中播放一则电咖啡壶的广告，在电视剧的前后分为两部分播放。前一部分是一位家庭主妇在用飞利浦公司的电咖啡壶煮咖啡，随后是其他公司的电视广告和电视剧。电视剧结束之后是电咖啡壶广告的第二部分，内容是这位妇女高兴地对家人说："又香又浓的咖啡煮好了，快趁热喝吧。"这则广告与"书夹广告"异曲同工，前一部分制造悬念，后一部分解开悬念。但是因为人们知觉整体性的作用，受众看到前后分开的广告，自然而然会将不完整的信息补充完整，这种广告同样起到了增强受众注意和记忆的作用。

资料来源：龚振，等. 消费者行为学 [M]. 大连：东北财经大学出版社，2002：32.

2. 整体性

知觉的整体性是知觉与感觉的重要区别，它是指人们根据自己的知识经验把直接作用于感官的不完备的刺激整合成完备而统一的整体，以便全面地、整体地把握该事物。如图 4-6 中的"13"这个图像，若把它知觉在数字 12、13、14 的序列中，它就是数码"13"；若把它知觉到英文字母 A、B、C 的序列中，它就是英文字母"B"。由此可见，人们在知觉客观事物时，并不需要非常细致地去重新观察它的每一个部分及其属性，只要抓住了它的主要特征，就可以根据已有的经验对它进行识别，从而把它作为一个整体进行反映。

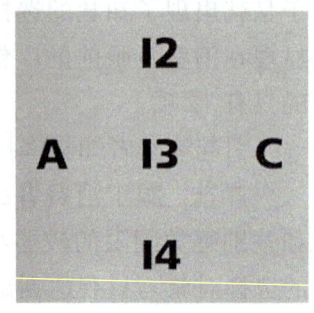

图 4-6 视知觉的整体性

知觉如何进行整合，与知觉对象的特性及其各个部分之间的结构成分有密切关系。心理学界的格式塔学派（Gestalt Psychology）对知觉的整体性进行了研究，并提出知觉的整体性有以下定律。

（1）接近律是指人们往往倾向于把在空间和时间上接近的物体知觉成一个整体。如图 4-7 所示，我们会把下面的七个黑点知觉成一个三角形和一个方形，一般不会以另一种结构来知觉它。

（2）相似律是指人们往往会把在形状、颜色、大小、亮度等物理特性上相似的物体，知觉成一个整体。如图 4-8 所示，我们会把形状相同的圆圈和黑点分别两两知觉为一组，而不太会把一个圆圈和一个黑点知觉成一个整体。

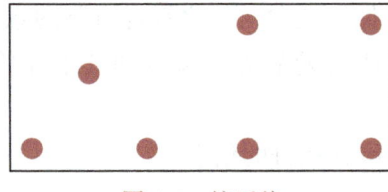

图 4-7 接近律

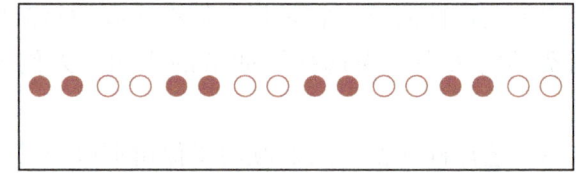

图 4-8 相似律

（3）连续律是指人们往往会把具有连续性或共同运动方向等特点的客体作为一个整体加以知觉。如图 4-9 所示，我们倾向于把它知觉成更自然和连续的两条相交的曲线 *AC* 和 *BD*。可见，连续作用对我们的整体知觉有着惊人的力量。

（4）闭合律是指人们往往对客体提供的不完整的刺激，运用自己的主观经验为之增加（或减少）某些因素，以便获得有意义的或符合逻辑的知觉经验。如图 4-10 所示，正三角和倒三角都是不完整的，都没有边缘和轮廓，但是人在知觉经验上都有十分清楚明晰的边缘和轮廓。这种把不完整图形知觉为完整图形的知觉过程是知觉的闭合性在视知觉上的体现，由此产生的客观上不存在而主观上认为存在的图形轮廓，叫作主观轮廓。

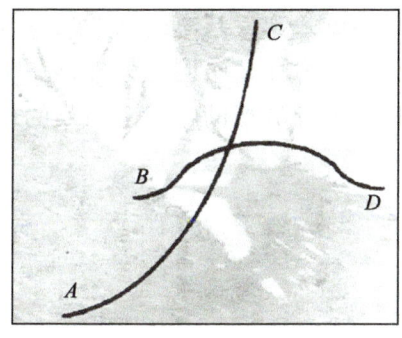
图 4-9　连续律

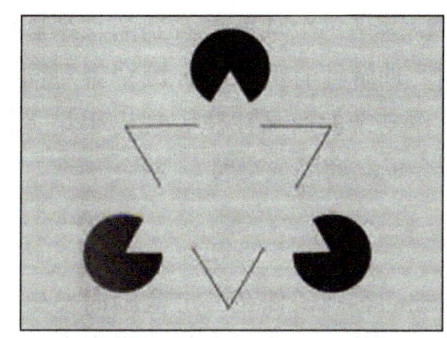
图 4-10　闭合律

（5）求简律是指人们在知觉过程中会倾向于知觉最简单的形状。如图 4-11 所示，我们可以把它解释成一个椭圆和一个被切去了右边的直角图形，在与一个左边被切除了一个弧形的长方形相接触。可事实上，这不是我们知觉到的东西，我们知觉到的东西比这简单得多，即一整个椭圆和一整个长方形互相重叠而已。

当我们了解了知觉整体性的几个定律以后，就会感觉到，知觉的整体性不仅与客观事物的属性密切相关，也与消费者个体原有的知识经验有关。当客观事物仅有部分属性分别或先后作用于人的感官时，感官所获得的信息实际是不完备的，但是在主观经验帮助下能够完整地知觉它，简单说就是客观上的缺失可以由人的主观所弥补。

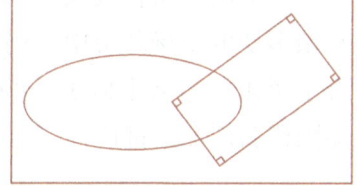
图 4-11　求简律

知觉整体性经常表现在消费对象特征的联系和整合上。比如，商品的性能款式、品牌、包装、价格、服务等不同属性分别作用于消费者的感觉器官，消费者就会形成对商品的整体评价和印象。又如，很多企业运用知觉整体性，成功进行品牌延伸推动消费者对新产品的认知和接受。知觉整体性在广告促销中的运用可以起到增强广告记忆的效果。比如，在广告信息中出现不完整的图形或词句，由受众凭借知觉整体性来完备整个信息，广告效果反而更好。

3. 理解性

知觉的理解性是指人们在识别事物的过程中，不仅知觉到对象的某些外部特征，而且还可以用自己的知识经验对知觉的对象按自己的意图做出解释，并赋予它一定的意义。

知识经验在知觉理解性中的作用主要通过概念和词语来实现。言语的指导能唤起过去的经验，从而理解其意义，如图 4-12 所示。

由于每个观看者自身的知识、经验不同，可以有多种不同的解释。如果说图上是一条公路，你立刻会理解其意

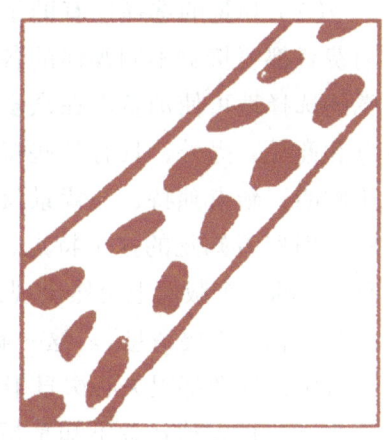
图 4-12　知觉的理解性

义；如果说这是一个从窗口看到的长颈鹿的脖子，你也会领会其意。这就是语言在理解中的作用。理解性有助于解释消费者对同一商品的知觉为什么不同。另外，在购买中顾客面对操作复杂的商品往往表现出手足无措，此时，售货员帮助顾客对商品的理解和体验，无疑会提高商品成交量。

4. 恒常性

当知觉的客观条件在一定范围内发生了变化，被感知对象的印象却在相当程度上保持它的稳定性，这种现象就叫作知觉的恒常性。如图 4-13 中所表现的内容。当知觉对象距我们远于 10 米甚至 20 米时，我们也不会因为视角改变，而改变对他身高的知觉，依然会觉得他还是保持原来的身高。

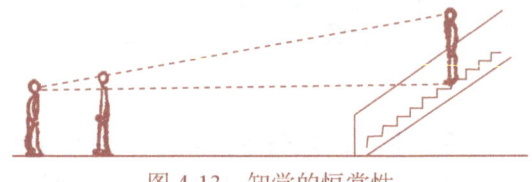

图 4-13　知觉的恒常性

知觉的恒常性反映在消费者购买行为上，就是消费者能够避免外部因素的干扰，在复杂多变的市场环境中，仍然可以根据购买商品后的使用经验来辨别眼前的商品。比如，百事可乐在包装上做了一些改变，消费者仍然能进行正确的知觉。但知觉的恒常性也可能阻碍新产品的推广。

4.3.4　知觉特性与营销策略的制定

1. 知觉的选择性对营销人员的启示

（1）人们选择哪些刺激物作为知觉对象，与知觉过程和结果受到主观与客观两方面因素的影响有关。主观因素称为非刺激因素。非刺激因素越多，所需要的感觉刺激就越少，反之就越多。企业提供同样的营销刺激，不同的消费者会产生截然不同的知觉反应，与企业的预期可能并不一致。企业应当分析消费者特点，使本企业的营销信息被选择成为其知觉对象，形成有利于本企业的知觉过程和知觉结果。

（2）知觉的选择性有助于消费者确定购买目标。现在市场上的商品十分丰富，每天消费者都要接触不同媒体的各种广告，这些都加大了消费者进行购买决策的难度。而知觉的选择性可使消费者在众多的信息和商品中能够快速找到符合自己既定购买目标的信息和商品。另外，具有某些特殊性质和特征的消费对象，如形体高大、刺激强度大、对比鲜明、新奇独特、与背景反差明显等，往往容易引起消费者的知觉选择。营销人员了解了消费者知觉的这个特点，可以采取适当的营销策略，比如，20 世纪 80 年代《福建日报》的一个版面上突然出现大块空白，在这块空白的中间，只是依稀写着一行小字"明日此处刊登重要消息"。这一新颖独特的举动，引起消费者知觉的选择性。在众多的报纸广告中，读者都很关心次日报纸在这块空白刊登什么消息。第二天看到的却是"希尔顿"三个字。很多消费者不知是指商品还是指企业名称，希望再进一步了解情况，希尔顿酒店集团达到了进入中国进行广告宣传的目的。

2. 利用知觉的理解性和整体性提高广告宣传效果

根据知觉的理解性这一特点，企业在广告中要针对购买对象的特性，在向消费者提供商品信息时，其方式、方法、内容、数量必须与信息接受者的文化水准和理解能力相吻合，保证信息被迅速、准确地理解。根据知觉整体性这一特点，在广告设计中，把着眼点放在与商品有关的整体上，使消费者获得充足的信息，形成一个整体的、协调的商品形象。

3. 利用知觉的恒常性促进商品销售

由于人们不愿放弃自己使用习惯的商品，所以知觉的恒常性可以成为消费者连续购买某种商品的一个重要因素。企业可以通过名牌商品带动其他商品的销售，或通过畅销的老商品带动新商品的销售。

4.3.5 消费者的错觉

消费者的知觉有一种特殊状态，这就是错觉。

1. 错觉的含义

凡是知觉的结果与实际情况不相符就叫错觉。在一定条件下，人的各种感知受主、客观因素的影响，在感知事物的时候会产生各种错觉现象，比如大小错觉、图形错觉、空间错觉、时间错觉、方位错觉等。

2. 错觉现象

错觉是十分普遍的心理现象，早在两千多年前就被人类发现。在《列子·汤问》中就载有两个小孩争论太阳大小的论述："日初出大如车盖，及日中则如盘盂"，两个小孩谁也说服不了谁，于是就去请教孔子，但孔子也不能解答。

因为我们每天掌握的信息有80%~90%是通过视觉获得的，所以最常见的错觉是视错觉。现实中，我们看到的世界是长宽高组成的三维世界，但事实是大脑将两只眼睛分别收到的二维图像处理成为立体的三维图像，在这个处理过程中，大脑和眼睛会合起手来蒙蔽我们，这就产生了视错觉，如图4-14所示。错觉现象表明在人的知觉中主观与客观的不一致，这种不一致不能归咎于个体观察的疏忽，而是社会中的每一个个体，在一定的环境条件下都有可能发生的正常反应。

（1）线条横竖错觉。图4-14a中 a 和 b 两条等长线段，由于 a 线段垂直于 b 线段的中点，结果我们知觉垂直的 a 线段似乎更长一些。

（2）缪勒－莱尔错觉。图4-14b中两条等长的线段，仅仅因为线段两头画面有不同方向的箭头，就使得箭头朝向两头的看起来比箭头相对的要短一些。

（3）奥尔比逊错觉。图4-14c中的圆形，由于放射线的影响，看起来似乎不是正圆，而事实上是正圆。

（4）德勃夫错觉。图 4-14d 中左右面积相等的圆，左边的圆由于加了一个稍大一点的同心圆，就使得它看起来更大些了。

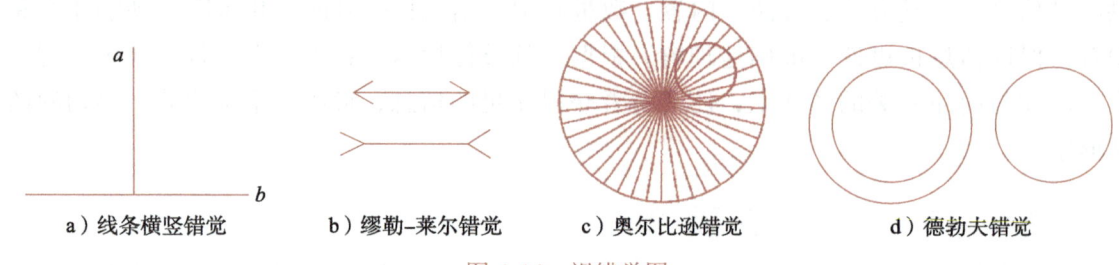

a）线条横竖错觉　　b）缪勒-莱尔错觉　　c）奥尔比逊错觉　　d）德勃夫错觉

图 4-14　视错觉图

尽管上述错觉现象十分明显，但是对错觉现象产生的真正原因，至今还没有一种理论能够充分地解释。一般来说，对错觉有三种不同解释：第一种解释是把错觉归结为刺激取样的误差；第二种解释是把错觉归结为知觉的神经系统的神经生理学原因；第三种解释是用认知观点来解释错觉现象。

现在，错觉已经被广泛地运用于市场营销活动中。比如，用镜子可以使狭小的空间显得没有那么拥挤，电梯、理发店、小餐馆等经常使用这种成本低廉却效果显著的视错觉原理。再如，分量轻的产品采用浓重颜色的包装，会使人觉得庄重、结实；笨重的商品采用浅色包装，会使人觉得轻巧。对于服装来说，人们更是希望通过着装产生"理想的错觉"来达到穿衣的理想效果，比如，上下身穿同色的衣服更显瘦，V 型领衬衫可以让脸看上去更小，横条纹衫不适合身材较肥胖的人，大花纹不适合身材瘦小的人等。错觉原理为实际应用、艺术设计和科学研究提供了很多灵感。如图 4-15 所示为 Marc Jacobs 品牌时装秀，结合人体曲线和服装的结构线，通过不同宽窄的黑白条纹产生视错觉，使服装的结构更加清晰而突出，达到修饰、雕塑凸凹有致身材的目的。

在制定价格策略时，也可以灵活地运用错觉现象。比如，99 尾数定价法，即依照消费者的购物心理，采用 99 作为商品销售价格的尾数，来达到扩大商品销售的目的。99 尾数法对于顾客来讲，可以产生两点心理感觉。一是该商店核定销售价格认真、准确，即使差这么一点也不将其凑成整数；二是感到商品"比较便宜"。如 9 角 9 分让人感觉就是几角钱的东西，1 元则让人感觉是 1 元钱以上的商品。采用 99 尾数定价可以促使顾客产生购物的欲望。

图 4-15　Marc Jacobs 品牌时装秀

3. 社会知觉偏差

消费者在感知事物的时候，还有一种特殊的社会意识，即社会知觉。人们在社会知觉中由于受到客观条件的限制而不能全面地看问题，往往会造成认知的偏差，以致做出错误的推测、判断和评价。看起来，消费者的社会知觉偏差似乎给企业的营销努力带来了挑战，会出现一种尴尬的营销局面，但在很多时候，企业恰恰可以利用消费者对营销环境的认知错觉来刺激消费欲望，有效地促进销售。消费者在社会知觉方面的偏差主要如下。

（1）首因效应。首因即首次或最先的印象。首因效应是指在社会认知过程中，最先的印象对人的认知具有极其重要的影响，即我们日常生活中所说的第一印象。如果顾客对某个商店环境的第一印象好，那么对该商店其他方面就会显得比较宽容，也比较容易产生好感。比如，在展示珠宝首饰的柜台中，采用了定向光束直射，并且在装饰精美的柜台里摆放了新鲜的玫瑰花瓣来衬托商品的华贵、精致，在视觉上给顾客留下了良好的第一印象，也就给顾客留下了美好的心理感受。

专栏4-8　　　　　近因效应卡住伪装者

"首因效应"是人际交往中常见的心理表象。"效应"是指在一个有限的环境下，一些因素或者一些结果构成了一种因果关系。也就是说首因效应就是人与人在第一次交往中给他人留下的印象。年轻人阅历不是很丰富，特别容易产生首因效应。第一次交往形成的印象无论好坏都会在人的头脑里占据一定的位置。所以我们总爱提醒别人要给人留下一个好印象。

比如求职面试，很多人事先要做很多功课，因为给面试官的印象如何将决定你的未来。再如购物心理学家的实证分析表明，顾客进入商店后只需8秒就会形成对商店的印象，而只需2秒就会形成对商品的印象。由于顾客第一印象的形成会对此后的购买行为产生决定性的影响，所以，商家十分重视给顾客留下一个好的第一印象。当然，这个好印象并不等于永远不变的好印象，这只是一个首因效应。至于以后，商家还需要做很多，否则就会被"近因效应"打败。近因效应和首因效应不一样，它是指最近获得的一些新信息，给人留下一些深刻的印象。它对改变原来的印象起着重要作用，它是经过一段时间的交往、联系之后慢慢形成的新印象。生活中我们也常常会遇到这样的事情：一开始觉得一个人不错，谈吐高雅，但经过一段时间的交流，越来越觉得此人俗不可耐，经过新信息在头脑里整合后，这时候会又有一个感觉出来了，旧感觉被推翻了。我们每个人心里都可能有过推翻自己原来想法的经历。

资料来源：吴晓梅."近因效应"卡住伪装者[N]. 北京晚报，2011-07-29. 作者做了较大改动。

（2）近因效应。近因即最后的印象，是指最后的印象对人的认知具有重要的影响。消费者完成购买过程最后阶段的感受，离开商店时所得到的信息和印象，距离下次购买行动最近一次行动的效果，都可以产生近因效应。近因效应也有正向、负向之分，对下次购买行为也会产生积极和消极的影响。所以，商场的收银员在顾客付完款，离开商店的时候，面带微笑地对顾客说一句"谢谢惠顾，欢迎下次光临"，会给顾客温馨亲切的

感觉，产生再次光顾的心理效应。

在社会知觉中既存在首因效应，又存在近因效应，那么，如何解释这似乎矛盾的现象呢？换言之，究竟在何种情况下，首因效应起作用，何种情况下近因效应起作用？社会心理学家对此的解释并不是唯一的。卢琴斯（Luchins）认为，当两种信息连续被人感知时，首因效应明显；而当两种信息断续被人感知时，起作用的则是近因效应。有些心理学家指出，认知者在与陌生人交往时，首因效应起较大的作用；而认知者与熟人交往时，近因效应则起较大作用。

（3）光环效应。光环效应又称晕轮效应，它是指由事物的一点做出对事物整体的判断。这种判断容易产生"一好百好，一坏百坏"以偏概全的认知偏差。这就像刮风天气之前，晚间月亮周围的大圆环（即月晕或晕轮）是月亮光的扩大化或泛化一样，故称之为晕轮效应。比如，商店的商品陈列很适合消费者的需要，他们就会从这一点出发，认为这个商店很令人满意。如果商店的地段环境差，消费者也可能认为该商店一切都不好。

（4）刻板效应。刻板效应是指人们对某一类人或事物有着一种比较固定的看法，或者说是一种概括性的笼统的看法。刻板印象简化了人们对世界万物的认识，但刻板印象也常常产生误导作用。比如，消费者一般认为，食品超市设在商场的底楼，这已在消费者的头脑中形成了固定不变的印象，如果他需要购买食品时，就会很自然地到商场的底楼选购。所以，商场在设计和布局时，一定要充分地考虑到消费者已经形成的各种消费习惯。

（5）投射效应。投射效应是一种以己度人的错觉。以自己所具有的观念和想法去判断别人，认为自己的观念和想法别人也一定会有，当确认了别人也有同样看法的时候，就会产生一种满足和被认同的感觉。商家在制造浓烈的购物氛围的时候，也可以适当地运用这种投射效应。比如，在超市里打折促销商品时，可以在商品的陈列上显示出商品数量众多，但是已经销售了很大一部分的迹象，使消费者感觉到商品的价格低廉，而且被大多数人所认同的感受，这样就会降低消费者的预防心理，容易促成消费行为。

4.3.6 消费者的知觉风险

1. 消费者知觉风险的含义

所谓知觉风险就是对消费行为的后果无法做出确定预测。这种现象普遍存在于消费者购买行为之前的主观体验中。在信息高度发达，现代传媒快速传播的社会，人们处于一种多变的经济环境之中，价格、银行利率、通货膨胀率、社会流行文化、时尚等各种因素都在不断发生变化。因此，消费者的风险知觉是普遍存在的心理现象。

2. 消费者知觉风险的原因

风险减少理论认为，个体所体验到的风险水平受四种因素影响。

（1）消费者个体付出的成本大小。对具体消费者而言，通常其付出的成本越大，相应感受到的风险就可能越大，在采取购买行为时就会越谨慎。这里所说的成本包括心理成本、生理成本、时间成本、机会成本、经济成本和社会成本等。

（2）消费者对风险的心理承受力是风险感知程度的主要影响因素。个体的心理素质差异以及个体对购买结果的心理预期水平的差异是构成消费者心理承受力的两大因素。

（3）服务产品的购买风险大于实物产品。原因在于，实物产品在购买前可以有实物供消费者进行比较、判断，从而避免了一些风险的发生。服务产品有两个主要特点，即产品的无形性和生产与消费的同时发生性。消费者在购买之前通常无法对其功能和质量等进行判别，而这种判别和鉴定只能在消费行为发生之时进行，这样风险就可能已经发生。由于服务产品的无形性和生产与消费的同时发生性，使得消费者一旦遭遇风险难以拿出实证性证据用于申诉，因而自身权利难以得到保障。所以说服务产品的购买风险大于实物产品。

（4）购买风险与产品销售方有关系。通常情况下人们倾向于认为实力雄厚的大公司一般不会欺诈，似乎更值得信赖，而与小公司打交道会感知到更多的风险；购买有固定销售场所的产品比购买无固定销售场所的产品感知到的风险小；流动商贩和邮购的感知风险就比较大；网络购物的感知风险也比较大。

此外，如果所购买的产品价值很高，或产品对购买者特别重要，或选择后果具有不可更改性，此时，消费者所知觉的购买风险会相应增加。

3. 消费者知觉风险的类型

（1）资金风险。消费者支付能力总是有限的。多种多样的消费欲望只能部分得到满足。因此，消费者购买任何一种商品时都会考虑：第一，在有限的支付能力下，这是最合理的开支吗？第二，该产品值得花这么多钱吗？如果这两个问题不能得到较满意的回答，消费者就会产生消费支出的风险知觉体验。

（2）功能风险。消费者往往担心产品的质量和性能不能达到期望水平的风险。当消费者没有选购这种商品的经验，并对该商品的有关信息了解得很少或者根本就是虚假信息时，心里就会产生种种顾虑。

（3）价格风险。如果预期未来商品价格呈上升趋势，消费者就会持抢购心理，提前实现购买。反之，就会谨慎从事，推迟实现购买。在前几年有些商品，如计算机（台式、手提）、智能手机、轿车还有家用电器等价格波动性比较大，消费者买了以后，很快遇到降价，所以许多消费者选择持币待购，等降到一个合理的区间再买。比如，2016年春节过后，北上广深的楼市价格开始攀升，在买涨不买跌的心理作用下，市场出现了追涨风潮。其实，消费者对价格的预期往往是一种时序外推的趋势分析结果。如果商品价格正在上涨，消费者会认为未来商品价格仍会上升；如果商品价格正在下降，消费者会认为未来商品价格仍会下降。实际上价格受多种因素的影响，未来商品价格的变化不一定依消费者的心理预期发展,这样消费者的购买决策就成了风险决策。

(4)社会风险。这是一种可能招致别人看不起购买者的风险。每个消费者都是生活在一定的社会环境中,他们的行为受到参照群体的影响。一个消费者在购买之前就会想象:自己购买这个商品家人能赞成吗?该产品与自己所属群体所用产品相似吗?最好的亲朋好友会高兴吗?

(5)心理风险。这是有可能造成消费者心情失落或产生挫败感的知觉风险。一次购买活动的成功与失败,对消费者自己的心理产生很大影响。消费者在购买之前会产生这样的顾虑:该产品引人注目吗?使用该产品会获得满足吗?我的决定合适吗?

以上知觉风险类型中无论哪一种,消费者通常为了减少风险而采取各种各样的行动。他们尽量不冒可能的"知觉"风险。当然,由于消费者个人主观与客观诸因素的不同,"知觉"风险水平也不一样,致使消费者决策活动有着明显的差异。

4. 降低知觉风险的策略

风险减少理论认为,消费者为了控制由于购买决策所带来的风险,在做出决策时总是使用一些"风险减少策略"来尽力控制风险的发生,从而达到增加自己决策决心的目的。消费者常用的控制风险的方法有以下六种。

第一,尽可能多地收集产品的相关信息。

第二,尽量购买自己熟悉的或使用效果好的产品,避免购买不熟悉的产品。

第三,建立对品牌的依赖或者通过购买名牌来减少风险。

第四,通过有信誉的销售渠道购买产品。

第五,购买高价格的产品。人们信奉一分钱一分货,价高则货好。

第六,寻求安全保证。比如,企业提供的退货制度、权威机构的检测报告、保险公司的质量保险、免费试用等。

本章小结

本章论述了消费者的注意及认识心理过程中的感觉和知觉。

注意是人心理活动对一定对象的指向与集中。注意并不是一种独立的心理过程,而是各种心理过程的共同特性。之后分析了注意的功能、注意的外部表现、注意的分类和注意的特征,重点分析了注意在营销活动中的作用。

感觉是人脑对直接作用于感觉器官的客观事物的个别属性的反映。消费者的每一种感觉都有两种感受性和感觉阈限。常见的感受性的变化包括感觉适应性、感觉对比性和感觉联觉性。营销人员要了解感觉在营销活动中的作用。

知觉是人脑对直接作用于感觉器官的客观事物的整体反映。知觉的基本特性有选择性、理解性、整体性和恒常性。这些特性从不同方面影响消费者购买行为的选择及营销策略的制定。

错觉是知觉的结果与实际情况不相符合的现象。错觉现象被广泛地运用到市场营销活动的各个方面。营销人员还要了解消费者的社会知觉偏差和消费者的知觉风险。

复习思考题

1. 简述注意的含义、功能和注意的分类。
2. 注意有哪些基本特征？分析自己的注意特征。
3. 如何发挥注意在营销活动中的作用？
4. 什么是感觉？什么是知觉？
5. 简述感觉在营销活动中的作用。
6. 简述知觉特性与营销策略的制定。
7. 试述阈限概念在营销中的作用。
8. 总结错觉现象在营销中的运用。
9. 举例说明社会知觉偏差的类型。
10. 简述知觉风险对消费者购买轿车或商品房的影响。

实践活动

1. 观看2008年恒源祥十二生肖广告，分析该广告为什么引起受众的否定注意。
2. 观看10篇电视广告，找出你认为较差的一则，分析其不利于增强消费者感知的失败之处。
3. 调查不同年龄、不同学历、不同职业、不同收入的消费者对加多宝或红罐王老吉的评价，运用知觉理解性理论分析产生评价差异的原因。

案例选编

杭州百货大楼的布局设计

杭州百货大楼（以下简称"杭百"）是我国零售百强企业。杭百位于杭州市最繁华的商业区武林广场东南侧，总营业面积22 000平方米，集百货、餐饮、娱乐于一体，将生活感受的核心价值观定位在"幸福"这一关键词上，杭百的主力消费群由公务员、教师、律师、企事业单位管理人员、转业干部、医生、护士、专业技术人员等社会主流群体构成，并形成了"中档定位、品牌经营"的独特风格。

1. 2010年以后店内的布局规划

杭百的整体布局以便民利民为主，遵循了大部分百货公司的设置，消费顺序是在正门的入口处设置了化妆品的柜台，而正门两边的门店入驻了丝芙兰以及H&M为杭百增加人气。之后,分层设置适应不同消费人群的商品,按照功能、互补性原则、替代性原则,依次对入驻店铺进行设置。

然而,从2010年开始,随着杭百经营战略,特别是布局规划的改变,楼层发生了改变,主要在于引进和退出了一些商品品牌,以及在内部的装潢上也进行了色调的提升。1F增加了高价品牌的商家入驻,扩大了目标顾客的选择和商场的影响力;2F增加了一些少女系列的专柜,同时各专柜之间的位置也进行了相应的调整,如其他商场的Teenie Weenie和ELAND专柜往往是相邻的,但是杭百的该楼层这两个专柜中间隔了ONLY等几个其他品牌的专柜;3F的专柜分区更加明显,国际品牌种类日渐增多,可供选择的同类商品数量在不断扩大;4F在近几年主要增加了雷迪波尔等几个专柜,各个专柜的产品变得更加精细,种类更加繁多。杭百的A馆5F和A馆6F作为新加的两层楼层在2011年6月22日焕颜开幕,A楼加层,为杭百新增近8 000平方米面积。新增的A馆5F引进了Paw in Paw、E.land.kids和ARMATEN等名品童装以及ESPRIT、恐龙和埃迪蒙托等知名床品,童品与床品的营业面积分别扩大一倍。多样屋以及来自日本的美术馆也为品质家居提供了更多的选择,更适合家庭购物。A馆BF是在2010年全新升级的,取名为"life+生活超市",以"环保、健康、家庭型消费"为主导,沿袭了杭百一直以来强调的"幸福感"主题,力图伴随顾客一起追求更精致的生活。

2. 声音设计

杭百的商场声音设计围绕"提高销售空间"的原则展开,各层的主题配以适合的声音效果,烘托场馆内的销售氛围,提高购买行为的发生。然而,依据一部分消费者的购物喜好,65%的消费者接受安静的购物环境,所以商场在设计声音时以轻音乐为主,主题馆配合合理伴奏,给消费者带来舒适安宁的购物感受。

3. 色彩设计

色彩可以将商品的质感、量感等表现得极近真实,进而增强消费者对销售商品的联想。不同的颜色给人以不同的联想。

杭百根据每个楼层的消费类型,采取了不同类型的色彩设计。1F主营高档珠宝商品,采取了以黄色为主突显高贵的色彩设计。2F以青春少女系列为主打,充分运用了橙色的色彩设计。3F以淑女、成熟女装为主营产品,色彩上运用了代表理智细腻的紫色。4F是以绅士馆命名,则运用了黑色的色彩设计,代表了严肃庄重。5F出售童装和青春时尚品,色彩上搭配了绿色和蓝色的设计。6F以数码家居产品为主,运用了代表简洁清净的白色设计。

4. 灯光照明

杭百的照明设计依据各楼层各店面的主营业务而有所不同,灯光的柔和刺激程度相应地发生变化,如童装、淑女装等采取较为温馨的灯光设计,绅士馆、西装区等采用较为简单清晰的白炽灯光,而青年活动主题的店面则采取活动动感的灯光设计,在照明功能下,尽可能地吸引消费者光顾。

5. 视觉信息沟通

视觉信息沟通是配合视觉性商品展示,在展示商品以外的购物环境下使消费者感受到杭百独特的文化氛围与丰富的商品信息。

(1) 名字、标示图案、零售点识别标志

名字、标示图案、零售点识别标志是用于店铺之间分类、划分不同品牌的依据,图 4-16 展现的是 JECCI FIVE、RUNMOON 等店面零售点标志。

图 4-16　主要零售点识别标志

(2) 指向性、商品分类、部门分类

A 馆 2F 的指向性部门标识如图 4-17 所示,该标识主要展示的是该楼层的主营业务及 2 楼 B 馆的方向指引。

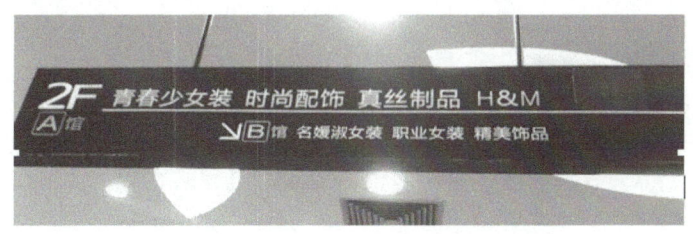

图 4-17　A 馆 2F 主要标识

(3) 销售点标志

销售点标志是引导消费者购买行为的重要内容,通过了解销售点标志,消费者能够快速掌握楼层信息和商场布局设计,对于动机产品的购买和快速找到意义重大。如图 4-18 所示,这是穿过 A 馆去 B 馆所经通道上方的一个图标,清晰地标示出消费者即将进入运动休闲片区,给人眼前一亮的愉悦活泼运动感。

图4-18 运动休闲区销售点标志

（4）完善的动线规划与商品陈列

杭百的动线规划以"顾客清楚好走"为原则，而在销售区域，商品陈列设计以醒目、便利、美观、实用的表现形式展示商品，既有柜台陈列、货架陈列、裸露陈列、重点陈列、壁面陈列、背景陈列和节节陈列，也有堆头陈列、关联陈列和交叉陈列。

总而言之，杭州百货大楼从视觉、听觉、触觉和嗅觉等方面给消费者提供了一道丰富的感官大餐，为消费者创造了一种温和柔情的快乐体验，使原本显得枯燥的购物过程变成了一种美好的体验。

资料来源：节选自2013年组织学生完成的一项调查报告。

仔细阅读本文，回答下列问题：

1. 请用本章所学感知方面的理论，对杭州百货大楼的布局改变进行分析。
2. 杭州百货大楼布局设计能否引导顾客的感知朝着经营者所希望的方向发展？

第5章
消费者的记忆、想象与思维

感觉与知觉仅能使消费者获得对商品或服务本身直观形象的了解。要想进一步加深消费者对商品的认知,还要利用记忆、想象与思维等较高级的心理活动来完成和深化其认识过程。本章重点论述消费者的记忆、想象与思维。

专栏5-1　　　　　　　　百雀羚,激活新时代消费者的品牌记忆

记忆在消费者的心理活动中起着极其重要的作用,在一定程度上决定着消费者的购买行为。记忆对不经常接触、不经常购买的东西来说更为重要,特别是对新产品介绍的记忆,往往是引起购买的主要原因。

近年来,媒体对国产老品牌的报道越来越多,使这些原本淡出我们记忆的"古董"品牌,又因为媒体的高密度曝光,回到了我们身边,使用国产老品牌的消费者队伍越来越壮大。百雀羚作为我国护肤品行业的老品牌成为国产老品牌复兴的领军者。

提到百雀羚,人们想到最多的就是"经典国货"。但这样的品牌联想除了能使消费者认可其厚重的品牌资历外,也会被人有意无意地贴上"老化""疲态""过时"的标签。现实情况也的确难以回避:原有消费群体已经老去,新的消费者对其还有隔阂,加之外国护肤产品已占据中国市场绝大多数的份额,国产护肤品品牌似乎已经渐渐淡出人们的视线。

"打开绘满五彩小鸟的深蓝铁盒,揭开锡纸,用食指蘸一撮儿乳白色凝脂在脸颊涂抹开来,浓浓的香气弥漫而来……"这是经典国产护肤品牌百雀羚给那个时代的人们留下的美好记忆(见图5-1)。

图5-1　百雀羚经典的蓝色小铁盒包装唤起消费者的记忆

面对所有老品牌都会出现的尴尬境地,百雀羚品牌选择了品牌重塑,以期唤醒部分人的品牌记忆并激活新一代消费者的品牌记忆,从而提高消费者的购买意愿。

5.1 消费者的记忆

5.1.1 记忆的含义

记忆是人脑对经历过的事物的反映。如过去感知过的事物、思考过的问题、体验过的情感等，都能以经验的形式在头脑中保存下来，并在一定条件下重现出来。

人脑具有对过去经验反映的机能，是因为主体接受了客体的刺激之后，会在大脑皮层上留下兴奋过程的痕迹。这些痕迹一旦被重新"激活"，人脑中就会重现已消失的刺激物的印象。所以说记忆是人脑的一种机能，它的生理学基础是大脑神经中枢对某种印迹的建立和巩固。现代研究表明，人脑如同一个指挥中枢那样能向身体的各个器官和部位发号施令，它所记忆的特定信息对人体行为产生极大影响和作用。科学家将记忆之谜称为"生物界最大的自然之谜"。美国诗人斯波尔丁（Spalding）说过："记忆可能是天堂，我们不用担心会被驱逐；记忆也有可能是地狱，我们想逃也逃不掉。"记忆是一个复杂的心理过程，记忆从心理活动上将过去与现在联系起来，并且再现过去经历过的事物，使人的心理活动成为一个连续发展的整体。

5.1.2 记忆的心理过程

记忆是获得信息并把信息贮存在头脑中以备将来使用的过程。心理学研究表明，这一过程包括识记、保持、回忆或再认三个基本环节，如图 5-2 所示。

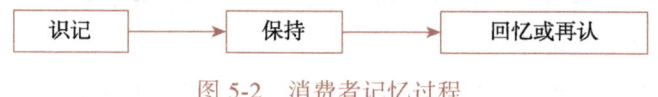

图 5-2 消费者记忆过程

识记是识别和记住事物从而积累知识经验的过程，它是记忆过程的第一个基本环节。保持是巩固已经获得的知识经验的过程，它的对立面是遗忘。实际上，保持就是防止遗忘的心理活动，它是记忆的第二个基本环节。如何知道过去的知识经验已在头脑中保持，其识记后的结果可以通过回忆或再认的方式表现出来。过去经历过的事物在头脑中重新呈现出来的过程称为回忆；过去经历过的事物再次出现时能够把它们辨认出来称为再认。回忆和再认之间的主要区别在于：再认是在感知过程中进行的，而回忆则是在感知之外，通过一定的思维活动进行的，这是记忆过程的第三个基本环节。

记忆过程的三个基本环节是相互联系、相互制约的。在 20 世纪 50 年代以后，心理学界倾向于用信息论的观点来解释记忆，把记忆看成信息的输入、编码、储存和在一定条件下提取的过程。

5.1.3 消费者的遗忘

1. 遗忘的含义

通常人们认为，记忆是大脑对经历过的事情的忠实记录，其实不然，记忆也是有缺陷的，它跟现实可能有很多出入之处。心理学家在研究中发现，在记忆过程的第二个阶段，即保持阶段，由于每个人的知识和经验的不同，个人加工和组织经验的方式也不同。

心理学家巴特莱特（Bartlett）曾经采用图画复绘的方法做过一个实验。他先给被试者中的第一个人呈现一个图片，然后要求他凭自己的记忆将该图绘出，再将第一个被试者所绘的图片交给第二个被试者看，并要求第二个被试者将自己所看到的图片根据记忆绘出。这样依此进行下去，直到第十八个被试者绘完为止（见图5-3）。

图5-3 记忆过程中图形的变化

图5-3中垂直线右边的八个图形，就是该实验中的第1、2、3、8、9、10、15、18位被试者所绘的图片。从这些图片可以看到，被试者凭借自己的记忆所绘出的图片与原图相比发生了很大的变化，出现了遗忘。遗忘是指对识记过的事物不能再认或回忆，或者表现为错误的再认或回忆。遗忘是和记忆保持相反的心理过程，其实质由于不使用或受别的学习材料的干扰，导致记忆中保持的材料丧失。遗忘可分为暂时性遗忘是和永久性遗忘。暂时性遗忘是指已经转入长时记忆中的内容一时不能被提取，但在适宜的条件下还可恢复。比如，消费者一时叫不出自己熟悉商品的名称，想不起使用过的商品的操作程序，都属于暂时性遗忘。永久性遗忘是指识记过的材料，不经重新学习不能再行恢复的现象。比如，一些曾经在电视中出现的广告，倘若消费者不去有意注意和有意识记，很可能会完全忘记。其实，适度遗忘有一定的好处，可以减轻大脑的负荷，使大脑储存和巩固重要的学习内容。

2. 影响遗忘进程的因素

遗忘进程不仅受时间因素的影响，而且还受许多其他因素的影响。

（1）学习态度。学习者对识记材料的需要、兴趣等，对遗忘的快慢有一定影响。在人们生活中没有重要意义、不占主要地位的内容，不能引起人们的兴趣，不符合人们需要的事情，会首先被遗忘。而人们需要的、感兴趣的、具有情绪作用的内容，则遗忘得较慢。经过人们努力、积极地记忆的材料遗忘得较少，而单纯地重复材料，识记的效果较差，遗忘得较快。

（2）识记材料的性质和数量。一般来说，熟练的动作遗忘得较慢；形象性的材料比较容易长期保持；有意义的材料比无意义的材料遗忘得慢。在材料的数量方面，当学习材料数量超过记忆广度时，其数量的增加会引起学习的困难。在学习程度相同的情况下，要达到同样的识记水平，识记材料数量越多，遗忘得也就越快；识记材料越少，则遗忘越慢。

(3)材料在序列中的位置。识记材料的序列位置不同,遗忘的情况也不一样。一般是排列在序列首末两端部位的材料容易记忆,不易遗忘,而排列在中间部位的材料则容易遗忘。

3. 遗忘的原因

关于消费者遗忘的原因,归纳起来主要有三种假设,即衰退说、干扰说和压抑说。

(1)衰退说。这种理论认为,遗忘是由于记忆痕迹得不到强化而逐渐减弱、衰退以至消失的结果。正像草地上的小路,如果持续不断地有人走过,小路的痕迹就会继续保存,如果没有人走过,那么原来裸露出的小路痕迹会因荒草的蔓延而逐渐埋没。大脑皮层内的神经细胞因新陈代谢而不断变化,没有新生的细胞参与原有的活动,也会像小路一样,留下痕迹的这种生理变化就会由浅变淡最后消失。这种学说对遗忘所做的记忆痕迹的解释易于为人们所接受,但是不能用衰退说解释所有的事实。因为在一段时间内保持量的下降,可能是由于其他材料的干扰,而不是痕迹衰退的结果。有些实验证明,即使在短时记忆的情况下,干扰也是造成遗忘的重要原因。

(2)干扰说。这种理论认为,遗忘是因为在学习和回忆之间受到其他刺激干扰的结果。或者说遗忘的产生取决于信息储存以后的提取困难或错误。因此,记忆痕迹本身并未发生变化,储存的信息之所以不能被提取是新旧材料彼此干扰而产生的抑制所致。干扰一旦被排除,记忆就能恢复。这个学说最有力的证据就是前摄抑制和后摄抑制。

前摄抑制是指先前学习的材料对后学习材料的干扰作用。后摄抑制是后学习的材料对先前学习材料的干扰作用。在消费者购买活动中,前摄抑制和后摄抑制的影响是十分明显的。消费者在连续接受大量消费信息后,往往对开始和最后的信息记忆深刻,中间内容则记忆不清。比如,消费者在北京电视台5频道的《探索》节目前的连续广告中,也许只记住了第一个和最后一个广告片。同样道理,在电视连续剧前或中间、结尾插播的大量广告片,消费者也只能记住前面的两三个,或者后面的一两个。

(3)压抑说。这种理论认为,遗忘的原因是由情绪或动机的压抑作用引起的,如果这种压抑被解除,记忆就能恢复。这种现象首先是由弗洛伊德(Sigmund Freud)在给精神病人施行催眠术时发现的。许多人能回忆起早年生活中的许多事情,而这些事情在平时是回忆不起来的。弗洛伊德认为,这些经验之所以不能回忆,是因为回忆它们时,会使人产生痛苦、不愉快和忧愁,因而被无意识的动机所压抑。压抑说考虑到个体的需要、欲望、动机、情绪等在记忆中的作用,这是对前两种理论的补充。尽管这种理论不能解释一般的遗忘现象,但它仍然是值得被重视的一种理论。

4. 艾宾浩斯遗忘曲线

记忆是有规律的,同样,遗忘也是有规律的。1885年德国心理学家赫尔曼·艾宾浩斯（Hermann Ebbinghaus）研究得出遗忘曲线，即著名的艾宾浩斯遗忘曲线，如图5-4所示。该图的横轴代表时间，竖轴代表保留比率的曲线，消费者的遗忘过程曲线表明遗忘变量与时间变量之间的关系，遗忘是时间的函数。

从遗忘曲线中可以看出，人们的遗忘规律是先快后慢。学习了解消费者遗忘的规律，对企业有针对性地采取营销措施具有重要启示。

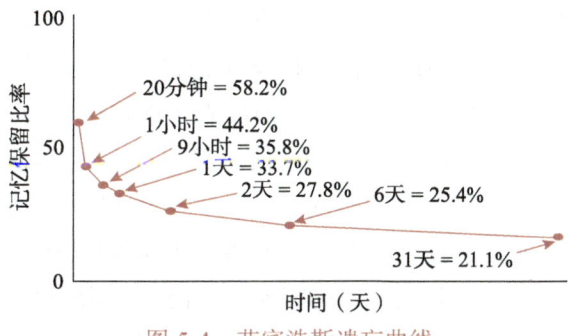

图 5-4　艾宾浩斯遗忘曲线

第一，由于独特的、不寻常的信息较少受到遗忘的干扰，具有更大的记忆潜力。因此，企业在做广告时，或者采取其他促销方法时，必须具有鲜明的主题和个性特征。

第二，由于呈现信息的顺序会影响对它的保持，比如信息的中间部分最容易被遗忘，因此企业在提供消费信息时，应尽可能将最重要的部分放置在开头与结尾，以免出现前摄抑制和后摄抑制的干扰。

第三，遗忘信息的恢复依赖于某些线索，这些线索反过来又会促进对识记材料的回忆。为此，商品的包装、陈列以及广告设计等都应考虑，利用相同的线索来帮助消费者回忆已经遗忘的信息材料。

5.1.4　记忆的分类

1. 根据记忆的内容，可分为四种类型

（1）形象记忆是以感知过的事物形象为内容的记忆。这些形象可以是视觉形象，也可以是听觉、嗅觉、味觉等形象，比如消费者对商品的形状、大小、颜色等方面的记忆就是形象记忆。

（2）逻辑记忆是以概念、公式、定理、规律等为内容的记忆。它是通过语词表现出来的对事物的意义、性质、关系等方面内容的记忆，比如消费者对某种商品的制作原理、广告宣传等方面的记忆就是逻辑记忆。

（3）情感记忆是以体验的某种情感为内容的记忆，比如消费者购买某品牌的商品后，在使用过程中感到满意和愉悦。

（4）运动记忆是以过去做过的运动或动作为内容的记忆，比如看电视《家庭生活》栏目了解如何制作鲜荷叶粉蒸肉，制作方法的记忆就是运动记忆。

2. 根据记忆保持的时间长短，可分为三个阶段

（1）瞬时记忆也称感觉记忆。它是指当客观刺激物停止作用后，感觉信息在人脑中还能继续保持一个很短的时间的记忆。进入瞬时记忆的信息在头脑中保持的时间为0.25～2秒。

在瞬时记忆中被登记的信息如果受到注意,它就转入第二个阶段,即短时记忆阶段,如果没有受到注意则很快消失。

(2)短时记忆也称操作记忆。它是指信息保持在一分钟内的记忆。短时记忆在消费活动中是必不可少的。消费者了解广告信息等,是离不开短时记忆的。

(3)长时记忆是指信息经过充分的和有一定深度的加工后,在头脑中长时间保留的记忆。它保存的时间长,从一分钟以上直到许多年乃至终身不忘。长时记忆是对短时记忆加工、复述的结果。只要有足够的复述,长时记忆的容量是相对无限的。有时强烈的刺激给人造成深刻的印象,也能一次形成长时记忆。

记忆的三个阶段,又称三种记忆系统,它们的相互关系可表示为图5-5。

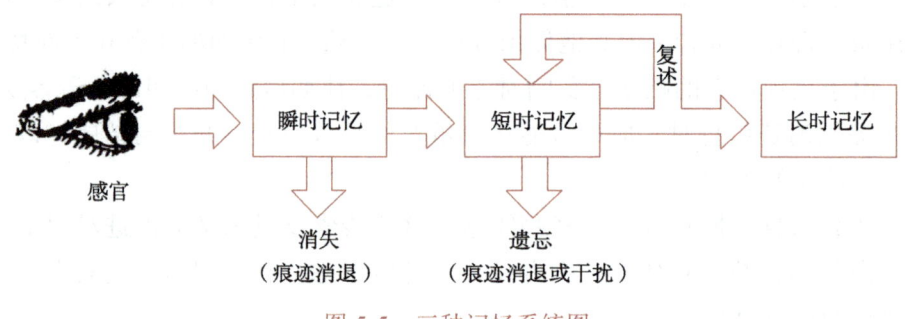

图 5-5 三种记忆系统图

5.1.5 记忆在营销中的作用

记忆是个体经验积累和心理发展的前提,作为一种基本的心理过程,是和其他心理活动密切联系的。消费者的每次购物活动不仅需要新的信息、新的知识,同时还需要参照以往对商品或劳务的情感体验、知识和经验。换句话说,记忆帮助消费者积累起大量的商品知识、购买和使用经验,这些就成为以后消费活动的参考依据。在以后的消费活动中,消费者会自觉地利用记忆材料如过去的使用经验、广告宣传、效果印象等,对商品进行评价,这有助于消费者全面、准确地认识商品,并做出正确的购买决策。尤其是对一些价格昂贵的消费品,人们大都经过慎重的挑选、比较、权衡之后,才决定购买与否。因此,信息在消费者记忆中如何组织就成为专家和营销人员十分关心的问题。对工商企业来说,在了解消费者记忆特点的基础上,在营销中可以采取以下方法。

(1)心理学研究表明,有意义的材料比无意义的材料容易记忆。工商企业在做广告或给商品命名时,应尽量避免生、冷的词汇,少用专有名词和令人费解的字句。

(2)哈佛大学心理学家乔治·米勒(George Miller)在研究中发现,人的信息加工能力是有极限的,这就是神秘的数"7±2"。这个数目对于我们许多感觉通道来说,大体上是恒定的。普通人的大脑不能同时处理7个以上的单位。也就是说,很少有人能记住同类产品7个以上的品牌名称。这就给企业传递了一个信息,即使本企业的产品非常幸运地挤进了7者之一,也不能高兴太早。因为影响消费者购买的往往只是前二三名,而且有人做过统计，首位的企业和产品比第二位的市场占有率高出一倍；而第二位又比第三位高出一倍。所以说，企业的产品、品牌想让消费者眷顾，就必须了解消费者记忆的特征，做好市场定位。另外企业在传递商品信息时，要考虑消费者接受信息的记忆极限问题，尽量把输出的信息限制在记忆的极限范围之内，避免因超出相应范围而造成信息过量，使消费者无法接受。比如，在电视的 5 秒版广告中播出的信息应尽量安排在七八个单位内，超出这一范围，就会大大降低广告宣传效果。

（3）把信息编成组块。所谓组块（chunk）指的是把几个小单位组成大单位。通过组块使原来小的、分散的信息集合成大块信息，从而使记忆的容量得以增加。这种组块方式的识记，可以是一个数字、一个汉字、一个词、一个短语，甚至是一个句子。

一般认为，每个组块所含信息量的多少是不等的。以组块方式进行识记，主要是以过去的知识经验为基础的，也就是说，把信息单位归并成块的能力取决于对组块本身的了解，比如，消费者或客户能够记住七位数以上的手机号码通常采用的是组块式记忆方法。记忆时，把那些没有规则、枯燥的数字划为三个或四个一组，形成若干个组块，然后以组块的形式进行记忆，使记忆的数量大大增加。再如，数字 1、9、1、9，熟悉中国历史的人能够形成一个信息块 1919。知道这是五四运动的年代，不熟悉中国历史的人则不能形成单一的信息块，而是一串无意义的数字。以组块方式进行识记，可以提高记忆的容量和效率。

组块概念在现实生活中应用非常广泛，其内涵已扩充到一切有意义的编码，表现为由各单个信息组成熟悉的或有规律的图形、符号、文字语言等。企业在营销中也可以有效利用组块方式，提高消费者对本企业产品、品牌、企业标识，甚至企业形象的记忆。

（4）适度重复可以加深消费者对广告或商品的印象。由于适度重复可以增加信息在短时记忆中停留的机会，不断地重复还有助于将短时记忆转化为长时记忆，所以在传递消费信息时，特别是新产品上市时，应尽可能多次重复有关内容，但应注意表现形式的多样化和重复时间的间隔性与节奏性。比如，新产品广告，在播放 5~6 次之后停一段时间再播放。有些产品在进入成长期或成熟期时播放的广告，广告画面要根据市场环境的变化而变化，这样可以避免引起消费者的乏味和厌烦心理。

专栏5-2　　　　　　　　　提高消费者记忆效果的方法

　　心理学研究表明，对那些无意义联系的材料，人为地赋予某种逻辑意义或联系结构，也能提高记忆的效果，这些方法如下。

　　（1）定位记忆法：将记忆项目与熟悉的地点位置相匹配，使地点位置作为恢复各个项目的线索。

　　（2）串联法：把单词或名称的第一音节或字母连起来组成一个单词。比如，北美五大湖 Huron、Ontario、Michigan、Erie 和 Superior 的字头可连成 homes，记住后者就容易记住前者。

（3）形象控制法：使身心轻松舒适，头脑中出现过去或未来的良好形象或整体形象，以增强记忆。

（4）联系法：利用观念与形象的联想，将材料构成有意义联系的内容。例如，$\sqrt{3}=1.173\,205\,0$，就可以用"$\sqrt{3}=$一起商量懂不懂"来加强记忆。

以上记忆术带有一定的强化性质，因此还需要与其他方法结合起来运用才会收到更好的记忆效果。

资料来源：汪馥郁，李常. 购销技巧 [M]. 北京：中国经济出版社，1989：46.

5.2 消费者的想象

5.2.1 想象的含义

想象是人脑对已有表象进行加工改造，创造出新形象的过程。这个概念涉及的表象是指事物不在眼前时头脑中出现的事物的形象。表象是人脑中的知觉痕迹经信息加工后的再现。人脑在反映客观世界时，不仅能产生知觉形象和表象，而且还能创造出新的形象。这种新的形象不是表象的简单再现，许多内容是"超现实"的，是对客观现实的超前反映。然而无论想象如何新颖，想象都不是凭空产生的。因为构成新形象的一切材料如同其他心理过程一样都是来自客观现实。想象也是人脑对客观现实反映的一种形式，只不过是以独特的方式表现出来。想象是在实践活动中产生、发展起来的。同时，想象也要受到实践的检验。

在消费活动中，消费者对商品的要求是非常高的，有时甚至是非常挑剔的。但也正是由于消费者的这种心理作用，极大地促进了消费品的创新与发展。这种心理现象就是消费者的想象，它是消费者在原有感知的基础上创造新形象的心理过程。

5.2.2 想象的种类

1. 无意想象与有意想象

根据想象是否有目的性，可以将想象分为无意想象和有意想象。

（1）无意想象是没有特殊目的、不自觉的想象，又叫不随意想象。它是想象中最简单、最初级的形式。人的梦是一种不由自主的奇异想象，是无意想象的极端情况。当消费者在外部刺激的作用下不由自主地想象某种消费对象的形象时，就是消费者的无意想象。

（2）有意想象是带有一定的目的性与自觉性的想象，也叫随意想象。在进行有意想象时，人给自己提出想象的目的，按一定的任务进行想象活动。消费者按照自己的某种消费需要和意向有目的地想象时，他所表现出来的想象形式就是有意想象。

2. 再造想象、创造想象和幻想

根据有意想象的内容是否具有新颖性、独立性以及创造性，可以将其分为再造想象、创造想象和幻想。

（1）再造想象。它是指根据言语的描述或图样的示意，在人脑中形成相应新形象的过程。根据消费者想象内容的新颖性程度，消费者的再造想象是指消费者依据某种消费品的特性和实物描述，产生新表象的心理过程，它是创造想象的基础。

（2）创造想象。它是指不依赖现成的描述而在人脑中独立创造新形象的心理过程。消费者的创造想象是指消费者在某种消费品的刺激作用下，独立地构思某种消费品全新表象的心理过程。

（3）幻想。它是指一种与生活愿望相结合，并指向于未来的想象。有很多卡通玩具、动漫中的形象就属于幻想。

从想象与现实的关系看，除幻想以外，还有空想和未来的理想等多种表现形式。

5.2.3 想象与消费实践的关系

想象是在感知的基础上改造旧表象、创造新形象的心理过程，是以实践为基础，为实践所制约的。人们在实践中常常会遇到一些困难，也产生一些新的需要，这些困难和需要促使人们去改变客观现实，从而创造新的东西，想象就是在这种实践活动的要求下发展起来的。想象在市场活动中不仅对消费者的消费行为产生影响，而且对经营者也会产生影响。

1. 想象可以引发消费者的美好联想

消费者的想象与个人其他心理过程都有深刻的内在联系。想象以记忆为基础，记忆表象是想象的素材；想象过程总会伴随着一定的情感体验；想象可以成为意志过程的内部推动力，所以，消费者在评价、购买商品时常常伴随有想象活动。消费者买或不买某种商品也与购买商品是否与想象中的追求相吻合有关，相吻合就购买，不相吻合则拒绝购买。很多消费者在购买服装、床上用品时，想象的闸门大开，产生美好的联想。另外，一则好的广告必定蕴含着丰富的想象力，能给消费者带来无穷的遐想空间（见图5-6）。这是一则宣传睫毛膏的广告，非常有

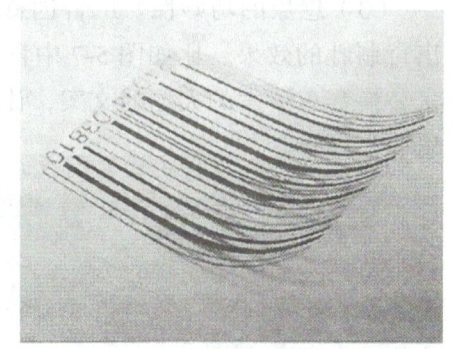

图 5-6　睫毛膏广告

创意。当消费者发挥想象力领悟其中的精髓时，一定会会心一笑，这时消费者也就记住了产品和品牌。

许多企业的名称、品牌的名称和企业的广告语都能引起消费者一定的想象。比如，"联想""长虹""百事可乐"等品牌名称，中国人寿保险公司的"不曾相见，但永远相

伴"的广告语，可口可乐"欢迎进入可乐生活"、百事可乐"要爽由自己""渴望无限"，新一代梅塞德斯-奔驰E级轿车——超越极限等广告语都会引起消费者美好的想象和对产品的良好情感。总之，只要消费活动存在，消费者的想象就必然会发挥作用。

2. 想象在一定程度上支配消费行为

企业利用消费者的想象心理，使某些产品建立起特定的象征意义，成为吸引消费者购买的关键因素。比如，人们会把佩戴名贵钻石戒指与江诗丹顿和百达翡丽手表的人想象为成功人士，把驾驶奔驰车的人想象为企业老板，或者有较好职业、收入较高的人。因而商品的设计与生产，都必须切实注意到消费者的这种心理活动，使商品无论在功能设计、外观式样上，还是在商品命名上，都能引发消费者的美好想象，导致其购买行为的发生。

3. 运用想象进行广告设计

好的广告设计可以利用消费者的想象心理，让广告作品在人的头脑中形成一个念头或思想画面，从而找到广告创意的切入点，使消费者心领神会。运用想象心理进行广告设计需要把握以下三点。

（1）想象的准确性。要想发挥想象心理要素的作用，应尽可能对广告所要表达的产品属性、市场需求、消费心理、社会属性的准确性加以协调。比如，有的药品广告标榜"奇药、奇效"，却没有把药品的基本信息传达给消费者，这就有虚假宣传之嫌。

（2）想象的自然性。广告创意中的想象应当遵循大众的思维方式、思维规律，发掘想象中的积极方面，避免消极方面。比如，农夫山泉矿泉水的广告词"农夫山泉有点甜"，充分发挥了消费者想象的积极心理暗示作用，使消费者在饮用农夫山泉矿泉水时，即使没有感觉到甜味，也可以通过积极的心理暗示，认可广告中所表述的"有点甜"。

（3）想象的巧妙性。广告创意中的想象应当既在情理之中，又在意料之外，以达到出奇制胜的效果。比如图5-7中肯德基的"火辣脆鸡"广告，用肯德基炸鸡的松脆外壳来替换赛车喷发的火焰的文案，让消费者想象肯德基"火辣脆鸡"的松脆感和辣度，构思非常巧妙。

图5-7 肯德基的"火辣脆鸡"广告

5.3 消费者的思维

5.3.1 思维的含义

思维是人脑对客观现实的概括的、间接的反映，是揭示事物本质特征的理性认识过程，是人认识活动发展的高级阶段。具体地说，思维就是推理、判断、决策和问题解决。

5.3.2 思维的分类

可以站在不同的角度对思维进行分类，在这里主要介绍两种分类方法。

1. 根据思维活动的性质和方式，可以把思维分为动作思维、形象思维和逻辑思维三类

（1）动作思维。动作思维也叫实践思维，是以实际动作来解决直观、具体问题的思维，它是在实际的活动中进行的。消费者在实际的购买活动中需要有动作思维的参与。

（2）形象思维。形象思维是指利用事物的直观表象来进行分析、比较、综合、抽象、概括等内部的加工，从而解决问题。如消费者在购买家具时，会把眼前家具的颜色、款式与自己居室的颜色、摆放位置是否协调等进行形象思维，从而影响其购买行为。

（3）逻辑思维。逻辑思维也叫抽象思维，是用抽象的概念和判断、推理的方式解决问题的思维。消费者的购买活动同样离不开抽象思维的参与。

2. 根据思维的主动性和独创性，可以把思维分为常规思维和创造性思维

（1）常规思维。常规思维又称习惯性思维。它是用常规方法来解决问题的一种思维。这种思维缺乏主动性和独创性，功能固着、聚合思维等均属于常规思维。

（2）创造性思维。创造性思维是创造活动中的一种思维。它是用新的方案或程序，创造新的思维产品的思维活动。正如管理大师彼得·德鲁克（Peter Drucker）所说："不创新便死亡。"创造性思维是人类思维活动的高级过程，是一种复杂的心理活动，需要人们对已有的知识经验进行改组或重建，并在头脑中产生新的思维和想象。不论是企业的经营管理，还是企业的市场营销等都要用创造性思维做指导，不然会在竞争的市场中败下阵来。

5.3.3 思维特性与购买行为

消费者在购物时往往要经过紧张的思维活动。一方面，由于所要购买的商品在满足需要上的特性不同，或者是为了实现购买还必须克服某些困难；另一方面，由于消费者个体的差异，在思维方式上又表现出不同的特点。

1. 思维的独立性

有的消费者在购物中有自己的主见，不轻易受外界的影响，而是根据自己的实际情况权衡商品的性能和利弊等，独立做出购买决定；缺乏思维独立性与批判性的消费者，则容易受到外界的影响，缺乏自己的思考，随人而欲，易被偶然暗示所动摇。

2. 思维的灵活性

有的消费者能够依据市场的变化运用已有的经验，灵活地进行思维活动并及时地改变原来的计划，做出某种变通的决定。有的消费者遇到变化时，往往呆板，墨守成规，不能做出灵活的反应或不能变通。

3. 思维的敏捷性

有的消费者能在较短的时间内发现问题和解决问题，遇事当机立断，能迅速做出购买决定。相反，有的消费者遇事犹豫不决，不能迅速地做出购买决定而错失良机。

4. 思维的创造性

有的消费者在消费活动中，不仅善于求同，更善于求异，能通过多种通道收集商品信息，在购买活动中不因循守旧、不安于现状、有创新意识、有丰富的创造力和想象力。

可见，消费者经过对商品的思维过程而做出的购买行为是一种理智的消费行为，是建立在对商品综合分析基础上的。正因为消费者的思维能力有强弱的差异，从而使得他们具有不同的决策速度与行为方式，需要特别强调以下两点。

第一，思维和语言有着密切的联系。人的思维主要是借助于语言来实现的，语言成为思维的工具。因此好的广告词如中国移动的服务电话"不论您在何方，我们都认真聆听"，以及在营销活动中营销人员得体的语言，都会拉近与消费者的思维距离，使营销活动取得满意的效果；反之，则会使消费者产生逆反心理，影响营销效果。

第二，思维是在实践中产生的。实践是思维活动的源泉，思维是加入到实践活动中的一种特殊的心理活动、一种独立的智力活动，并且是在同实践活动的密切联系中实现的。因此，消费者只有通过消费实践才能判断每一次解决问题、每一次购买决策是否正确。

本章小结

本章论述了消费者认识心理过程中的记忆、想象和思维等心理元素。

记忆是人脑对经历过的事物的反映。记忆过程包括识记、保持、回忆和再认等基本环节。遗忘是指对识记过的事物不能再认或回忆，或者表现为错误的再认或回忆。遗忘进程不仅受时间因素的影响，而且还受学习态度、识记材料的性质和数量、材料在序列中的位置等因素的影响。消费者遗忘的原因可以归纳为三种假设，即衰退说、干扰说和压抑说。艾宾浩斯遗忘曲线图对于企业有针对性地采取营销措施具有重要启示。根据记忆保持时间长短，可以将记忆分为瞬时记忆、短时记忆和长时记忆，并从四个方面分析了记忆在营销中的作用。

想象是人脑对已有表象进行加工改造，创造出新形象的过程。之后比较简单地介绍了想象的种类和想象与消费实践的关系。

思维是人脑对客观现实的概况的、间接的反映，是揭示事物本质特征的理性认识过程，是人认识活动发展的高级阶段。之后比较简单地论述了思维的分类和消费者思维特性与购买行为。

复习思考题

1. 什么是记忆？记忆过程包括哪几个基本环节？
2. 简述什么是遗忘，以及关于遗忘的三种假设。
3. 阅读普通心理学教材中关于"记忆"的章节和企业营销实例，并总结记忆在营销中的作用。
4. 如何加强消费者的记忆并避免或减少消费者遗忘的产生？
5. 结合实例试述想象心理元素与消费实践的关系？
6. 论述思维的含义、思维的分类以及思维特性与购买行为。

实践活动

1. 请分析以下两则广告用语便于记忆的原因，并在此基础上尝试为一个产品设计一条新广告用语。
   （1）蓝天六必治牙膏广告用语：牙好，胃口就好，身体倍儿棒，吃嘛嘛香。记忆率15.2%。
   （2）新飞冰箱广告用语：新飞广告做得好，不如新飞冰箱好。记忆率9.0%。
2. 下面的两则广告是怎样运用心理元素的？根据消费者的认识心理过程，试再给中国国际航空公司创意策划一则新的广告。

   中国国际航空公司的电视广告：画面上先出现的是围棋下子的特写镜头，只有棋盘和手，没有人。接着以动画的形式将棋盘衍生为世界地图，落子处变成国际航空公司航线的端点，并用直线连成辐射状，最后出现中国国际航空公司的名称。

   中国国际航空公司另一则电视广告：在广袤的沙漠中，一列列古兵马俑肃然静立，突然在辽阔的蓝天上出现了一架标有中国国际航空公司标志的飞机，这些兵马俑转头向翱翔蓝天的飞机致意。

案例选编

对德芙广告语"纵享丝滑"的解读

"德芙，纵享丝滑"的广告语想必众所皆知（见图5-8）。

图 5-8 德芙巧克力广告

一位时尚活泼可爱的女孩漫步在复古的英伦大街上,突然被眼前橱窗里的一项白帽子吸引住。根据帽子在玻璃上反射的倒影,女孩微微歪头,摆出姿势使自己与帽子的影子重合。随后她又来到一个珠宝店的橱窗前,调整姿势使自己与钻石项链的影子重合。站在玻璃橱窗前的她开始想象自己佩戴着这些饰品,摆弄出各种俏皮的动作和表情。在店员的微笑中,女孩从包里取出一块德芙巧克力,轻轻地放入口中。此时,一段巧克力色的丝绸划出,环绕住沉迷于口中美味的女孩。"此刻尽丝滑"广告语出现。女孩子幸福地享受着这如丝般的顺滑。一顶帽子,一串项链,一位小女生,一段高雅的音乐,这仅仅半分钟不到的短片广告让人回味无穷。

德芙的"此刻尽丝滑"意境深远。广告没有着力强调巧克力如何好吃,而是着力表现德芙巧克力如丝绸般的细腻顺滑,可以给消费者留下无尽的美好想象,带来愉悦的心情、忘我的享受,进而激发消费者的购买欲望。

德芙带给消费者更多的是精神上的享受,浓郁的巧克力香味充斥全身,对我们的精神也是一种解放,无限的想象也就开始。"纵享丝滑"确实是强调德芙巧克力的口感细腻。更具体地来说,巧克力的口感来自于可可粉的大小和形状,颗粒越小,口感就越细腻润滑。德芙可可粉颗粒大小只有 14 微米(50 微米相当于头发直径)。德芙运用想象这个心理因素,给消费者带来很大影响,一则好的广告必定蕴涵着丰富的想象力财富,能给消费者带来无穷的遐想空间,引发消费者的美好联想,在一定程度上支配消费者,吸引消费者购买。

想象是消费者认知心理中的重要元素,对商品销售有着至关重要的影响。对商品销售有利的消费者想象可以促成购买行为的发生;对商品销售有害的消费者想象则会阻止商品交易的产生。企业利用消费者的想象心理,为自己的产品建立起特定的象征意义,正如德芙经典广告词"牛奶香浓,丝般感受""心随心动,愉悦丝滑""德芙,纵享丝滑",这些广告语给每位消费者插上想象的翅膀,让他们徜徉在德芙巧克力的王国之中。

资料来源:作者收集相关资料整理而成。

仔细阅读本文,回答下列问题:

1. 观看"德芙巧克力珠宝篇"广告,分析消费者的记忆和想象系统对这则广告可能产生什么类型的感知反应?认知系统可能怎样解释这些反应?

2. 试分析德芙广告片如何将几个元素组成"组块",这种完美演绎让消费者在瞬间产生亲切和愉悦感,取得很好的效果。

第 6 章
消费者的情绪、情感与意志

消费者在消费过程中,由于处于复杂变化的社会环境之中,不仅会对商品或服务产生深浅不同的认识,而且还伴随着不同的心理体验,产生满意或不满意、高兴或不高兴、愉快或忧愁等心理体验,构成不同的情绪情感世界,这就是消费者购买心理的情绪情感过程。此外,消费者在确定消费目标之后,努力实现消费目标的过程,就是意志心理过程。

6.1 消费者的情绪和情感

6.1.1 情绪和情感的含义及关系

1. 情绪和情感的含义

情绪或情感是人们对客观事物是否符合自己的需要所产生的一种主观体验。消费者在从事消费活动时,不仅通过感觉、知觉、注意、记忆等认识了消费对象,而且对它们表现出一定的态度。凡是能满足消费主体需要的,就引起肯定态度,产生喜悦、满意、愉快等内心体验。凡是不能满足消费主体需要的,或违背消费主体意愿的,就引起否定的态度,产生悲哀、愤怒、憎恨、回避等内心体验。这些内心体验就是情绪或情感。可见,消费者的情绪与情感也是由客观事物引起的,但它反映的不是客观事物本身,而是客观事物对主体的意义,是客观事物与人的需要之间的关系。

情绪情感是人对客观事物的一种特殊反映形式,情绪情感反映不具有具体的现象形态,但可以通过消费者的动作、语气、表情等方式表现出来。

2. 情绪与情感的关系

在日常生活中,人们并不严格地区别情绪与情感。但是,在心理学和行为学中情绪与情感是既有区别又有联系的两个概念。

威廉·詹姆斯（William James）说过，情绪是一种感受的倾向。从严格意义上讲，情绪一般是指与生理的需要和较低级的心理过程（感觉、知觉）相联系的内心体验。比如，消费者选购某品牌的小轿车时，会对它的颜色、造型、性能、价格等可以感知的外部特征产生积极的情绪体验。情绪一般由当时特定的条件所引起，并随着条件的变化而变化。所以情绪表现的形式是比较短暂和不稳定的，具有较大的情境性和冲动性。某种情境一旦消失，与之有关的情绪就立即消失或减弱。

情感是指与人的社会性需要和意识紧密联系的内心体验，包括理智感、荣誉感、道德感、审美感等。它是人们在长期的社会实践中，受到客观事物的反复刺激而形成的内心体验，因而与消费者情绪相比，具有较强的稳定性和深刻性。在消费活动中，情感对消费者心理和行为的影响相对长久和深远。还以上例来说，消费者选购小轿车时，对轿车的造型、颜色的挑选，实际上体现了他个人的审美感；对4S店销售人员的评价又体现了他的道德感。

消费者的情绪与情感之间又有着密切的内在联系。情绪的变化一般受到已经形成的情感的制约；而离开具体的情绪过程，情感及其特点则无从表现和存在。因此，从某种意义上可以说，消费者的情绪是情感的外在表现，情感是情绪的本质内容。正由于此，在实际生活中二者经常做同义词使用。

6.1.2 情绪和情感的两极性

人的情绪和情感是极其复杂的，它反映了人的内心活动的多样性和复杂性，但不论何种情绪和情感都有一个明显的特征——两极性，即在情绪和情感的体验中往往有两种相对立的状态。从情绪和情感的性质来说，表现为肯定和否定的两极。一般说来主要有四方面的两极性。

在快感度方面，两极为"愉快－不愉快"；在紧张度方面，两极为"紧张－轻松"；在激动水平方面，两极为"激动－平静"；在强度方面，两极为"强－弱"。

情绪和情感的两极性是指处于两种极端位置上的、性质相反的情感，而在这两极之间，情绪和情感还有强度的变化。例如，喜可从适意、愉快到欢乐、大喜、狂喜，怒可从不满、愠、怒到大怒、暴怒。

从情绪和情感的作用来说，表现为积极的和消极的或增力的和减力的两极。积极的情绪可以增强人的活动能力，消极的情绪则会降低人的活动能力。处于肯定的积极的情绪，一般人的反应倾向是接近对象、拥有对象的行为，而处于否定的消极情绪，一般人的反应是倾向于离开对象、回避对象的行为。从这个角度讲，情绪和情感与人的动机和行为密切相关。因此，情绪和情感会对消费者行为产生很大的影响。不过，由于消费者的情绪和情感，特别是情绪，受到各种主客观因素的影响与制约，因而两极性的特征是可以彼此转化或互相融合的。

> **专栏 6-1** 　　　　　　　　　　**大脑其实不善于控制情绪**
>
> 　　在 2006 年世界杯的冠亚军争夺赛上，法国名将齐达内突然一头撞向意大利后卫马特拉齐前胸。从常识心理学的角度出发，不能原谅齐达内的人会说，无论如何你不应当失去理智，因为你不仅代表你一个人，你是队长，要对全队负责，你代表国家，要对国家负责。
>
> 　　从脑科学的发现看，人的大脑是不善于控制自己的情绪的。我们知道，所有感知的信息，首先要到达人的丘脑。丘脑有两个功能，一是中转站，将信息传到更远处的大脑皮层和前额叶，以供分析和决策；二是对信息利害的评价。当信息是中性的时候，它们就被传送远处的大脑皮层区，以便进行精致的分析。但当信息是带有情绪色彩的，即与人的利害有关，涉及安全、自尊、名利等需要时，信息就在丘脑及临近的脑区，如杏仁核、海马等部位，直接被评价和加工，并自动化地产生情绪反应。这些区域又叫情绪中枢，因为它与联络通道与丘脑很近，又叫作非法的或不理性的通路。当这个通路被占满后，信息不会再往上走了，也就是说，带有情绪的信息已经将神经通路占据了，此时，信息根本传不到大脑皮层和前额叶等高级加工的区域。
>
> 　　其实，情绪就是情绪，它就是非理性的。情绪就是要宣泄的，而过分压抑的后果可能是更大的爆发和失控。肯定有人会问，那么就没有好办法，人的形象就这样降低了吗？现代积极心理学告诉我们，情绪健康的标准不是单一的，自控更不是衡量情绪健康的主要标准。当我们说某一情绪健康与否时，可以有另外的标准，这就是情绪是积极的还是消极的。不健康的情绪是消极的，指向仇恨、破坏、嫉妒等，不健康的情绪是盲目的宣泄，妨碍问题的解决。而积极的情绪是指向爱的、联合的、建设的。积极情绪的核心是乐观、创造、审美、宽容、投入，重视精彩和过程，重视表现而不是结果的价值。健康的情绪是适应环境的，可以调节自如，有利于解决问题，帮助个人应对现实的危险。越是在现代价值混乱和功利主义盛行，终极目标和现实利益矛盾与冲撞的时代，我们每个人越是要学会运用积极的品质而不给消极的情绪腾地方。
>
> 　　资料来源：刘翔平. 情绪的积极与灵活 [N]. 北京晚报，2006-07-14. 作者有所改动。

6.1.3　情绪和情感的生理机制

1. 情绪和情感的中枢机制

　　一系列的研究表明，情绪反应的特点在很大程度上取决于下丘脑、边缘系统以及脑干网状结构的功能，大脑皮层则对皮层下中枢的活动起调节作用。

　　1954 年，美国心理学家奥尔兹（Olds）和米尔纳（Milner）用"自我刺激"的方法，证明下丘脑存在"快乐中枢"。他们在老鼠的下丘脑背部埋下电极，另一端与一杠杆相连，此杠杆又与电源连接。按压杠杆，在埋入电极的脑部就会受到一个微弱的电刺激，并引起老鼠产生快乐和满足的体验。经过反复学习，老鼠形成了操作性条件反射。为了追求快乐，老鼠就不断地压杠杆，每小时可达 5 000 次，直到精疲力竭为止。如在老鼠的其他脑部位埋上电极，快乐效果不明显或根本不出现上述情况，有时还可能体验到痛苦。这时，老鼠就会按压截断电刺激的杠杆。这些部位就被称为"惩罚"或"痛苦"中枢（见图6-1）。

a)

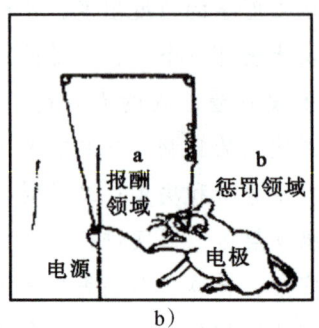
b)

图6-1 奥尔兹的实验

研究还表明，脑干的网状结构对情绪也有重要的激活作用。美国心理学家林斯利（Lindsley）于1951年提出了激活说，他认为网状结构的功能在于唤醒，它是情绪产生的必要条件。

2. 情绪和情感的机体表现

情绪情感的机体表现可分为内部和外部两大类。

（1）内部系统的变化。情绪情感的内部机体表现包括呼吸系统、循环系统、腺体以及皮肤电与脑电反应，它们都可以作为测查情绪、情感表现的指标之一。

1）呼吸系统的变化。人在平静时每分钟一般呼吸20次，愤怒时每分钟呼吸可达四五十次；突然惊恐时呼吸会暂时中断，狂喜或悲痛时，呼吸还会发生痉挛现象；笑时呼气快而吸气慢，呼吸的比率低至0.30，而惊讶时吸气则是呼气的两三倍；恐惧时，呼气与吸气的比率由平静状态下的0.70上升到3.00或4.00。

2）血液循环系统的变化。人恐惧或暴怒时，心跳加速、血压升高、血糖增加等。

3）腺体的变化。发生消极情绪时，消化腺的活动往往受到抑制。比如，焦虑、悲伤时，肠胃蠕动功能下降，食欲衰退。惊恐、愤怒时，唾液常常停止分泌，而感到口干舌燥。泪腺以及各种内分泌腺都会在情绪状态变化时发生一系列的变化。

4）皮肤电与脑电的变化。人在惊恐、困惑、紧张时，皮肤电的反应最显著。因为情绪状态中，血管的收缩和汗腺的变化会引起皮肤电阻的变化。因为汗液中有大量的钠元素，使导电性增强，电阻下降，电流就升高。此外，在不同情绪状态下，脑电波也会发生变化。

（2）外部表情的变化。伴随情绪情感状态，可以直接观察到人的外部表情的变化。它们主要表现在面部、身体姿态和言语声调等方面。

1）面部表情。面部表情最能表现一个人的情绪状态，它主要是通过眼、眉、嘴、脸部肌肉的变化表现人的各种情绪状态。比如，一个人高兴时，会眉飞色舞；气愤时，会怒目圆睁；惊讶时，会目瞪口呆；羞愧时，会面红耳赤。

心理学家汤姆金斯（Tomkins）研究认为，人存在八种情绪状态，并认为每种情绪都有相应的面部表情的模式（见表6-1）。

表 6-1　不同情绪的面部模式

情　绪	面　部　模　式
兴趣 - 兴奋	眉眼朝下、眼睛追踪着看、倾听
愉快	笑、嘴唇朝外朝上扩展、眼笑
惊奇	眼眉朝上、眨眼
悲痛	哭、眼眉拱起、嘴朝下、有泪有韵律地抽泣
恐惧	眼呆张、脸色苍白、脸出汗发抖、毛发竖立
羞愧 - 羞辱	眼朝下、头抬起
轻蔑 - 厌恶	冷笑、嘴唇朝上
愤怒	皱眉、咬紧牙关、眼睛变狭窄、面部发红

美国心理学家在1972年对六种面部表情的测定发现，不同国家的人对六种面部表情的判断具有很高的一致性（见表6-2），表明某些基本的或原始的情绪是全人类共通的。

表 6-2　各国文化与表情判断　　　　　　　　　　　　　　　　　　（%）

评判者	表情					
	愉快	厌恶	惊讶	悲伤	愤怒	恐惧
美国（92人）	97	92	95	84	67	85
巴西（40人）	95	97	87	69	90	67
智利（119人）	95	92	93	88	94	68
阿根廷（168人）	98	92	95	78	90	54
日本（29人）	100	90	100	62	90	68

注：表中数字为各国的人对表情判断一致的百分数。

2）身段表情。身段表情是指身体各部分的表情动作。比如，狂喜时"捧腹大笑"、恐惧时"紧缩双肩"、悔恨时"捶胸顿足"等表情都是身段表情。

3）手势表情。一般来说，手势和言语可以一起用来表示赞成或反对、喜欢或厌恶、接纳或拒绝。在无法用言语进行沟通的情况下，单凭手势，有时也可以在一定程度上达到情绪交流的目的。比如，振臂高呼、双手一摊、手舞足蹈等手势，可以分别表达人的激愤、无奈、高兴等。

4）言语表情。言语表情是指一个人通过语言的声调、速度、节奏等所表现出来的情绪。比如，高亢、急促、快速的语调往往表示激动、兴奋的情绪；低沉、缓慢的声调往往表示悲伤、惋惜的情绪等。

在消费场合中，销售人员可以通过识别消费者的面部表情、身段表情和手势表情来了解其当前的情绪状态。当然，销售人员的面部表情同样对消费者的情绪和购买行为有很大的影响。

6.1.4 情绪和情感理论

情绪体验同时伴有生理和心理两种过程,情绪的理论试图对这两个过程以及它们的关系做出系统的解释,因而产生了许多不同的观点,进而形成了各种情绪理论,由于篇幅有限,在这里仅介绍三种理论。

1. 詹姆斯–兰格情绪学说

在情绪的早期理论中,有代表性的是詹姆斯–兰格情绪学说。美国心理学家威廉·詹姆斯和丹麦生理学家卡尔·兰格(Carl Lange)于1884年和1885年分别提出了相似的情绪理论:情绪产生于植物性神经系统的活动。他们认为情绪是由机体的生理变化所引起的知觉总和。没有生理变化,就没有情绪体验。所不同的是兰格认为所有的情绪都是由内脏的变化引起的,而詹姆斯则认为大部分或主要的情绪是由内脏的变化引起的。

2. 唤醒理论

这种理论认为,情绪是唤醒、激活动机的一种持续状态,将情绪与动机相提并论。1961年美国心理学家扬(Yong)通过实验研究指出,情感过程与感知过程的不同就在于它产生动机作用并影响行为。他认为情感的作用主要有以下四个方面:①激活诱发行为;②维持并结束行为;③调整行为,决定其是否继续与发展;④组织行为,决定神经活动模型的形式。扬的理论着重强调情绪的动机作用,大量引用了唤醒概念,将情感看成愉快–不愉快两极之间的享乐序列,享乐程度不同其唤醒功能也不同,对行为施加了不同的影响。

虽然扬对情绪的动机作用给予了高度重视,但与其他心理学家不同的是,他更多地看到了情绪的破坏性。他认为情绪的唤醒作用干扰行为正常和有序地进行。扬在1961年出版的《动机与情绪》一书中写道:"当人们被周围情境(即情绪性地)激励到他的大脑控制减弱或失去的地步……那么,这个人就有了情绪。"扬的理论夸大了情绪的破坏性,忽视了情绪的适应性,因而受到了人们的质疑。

3. 情绪的认知理论

认知理论认为,情绪的发生受到环境事件、生理状态和认知过程三个因素的影响。其中认知过程是决定情绪性质的关键因素。

美国心理学家沙赫特(Schachter)和辛格(Singer)在20世纪60年代由一系列情绪实验的结果推论出与前人迥然不同的情绪认知理论,即三因素论。

这个理论的基本观点是:认知的参与以及认知对环境因素和生理唤醒的评价过程是情绪产生的机制。各种情绪状态的特征是交感神经系统以一定形式的普遍唤醒。人们通过环境的暗示和认知加工对这些状态进行一定的解释和分类。认知对刺激引起的一定的生理唤醒的引导与解释导致情绪的产生。

沙赫特和辛格通过一系列的实验反复强调,情绪状态实际上是认知过程、生理状态和环境因素共同作用的结果。大脑皮层将外界环境信息、内部生理变化信息以及经验、情境的认知信息整合起来，产生一定的情绪。图6-2是这一理论的模型，从中可以看出，沙赫特和辛格强调的认知比较器是情绪产生的核心。

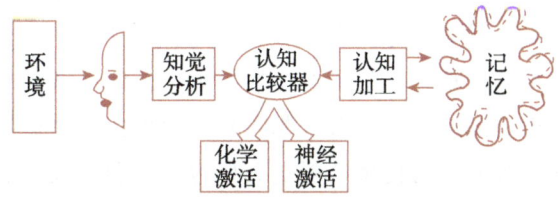

图 6-2　情绪唤醒的一个模型示意图

6.1.5　消费者情绪和情感的分类

1. 根据情绪发生的强度、速度、持续时间划分

根据情绪发生的强度、速度、持续时间的长短和稳定性方面的差异，可以将消费者情绪的表现形式划分为以下四种。

（1）心境。这是一种比较微弱、平静而持久的情感体验。它具有弥散性、持续性和感染性的特点。它在一定时期内会影响人的全部生活，使语言和行为都染上某种色彩。在消费活动中，良好的心境会提高消费者对商品、服务的满意程度，推动积极的购买行为；相反，不良的心境会使消费者对诸事感到厌烦，或拒绝购买任何商品，或专买用以排愁解闷的商品。

（2）激情。这是一种猛烈的、迅速爆发而持续短暂的情绪体验，如狂喜、暴怒、恐怖、绝望等。激情具有瞬息性、冲动性和不稳定性的特点。激情爆发时，伴有明显的外部表现，如咬牙切齿、面红耳赤、捶胸顿足等，有时还会出现痉挛性的动作或言语紊乱。消费者处于激情状态时，其心理活动和行为表现会出现失常现象，理解力下降，自控能力减弱，以致做出非理性的冲动式购买举动。

（3）热情。这是一种强有力的、稳定而深沉的情绪体验，如向往、热爱、嫉妒等。热情具有持续性、稳定性和行动性的特点，它能够控制人的思想和行为，推动人们为实现目标而长期不懈地坚持努力。

（4）挫折。这是一种在遇到障碍又无法排除时的情绪体验，如怨恨、懊丧、意志消沉等。挫折具有破坏性、感染性的特点。消费者处于挫折的情绪状态下，会对厂商的营销策略采取抵制态度，甚至迁怒于销售人员或采取破坏行动。

> **专栏6-2**　　　　　　　　　　　积极的情绪
>
> 传统社会的适应方式更加注重消极情绪的力量，消极情绪将我们的注意力集中到危险的来源上，并且动员我们准备战斗或逃离。消极情绪使我们为零收益型的游戏规则做好准备。在这种游戏规则中，只有胜方和败方，胜方所赢的量正好是败方所输的量，因此这

种交易没有产生纯收益，我们将它称作零收益游戏规则。消极情绪常常与自我防御的行为方式相伴。当消极情绪产生后，会限制一个人在当时的情景条件下瞬间的思想和行为反应指令，所以个体在此时只能产生由进化而形成的某些特定行为，比如逃跑、躲避等。现代富裕社会，积极的情绪更加具有重要作用，形成一个积极环境–积极情绪–积极行为的良性循环。积极情绪比如主观幸福感或满意感、感恩、乐观、兴奋等，告诉我们好事即将发生。积极情绪能扩大我们的视野，使我们能够对更广泛的自然环境和社会环境保持清晰的意识。这种开阔的注意范围使我们对新思想和新活动保持开放的心态，并且比平常更具有创造性。因此，积极情绪为我们提供了创造更好的关系和实现更强生产力的机会。

人具有超越消极情绪的力量，重要的是要有心理准备。

资料来源：刘翔平．成功是成功之母 [N]．北京晚报，2010-07-16．作者节选文中的一小部分。

2. 根据情绪表现的方向和强度划分

就情绪表现的方向和强度而言，消费者在购买过程中所形成的情绪，可以分成以下 3 种。

（1）积极情绪，如喜欢、满足、快乐等。积极情绪能增强消费者的购买欲求，促成购买行动早日实现。

（2）消极情绪，如厌烦、不满等。消极情绪会抑制消费者的购买欲望，阻碍购买行动的实现。

（3）双重情绪。许多情况下，消费者的情绪并不简单地表现为积极或消极两种，如满意–不满意、信任–不信任等，而经常表现为既喜欢又怀疑、基本满意又不完全称心等双重性。比如，消费者对所买商品非常喜爱，但价格偏高又感到有些遗憾。有时候双重情绪的产生，是由于消费者的情绪体验主要来自商品和售货员两个方面。当二者引起的情绪反应不一致时，就会出现两种相反情绪并存的现象。

3. 根据情感的社会内容划分

（1）道德感。这是人们根据一定的道德标准，评价自己和别人的言行、思想、意图时产生的情感体验。在购买活动中，消费者总是按照自己所掌握的道德标准，来决定自己的消费标准，挑选商品的造型、颜色。同时，如果消费者挑选或购买商品时，受到销售人员的热情接待，就会产生赞赏感、信任感和满足感等属于道德感的肯定情感，并以愉快、欣喜、兴奋等情绪形态反映出来。

（2）理智感。这是人的求知欲望是否得到满足而产生的高级情感。消费者的理智感是在认识商品的过程中产生的。比如，某些消费者对新型的、科技含量较高的商品，往往不能做出正确的评价，下不了购买决心，就会产生犹豫感，表现出疑虑的情绪色彩。

（3）审美感。这是人根据美的需要，对一定客观事物进行评价所产生的心理体验。审美感是由一定的对象引起的，包括自然界的事物和现象、社会生活、社会现象及各种艺术活动、艺术品等。

> **专栏6-3　　　　　　　以情绪共鸣促进买卖双赢**
>
> 在服务上细致入微，在产品设计上别出心裁，商家的这些努力，为消费者带来了良好的情绪体验，提升了产品和服务的价值。
>
> 前段时间，笔者和朋友到一家餐馆吃饭。等餐过程中，餐馆为每位顾客免费提供了一份零食——零食里附带着一张精致的纸条，上面写着一句温馨寄语。朋友看后边分享寄语，边夸商家花了心思。
>
> 在日常消费中，类似的场景还有不少。一些家电品牌推出的造型可爱、颜值又高的萌系产品以温情的陪伴感吸引了许多年轻消费者买单。有消费者评价："这么萌的小家电，光看着就很开心。"
>
> 在服务上细致入微，在产品设计上别出心裁，是商家为留住客源、促进消费做出的努力。往更深层次看，这些用心之处都为消费者带来了良好的情绪体验，提升了产品和服务的价值。
>
> 近些年，产品和服务的情绪价值正日益凸显。一方面，随着我国经济社会不断发展，产品和服务供给更加充裕，功能价值出现了一定程度的同质化现象，在消费者决策时所发挥的作用逐渐下降。另一方面，城乡居民生活水平日益改善，消费需求也在不断升级。消费者除了看重商品的数量与质量，也更加关注商品提供的情绪体验。
>
> 在这一背景下，情绪价值成为消费者买单背后不可忽视的重要力量。对消费者而言，面对功能价值类似的产品和服务，最终选择的往往是与自己情绪更契合、更能引发共鸣的那个。对商家而言，在提供优质产品和服务的基础上，如果能找准情绪发力点，调动消费者情绪引发共鸣，将更容易在激烈的竞争中脱颖而出。无论是能勾起"80后"童年回忆的怀旧玩具，还是令年轻消费者更有探索欲的新型书店，其实都是商家在情绪资源上挖掘价值，寻找到满足消费者情绪需求的成功实践案例。这也促使更多商家在细节上下功夫，理性分析消费者的心理需求，充分发掘情绪资源的价值，营造大众喜闻乐见的消费场景，提供更贴心、更暖心的情绪体验，在良性互动中不断提升产品和服务的竞争力。毕竟，谁不喜欢更懂自己心情的商家呢？
>
> 资料来源：韩春瑶.以情绪共鸣促进买卖双方共赢[N].人民日报，2022-02-23（10）.

6.1.6　情绪和情感与消费者行为

1. 影响消费者情绪情感变化的因素

在现实的消费活动中，消费者情绪的产生和变化主要受下列因素影响。

（1）消费者的心理状态背景。消费者生活的遭遇、事业的成败、家庭境况等现实状况，对消费者的情绪过程有着重要的影响，从而影响他的购买决策过程。

（2）消费者不同的个性特征。消费者的个性特征主要包括：个人的气质类型、性格特征和选购能力。这些个人的个性特征也会影响消费者购买活动的情绪体验。比如，某消费者选购能力差，在众多的商品中就会感到手足无措，这时候，麻烦的情绪袭上心头，就会产生放弃购买的心理。

（3）商品特性的影响。人的情绪和情感总是针对一定的事物而产生的。消费者的情绪首先是由于他的消费需要能否被满足所引起和产生的，而消费需要的满足是要借助于商品实现的。所以，影响消费者情绪的重要因素之一，是商品的各方面属性能否满足消费者的需要，具体表现如下。

1）商品命名中的情感效用上，企业给商品取一个具有独特情绪色彩的名称，符合消费者某方面的需要，容易激起他的购买欲望。比如，白玉牌牙膏、乐口福麦乳精等，符合我国消费者图吉利的思想，很容易被消费者所接受。

2）商品包装中的情绪效果上，消费者选购商品时，首先看到的是商品的包装，包装对消费者购买商品起到很大的作用，影响他的购买意愿。比如，可口可乐俏皮的包装设计（见图6-3）。外包装上写着"你算老几"（左图），当喝完可乐就会看见答案"我的知己"（右图）。

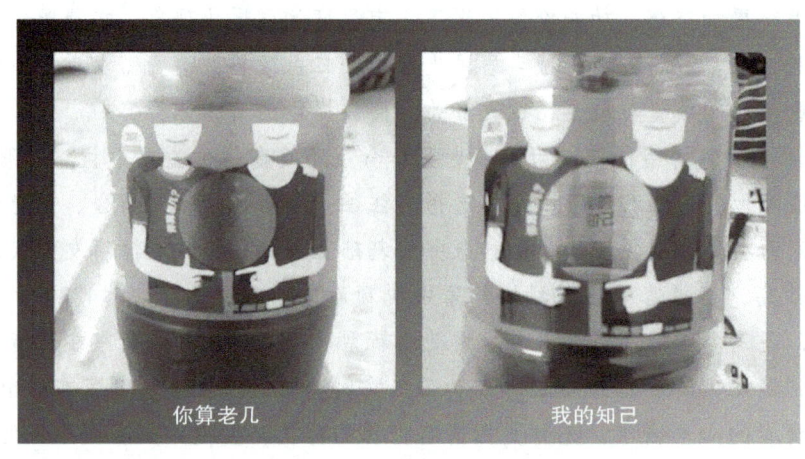

图6-3　可口可乐俏皮的包装设计

（4）购物环境的影响。在前面已经谈到，心理学认为，情绪不是自发的，它是由环境中多种刺激引起的，从消费者购买活动来分析，直接刺激消费者感官，引起其情绪变化的主要有购物现场的设施、照明、温度、声响以及销售人员的精神风貌等因素。购物现场如果宽敞、明亮、整洁、整体环境优雅、售货员服务周到热情，会引起消费者愉快、舒畅、积极的情绪体验，反之，会引起消费者厌烦、气愤的情绪体验。

2. 冲动性购买行为受情绪的影响

冲动性购买行为是一种突然发生的、具有一定强迫性的、享乐主义的复杂购买行为。在这种行为中，购物决策行为的快速性妨碍了消费者对各种信息和可替代的选择进行深思熟虑的考虑。

在日常生活中，消费者做出冲动性购买行为是非常普遍的，因此引起了企业和学术界的高度重视。通过实证研究，情绪与冲动性购买行为之间的关系大体可以划分为三个方面：

1）冲动性购买过程中伴随着情绪体验，包括购买前感受到的强烈冲动感觉，购物时所带来的兴奋感、愉悦感以及满足、高亢的情绪。

2）冲动性购买者的情绪与其他消费者不同。冲动性购买者通常比较情绪化，他们享受逛街浏览的乐趣，突然很想购买物品时会自然而然地购买物品，而且通常都是在情绪高昂的情况下购物。在情绪被激起时就购物，容易出现比预期购买得还多的现象。

3）情绪是引发冲动性购买的潜在内部刺激。冲动性购买通常是因为消费者看到产品，或者是受到情境中各种客体的刺激，而对产品产生一种极为强烈的积极感觉，这种积极感觉使消费者产生想要购买的欲望，并进而导致购买的发生。

6.2 消费者的意志心理过程

消费者的心理活动并不只限于对商品和服务的认识过程以及产生一定的情感体验，而且更主要的是要有计划地实施购买决策。为保证消费者不受干扰努力去实现预定的购买目标，而采取的一系列心理活动，就是消费者的意志心理过程。

6.2.1 意志心理过程的含义

消费者在购买活动中有目的、自觉地支配和调节自己的行动，努力克服各种困难，从而实现既定购买目的的心理过程，就是消费者的意志心理过程。

如果说消费者对商品认识活动是由外部刺激向内在意识转化，那么，消费者对商品的意志活动就是由内在意识向外部行动的转化。消费者的意志心理过程同认识过程、情感过程一样，是消费者心理活动不可缺少的组成部分。

6.2.2 消费者意志心理过程的基本特征

（1）有明确的购买目的。消费者在购买过程中的意志活动是以明确的购买目的为基础的。因此，在有目的的购买行为中，消费者的意志活动体现得最为明显。通常为满足自身的特定需要，消费者经过思考预先确定了购买目标，然后自觉地、有计划地按购买目的去支配和调节购买行动。

（2）与排除干扰和克服困难相联系。现实生活中，消费者为达到既定目的而需要排除的干扰和克服的困难是多方面的。比如，时尚与个人情趣的差异、支付能力有限与商品价格昂贵的矛盾、售货员的怠慢和服务质量差所造成的障碍、申请消费信贷与贷款利息高的矛盾等。这就需要消费者在购买活动中，既要排除思想方面的矛盾、冲突和干扰，又要克服外部社会条件方面的困难。所以，在购买目的确定后，为达到既定目的，消费者还需做出一定的意志努力。

（3）调节购买行动的全过程。意志对行动的调节，包括发动行为和制止行为两个方面。前者表现为激发起积极的情绪，推动消费者为达到既定目的而采取一系列行动；后者则抑制消极的情绪，制止与达到既定目的相矛盾的行动。这两方面的统一作用，使消费者得以控制购买行为发生、发展和结束的全过程。

6.2.3 消费者意志心理过程分析

尽管消费者的意志心理过程具有明确的购买目的和调节购买行为全过程的特征，但这些特征总是在意志行动的具体过程中表现出来的。通常，消费者意志心理过程可以分为三个行动阶段。

（1）做出购买决定阶段。这是消费者购买活动的初始阶段。这一阶段包括购买动机的取舍、购买目的的确定、购买方式的选择和购买计划的制订，实际上是购买前的准备阶段。消费者从自身需求出发，根据自己的支付能力和商品供应情况，分清主次、轻重、缓急，做出各项决定，即是否购买和购买的顺序等。

（2）执行购买决定阶段。在这一阶段，购买决定转化为实际的购买行动，消费者通过一定的方式和渠道购买到自己所需的商品或服务。当然，这一转化过程在现实生活中不会是很顺利的，往往会遇到一些障碍需要加以排除。所以，执行购买决定是消费者意志活动的中心环节。

（3）体验执行效果阶段。完成购买行为后，消费者的意志心理过程并未结束。通过对商品的使用，消费者还要体验执行购买决定的效果，如商品的性能是否良好，使用是否方便，外观与使用环境是否协调，实际效果与预期是否接近，等等。在上述体验的基础上，消费者将评价购买这一商品的行动是否明智。这种对购买决策的检验和反省，对今后的购买行为有重要意义，它将决定消费者今后是重复购买还是拒绝购买、是扩大购买还是缩小购买该商品。

在上述阶段的基础上，消费者完成了从认识到情绪到意志的整个心理活动过程。

本章小结

情绪或情感是人们对客观事物是否符合自己的需要时所产生的一种主观体验。

情绪一般与生理的需要和较低级的心理过程（感觉、知觉）相联系；而情感是与人们的社会性需要和意识紧密联系的内心体验，包括道德感、理智感和审美感等。

情绪和情感都有两极性。本章在介绍了情绪和情感的生理机制、情绪和情感理论之后，讨论了消费者情绪和情感的分类。在此基础上比较详细地阐述了情绪和情感与消费者行为，包括影响消费者情绪和情感变化的因素，以及冲动性购买行为受情绪的影响。

消费者在购买活动中有目的、自觉地支配和调节自己的行动，努力克服各种困难，从而实现既定购买目的的心理过程，就是消费者的意志心理过程。

消费者意志心理过程有三个基本特征，消费者意志心理过程可以分为做出购买决定阶段、执行购买决定阶段和体验执行效果阶段。

复习思考题

1. 什么是情绪与情感？它们之间有哪些区别与联系？
2. 情绪和情感有哪些特性？了解这些特性对营销人员分析消费者行为有什么作用？
3. 简述情绪和情感的机体表现。
4. 简述主要的情绪和情感理论。
5. 影响消费者情绪变化的因素有哪些？
6. 试就某一产品的成功销售分析消费者的情绪与情感心理过程的变化。
7. 意志过程有哪些基本特性？
8. 消费者意志行动过程分为哪几个阶段？

实践活动

1. 去商店观察，商店内外环境中哪些因素会影响顾客的情绪？
2. 运用情绪原理为某个儿童玩具设计一则广告。
3. 运用情绪原理为天猫、淘宝、京东商城、亚马逊等电商平台设计"6·18""双11"或"双12"促销活动。
4. 到房屋中介机构了解购房者或租房者的决策过程，重点了解意志过程。

案例选编

B 站与用户的情感触动

1. 了解 B 站

哔哩哔哩（bilibili）于 2009 年 6 月 26 日创建，被粉丝们亲切地称为"B 站"。

B 站早期是一个动画、漫画和游戏内容创作与分享的小众社区视频网站，可以说是完全的二次元视频网站。然而，由于受众人群种类不断增加，再加上动漫版权 B 站的监管越来越严格，受抖音、快手等其他视频软件的冲击，从 2016 年开始 B 站越来越朝着泛娱乐扩展，将自身从一个小众的 ACG 视频网站转型为 Z 世代年轻人的潮流文化社区。2018 年 3 月 28 日，B 站在美国纳斯达克上市。2021 年 3 月 29 日，B 站正式在香港二次上市。

2. B 站与用户的情绪体验

B 站是通过多元化经营与用户进行情绪交流的，在这里仅举几个实例。

（1）满足不同用户群体的需要

在创站初期，B 站只有动画、游戏、音乐、新番、娱乐及合集六个板块，而 B 站的目标客户是特立独行、孤傲和标签化的 Z 世代消费者。为了丰富二次元的内容，满足二次元用户不断丰富的喜好，B 站新增了鬼畜、创新等专区。2020 年 5 月，B 站推出了引起热议的宣传视频《后浪》（见图 6-4），之后打出"你感兴趣的视频，都在 B 站"的宣传口号，扩展了视频种类，如新增了科技、生活和时尚等专区。经过 B 站的不断运营与推广，到 2021 年底，B 站会员用户达到了 8 000 万人。

图 6-4　何冰朗诵《后浪》

（2）弹幕模式增进用户互相交流

B 站的 ACG 模式使产品本身自带社交属性，用户端发布动漫视频不仅仅能吸引用户，还可以互相讨论交流，年轻人非常喜欢这种情感交流的形式，通过弹幕，让观众不再是简单地看视频，而是能让观众互相讨论。比如，2021 年是一个个人与国家、社会格外同频共振的一年，河南遭遇特大暴雨洪灾时，媒体接力报道最新消息。当看到人民子弟兵英勇无畏的身影，看到受灾群众守望相助，看到爱心人士无私伸出援手时，网友发出一条条"破防了"的弹幕。再比如，当用户通过 B 站网络直播，观看庆祝中国共产党成立 100 周年大会时，用弹幕的方式表达了最充沛、丰富的情感，很多画面总能让人"破防"。

（3）在 B 站魔力赏买手办

魔力赏是 B 站在会员购版块推出的一款花钱抽奖游戏，而手办来源于日语词汇，主要是指经过涂装等工序后制成的人物模型。在 B 站用户看来，魔力赏会保证手办为正品，因为会员购与 B 站内众多正版 IP 达成合作，为手办正版授权保障打下基础。对于手办爱好者来说，他们喜欢的不仅仅是精美的模型，更重要的是模型背后的人物，手办更像是虚拟人物的具现化，有了手办，就像是有了虚拟人物的陪伴，或给人以鼓舞、或给人以激情、或给人以治愈，这就是手办独一无二的魅力。另外，不少用户认为，魔力赏的玩法是吸引他们的关键。比如，在小 K 眼中，在接触魔力赏之前，她从来没有想过购物会变得这么有趣，"之前我在线上买东西，都是浏览一会儿然后就下单，或者看别人的种草。之后，我发现魔力赏中竟然可以通过许愿来获得商品时，别提有多惊喜了，而且我还可以去挑战大魔王，真的很酷。"

正因为在产品质量和模式玩法上共同发力，让用户在好玩中邂逅好物，魔力赏才能获得越来越多年轻人的喜爱，成为他们手办消费的不二选择。未来，B 站魔力赏将继续创新内容模式，给用户带来更多别出心裁的消费体验。

（4）从动漫剪辑到赛事直播

最近几年 B 站开始涉足体育赛事板块，2021 年 B 站体育类型的视频慢慢多了起来。东京奥运会期间，中央广播电视总台拿到了奥运会电视直播的版权，而网络直播版权又被咪咕视频拿走，但是这难不倒 B 站的 up 主，他们不仅在电影、电视剧和动漫能做出吸引人的剪辑，体育比赛也一样。东京奥运会结束之后剪辑的中国代表团夺金时刻，让 B 站的老粉丝和关注奥运会的人看完之后情绪高涨、热血沸腾。

面对"90 后"和"00 后"这些年轻的体育粉丝，B 站意识到仅仅做体育比赛的剪辑和视频还是不够的，最重要的还是做比赛的直播，于是 B 站另辟蹊径买下了英格兰足总杯的版权。

2020 年 8 月，B 站拿下英雄联盟全球赛事独家直播权。在 S 赛举办期间，B 站制作并上线第二直播厅、赛事点评等独家系列栏目，部分节目 24 小时不间断播出。英雄联盟知名职业选手 UZI 及前职业选手 learlove 等多名嘉宾参与独家栏目。

此外，在英雄联盟全球总决赛十周年之际，B 站和拳头游戏中国也以电竞为核心主题，从观赛、粉丝互动、沉浸式体验等层面联合独家打造线下庆典，为观众带来丰富的互动机会和电竞节日体验。

仔细阅读本文，回答下列问题：

1. 结合本案例分析 B 站的不同产品是从哪些方面与消费者产生情感共鸣的？
2. B 站的用户属于哪一类群体，当前这个消费群体有些什么特点？
3. 结合本文及收集到的信息，简述 B 站成功的原因。

第 7 章
消费者的个性、自我概念与生活方式

由于每一个消费者的先天素质和后天环境影响不同，因此，心理活动在每个人身上总是带有个人的特征，从而形成了消费者不同的个性。自我概念是自己对自身的情感和看法，是隐藏在个体内心深处的心理结构。生活方式是一个人自我概念的外在表现，是消费者个体如何生活的问题。在多数情况下，一个人所选择的生活方式，在很大程度上受他的个性特征和自我意识的影响。

7.1 消费者的个性特征

7.1.1 个性的含义

"个性"一词是由拉丁文 persona 而来，原指演员演戏时所戴的假面具，后指演员自身和他所扮演的角色。心理学和行为学把这一概念借用过来，把个体在人生舞台上扮演角色的外在行为和心理特质都称为个性。个性主要是指一个人的整个心理面貌，是个人心理活动稳定的心理倾向和心理特征的总和。个性心理包括个性倾向性和个性心理特征两个方面。

1. 个性倾向性

个性倾向性是指人在与客观现实交互作用的过程中，对事物所持有的看法、态度和意识倾向，具体包括需要、动机、兴趣、爱好、态度、理想、信念和价值观等。个性倾向性体现了人对社会环境的态度和行为的积极特征，对消费者心理的影响主要表现在心理活动的选择性、对消费的态度体验和消费行为模式上。

2. 个性心理特征

个性心理特征是指区别于他人、在不同环境中表现出一贯的、稳定的行为模式的心理特征，主要包括气质、性格和能力，是多种心理特征的独特组合，集中反映了人的心理面貌的差异。比如，在行为方面，有的人活泼好动，有的人沉默寡言，有的人热情友善，有的人冷漠无情，这些都是气质和性格方面的差异。在能力方面，有的人有绘画方面的才能，有的人有数学才能，有的人有音乐方面的才能，这是能力方面的差异。

由于个性倾向性中所包括的需要、动机、态度等分别在不同章中有所论述，在本章中主要论述消费者的个性心理特征。

7.1.2 个性的特征

在市场营销中，企业确认消费者具体的个性倾向和个性心理特征有利于企业制定有效的市场细分策略和营销组合策略，但在应用过程中应当十分注意消费者个性的如下特征。

（1）稳定性是指消费者经常表现出来的、表明消费者个人精神面貌的心理倾向和心理特征。偶然的行为和心理不能体现个性。比如，一个比较理智的消费者偶然表现出冲动的购买行为，不能算作他就是冲动型的购买者。

（2）整体性是指消费者主体的各种个性倾向和个性心理特征以及心理活动过程都是相互协调、有机联系在一起的。比如，消费者的气质是多血质，其性格往往表现为开朗善谈、精力充沛，其应变能力、交际能力和活动能力都比较强。

（3）独特性是指不同消费者主体所体现的，由一般心理活动和独特的个性倾向，以及个性心理特征组成的各自独有的精神面貌。正是这些独具的精神面貌，使不同消费者的个性带有明显的差异性。

（4）可塑性是指消费者个性的稳定性是相对的。随着环境的变化、年龄的增长和消费实践活动的改变，个性也是可以改变的。

7.1.3 消费者的气质特征

1. 气质的含义

日常人们所说的气质，常常是指一个人的风格、风度或某种职业上所具有的非凡特点。而心理学中的气质是指一个人在心理活动和行为方式上表现的强度、速度、稳定性和灵活性等动态方面的心理特点。简单地说，气质是心理活动的动力特征，包括三个方面：一是心理过程的速度和稳定性（如知觉快慢、思维是否灵活、对事物注意时间长短）；二是心理过程的强度（如情绪的强弱、意志努力的程度）；三是心理活动的指向性（是倾向于外部事物，从外界获得新的印象，还是倾向于内部，经常体验自己的情绪，分析自己的思想和印象），人们的气质不同就表现在这些心理活动的动力特征的差异上。

气质受神经系统活动过程的特性制约，因此，人的气质差异主要由先天特性决定。有的心理学家甚至认为，人的气质在胚胎形成时就已经具备了。因此，每个新生婴儿降临时已经表现出气质特征的差异。个人的气质不受个人活动的目的、动机和内容的影响。

2. 气质学说与类型

（1）气质的体液说。公元前5世纪，古希腊著名医生希波克拉底（Hippocrates）探索人的机体特征和疾病的成因，提出了"体液说"。他认为复杂的人体是由血液、黄胆汁、黏液和黑胆汁这4种体液组成的，4种体液在人体内的比例不同，形成了不同的气质。在体液的混合比例中黄胆汁占优势的人属于胆汁质；血液占优势的人属于多血质；黏液占优势的人属于黏液质；黑胆汁占优势的人属于抑郁质。这4种气质的表现如下。

1）胆汁质：直率、热情、精力旺盛、情绪易于冲动、心境变化剧烈、脾气暴躁。

2）多血质：活泼、好动、敏感、反应迅速，喜欢与人交往，注意力容易转移，兴趣广泛但不持久，情绪变化快。

3）黏液质：安静、稳重、反应缓慢，沉默寡言，善于克制忍耐，情绪不易外露，注意力稳定，惰性较强。

4）抑郁质：孤僻、行动迟缓、情绪体验深刻，善于细心觉察别人不易觉察的事物和人际关系，敏感多疑。

希波克拉底根据人的体液所占的成分划分人的气质类型是缺乏科学依据的，但因为表述通俗，一直沿用至今。

（2）气质的高级神经类型说。苏联生理学家、心理学家巴甫洛夫在实验的基础上，根据对高级神经活动类型与规律的研究，提出了气质的高级神经类型说。他发现人的高级神经活动过程有三个基本特征，即强度、平衡性和灵活性。根据这3个特征，巴甫洛夫把高级神经活动的类型分为4种。

1）强而不平衡型。这种类型的特点是兴奋过程强于抑制过程。这是一种易兴奋、奔放不羁的类型，也称"兴奋型"。

2）强而平衡的灵活型。这种类型的特点是反应灵敏，外表活泼，能很快适应迅速变化的外界环境，也称"活泼型"。

3）强而平衡的不灵活型。这种类型的人神经活动过程平衡，强度高但灵活性较低，反应较慢且深沉，不易受环境因素的影响，是一种坚毅而行动迟缓的类型，也称"安静型"。

4）弱而不平衡型。这种类型的人表现为兴奋和抑制过程都很弱，条件反射形成很慢，难以接受较强刺激，兴奋速度较慢，是一种胆小而容易受伤的类型。在遇到困难的工作任务时，正常的高级神经活动易受破坏而产生神经症，也称"抑制型"。

人们通常把高级神经类型说和体液说的研究结合起来，即以体液说作为气质类型的基本形式，而以高级神经类型说作为气质类型的生理学依据。这样一来，高级神经类型说与传统的体液说对应的关系是：兴奋型对应胆汁质；活泼型对应多血质；安静型对应黏液质；抑制型对应抑郁质。

3. 消费者购买行为中的气质表现

气质给个体行为染上个人独特的色彩,没有好坏之分也没有评价的意义。但是各种气质类型又都既有积极的一面,也有消极的一面。

从消费者气质类型看,由于气质类型不同,他们的消费行为表现出特有的活动方式和行为特点。

(1) 胆汁质的消费者在购物中喜欢标新立异,追求新款奇特、具有刺激性的流行商品。他们一旦感到需要,就很快产生购买动机并干脆利落地迅速成交。但又往往不善于比较,缺乏深思熟虑。如果遇到营业员怠慢,也会激起他们烦躁的情绪和激烈的反应,体现出冲动型的购买行为特点。

(2) 多血质的消费者善于交际,有较强的灵活性,能从较多的渠道得到商品信息。这类消费者对购物环境甚至陌生人有较强的适应能力,因而在购物时观察敏锐,反应迅速,易于与售货员进行沟通。但有时其兴趣与目标往往因为可选择的商品过多而容易转移或一时不能取舍,行为中常带有浓厚的感情色彩,兴趣常发生变化,体现出想象型和不定型的购买行为特点。

(3) 黏液质的消费者在购物中比较谨慎、细致、认真。他们大都比较冷静,不易受广告宣传、商标、包装等干扰,很少受他人的影响,喜欢通过自己的观察、比较做出购买决定。对自己熟悉的商品会积极购买,并持续一段时间,对新商品往往持审慎态度,体现出理智型的购买行为特点。

(4) 抑郁质的消费者在购物中往往考虑比较周到,对周围的事物很敏感,能够观察别人不易察觉的细枝末节。其购物行为拘谨,拖泥带水,谋而不断,一方面表现出缺乏购物主动性,另一方面对他人的介绍不感兴趣或多疑不信任,体现出谨慎型、敏感型的购买行为特点。

气质对消费者购买行为的影响主要是通过上述气质类型表现出来的。当然在现实生活中,由于消费者受环境因素的影响,属于典型气质类型的人很少,多数人是属于混合型的。但是作为营销工作者,学会根据消费者在购买活动中的行为表现,发现和识别消费者在气质方面的特点,有针对性地进行销售服务,这样可以更好地满足消费者的需求,保证营销工作的有效性。

专栏7-1   **性格与个人成败**

1. 血型与性格

常听到血型影响性格,如 O 型开朗、A 型偏激、B 型激进之类,"血型性格"说是否有根据呢?

专家认为,虽然具体结论仍有待证实,但血型对性格肯定有着一定程度的影响,因为这是生命科学的一部分。在心理医学上可以认同一种叫作"A 型"的性格,表现为比较好动、率性、进取、爱表现、爱说话。但这里说的 A 型并非指血型,而是医药上用来对比的名称，它的相对性格是"B型"，就比较冷静、不好争辩，也比较内敛。心理医学上所指的A或B，是方便来做相对分类，不是血型。血型影响性格，目前还没有确切根据。

2. 遗传与性格

性格和遗传基因极有关系。性格在很多时候都有父母的部分遗传，遗传部分占有40%，一般称为孩子的天性。性格另外的60%则受生活环境、宗教信仰、教育程度、智商，还有父母教育模式的影响。

3. 双重的性格

常听说双重性格，甚至多重性格。好些电影还利用多重性格来做戏剧化题材，然而，双重或多重是一种混合，还是一种分裂？

人在性格形成后，都会有真我一面和面具一面，这情形其实很普遍。面具那部分的形成常因为沟通的需要，也因为"被要求"的关系。有被工作要求的，有被父母希望要求的，除此之外还有特殊要求的因素。

假如"真我"和"面具"能够理性地平衡，那么问题不大。但要是"真我"与"面具"矛盾太大了，思维与举动之间常会陷于混乱，那也许就导致显著的分裂、不稳定、犹豫善变，人生就难有成功。

4. 天生的性格

社会上存在着许多不同性格的人，到底有没有天生赢家的性格，有没有天生的失败者？当然，不是人人都能成功，比率是2∶8。有两个成功的人，就有八个人做陪衬。不过，就算天生比较消极的性格，也可以通过后天培养得到改善。人无完人，性格本身并无好坏优劣。没有完美的个人，但可以有完美的团队，社会上的各种性格可以互补。团队成功了，个人属于一分子，也一起成功。个人能否成功，首先要了解自己的性格类型擅长什么或不擅长什么。其实，没有天生胜者或失败者的性格，环境和教育才是决定性条件。

5. 区域的性格

既然个人能有自己的性格，从广义上说，某一地区的大环境里，有没有属于自己的显著的性格特征？应当说，各区域人民还是有一定程度的区域性格，文化在性格影响上也占有重要位置，所以世界上不同的民族都有自己的特点。

资料来源：健康人生，环球时报，2002-08-29。

7.1.4 消费者的性格特征

1. 性格的含义

"性格"二字的希腊文原意有"刻印""特色""标志"的含意。在现代心理学中，性格是人对现实的稳定的态度和习惯化的行为方式。性格是个性心理特征中最重要的方面，它通过人对事物的倾向性态度、意志、活动、言语、外貌等方面表现出来，是人的主要个性特点即心理风格的集中表现。

影响一个人性格形成的因素包括基因遗传因素、成长期发育因素以及社会环境因素。可以说，它既有来自先天自身的因素，也有来自环境的因素。从这个角度分析，一个人的性格是可以改变的，但往往需要经历一个漫长的从量变到质变的过程。

2. 性格与气质的关系

性格和气质既有区别又有联系。气质是个人心理活动稳定的动力特征，它主要体现神经类型的自然表现。性格是气质的后天发展和改造，它主要是在社会生活实践的过程中形成的。气质和性格又是互相制约的。气质可以按照自己的动力方式，给性格染上独特的色彩。在购买活动中，同是认真的性格，多血质的消费者挑选商品时动作干脆利索，情感溢于言表；黏液质的消费者挑选商品时却是默默无言，动作缓慢。所以，有不同气质类型的人，可以形成同样的性格特征；而相同气质类型的人，又可以带有同样的动力色彩而性格各异。气质还影响性格特征形成和发展的速度。反过来，性格一经形成可以在一定程度上掩盖或改造气质，使它服从于生活实践的要求。

3. 性格的特征

性格是十分复杂的心理构成物，它由各种不同的性格特征所组成。性格特征就是指性格各个不同方面的特征。主要有四个方面。

（1）性格的态度特征，即表现个人对现实态度的倾向性特点，以及如何处理社会各方面关系的性格特征。例如，对社会、集体、他人的态度；对劳动、工作、学习的态度；对自己的态度等。

（2）性格的意志特征，即表现个人自觉控制自己的行为及行为努力程度方面的特征。例如，是否具有明确的行为目标；能否自觉调适和控制自身行为；在意志行动中表现出的是独立性还是依赖性；是主动性还是被动性；是否坚定、顽强、忍耐、持久等。

（3）性格的情绪特征，即表现个人受情绪影响或控制情绪程度状态的特点。例如，个人受情绪感染和支配的程度；情绪受意志控制的程度；情绪反应的强弱、快慢；情绪起伏波动的程度；主导心境的性质等。

（4）性格的认知特征，即表现认识心理过程中的个体差异的性格特征。它一般表现在感知、记忆、思维和想象四个方面。例如，在感知方面，是主动观察型还是被动感知型；在思维方式方面，是具体罗列型还是抽象概括型；在想象力方面，是丰富型还是贫乏型等。

4. 关于性格类型的理论

性格的类型是指在一类人身上所共有的性格特征的独特结合。曾经有许多心理学家尝试从不同角度对人的性格类型进行划分，这些理论和分类方法对研究消费者的性格类型具有重要的指导意义和借鉴作用。比较主要的学说有以下几种。

（1）机能类型说。这是英国的培因（Bain）和法国的李波特（Ribot）提出的分类法。这种学说主张根据理智、情绪、意志三种心理机能在性格结构中所占的优势地位来确定性格类型。理智型的特点是以理智衡量一切，并且以理智支配行为；情绪型的特点是情绪体验深刻、丰富，言谈举止易受情绪的影响；意志型的特点是行动具有明确目标，表现主动、积极、果断。除了这三种类型外，还可划分为一些中间的类型，比如理智 – 意志型等。

（2）向性说。这是瑞士著名的心理学家荣格（Jung）提出来的分类方法。向性说是按个体心理活动倾向于外部或内部来确定性格类型。外倾型人的心理活动倾向于外部世界，注意和兴趣较集中于外界事物，比较开朗、活泼、直爽，善于交际；内倾型人的心理活动倾向于内部，注意和兴趣较集中在内心世界，表现沉静、富于想象，比较孤僻。但实际生活中大多数人的性格均属于中间型。

（3）独立 – 顺从说。这是奥地利心理学家阿德勒（Adler）从精神分析观点出发，把人的性格分成了优越型和自卑型两种。之后，一些心理学家在此基础上提出按照个体独立性程度来划分的方法，即把人的性格分为独立型和顺从型两种。独立型的人善于独立地发现问题和解决问题，遇事沉着冷静、有主见，不易受外界环境影响，能独立发挥自己的力量，喜欢把自己的意志强加于人；顺从型的人独立性差，易受暗示，没有主见，自己行为易受他人左右，在紧急困难情况下表现惊慌失措。

（4）五分法说。近年来，性格五分法作为一种新的分类方法，在国际上引起重视并逐渐流行开来。这种分类把性格分为如下五种类型。

A 型：情绪不稳定，社会适应性差，急躁。

B 型：情绪和社会适应性较均衡，主观能动性稍差，交际能力弱，智力平常，体力、精力、能力、毅力中平。

C 型：情绪稳定，社会适应性强，常处于主动状态。

D 型：情绪稳定，社会适应性平均，和周围人关系好，有组织领导能力，积极主动。

E 型：有独立爱好兴趣，情绪不稳定，社会适应性差或一般化，善于独立思考、钻研，不善交际。

5. 典型的消费者性格类型

消费者性格是指消费者在对待客观事物的态度和社会行为方式中所表现出的较为稳定的心理特征。消费者千差万别的性格特点，往往表现在他们对消费活动中各种事物的态度和习惯化的购买行为方式上，从而构成典型的消费者性格。

从消费态度方面看，消费者的性格有以下几种典型类型。

（1）节俭型。此类消费者消费态度勤俭节约，朴实无华，生活方式简单。他们选择商品的标准是实用，不追求外观，不图名声；容易接受说明商品内在质量的广告；购买过程中不喜欢售货员人为赋予商品过多的象征意义，买商品比较现实。

（2）自由型。此类消费者消费态度浪漫，生活方式比较随便；选择商品标准多样，比较注重商品的外观；有时也受销售宣传的诱导，联想丰富，与售货员接触时态度比较随便，能接受售货员的推荐和介绍，但不会依赖售货员的意见和建议，一般有较强的购买技巧。

（3）保守型。此类消费者消费态度严谨、固执，生活方式刻板，喜欢遵循传统消费习惯，对有关新产品的市场信息抱怀疑态度，有意无意地进行抵制，信奉传统商品，有时消费情绪悲观。

（4）傲慢型。此类消费者消费态度傲慢，往往具有某种特殊的生活方式或思维方式。选购商品时往往不能忍受别人的意见、建议，有时会向售货员提出一些令人不解的问题和难以满足的要求，自尊心强而且过于敏感，消费情绪不是十分稳定。

（5）顺应型。此类消费者消费态度随和，生活方式大众化。平时他们一般不购买标新立异的商品，但是也不固守传统，其行为受相关群体影响较大，和与自己相仿的消费者群体保持比较一致的消费水平，而且能够随着社会发展、时代变迁不断调节、改变自己的消费方式和消费习惯。

从购买方式看，消费者的性格有以下几种典型类型。

（1）习惯型。此类消费者常常根据以往的购买和使用经验或习惯采取购买行为。当他们对某一品牌的商品有深刻体验后，便很难改变自己的信念，购买中遵循惯例，不受时尚和社会潮流的影响。

（2）慎重型。此类消费者一般比较稳定，情绪不外露，注意力稳定，喜欢利用自己的经验购物，不易受外界影响，具有自我控制能力。一般在采取购买行为之前，要做周密考虑，广泛收集有关信息，在商店选购时，尽可能认真、详细地进行商品的比较选择，权衡之后才做出购买决定。

（3）挑剔型。此类消费者有一定的购买经验和商品知识，挑选商品很有主见，往往具有善于观察别人不易观察到的细微之处的特征。有的则表现为性情孤僻，对营业员及其他消费者的意见都有相当敏感的戒心，检查商品极为小心仔细，有时甚至达到苛刻程度。

（4）被动型。此类消费者多数不经常购买商品，没有购买经验，缺乏商品知识，对商品没有固定的偏爱，购买行为呈消极被动状态，往往是奉命购买或代人购买，在选购商品时大多没有主见，渴望得到售货员的帮助。

上述按消费者态度和购买方式从性格上对消费者及其行为进行的分类，只是为了便于营销人员了解性格与人们消费行为的关系，以及不同消费性格的具体表现。在购买活动中，由于周围环境的影响，在观察判断和分析消费者性格特征时，必须考虑性格的稳定性特点，而不能凭一时的购买态度和偶然性的购买行为来做判断。

从市场营销的角度看，工商企业最欢迎的消费者性格类型如下。

（1）外向友善型。这种性格类型的消费者是商品的口碑传播者。因为他们热情、外向、善交际、话多。对于他们感兴趣的或购后评价好的商品，他们总是自觉地或不自觉地充当这一商品的义务宣传员。而许多资料表明，口传信息是影响消费者行为的重要因素之一。

（2）勇敢冒险型。这种性格类型的消费者开朗、思想解放，容易接受新事物，愿意尝试新产品。因此，他们是新产品购买和使用的先行者和"活广告"。

（3）时尚领导型。这种性格类型的消费者或者是赶时髦的"时髦领袖"，或者是在消费者中有一定地位和威望的影响人物，尤其像影星、歌星、体育明星以及社会名流等，他们的意向和行为倾向往往成为其他消费者的表率，因此，可以通过他们扩大市场影响。

应该指出的是，上述按消费者态度和购买方式所做的分类，甚至从市场营销角度所做的分类，只是为了便于我们了解性格与消费者行为之间的内在联系，以及不同消费者性格的具体表现。现实购买活动中，由于周围环境的影响，消费者的性格经常难以按照原有面貌表现出来。所以在观察和判断消费者的性格特征时，应特别注意其稳定性，而不应以一时的购买表现来判断其性格类型。

7.1.5 消费者的消费能力

1. 能力的含义

所谓能力，是指人们顺利地完成某种活动所必须具备的并且直接影响活动效率的个性心理特征。

对能力的理解应注意三点：首先，能力是顺利完成某种活动的主观条件。从事任何一项活动都需要一定的条件，这些条件既有客观方面的，也有主观方面的。能力就是人们成功地完成一项活动的主观条件。比如，消费者在消费活动中需要经常运用注意能力、观察能力、记忆能力、思维能力、想象能力、决策能力等。其次，能力总是与人的活动相联系，并直接影响人的活动效率。因为人的能力总是存在于人的活动之中，并通过活动表现出来。只有从一个人所从事的某种活动中，才能看出他具有某种能力，并从活动的效率和效果看出其能力的大小、强弱。最后要强调的是，影响消费者能力形成与发展的因素主要包括遗传因素、环境因素、社会实践和个性特征等。

2. 消费者的能力结构

购买活动是一项范围广泛、内容复杂的社会实践活动。为了使消费者本人在购买过程中达到最大的满意和快乐，消费者需要具有多方面的能力，可以把消费者的能力归纳为四个方面。

（1）对商品的感知辨别能力。感知能力是指个体消费者在感觉方面，感受能力或感觉的敏锐程度不同；在知觉方面，有的消费者属于综合型，具有整体观和概括能力，但分析能力较弱。有的消费者属于分析型，对细节感知清晰，但对整体的把握能力差。还有的消费者属于分析综合型。每个消费者的感知能力都有一定特点。比如在手感方面，手感细腻的消费者，摸一摸衣服的面料，就能判断出这件衣服面料的质量，是什么料子做出来的，市场上的价格大致有多少，心中就有了数。而对于有的消费者来说，凭手感来判断衣服面料的质量和价格，无疑是给自己出了一道难题。再比如知觉分析综合型消费者，打算在网上购买智能手机时，很可能对智能手机市场的状况、企业的状况、消费者的状况、价格状况都了解得一清二楚。

（2）对商品的分析评价能力。其主要反映在对于商品信息的收集，对于商品信息来源的分析评价，对于购物场所的评价，对于商品本身特点的认识和评价能力，甚至对于他人消费行为的评价也包括在这里面。一般来说，消费能力强的人收集商品的信息相对要主动一些，尤其是在高档商品的信息收集方面，他们一般对于广告有比较全面而正确的认识，对于购物场所中的一些正常的和不正常的促销手段有相当的判断能力，也有的消费者对于商品的知识了解得相当多，因此有一定的分析评价能力。

另外还要注意这样一个问题，即评价能力是消费能力中比较复杂，相对来说包括的因素较多的一种能力。这是因为消费者的收入不同，行为方式不同，审美情趣不同，所以对商品的评价能力，特别是评价标准就会出现多种多样的形式，当然也有一个符合社会发展的基本标准或约定俗成的标准。

（3）选购商品时的决策能力。其主要反映在选择商品时能否正确地做出决策，并购买到让自己满意的商品。消费者的气质类型、个性特点是影响决策能力的重要因素。例如，一个性格内倾、反应迟缓、意志力较差的消费者，在做出购买决策时容易犹豫不决，难以做出决定。

消费者对该商品的卷入深度，对该商品的认识程度，使用该商品的经验以及使用该商品的习惯，也是影响决策能力的重要因素。例如，一个消费者认为有一辆 SUV 车对他们一家自驾游是很好的。这时他就要仔细考虑是否购买或者买哪种品牌的车。在这种场合下，卷入程度就比较高，他的决策能力就会表现出风险体验较大，但又比较谨慎、麻利的特点。

在特殊的购物环境中，消费者的购买决策能力会有更明显的表现。比如在商品涨价时，顾客出现大量抢购的情况下，平时决策速度快的消费者会及时地做出是否购买的判断；而决策速度慢的消费者就会产生更多的心理矛盾和冲突，甚至会手足无措，难以做出决策。

（4）对消费利益的自我保护能力。自我保护能力是消费能力中很重要的一种。在我国，由于市场经济的秩序还在逐步完善，在商品的购买和消费过程中，还存在着许多侵犯消费者权益的情况。而解决这些侵犯消费者权益的问题，一方面必须依靠更加完善的法律制度和消费者协会的工作；另一方面还需要消费者不断增强自我保护能力，在各种侵犯消费者权益的问题即将发生或已经发生的时候，消费者能够有意识、有知识、有能力维护自己的消费权益。

3. 消费能力形成和发展的条件

（1）教育与培养。消费教育对消费技能的提高有重要作用。消费教育一般是工商企业通过各种可能的途径采用各种方式有计划、有组织、有目的地对消费者进行影响，如向消费者传递商品的信息，讲解商品知识，传授保养维修方法，示范使用操作技术等。通过教育与培养，消费者掌握挑选、比较、评判、购买及使用等知识和技能，在学习和训练中促进消费技能的提高。企业积极、正确地引导消费，既可以帮助消费者提高消费质量，又可以提高企业的商誉。例如，联想集团在20世纪90年代开办"顾客学校"，每月在双休日开课两次。系统讲授计算机的知识，并且接受消费者的现场咨询。也是在那个时期，格兰仕集团通过电视节目教消费者用微波炉做中餐。企业还可以通过一些促销方法，如试尝、试穿、试用和体验营销来培养消费者的消费能力。

（2）消费者个人消费实践。消费能力的提高不能离开个人努力和消费实践活动。在一次次的购买活动中消费者不断积累知识和经验，形成和发展自己的消费技能。例如，在20世纪90年代初期，很多城镇消费者在地摊上买东西、在农贸市场买东西、在服装街个体柜台买服装时，知道可以杀价，但是怎样杀价容易成功，这方面的技能就比较差。到20世纪90年代中后期，很多消费者已经掌握了购物杀价的秘诀。例如，热销商品不易杀价，应季商品不易杀价，刚开卖时不易杀价，货品齐全时别去杀价，不挑毛病不杀价，购买欲强时别去杀价，多买几样东西易杀价，货比三家再杀价等。消费实践活动是消费者能力发展的决定性条件，它制约着消费能力发展的水平。

4. 消费能力的差异表现

尽管人们的消费能力有高有低，但是总会在购买活动中以一定的方式表现出来。这就需要企业在经营中针对不同消费者提供不同的服务。从购买行为来看，消费者的消费能力分为四种类型。

（1）成熟型。此类消费者对于所购买的商品不仅仅非常了解，而且有长期的消费经验，甚至有长年的消费习惯。对于该商品的性能、价格、质量、生产情况等方面的信息非常熟悉，甚至可以是这一类商品方面的专家，他们的消费经验完全有可能超过购物场所的售货员，对于商品的了解和熟悉程度也比售货员要强得多。此类消费者在购买商品的时候，有明确的购买目标，注重从总的方面去综合性地评价商品的方方面面。同时能够很内行地在同种或同类商品中进行比较、选择。这类消费者在选择中又很自信，往往胸有成竹，有时会向售货员提出关键性问题。他们在购买过程中不会轻易接受商业广告的宣传和售货员的各种推荐，不易受购物现场情景的影响，决策过程是根据自己的需求而定，考虑问题既理智又富有经验。但是这一类消费者毕竟是少数。

（2）熟练型。此类消费者有比较明确的购买目标，了解较多有关的商品知识，有比较丰富的消费经验，而且对商品的价格、质量、性能等方面比较熟悉，但是如果要让他们真正地鉴定商品某一方面的特点时，他们又会出现"吃不准"的情况，感到自己还没有真正的把握，虽然购买商品一般不需要别人参谋，但是在感到自己"吃不准"的情况下，偶尔请别人参谋一下。此类消费者一般不反对商品广告宣传和购物现场营业员所提供的有关商品信息，但是他们会认真地分析、判断、比较。在购买过程中，他们的购买目标明确且能够通过语言清晰、准确地表达自己的购买要求，购买决策过程一般较为顺利，易于为售货员掌握。熟练型消费者所占的人数远远多于成熟型。

（3）普通型。此类消费者进入商店前已有大致的购买目标，掌握部分有关的商品知识，本人的消费经验平平或较少，了解商品主要通过广告宣传、售货员推广或是他人的介绍，所以了解商品的程度不深。愿意让售货员给他们介绍商品的各种特点或者在服务中补充他们欠缺的部分知识，而且希望有其他顾客现场购买，反映出商品的各项特点，便于自己做出分析和评价。对于这类消费者，如果售货员的服务态度热情、诚恳，给他以信赖的感觉，那么他就会顺利地完成一次购买活动。如果售货员及购物环境中的其他因素给他留下不好的印象，那么他很可能取消此次购买或改变购买动机。

（4）缺乏型。此类消费者缺乏有关的商品知识，没有购买和使用经验，挑选商品常常不得要领，犹豫不决，希望售货员多做介绍详细解释。他们容易受广告宣传的影响，容易受其他消费者或售货员、购物环境的影响，容易产生"后悔"心理。完全不具备消费各类商品技能的消费者很少，由于是新产品，缺乏必要的商品知识，致使消费者走向误区，导致错误的消费后果相对多一些，对于这类消费者，就要求售货员不要怕麻烦，主动认真、实事求是地介绍商品，至于新产品的广告宣传也要注意实事求是，以便让消费者真正掌握新产品的各项性能，缩短提高消费技能的时间。

7.2 消费者的自我概念

7.2.1 自我概念的含义

自我概念是指一个人对自己的能力、气质和性格等个性特征的感知、态度和自我评价。换言之，即自己如何看待自己。自我概念回答的是"我是谁"和"我是什么样的人"这一类问题，它是个体自身体验和外部环境综合作用的结果。一般认为，消费者将选择那些与其自我概念相一致的产品、品牌或服务，避免选择与其自我概念相抵触的产品、品牌和服务。正是在这个意义上，研究消费者的自我概念对企业开展营销活动有着至关重要的意义。

7.2.2 自我概念形成的影响因素

自我概念是个人在社会化过程中，通过与他人交往以及与环境发生联系，对自己的行为进行反观自照而形成的，它主要受到四个方面因素的影响。

（1）通过自我评价来判断自己的行为是否符合社会所接受的标准，并以此形成自我概念。例如，把有的行为归入社会可接受的范畴，把有的行为归入社会不可接受的范畴。人们对自己的行为进行反复不断的观察、归类和验证，就形成了有关的自我概念。

（2）通过他人对自己的评价来进行自我反应评价，从而形成自我概念。他人评价对自我评价的影响程度取决于评价者自身特点和评价的内容。通常评价者的权威性越大，与自我表现评价的一致性越高，对自我概念形成的影响程度也就越大。

（3）通过与他人的比较观察而形成和改变自我概念。人们对自己的自我评价还受到与他人比较的影响，比较的结果相同或不同，超过或逊于他人，都会在一定程度上改变人们的自我评价，并驱动他们采取措施修正自我形象。

（4）通过从外界环境获取有利信息，来促进和发展自我概念。人们受趋利避害的心理驱使，往往希望从外界环境中寻找符合自己意愿的信息，而不顾及与自己意愿相反的信息，以此证明自己的自我评价是合理的、正确的，这一现象证明人们经常从自己喜欢的方面来看待评价自己。

7.2.3 自我概念的构成

从上述影响因素可以看出，自我概念实际上是在综合自己、他人或社会评价的基础上形成和发展起来的。自我概念的构成主要有两种观点。

1. 三分法

美国心理学家威廉·詹姆斯认为，自我概念包括三个构成要素，即物质自我、社会自我和精神自我。这三个构成要素各伴有自我评价的感情（即对自己满意与否）以及自我追求的行为，如表7-1所示。

表7-1 自我概念的构成要素

	自我评价	自我追求
物质自我	对自己身体、衣着、家庭所有物的自豪或自卑	追求身体外表、欲望的满足。例如，装饰、爱护家庭等
社会自我	对自己在社会上名誉、地位、亲戚、财产的估计	引人注目、讨好别人、追求情爱、名誉及竞争、野心等
精神自我	因自己智慧、能力、道德水平而产生的优越感或自卑感	在宗教、道德、良心、智慧上求上进

2. 四分法

《消费者行为学精要》一书的作者布莱思认为，自我概念可以划分为四种基本类型（见表7-2），四种类型的含义如下。

（1）实际自我：我现在是什么样子。

（2）私人自我：我对我自己怎么想或我想对自己怎样。

（3）理想自我：我想成为什么。

（4）社会自我：别人怎么看我或我希望别人怎样看我。

表 7-2　自我概念的四种基本类型

基本类型	说明
实际自我	真实的客观的自我，就像别人看我们一样。然而，由于别人永远也不会知道完整的故事，这意味着真实的自我可能并不是呈现给世界的那样
私人自我	一个主观的自我，就像我们看自己那样。私人的自我很可能与真实的自我有明显差异，但从某种程度上来说，它是根据其他人的反馈而逐渐调整的
理想自我	所希望的自我，与马斯洛所确定的自我实现需要相联系。这个自我通常是个人追求的目标，个人想要达到的、完善的形象，如个人的生活及对将来的期待、抱负和成就
社会自我	人眼中的自我，或我们认为别人看待我们的方式。这并不总是与人们实际看我们的方式相吻合，因为来自他人的反馈会受到礼貌等因素的限制，因此我们可能意识不到其他人对我们的真实想法

资料来源：布莱思. 消费者行为学精要 [M]. 丁亚斌，等译. 北京：中信出版社，2003.

通常情况下，人们都具有从实际的自我概念向理想的自我概念转化的意愿和内在冲动，这种冲动成为人们不断修正自己行为，以求自我完善的基本动力。不仅如此，人们还力求使自己的形象符合他人或社会的理想要求，并为此而努力按照社会的理想标准从事行为活动。正是在上述意愿和动机的推动下，自我概念在更深层次上对人们的行为发生影响，制约和调节着行为的方式、方向和程度。

自我概念也常常通过购买商品和消费活动表现出来。消费者一旦形成了某种自我概念，就会在这种自我概念的支配下产生一定的购买行为。比如，美国进行的一项对 336 名大学生的调查中发现，凡是饮用啤酒的学生都把自己看得比不饮用啤酒的人喜欢社交、有自信心、性格外向、有上进心和善于待人接物。我国"80 后"在消费过程中十分突出"我的事情，我做主"的自我概念。"90 后"在消费过程中更注重"自我感受"的自我概念。"00 后"在消费过程中他们喊出"懂即自我"的自我概念。

7.2.4　自我概念与产品的象征性

自我概念作为影响个人行为的深层个性因素，同样存在于消费者的心理活动中，并对其消费行为有着深刻的影响作用。

1. 自我概念可以赋予商品特定的社会意义

由于自我概念涉及个人的理想追求和社会存在价值，因而每个消费者都力求不断促进和增强自我概念。而商品和劳务作为人类物质文明的产物，除具有使用价值外，还具有某些社会象征意义，换言之，不同档次、质地、品牌的商品往往蕴涵着特定的社会意义，代表着不同的文化、品位和风格。通过对这些商品或劳务的消费，可以显示出消费者与众不同的个性特征，加强和突出个人的自我形象，从而帮助消费者有效地表达自我概念，并促进实现实际的自我向理想的自我转化。消费者在长期的消费实践中，通过与他人及社会的交往逐步形成关于个人形象的自我表现概念。

约翰莫文（John Mowen）在 1993 年出版的《消费者行为》一书中谈到，在很多情况下，消费者购买产品不仅仅为了获得产品所提供的功能效用，也是为了获得产品所代表的象征价值。购买劳斯莱斯和宝马，对购买者来说，显然不是购买一种单纯的交通工具。一些学者认为，某些产品对拥有者而言具有特别丰富的含义，他们能够向别人传递关于自我的很重要的信息。拉塞尔·贝尔克（Russell Belk）用延伸自我这一概念来说明这类产品与自我概念之间的关系。贝尔克认为，延伸自我是由自我和拥有物两部分构成。换句话说，人们倾向于根据自己的拥有物来界定自己的身份。某些拥有物不仅是自我概念的外在显示，它们同时也是自我身份的有机组成部分。从某种意义上讲，消费者是什么样的人是由他使用的产品来界定的。如果丧失了某些关键拥有物，那么，他就成了不同于现在的个体。

产品象征意义对消费者的重要性和识别产品的象征性的过程如图 7-1 所示。图中三个方块分别代表消费者的自我概念、参照群体和象征产品。第一阶段，消费者首先会购买某种能够向参照群体传达其自我概念的产品；第二阶段，他希望参照群体能理解产品所具有的象征性；第三阶段，他希望参照群体将产品所具有的象征品质看作他人格的延伸部分或自我的一部分。概括地说，消费者购买产品是为了象征性地向社会传递关于自我概念的不同方面。

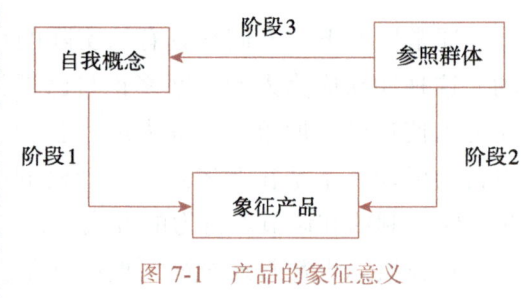

图 7-1 产品的象征意义

2. 哪些产品最有可能成为传递自我概念的符号或象征品

一般来说，成为象征品的产品具有三个方面的特征。首先，应具有可见性。它们的购买使用和处置能够很容易被人看到。其次，应具有变动性。换句话说，由于资源禀赋的差异，某些消费者有能力购买，而另一些消费者则无力购买。如果每人都可拥有一辆奔驰车，那么，这一产品的象征价值就丧失殆尽了。最后，应具有拟人性。产品能在某种程度上体现一般使用者的典型形象，像汽车、珠宝等产品均具有上述特征，因此，它们很自然地被人们作为传递自我概念的象征品。

7.2.5 自我概念与厂商营销策略的制定

1. 运用自我概念为产品定位

厂商应该十分清楚，自我概念经常涉及产品、服务与消费，也影响着消费者选择大众媒体、互联网新媒体和自媒体，如图 7-2 所示。

自我概念的作用对我们的启示是：营销人员应该努力塑造产品形象并使之与目标消费者的自我概念相一致。虽然每个人的自我概念是独一无二的，但不同个体之间也存在共同或重叠的部分。例如，许多人将自己视为环境保护主义者，那些以关心环境保护为诉求的公司和产品将更可能得到这类消费者的支持。

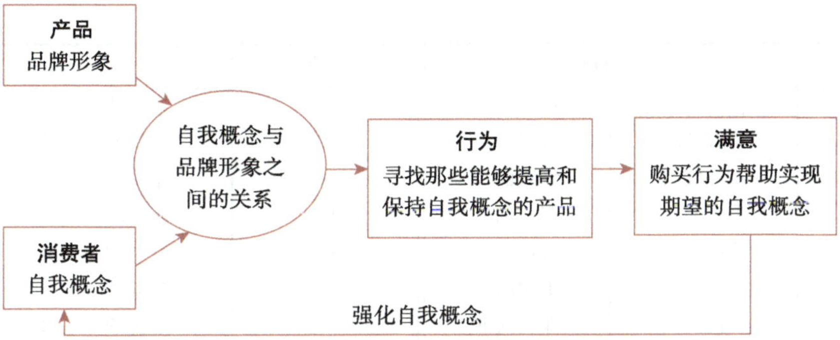

图 7-2 自我概念与品牌形象的影响关系

资料来源：霍金斯，马瑟斯博．消费者行为学 [M]．符国群，等译．12 版．北京：机械工业出版社，2017：259．

2. 运用自我概念进行新产品开发

有关消费者自我概念的研究，对于新产品设计具有重要的指导作用。新产品设计的主要依据，应当符合消费者某种特定的自我概念。也就是说，当现有产品不能与消费者的自我概念相匹配时，有必要设计和生产新产品。新产品不仅要在质量、外观、性能上有别于老产品，更要具有独特的个性和社会象征意义，能够体现出尚没有特定商品与之相匹配的消费者的自我形象。

3. 运用自我概念进行商品销售

零售商和电商在商品销售中，了解消费者的自我概念，告诉他们哪些商品与其自我形象一致，哪些不一致，向消费者推荐最能反映其形象特征的商品，可以有效地影响和引导消费者的购买行为，这是零售商销售商品的重要方式和成功要诀。

4. 运用自我概念进行广告宣传

由于消费者的自我概念与消费者行为之间的联系，企业在制定广告策略时可以使广告信息与广告说服对象的自我概念相吻合，促进广告的说服效果。

7.2.6　自我概念的测量

根据消费者的自我概念制定营销策略时，营销人员面临的一个问题是如何评估消费者的自我概念和消费者认为产品所代表的形象。最常用的测量方法是语意差别法。美国学者马尔霍特拉（Malhotra）设计了一种既可衡量自我概念，又可衡量产品形象的语意差别量表（见表 7-3）。该量表由 15 组两极形容词构成，程度的差异一般可划分为 7 级。测验时要求消费者在量表上评估自我概念，然后在同一量表上评价一个或多个品牌，对品牌的评价与自我概念匹配程度最大的，就是消费者所偏爱的品牌。用该量表调查消费者，可以获得消费者所期望的产品形象方面的信息，也可以了解消费者对现有产品的评价，从而找出产品形象改进的方向，更好地满足消费者需要。

表 7-3 测量自我概念、产品概念和品牌概念的量表

程度	概念		程度	概念	
1	粗糙的	精细的	9	理性的	情绪化的
2	易激动的	沉着的	10	年轻的	成熟的
3	不舒服的	舒服的	11	正式的	非正式的
4	主宰的	服从的	12	正统的	开放的
5	节约的	奢侈的	13	复杂的	简单的
6	愉快的	不快的	14	黯淡的	绚丽的
7	当代的	非当代的	15	谦虚的	自负的
8	有序的	无序的			

在营销实践中，企业应设法使产品代言人的形象、产品或品牌形象与目标受众的自我表现概念相匹配。为此，可以运用上述量表或改进的量表来对消费者进行调查和研究。

专栏7-2　购车兴起"反性别"男爱 MINI 女迷大越野

奔驰 SMART 望京店利星行销售顾问小李惊喜地发现，在 2009 年 5 月、6 月以后接待的新顾客中，男客户占了绝大多数，而且其中三分之一顾客的年龄为 50~60 岁，多为自己开公司的成功人士，"60 后""70 后"的男士也不少，他们喜欢红黑色的硬顶或敞篷 SMART。

1. 大男人购小车的四个原因

30 岁出头的纪先生自己经营一家设计公司，2010 年初他终于提到了自己购买的一辆黄色 MINICOOPER。谈到自己一个大男人为什么要开辆"小车"，他自有看法：原来的奥德赛用于公务，现在这辆车休闲时自己开。小车环保又好停车，而且还有个性。

面对这些让人"意外"的男性客户，销售人员"心里有数"，这些男士无外乎有以下原因。一是家里已有 2~3 辆大型车，购买一个小车细分公私用途；二是看中名牌和它的小巧，真心喜欢又有经济实力；三是图它的节油、好控制操作，这是老年客户比较看中的；四是看中小车的外形特别时尚，回头率绝对百分之百。

2. 女孩开"大车"更有安全感

三菱汽车 4S 店的销售人员也有一个惊喜的发现，这就是 2010 版欧蓝德 EX 这款"大车"受到不少时尚女性的关注。首批订购者张女士表示，SUV 让人感觉有更坚硬的外壳，户外运动和走夜路时，女性更有安全感。安全配置方面 SUV 一般也比小型车丰富，比如她想买的劲界标配有 ABS、EBD、前排双气囊、前排侧气囊和两侧气囊以及制动辅助系统，给自己驾驶更多一些信心。

销售人员还发现，现在很多 SUV 越来越多地重视起内饰，尤其是都市型 SUV，"外表粗犷、内在细腻"的大车更讨女性喜欢。

3. 迷上户外追寻"另一个自己"

身材娇小的孙女士是位评剧演员，平时文静优雅的她近一年多来，开着红色四门牧马

人SAHARA迷上了户外运动。她可以驾车穿越可可西里无人区与藏羚羊亲密接触，或者在崎岖的川藏线或内蒙古沙漠里驰骋，"另一个"她独立洒脱，非常能吃苦，甚至有些"野"。她说："2008年四川地震之后，我还和30多位车友一起开了22天车去灾区学校，给孩子们送衣服。通过开SUV我认识了很多志同道合的女性朋友，经历了另一种生活。有的女士身材比我还娇小，但开起大车一样英姿飒爽，外柔内刚，充满魅力。"

资料来源：购车兴起"反性别""男爱MINI女迷大越野"，北京晚报，2009-10-20.

7.3 消费者的生活方式

在许多情况下，生活方式是一个人自我概念的外在表述。也就是说，在给定的收入和能力的约束下，一个人所选择的生活方式在很大程度上受到一个人现在和欲求的自我概念的影响。在分析自我概念以后，我们讨论一下消费者的生活方式。

7.3.1 生活方式的含义

关于生活方式（lifestyle）的说法很多。简言之，生活方式就是人如何生活。下面介绍几种观点。

（1）迈克尔·所罗门（Michael Solomon）和卢泰宏著的《消费者行为学》认为生活方式是一种消费模式，它反映了一个人选择如何使用时间和金钱。从经济学角度看，一个人的生活方式代表了这个人所选择的收入分配方式，包括在不同产品和服务中的相对分配，以及在这些品类里所进行的特定选择[一]。

（2）霍金斯和马瑟斯博编著的《消费者行为学》中认为，生活方式就是我们如何生活，即如何扮演自我概念。它由过去的经历、固有的个性特征、现在的情境所决定[二]。

（3）符国群主编的《消费者行为学》中认为，生活方式就是人如何生活。具体地说，它是个体在成长过程中，在与社会诸因素交互作用下表现出来的活动、兴趣和态度模式[三]。

（4）白玉苓编著的《消费者行为学》中认为，生活方式一般是指人们的物质资料消费方式、精神生活方式以及闲暇生活方式等内容，是人们一切生活活动的典型方式和特征的总和。它通常反映个人的情趣、爱好和价值取向，具有鲜明的时代性和民族性[四]。

7.3.2 生活方式与消费行为

改革开放以来，消费者感受到了社会经济发展带来的生活方式的全新变化，它体现

[一] 所罗门，卢泰宏. 消费者行为学 [M]. 北京：电子工业出版社，2006：194.
[二] 霍金斯，马瑟斯博. 消费者行为学 [M]. 符国群，译. 12版. 北京：机械工业出版社，2017：260.
[三] 符国群. 消费者行为学 [M]. 2版. 武汉：武汉大学出版社，2004：161.
[四] 白玉苓. 消费者行为学 [M]. 北京：人民邮电出版社，2021：75.

在衣食住行等诸多方面，各种新生事物成为消费者生活方式的重要内容，同时，生活方式研究对企业营销及预测消费者行为具有很大的价值。

1. 生活方式影响消费行为的所有方面

生活方式反映出消费者同环境相互影响的全部特征。虽然它同社会阶层、个性等因素紧密联系，但是它既超越了社会阶层，也超越了个性。社会阶层说明某个群体或某类人的代表性特征，而无法说明某人的具体特点。个性侧重于从消费者的内部状况描述个体，而生活方式影响着消费者如何花费、如何消磨时间、收入与消费支出的比例关系和消费商品种类的选择等各个方面，与消费者的外部行为紧密相连，可以作为判断消费者购买行为的直接依据。

从图 7-3 可以看出，一个人的生活方式是其内在个性特征的一种函数，这些个性特征在一个人的社会生活过程中通过社会交往逐步形成。因此生活方式同样受文化和亚文化、价值观、人口统计特征、社会阶层、参照群体、家庭，甚至消费者的购买动机、情感和个性等多种因素的影响。

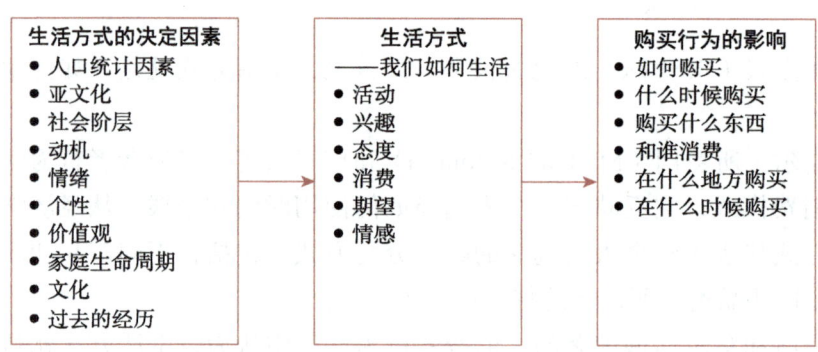

图 7-3 生活方式和消费过程

2. 生活方式影响消费决策

消费者追求的生活方式不仅影响其需要与欲望，还影响消费者自身的购买行为和使用行为。生活方式决定了我们许多的消费决策，而这些消费决策反过来强化或改变了消费者的生活方式。

现实生活中消费者很少明确地认识到生活方式在他们购买决定中所起的作用。例如，很少有消费者会这样想，"我叫外卖，以保持我的生活方式"。然而，那些追求积极方便，寻求变化的生活方式的人也许会出于便捷等原因而叫外卖。因此，生活方式通常为消费者提供了基本的动机和行动指南，尽管往往是以间接和微妙的方式表现出来的，但也足以让人们感觉到这种影响。

3. 生活方式的分类为市场细分提供了依据

生活方式的分类和识别为市场细分和市场营销组合提供了依据。生活方式的营销目标是使企业营销组合符合消费者的生活方式,使消费者实现自己所选择的生活。企业营销更重要的任务是确定哪些产品或服务与消费者特定的生活方式相联系。因为某一生活方式往往与一组产品相联系,这组产品成为该生活方式的消费组合。例如,20世纪80年代西方的雅皮士的消费组合为:劳力士手表、宝马车、古驰公文包、软式网球、新鲜的绿色沙司、白酒和乳酪。这一社会角色对当时的文化价值和消费偏好的导向都有重要的影响。

> **专栏7-3　　　　　　　　　　中国女性体育消费爆发**
>
> 数据显示,2018年我国25~40岁的女性人口已达2.9亿,女性市场规模庞大。女性生活方式的改变使女性体育消费成为消费升级和新消费的代表。
>
> **1. 马拉松女性选手激增**
>
> 与美国的情况类似,随着越来越多的女性接受高等教育并进入职场重要岗位,女性意识和经济地位不断提高,对体育消费的需求进入爆发季。以马拉松为例,北京马拉松的赛事数据显示,女性"北马"跑者平均年龄37岁。30~40岁也是女性心理成熟、经济独立自主的年龄,在这个阶段女性兼有身体素质和消费能力。数据背后显示了女性生活方式和消费方式的结构性变化。
>
> 另一个变化是,在审美多元化变迁中,健康健美开始有了一席之地,部分女性开始追求体脂率、马甲线,追求身体的线条、协调性和力量感,而这些是需要通过运动来塑造的。
>
> **2. 女性更"装备党"**
>
> 2018年"双11"的数据显示,体育用品消费人群中57%为男性用户,43%为女性消费者。2017年"双11"女性体育消费者占比仅为33%,可见女性在体育领域的参与度明显增强。
>
> 在体育消费方面,女性一定程度上比男性更"装备党",跑得快只是一方面,跑得好看也同样重要。除了运动防晒,运动化妆品要保证4~5小时的汗流不晕妆。女性对日常训练中的运动胸衣、压缩衣、训练鞋、眼镜、跑步鞋等的款式和品牌大多比较讲究。
>
> 除了赛事,女性在健身塑型方面的消费需求也很旺盛,而且超过男性。在三年多时间内开了近500家自助健身房的乐刻运动平台的一份数据显示:其女性用户数量占总用户的60%,人均活跃频次也比男用户高出25%,且以城市白领群体为主;女性不仅比男用户拥有更强的健身意愿,也更期待尝试各种新类型的健身产品,消费概率也更大,女性更愿意在健身上花钱。
>
> 资料来源:周慧."她经济"新风口:中国女性体育消费爆发[N].21世纪经济报道,2018-12-01.

7.3.3 生活方式的测量

生活方式的测量指的是对消费者生活方式的评测。目前较为流行的生活方式的测量方法主要有两种：一是 AIO 方法，即活动（Activity）、兴趣（Interest）和意见（Opinion）测试法；二是 VALS 分析法，即价值观念和生活方式结构法。

1. AIO 分析法

这一方法又称为活动、兴趣、意见测试法，是通过问卷调查的方式了解消费者的活动、兴趣和意见，以区分不同的生活方式类型。

研究人员从消费者中抽取大量样本，以问卷的方式向被调查者提出一系列问题和答案，请被调查者以文字表述或选择答案的方式回答。提出的关于活动方面的问题是消费者做什么、买什么、怎么样打发时间等，兴趣方面的问题是消费者的偏好和优先考虑的事物，意见方面的问题是消费者的世界观、道德观、人生观、对经济和社会事物的看法等。表 7-4 列出了测量消费者活动、兴趣和意见因素的主要指标以及被调查者的人口统计项目。

表 7-4 消费者的活动、兴趣、意见和人口统计项目测试表

活动	兴趣	意见	人口统计项目
工作	家庭	自我表现	年龄
爱好	工作	社会舆论	性别
社会活动	交际	政治	收入
度假	娱乐	经济	职业
文娱活动	时尚	教育	家庭规模
社交	食品	产品	居住的地理区域
购物	媒介	未来	教育
运动	成就	文化	城市规模
……	……	……	……

从表 7-4 中可以看出，通过了解人们怎样支配时间，人们认为对什么感兴趣，什么对他们是重要的，他们如何看待自己及周围的世界等方面的问题，用统计数据"浓缩"出生活方式来。例如，在早几年的一项 AIO 调查统计中得知，在我国的一些大城市，很多消费者比较普遍的打发闲暇时间的途径就是逛商场。而在 2016—2019 年对大城市年轻消费者打发闲暇时间的调查中发现，年轻人打发闲暇时间的办法是玩微信和玩手机游戏。

AIO 问卷表中具体设计哪些项目并没有一成不变的标准，应视研究目的和研究所涉及的领域及其性质来决定。一般来说，AIO 问卷中的问题可分为具体性问题和一般性问题两种类型。前者与特定产品相结合，测量消费者对某一产品的认知，了解产品如何与消费者联系起来，通过分析这些信息可以帮助企业进一步改进产品，并制定优化的营销策略；后者强调探测消费者的知觉、偏爱和各种流行的生活方式。两种类型的问题均有各自的价值。

那么，到底怎样编制一份 AIO 量表呢？首先，研究者应当尽量收集可能得到的有关市场调研的资料，找出有意义的关键变量。其中，有关动机研究的资料可能尤为有用。因为消费者的经验和需要需求最易从这里流露出来。其次，针对关键变量，研究者形成各种类型的陈述，以反映自己所想知道的消费者的活动、兴趣和意见。在建构陈述时，

要注意消费者是否能够明白无误地理解陈述的含义，还要注意消费者是否可能做出社会赞许性回答。最后，将诸多陈述排列起来，让消费者去回答他们对每条陈述的同意程度。由于 AIO 分析法涉及面广，陈述通常超过 100 条，但由于只要勾勾画画，也不会占用被试者太多的时间。

表 7-5 是美国电话电报公司用来研究消费者与电话有关的生活方式的量表的一部分。

表 7-5 生活方式量表举例

请阅读以下每一陈述，在最符合您的同意或不同意程度的括号内打上一个"√"

	非常同意	比较同意	有些同意	有些不同意	比较不同意	非常不同意
我是一个凡事都有计划的人。	(　)	(　)	(　)	(　)	(　)	(　)
我试图给每月的长途电话费设定一个限度。	(　)	(　)	(　)	(　)	(　)	(　)
在最近三年内，我可能会迁居。	(　)	(　)	(　)	(　)	(　)	(　)
在使用一种新产品之前，我很少征求他人的意见。	(　)	(　)	(　)	(　)	(　)	(　)
当我情绪低落的时候，给合适的人打长途电话，便能振作起来。	(　)	(　)	(　)	(　)	(　)	(　)
亲密的朋友和亲戚在我给他们打了长途电话后总感到很高兴。	(　)	(　)	(　)	(　)	(　)	(　)
我会选择每月能给我省几块钱的长途电话公司。	(　)	(　)	(　)	(　)	(　)	(　)

AIO 分析法在市场细分、产品定位和促销沟通活动中有着广泛的应用价值。例如，"我购买服装的时候，既看中款式又看中价格""我与朋友经常谈有关时尚的问题""我认为穿漂亮衣服是表现自己的一种重要方式"。在这样的有关时装方面的量表中，可以通过同意程度高低来判断消费者对时装的态度，从而可以根据消费者态度程度，细分若干个市场，并采取相应的营销策略。

2. VALS 分析法

这一方法又称为价值观和生活方式结构法（value and lifestyles，VALS）。这套方法是由美国的 SRI 商业咨询公司在 1978 年对大约 1 600 户美国家庭进行调查研究的基础上开发出来的。由于 VALS 基于稳定的心理学特性而建立，这些特性又与购买模式紧密相关，所以，VALS 模型推出后被广泛用于细分市场，并为开发广告和产品策略提供指导。但它的不足是过度依赖人口统计数据。20 世纪 80 年代，随着美国市场发生变化，SRI 商业咨询公司在 1989 年对 VALS 做出较大修改，推出 VALS2 新系统。

VALS2 以自我取向和拥有资源两个层面为基础对消费者进行市场细分和生活方式的测量。

（1）自我取向层面

VALS2 测量的第一个层面是自我取向层面。VALS2 根据被试者对量表问题的回答识别出三种主要的自我取向，这三种自我取向决定了个人所追求的目标和行为的种类。

1）原则取向：这些人在进行选择时主要由他们的信念和原则的指导而不是依情感、

事件或获得认可的愿望做出取舍。

2）地位取向：这些人的选择严重地受到行为、赞许和他人想法的影响。

3）行动取向：这些人渴望社交或体能性活动，喜欢多样化，勇于承担风险。

（2）资源层面

VALS2 测量的第二个层面是资源层面。该层面包括智力资源、教育资源、金融资源，反映了个人追求其占支配地位的自我取向的能力。一般认为从青春期到中年阶段个体资源处于上升期，然后保持相对的稳定，随着个人的衰老，资源将逐步减少。

VALS2 根据人们对量表问题的回答情况将美国成年人分成 8 个消费群体，如图 7-4 所示。

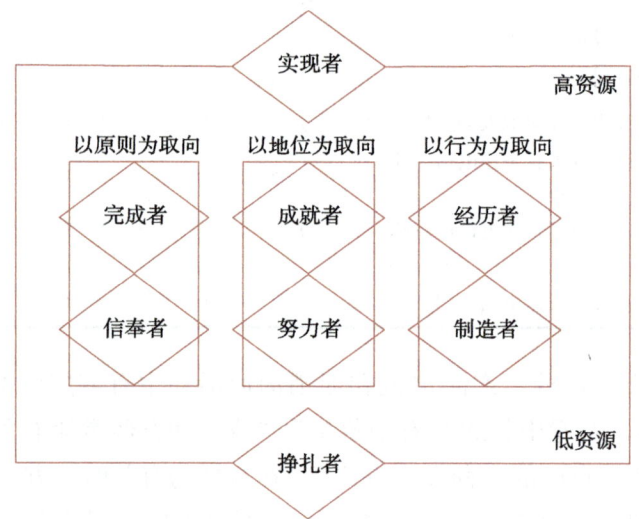

图 7-4 VALS2 分析法对消费者类型划分

1）实现者，也称创新者。实现者是拥有很多资源和较高自尊的成功、积极、老练的消费者。他们具有广泛兴趣，关心社会事物，乐于接受变化，勇于面对挑战。他们相当在乎自己的形象。

2）完成者，也称思考者。完成者是成熟、善于思考的消费者，他们精于实践，会寻找他们购买产品的功能、价值和耐用性。

3）信奉者，也称信仰者。信奉者是保守和比较传统的消费者。他们信守传统的家庭、宗教、社会文化深处的道德规范，循规蹈矩。他们的生活在很大程度上是以所属的家庭、社会或宗教组织为中心的。作为消费者，他们是保守的和可预测的，偏爱本国产品和有声望的品牌。

4）成就者。成就者以职业为导向，他们喜欢控制自己的生活，也喜欢预测，而不喜欢冒险和自我发现。他们的生活围绕着家庭和职业旋转。他们喜欢成功的、有影响力的品牌，倾向购买名贵的豪华产品。

5）努力者，也称奋斗者。努力者在乎其他人的认可并寻求自我、安全和成功的形象。尽管他们想努力赶上他们的奋斗目标，但往往缺乏足够的资源来达到目标。对于努力者来说，购物是一种向他人证明自己能力的方式。

6）经历者，也称体验者。经历者是喜欢冒险、变化和兴奋的年轻、热情而冲动的消费者。他们喜欢新的和特殊的产品和活动。

7）制造者，也称生产者。制造者注重自足，他们生活在家庭中，对外面的世界很少关心。他们能自己修车和做事物，只喜欢功能强大的固定资产，如一个新工具或卡车。

8）挣扎者，也称幸存者。挣扎者通常生活窘迫，受教育程度低，缺乏技能，没有广泛的社会联系，一般年纪较大、身体状况欠佳，常受制于人，处于被动。他们是十分谨慎的消费者，非常需要安全感。

尽管VALS2模型已经成为了解消费者生活方式、进行市场细分的最完整的系统，然而在现代社会中人们的生活方式是不断变化的，因此生活方式的测量方法中应不断加入新的变量。例如，受新冠疫情的影响，更多的消费者选择网上购物。消费者可以在美团买菜、叮咚买菜、多多买菜以及大型商超app上下单购买食物，由外卖骑手送货上门。

本章小结

本章着重论述了消费者的个性特征及其对消费者行为的影响。因为消费者的自我概念与个性有着密切的联系，而生活方式又是一个人自我概念的外在表述，所以这两个方面的问题在本章中做了详细的论述。

个性是指人的整个心理面貌，是个人心理活动的稳定的心理倾向和心理特征的总和。个性心理特征主要包括气质、性格和能力，集中反映了人的心理面貌的差异。

气质是指一个人在心理活动和行为方式上表现的强度、速度、稳定性和灵活性等动态方面的心理特点。消费者的气质可以分成胆汁质、多血质、黏液质和抑郁质。不同气质类型的消费者在购买决策、购买行为方面是有差异的。

性格是指人对现实稳固的态度以及与之相适应的习惯化了的行为方式。性格的基本特征是从态度、意志、情绪和认知四个方面表现出来的，工商企业最欢迎的消费者性格类型有：外向友善型、勇敢冒险型和时尚领导型。

能力是指人们顺利地完成某种活动所必须具备的，并且直接影响活动效率的个性特征。消费者购买能力包括对商品的识别能力、对商品的分析评价能力、选购商品时的决策能力和消费者对消费利益的自我保护能力。消费者的消费能力可分为成熟型、熟练型、平常型和缺乏型。不同的能力类型和能力水平影响消费者的需求和购买决策过程。

自我概念是指一个人对自己的能力、气质和性格等个性特征的感知、态度和自我评价。在论述自我概念形成的影响因素之后，分析了自我概念的基本类型和自我概念与产品的象征性。之后，较为详细地论述了自我概念与企业营销策略的制定和自我概念的测量。

生活方式就是消费者如何生活。在生活方式与消费行为中讨论了生活方式的性质和作用。最后，在生活方式的测量中介绍了目前较为流行的AIO分析法和VALS分析法。

复习思考题

1. 什么是个性？个性具有哪些特征？
2. 试述气质及消费者气质类型。不同的气质类型对消费活动有何影响？
3. 什么是性格？性格具有哪些特征？
4. 消费者要顺利完成购买活动，需要具备哪些基本能力？针对不同消费能力的消费者采取怎样的销售策略？
5. 简述自我概念的含义及自我概念的基本类型。
6. 营销人员如何运用自我概念的知识进行营销活动？
7. 如何测量自我概念？
8. 什么是生活方式？怎样理解生活方式和消费行为的关系？
9. 简述 AIO 分析法。
10. VALS2 的构建基于哪两个层面？描述这两个层面的关系。

实践活动

1. 访问周围 5 名同学，看看他们各属于什么性格特征。
2. 近年来在大城市出现了医疗美容整形医院，而且生意比较红火。请大家收集资料，并讨论出现这种现象背后的原因，你认为"自我概念"在其中发挥了怎样的作用？
3. 调查 50 名已经毕业的"90 后"大学生，50 名"00 后"大学生，结合相关文献资料分析比较他们生活方式的相同与不同之处。
4. 编制一份 AIO 量表，对 20 名大学生的生活方式进行分类。

案例选编

Z 世代的消费和生活新方式

"生活不止眼前的苟且，还有诗和远方的田野"，不知道从什么时候开始，这句耳熟能详的歌曲，成为"Z 世代"（1995—2009 年出生的人群）自我的调侃。

偏爱玩转"新奇特"、购物依赖社交媒体、消费热衷"质价比"……有这样一群人，他们个性鲜明、注重体验，愿意追求尝试新生事物，他们既是各类商业模式的"宠儿"，又是各大电商平台瞄准的"香饽饽"，这就是"Z 世代"青少年群体。如今，这一群体已逐步成为未来新经济、新消费、新文化的重要力量，他们不仅引领着消费新潮流，还展现出新一代"消费担当"的生活态度和价值判断。

统计数据显示，我国 Z 世代的人口数量达 2.6 亿，探究这一逐渐成为消费"主力军"的新群体的群体特征及消费方式有助于更好地把握未来消费趋势，为我国经济、文化产业供给侧改革提供新方向。中国传媒大学课题组对 1 200 余名 Z 世代受访者进行了问卷调查，并通过座谈会、深度访谈、文化活动、现场调研等形式，系统地梳理了Z世代的生活方式和消费行为。

1. 消费特征：崇尚"悦己"、追求"质价比"、注重独特体验

玩转"新奇特"，强调消费乐趣。体验极限运动、种草"国潮"忙打卡、潮玩音乐追不停……对于常处在焦虑与奋斗矛盾间的Z世代来说消费是一种自我调节的常用手段。调研数据显示，获得乐趣是83.75%的Z世代在消费时考虑的因素，且在所有消费目的中位列第一。这说明Z世代已经不满足于实用目的的基本生活消费，取悦自己成为Z世代消费的第一动力，以消遣娱乐为主要内容的体验式消费迅速成为Z世代消费结构的重要部分。

调研数据显示，69.91%的Z世代每个季度至少进行一次观影、旅游等体验式消费，而在体验式消费过程中，消费的享受成为Z世代最重视的因素，占比达72.12%。同样，在选择实体产品时，消费乐趣也是促使Z世代做出购买决策的重要因素。

Z世代对新事物的接受度很高，调查数据显示，82.08%的Z世代乐于尝试带来新玩法的商品。前卫的时尚感、精致的仪式感是Z世代情有独钟的设计风格。"能显著提升消费乐趣的仪式感"以40.67%的比例位居Z世代喜好的产品要素排行首位。可以看到，Z世代已经习惯为了生活乐趣和个人体验进行消费，对他们而言，消费收获的快乐和消费代表的意义高于消费品本身的功能效用。以潮玩、密室逃脱、剧本杀等为代表的消费项目成为Z世代消费新宠。

在人设消费与圈层消费中满足社交需求。Z世代在社交中愿意展示自己的人设，在消费中也看重品牌的人设。对于他们来说，品牌不只是商品品质的担保，更是拥有特定"人格"的主体。调查数据显示，在所有影响Z世代选择商品的因素中，品牌的气质和理念以43.92%的比例占据第二位，仅低于产品本身质量和设计。可以看到，Z世代不仅消费品牌的产品与服务，也消费品牌代表的气质和生活方式。在品牌行为方面，85.64%的Z世代认为品牌的道德行为会影响自己对其的选择。也就是说，言论与行为符合Z世代道德价值观念的品牌才容易被认可。尽管对品牌的考察更加严格，但Z世代的品牌参与度也更高。Z世代乐于帮助自己认可的品牌进行宣传，甚至主动维护品牌利益。调查数据显示，37.63%的Z世代愿意为自己支持的品牌发声。用品牌消费表达个性和态度，是Z世代独特的消费观。

Z世代热衷于圈层消费，他们善于在人群中迅速发现并结交与自己有共同兴趣、态度、爱好、价值观的人，划分出属于自己的圈层，并在圈层中展现出旺盛的购买力。圈层消费能够迅速收获Z世代的信任，实现产品与人设的变现。

追求"质价比"，消费决策受"创意"与"质量"双重影响。在商品选择上，Z世代重视创意和美感，同时也强调功能和质量。当下流行的国潮商品在设计上融合了潮流的时尚与传统的精致，因此很受Z世代的青睐。60.9%的Z世代表示选择国潮商品是因为其独特美观的外形设计。但美观并不是Z世代衡量商品的唯一准则，在影响Z世代消费的所有因素中，商品功能和质量以85.74%的比例位居第一。这说明商品本身的功能性和

高质量仍然是留住Z世代消费者的最根本保证。在访谈过程中,"正品""合规""安全"是他们反复提及的词。对质量的重视还体现在Z世代的消费决策上,作为伴随互联网成长的一代,Z世代尤其擅长使用互联网工具多方面考察商品的质量和性价比,保证每一笔消费的质量。

IP作为商品的附加因素,在Z世代中具有相当的号召力。66.36%的Z世代在选择商品时会优先考虑IP联名,但他们中的绝大多数人不会因为IP去购买原本不需要的商品。这些都说明Z世代对创意、美观、IP等的偏好是建立在商品质量这一基础之上的。总而言之,Z世代是个性鲜明又聪明理智的消费者,因循守旧的商品不会获得Z世代的青睐,只讲"新意"却不真诚的商品也会被Z世代淘汰。

2. 隐忧频现:Z世代中有些人被过度消费、炫耀式消费和攀比式消费所裹挟

缺少规划,想买就买,引发过度消费。"我每月的开销中,购买健身运动装备、好友聚餐等占了很大一块。装备基本都上千元,一顿饭至少两三百元。出了新款手机就想换,还要出去旅行好几次。"Z世代的被访者坦言,"自己赚钱自己花的感觉真不错,但看到什么都想买,一不小心就花超了"。Z世代没有经历过缺衣少食的年代,对自己的未来充满信心,因此缺乏储蓄意识,有更大冲动进行负债消费,很多Z世代消费者的收入与消费有巨大反差,收不抵支,不少人"没认真算过一个月花多少钱,工资到手先还信用卡和网贷"。这种无储蓄、冲动、过度消费的生活方式,不仅使消费者个体容易陷入网络贷等经济风险,且不可持续,并在一定程度上产生了对资源的浪费。

社会阅历不足,导致消费中被误导或被骗。Z世代大多刚刚走上工作岗位或还在学校学习,社会阅历不足,面对社会上形形色色的促销手段和虚假宣传缺乏足够的辨识能力,容易在消费中被误导或上当受骗。

向往精致生活,陷入炫耀式消费。"喝杯咖啡、看场演出、买新款电子产品、抢购限量版球鞋,都是生活必需""收入不高,也要对自己好一点"……很多Z世代向往一些自媒体文章中描绘的"衣着时尚、生活精致",不管自己是否能力所及,宁愿借贷,也要实现那些基于美好想象的生活图景,不少人陷入"精致穷"、炫耀式消费的怪圈。

崇尚个性、兴趣多元、喜爱社交的Z世代,偏向圈层消费,而圈层中不同阶层的爱好者身份是存在区隔的,并且形成一条鄙视链。站在鄙视链最高端的是金钱,即谁消费水平最高谁便最有地位,不少人力图通过炫耀式消费来实现自我认知和圈层划分。很多Z世代被炫耀式消费带来的虚幻快感和美好想象所裹挟,攀比消费等助长了所谓"先花后挣"的享乐主义消费观,亟须进行合理引导。

资料来源:中国传媒大学北京深化文化消费领域供给侧结构性改革研究课题组.Z世代消费行为分析与思考[N].光明日报,2022-02-21(11).

仔细阅读本文,回答下列问题:

1. 结合本文,请谈谈当前Z世代消费行为与生活方式有何特点。
2. 如何科学引导和挖掘Z世代消费潜力?
3. 假设A企业的目标顾客是Z世代消费者,你认为该企业将如何制定营销策略?

第8章 消费者的学习心理与行为转变

消费者的消费活动其实是一个学习的过程,是一个不断积累消费知识、丰富消费经验的过程,是一个由不知到知,由知之不多到知之较多的过程。而消费者也希望通过学习获得对商品正确的认知和态度。本章将消费者学习单列为一章进行阐述,目的是对消费者的学习有一个更清晰的认识。

> **专栏 8-1　飞利浦公司利用学习泛化原理设计品牌**
>
> 消费者行为学研究发现,当消费者在某一刺激处境中学到了某一反应后,其他类似的刺激出现,便能获得对该刺激同一倾向性的反应。这就是学习理论中讲的刺激的泛化。现在,这个理论被广泛地运用到企业的经营活动中。当企业把一种产品成功地推向市场,并取得了较高的市场占有率后,再向市场推出系统产品也采取类似的策略。荷兰的飞利浦公司从一般的家用电器到家具、乐器,以及工业上使用的电子集成电路都一律以"飞利浦"命名,其用意就是使消费者能从该公司某一产品的成功使用泛化到其他未曾使用过的产品中去。虽然该公司的产品之间存在着巨大的差异,但对产品的知名度、质量的可靠性的学习是很容易转移的。这种集中于某一单一刺激,较之采取分散的、为数众多的、昂贵的逐个命名品牌的策略的优点是节省费用开支,减少推销新产品的风险。

8.1 消费者学习的作用

8.1.1 学习的含义

学习是人们适应环境的动态过程,是指人在生活过程中,因经验而产生的行为或行为潜能的比较持久的改变。学习是一种十分复杂的心理现象,它不仅与感觉、知觉、注意、思维等认知过程有着直接联系,而且还涉及人的情绪、动机、个性和社会化等问题。

在消费者行为的研究中，我们可以将消费者的学习理解为：消费者在购买和使用商品活动中不断获得知识、经验和技能，不断完善其购买行为的过程。在这样一种关于消费者学习的界定中，有几个观点值得注意。

第一，学习是中间变量，它通常介于经验与行为之间。学习者必须凭借反复的体验，积累经验，才能产生行为或潜能的持久性变化。通俗地说，我们不能直接观察到学习本身，当消费者在外界条件的作用下，他的原有行为发生改变时，就可以认为他是在学习。比如，一位女士可能从来没有化过妆，但追求美的心理促使她要学习化妆，她可以通过观看网上如何化妆的视频，或是阅读杂志上化妆的宣传介绍学会化妆。这位女士通过学习完成了她从未做过的化妆。

第二，学习是一个过程，是人们主观能动性不断发展变化的过程。这一过程开始于消费者的观察、认知、经验、练习等，经过大脑的分析、加工、处理，最后使消费者行为发生一定的变化。就上例来讲，当我们看到化了妆的那位女士后，知道这是学习的结果，但学习的行为在她观看化妆视频或阅读杂志上刊登的化妆的宣传介绍时就已经开始了。所以，消费者不断购买商品、使用商品的过程，也就是一个不断进行消费学习的过程。

第三，行为改变是学习的必然结果。学习是如此的基本与平常，以至于我们几乎意识不到。只有当学习进程在某种程度上受到阻碍或行为有显著的改变，我们才会注意到学习，学习的显著特征就是行为的改变。

学习既可能是来自消费者本人的亲身体验，如学习某种操作，如果不亲身操作实践就无法掌握；也可能是来自非实践的学习，如消费者想买某一产品，他可以通过广告、产品说明书、其他人的口传信息等了解产品，学习到有关商品的知识。当然，由学习导致人行为的改变，有时是立刻就会发生的，但有时是潜移默化的，行为改变要在一段时间之后才会显现出来。这种情况在广告效应中最为典型。广告效果测试显示，重复的次数多了，就会导致消费者购买行为的改变。

8.1.2 学习的作用

1. 获取消费信息

消费者的购买决策是以获得有关购买问题的知识和信息为大前提。信息获取本身就是一种学习，而通过哪些渠道获取信息，获取哪些方面的信息，均需要借助学习这一手段。另外，在现代社会，随着产品更新换代的加快，消费者获取信息的内容也越来越多、越来越广、越来越杂，消费者或主动或被动地接触这些信息，而其中被消费者接受并能够影响消费者行为或行为潜能的可能只有一小部分。但是，正是这一小部分信息，使消费者行为不同以往，使他的购买决策更富于理性和趋于优化。

2. 触发消费联想

联想是指消费者由此一事物想到另一事物的心理过程。人们一提起教室，就联想到黑板、多媒体教学设备；近十多年，人们一提起"i"，就联想到苹果品牌，"i"系列几乎成了苹果的代名词。

联想有两种类型，一是刺激对象之间的联想，如由钢笔联想到墨水，由冬天联想到寒冷；二是行为与结果之间的联想，如由饮料联想到解渴，由面包联想到充饥等。联想在消费者行为中有着非常重要的作用，它既能触发消费者的购买行为，又能抑制或阻碍消费者的购买行为。很多企业在宣传其产品时，都试图通过语言、文字、画面促发消费者的积极联想，从而激起消费者的购买欲望。同样的刺激或暗示，对于不同的人可能会激发不同的联想，其中一个重要原因就是学习与经验使然。而且，企业营销人员发现，经由学习而产生的联想，经多次重复，日久天长，便会形成习惯。如家里的洗涤灵快用完了，消费者会自然地联想到去离家不远的永辉超市或物美超市购买某品牌的洗涤灵。所以，企业营销人员千方百计在产品、品牌、消费者体验、学习、联想与购买之间寻找结合点，希望消费者长期购买本企业品牌的产品。

3. 影响消费决策

学习的过程常常贯穿于消费者的购买决策全过程。我们分解消费者购买决策过程，会发现消费者通过学习，获取所需要的信息，对所要购买的商品有了大致了解后，在确定方案阶段，还要通过学习进一步掌握新的信息，以做出最后决策。所以，学习的过程也是选择购买方案的过程。需要指出的是，学习的作用会因学习的方式不同有所区别。学习可以分为正式与非正式两种。人们往往把学校的学习、系统的培训作为正式学习。就消费者购买行为来讲，更多的学习是非正式的。例如，从商场的橱窗中观察商品的陈列，或者在购买决策过程中，来自家庭、同事、朋友的意见、亲自使用某产品的体会等，都会不同程度地影响购买行为。

8.1.3 消费者学习的方法

消费者购买活动的每一步都是在学习，从感知商品到购买决策及使用体验，都是学习的过程，可见学习对消费者的重要性。这种重要性体现为三点：一是增加消费者的商品知识，丰富购买经验；二是进一步提高消费者的购买能力，促进购买活动的完成；三是有助于触发消费者重复性的购买行为。根据这三个特点，消费者可以采取不同的方法进行学习，在这里介绍几种消费者学习的方法。

1. 模仿法

模仿就是仿效和重复别人行为的趋向，它是消费者学习的一种重要方法。一些演艺明星和体育明星的发型、服饰，甚至生活方式，之所以能很快在某些人群中流行开来，就是模仿心理的作用。

模仿可以是有意的、主动的，也可以是无意的和被动的。当被模仿行为具有榜样作用，社会或团体又加以提倡时，这种模仿就是自觉进行的。而传媒又对此大加宣传之后，社会上就会有很多人自觉地予以模仿学习。在社会生活中还有很多模仿是无意识的，如小孩模仿大人的行为，经常接触某个群体的成员，就会不自觉地带有该群体的行为特征等。

模仿可以是机械地模仿，比如在上体育课时老师做示范动作，让同学们仿效；模仿也可以是创造性地模仿，比如在 2010 年的南非世界杯比赛期间，有很多国家球迷们的装束是既模仿又创新的，让现场其他观众和电视机前的观众大开眼界。

2. 试误法

试误法是消费者通过尝试与试错，从而在一定的情境和一定的反应之间建立起联结。例如，消费者渴了的时候，可以喝茶、咖啡、可乐、矿泉水或者功能性饮料等，也就是说可以做出许多不同的反应，但经过多次尝试，发现做出某种特定反应能获得最满意的效果，于是此种反应与这一情境的联结就会得以保存。如果在今后的行为练习中，做出此种反应之后总是伴随着满足，则联结性会增强；反之，若做出反应之后伴随的是不满和烦恼，联结性将减弱。

3. 观察法

观察法是指消费者通过观察他人的行为，获得示范行为的象征性表象，并做出或避免做出与之相似的行为的过程。在消费过程中，消费者或自觉或不自觉地观察他人的消费行为，并以此指导自己的消费实践。例如，当发现同事买的某种牌子的笔记本电脑质量不错，效果也好，就可能在头脑中留下印象，在自己需要购置笔记本电脑时，就会不自觉地想到同事的那台笔记本电脑，并形成购买意向。反之，如果经过观察发现同事所买的那台笔记本电脑不那么理想，则在自己需要购买笔记本电脑时，可能会避免选择该牌子的产品。观察学习使个体突破直接经验的限制，获得很多来自间接经验的知识、观念和技能，它是消费者普遍采用的学习方法。

8.2 有关消费者学习的理论

消费者如何学习？通常可用行为主义学派与认知学派和观察学习理论来解释这一过程（见图 8-1）。行为主义学派研究的是主体接触到刺激后所发生的反应变化，由此形成了经典性条件反射理论和操作性条件反射理论。认知学派把学习看作问题的解决，强调学习所带来的心理状态（态度和渴求利益）的变化。观察学习理论强调在学习过程中社会条件的作用。

8.2.1 行为主义学派的理论

在这里主要介绍行为主义学派中的经典性条件反射理论和操作性条件反射理论。

1. 经典性条件反射理论

经典性条件反射理论是由苏联诺贝尔奖获得者，生理学家伊万·巴甫洛夫（Ivan Pavlov）

创立，该理论认为，借助于某种刺激和某一反应之间的已有联系，经过反复练习学会对于另外的刺激做出相同反应的过程叫经典性条件反射。这一理论是建立在著名的巴甫洛夫的狗与铃声的实验基础上的。试验是这样的，一般情况下狗看到食物（无条件刺激）都会流出唾液（无条件反射），在每次给狗喂食之前都要打铃（条件刺激），于是在狗的大脑皮层上引起一个兴奋中心。经过多次反复后，狗听到铃声就会分泌唾液（条件反射）。这时，经过学习，新的条件联系便产生了，即铃声变成了食物的信号。

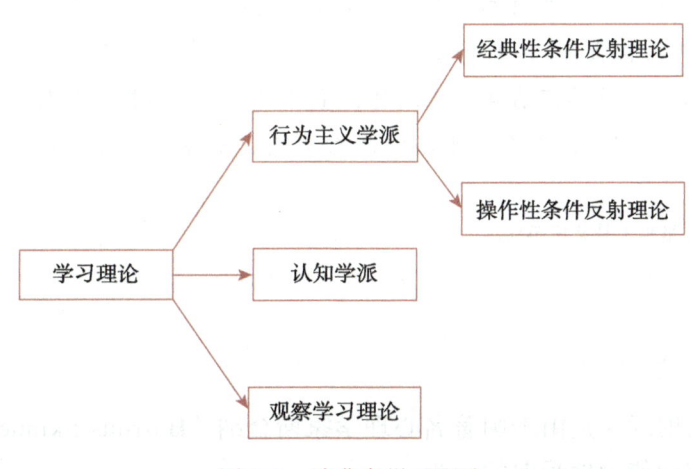

图 8-1 消费者学习理论

由这个实验可以得出一个结论，学习就是学会用一种新的方式对以前无关的刺激做出反应。同时，巴甫洛夫还提出，没有强化就根本不会发生条件反射。即便条件反射建立之后，它的巩固也依赖于强化。如果无条件刺激不再同条件刺激结合，那么暂时神经联系就会消失。

经典性条件反射理论及其所得到的科学事实，可以用于消费者的学习。例如，海上的惊涛骇浪（无条件刺激）总是能够引发人们去挑战艰难险阻勇往直前的情绪反应（无条件反射），瑞士银行（条件刺激）的广告背景就是一幅在海上惊涛骇浪中，奋勇搏击的帆船图景，二者同时出现，反复多次，则瑞士银行的形象是：无论是惊涛骇浪，还是艰难险阻，瑞士银行都会勇往直前（条件反射）。再如，有的幽默广告本身引起情感的反应，开始消费者的情感仅限于对广告本身，但如果反复给消费者看这些广告，那么广告所宣传的品牌同样会引起消费者愉快的感受，产生所谓的条件反应，或者称为"移情"。在这里，消费者有意无意地习得了对特定品牌商品的积极态度和行为。换句话说，一则令人感到亲切的广告，通过经典性条件反射就可能加强消费者积极的品牌态度，而并不需要表明使用该品牌本身会带来满足。

另外，经典性条件反射原理中的消退理论证明，企业知名度和美誉度的保持或巩固，同样必须不断用好的品质和优质服务来强化，否则知名度和美誉度就会消退，甚至走向反面。

> **专栏 8-2　　　　　　　　　万宝路香烟的广告**
>
> 　　世界上运用经典性条件反射理论最为成功的要数万宝路香烟的广告，它令品牌形象与产品个性建立起积极的联系。万宝路牛仔广告基于这样一个事实：在美国，人们普遍把牛仔看作力量、阳刚之气及诚实正直的化身，是英雄主义的代表。牛仔是初始的或无条件的刺激，牛仔激起的积极感受（力量、阳刚之气、英雄气概）是无条件反射。消费者通过以下两方面把万宝路香烟与牛仔结合起来：①反复的广告；②无条件和条件刺激结合（牛仔总是与万宝路香烟相联系）。接下来产品就变成了条件刺激，因为它可以像牛仔那样激起相同的积极感受。万宝路广告运作的成功，正是因为这种积极的联想。因为牛仔影响了烟民，使他们购买万宝路，而对万宝路的回味又使烟民再次购买，品牌购买是一种条件反射。
>
> 　　资料来源：作者根据资料整理而成。

2. 操作性条件反射理论

　　操作性条件反射理论是由美国著名心理学家斯金纳（Burrhus Skinner）提出的，用来解释人为适应环境而能动地采取的行为。

　　斯金纳通过对白鼠进行实验发现，将饥饿的白鼠放置于箱中，当白鼠乱窜碰到杠杆时，就会掉下食物，这样反复多次，每次触动杠杆，必得到食物，于是发展到白鼠主动触压杠杆以求得到食物。如此反复，这种行为就会得到强化，形成条件反射。由于触动杠杆是获取食物的一种手段或工具，因此，这一类型的学习被称为操作性条件反射或工具性条件反射。

　　斯金纳的操作性条件反射与巴甫洛夫的经典性条件反射虽然基本观点一致，即学习是建立在条件反射基础上的，但是二者还是有一定区别的。在巴甫洛夫的经典性条件反射理论中，学习是先有刺激后有反应，或者说，行为反应是由刺激引发的，是一种对刺激的被动的应答活动；而斯金纳的操作性条件反射理论强调，学习是先有行为后有刺激，行为反应是自发出现的，而后才被刺激所增强。在操作性条件反射理论中强调了强化会加强刺激与反应之间的联结作用。

　　另外，斯金纳将强化分为正强化和负强化两种。正强化是一种积极刺激，它能引起消费者满意的体验。比如，使用一种护肤品使你的脸感觉舒服、湿润、有光泽，你就有可能多次购买这种护肤品。负强化是一种消极刺激，那些引起消费者不愉快反应的刺激都可以看成是负强化。

　　操作性条件反射对理解复杂的消费者心理现象具有重要的意义。这个理论把消费者行为视为原先产品使用后的满意感的函数。按照该理论，消费者对自己的购买行为是可以主动控制的，从产品使用中获得的持续强化（反复满意）将会提高消费者再次购买这一品牌的可能性。

在操作性条件反射理论中还提到一种现象,叫作自然消退。它是指某种条件反射形成后,不再受到强化,那么这种反射就逐渐减少,甚至消失。比如,消费者在有奖销售的影响下,购买了某种商品,当他以后再次购买该商品时,有奖销售活动结束了,他有可能不再购买该商品。另外,消费者对某一种品牌或服务不再有好感,消退过程——终止刺激和预期回报之间的联系就会发生,消退过程使消费者再次购买该品牌商品的可能性迅速降低。

8.2.2 认知学习理论

认知学派把学习看作问题的解决,强调学习所带来的心理状态(态度和渴求利益)的变化。

最早研究认知学习现象的是德国心理学家科勒(Wolfgang Kohler)。1917年科勒报告了他对黑猩猩的学习研究。在房间中央的天花板上吊着一串香蕉,但是站在地面够不到,房间里有一些箱子,但又不在香蕉下面。开始时,黑猩猩企图通过跳跃去取得香蕉,但没有成功。于是,它就不再跳了,在房间里走来走去,突然在箱子面前站立不动,然后很快地把箱子挪到香蕉下面,爬上箱子,从箱子上跳,取得了香蕉。有时候站在一个箱子上仍够不到香蕉,黑猩猩还会把两个或几个箱子叠起来,取得香蕉。科勒认为,这就是对问题情景的一种"顿悟",并且认为黑猩猩解决问题是靠领悟事物之间的关系,对问题的情景进行改组,才使问题得以解决的。

认知学派强调,学习是一个解决问题的过程,是一个人对信息进行加工、整理、处理的结果,并主动在头脑中形成一定的认知结构,而不是在刺激与反射之间建立联系的过程。根据该理论,消费者对商品的态度实际上是对接收到的信息进行判断和评估,并据此确定态度的方向和强度。

认知学派对学习的解释是立足于学习者对问题的解决和对所处环境或情境的主动了解。这种主动了解并不像条件联系的学习那样盲目地或机械地重复,而是如何在不同的情境中使用不同的手段——从而达到一定的目的。

认知学习理论对解释消费者的购买决策过程有很大的帮助。按照这一理论,消费者的购买行为总是先从认识需要开始,随后再评估满足需求的可选品牌,接着选出他们认为最可能满足他们的产品,最后评估产品满足需求的程度。

8.2.3 观察学习理论

观察学习理论主要是由美国心理学家班杜拉(Albert Bandura)所倡导的。该理论认为人的许多行为是通过观察学习而获得的。所谓观察学习是经由对他人行为及其强化性结果的观察,一个人获得某些新的反应,或使现有的行为反应得到矫正,同时在此过程中观察者并没有外显性的操作示范反应。根据这个定义,观察学习有以下特点。

首先,观察学习并不必然具有外显的行为反应。

其次,观察学习并不依赖直接强化,在没有强化作用的情况下,观察学习同样可以发生。

最后，观察学习不同于模仿。模仿是学习者对榜样的简单复制，而观察学习则是从他人的行为及其后果中获得信息，它可能包含模仿，也可能不包含模仿。

利用观察学习理论可以诱导消费者特别是潜在消费者的反应。

第一，通过模特（通常说的榜样）说明产品的肯定结果，演示产品的使用方法，就可以引起潜在消费者的注意，使他们模仿模特使用该产品。比如，SKⅡ护肤品用明星做形象代言人，其目的就是通过明星使用产品，引起潜在消费者的注意；或者消费者通过对别人行为的观察，熟悉产品的使用方法，其意图是让消费者模仿和学习，甚至影响消费者的重复购买行为，或扩大口碑效果。

第二，消费者可以通过观察别人在体验刺激时的情感表现，使其获得观察性学习的效果，让消费者更容易接受别人的影响，从而形成对产品积极肯定的态度。

8.3 消费者学习的基本特征

了解学习的一些基本特征，可以帮助营销人员掌握消费者学习心理活动的特点和规律，以便有针对性地采取措施，强化消费者对产品、广告、品牌、服务等营销活动的认知度。在学习的基本特征中，对营销人员最有价值的是：学习强度、刺激泛化、刺激辨别和反应环境。

8.3.1 学习强度

学习强度是指习得的行为或反应不被遗忘，能够持续的程度。学习强度受四个因素的影响：学习内容或被学习事物的重要性、强化的水平或程度、重复的水平和消退速度。一般而言，接受的信息越多，过程中接受的强化（或惩罚）越多，刺激重复（或练习）的次数越多，信息内容中包含的意象成分越多，学习就越快而且记忆也越持久。

1. 被学习事物的重要性

所学事物对消费者越重要，消费者的学习就越有效率和效果，其持续时间也越长。一般而言，在高介入情形下，消费者会主动获取信息，因此，此时所获得的信息较低介入情形下更为完整。同时，高介入情形下，消费者学习时对强化、重复等因素的依赖程度减弱。然而，在现实企业的营销活动中，企业面对的更多的是处于低介入状态学习的消费者。因此，如何使企业的信息传播更精准，更能满足消费者的需要；如何采取有效手段引起消费者对学习对象的注意和重视，是企业营销中永久的课题。

2. 强化

强化是指能够增加某种特定反应在未来重复发生的可能性的任何事物或活动。虽然在缺乏强化的情况下，消费者学习也常常发生，但强化对学习强度的影响是不容忽视的。

比如，在很多人看来，脑白金的广告不符合广告播放的规律，但是，正是脑白金连续不断的广告播放，反复的强化，使更多的人记住了这个品牌名称。实践证明，强化能极大地影响学习的速度和学习的效果。

强化分为正强化和负强化。好的结果和积极的体验，对人的行为具有积极的强化作用。坏的结果或消极的体验，对人的行为就具有负强化的作用。

怎样从正面强化消费者的行为呢？我们可以讨论三点，即制定强化形式、塑造和区别激励。

（1）制定强化形式。在市场营销中，针对消费者的强化形式很多，在这里介绍四种。

第一，固定间隔的强化。这是指固定强化之间的时间间隔。人们在强化过去后的时间内反应冷淡，但在下一个强化来临时则反应积极。比如，消费者会在季节性减价的最后一天蜂拥至打折的商店，但在两次降价的时间内却不再光顾此商店。

第二，变动间隔的强化。这是指强化之间的时间间隔围绕着某一均值变动。由于消费者不知道强化什么时间发生，他们必须持续不断地做出反应。比如，许多饭店为了保持较高的上座率，经常采取在一个星期内不同菜系打折的方式吸引顾客就餐。

第三，固定比率的强化。这是指强化只在一个固定数目的反应之后发生。这种强化促使人们持续不断地进行相同的行为。比如，许多商店实行的"会员卡"和"购物券"等形式，其意图就是通过优惠强化消费者在该商店重复购物的行为。

第四，变动比率的强化。这是指在刺激物的作用下，促使消费者累积更多的消费行为。如一些超市或百货商店以及电商热衷于搞不定期的有奖销售、赠送活动，借此吸引更多的消费者来本商店购物。

（2）塑造。一般来讲，塑造是指调整反射条件改变某些行为发生概率的过程。其目的不是取消这些行为，而是要提高其他行为发生的概率。

很多商超在日常经营过程中进行了类似于塑造的营销活动。比如，设立打折或特价商品转卖区来招徕顾客。一旦消费者进入商店，其购买非特价商品的概率就会比没有进入商店的概率高。家用电器零售商或汽车4S店经销商在其店门前举行大型促销活动，就是为了塑造消费者行为，因为当消费者身处商店的大门前或4S店门前时，要比在家中更有可能进店内购物。同样，商家的免费试用、免费品尝的销售促进方法也可以使更多的消费者接触商品，亲身体验产品的特性，比如房地产商的免费看房班车也是一种塑造战术。他们将消费者领至楼盘现场是为了增加购买行为发生的概率。

（3）区别激励。在消费者发生行为前采取的手段叫作区别激励。人们通常认为区别激励为行为发生创造了条件。这就是说，区别激励存在于行为发生前并直接影响行为的发生。实际上，区别激励和强化的区别在于区别激励发生在消费者行为之前，而强化发生在消费者行为之后。比如，麦当劳做广告，凡是购买一个巨无霸便可以免费得到一个麦乐鸡，这就提高了消费者从麦当劳购买巨无霸的概率，这是一种激励，而不是强化。

由上述介绍我们可以理解，营销人员为什么一定要清楚"什么才能强化消费者的具体购买行为"。其意义有两方面：一方面要让消费者重复购买，产品必须满足消费者所追求的目标——对产品的利益要求；另一方面，要诱导消费者做出第一次购买，促销信息必须保证恰当的强化，也就是保证产品能满足消费者的需求。

3. 重复

重复能增加学习的强度与速度，即接触某种信息次数越多，人们掌握它的可能性就越大。重复的效果还直接与信息的重要性和所给予的强化有关。换句话说，学习的内容越重要，并得到了积极的强化，则重复就可以减少；反之，则应提高重复的次数，以强化学习的效果。以广告为例，当某个广告内容对消费者可能并不重要，此时，重复也许就成为说服的关键，如图 8-2 所示。

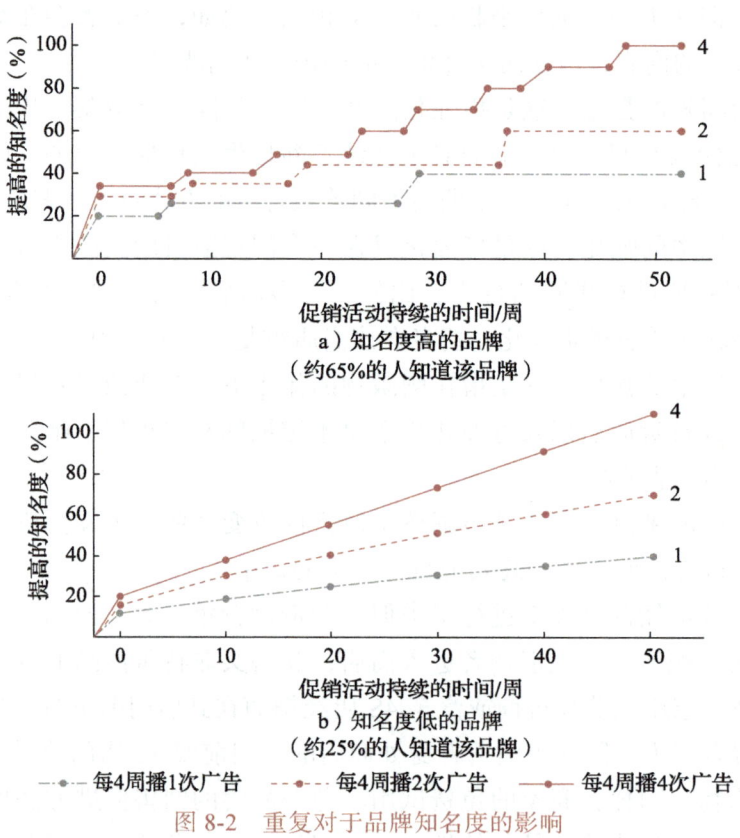

图 8-2 重复对于品牌知名度的影响

注："重复对于品牌知名度的影响"相对于原来知名度的变动百分比。
资料来源：作者根据相关资料整理而成。

图 8-2 是基于对 16 500 名被试者的一项研究得出的结论。它显示了在 48 周的时期内不同的广告重复对于知名品牌和不知名品牌的影响，其结论值得注意。第一，最初的接触或展露影响力最大；第二，高频率的重复（一周一次）比低频率的重复（隔一周一次或每四周一次）效果好，而且时间越长，这种效果优势越大；第三，相对来说，不知名的品牌从广告中获利更大，即其知名度提高幅度更大。比如，20 世纪 90 年代中期金嗓子喉宝以广告词"保护嗓子，请选用金嗓子喉宝"成功打开了市场，其广告词极其简单但

很实用。这条既没有诗情画意,又没有大腕明星的广告从 1995 年开始不间断地播放了 8 年,使其家喻户晓。

广告重复的次数与重复的时机都会影响学习程度和持久性。图 8-3 显示了某个食品广告重复时机与产品回忆之间的关系。其中,较平滑的那条线代表一组受测试的家庭主妇,在连续 13 周内每周获得该种食品的邮寄广告,结果她们对该产品的回忆能力迅速上升,并在第 13 周达到最高,然后迅速下降,到年底几乎降到 0。

另一组家庭主妇也收到同样的邮寄品,但却是每四周收到一次。她们的回忆能力用图中锯齿形的线条表示。可以看出,她们的回忆能力在整个一年中不断增长,但在每两次邮寄广告品的间隔期内存在相当程度的遗忘。

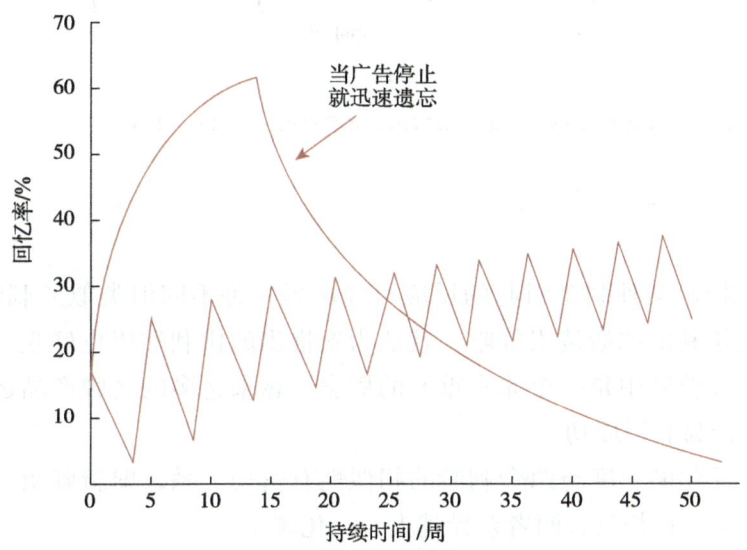

图 8-3　广告重复时机与产品回忆的关系

4. 消退

消退也可以叫自然消退。一旦对于习得的反应所给予的强化减弱,习得的反应不再被运用或消费者不再被提醒,消退或遗忘就会发生。

遗忘发生的速度与最初的学习强度呈负相关关系。也就是说,学习的内容越重要、强化越多、重复越多、意象越多,学习对遗忘的抵制就越强。营销人员通常希望消费者能对本企业产品品牌、广告等保持长久的记忆和深刻的印象,但如果不注意强化,这种期望是不现实的。这在广告记忆效果调查中得到了很好的验证。在一次对 13 000 多名成人进行的民意测试中发现,有一半以上的人记不起刚过去的 30 天里看过的、听过的或读过的具体广告。遗忘给企业的促销工作带来了很大的困难。

图 8-4 显示了一条常见的遗忘曲线。该研究从《美国机械师》杂志中选取了 4 则广告,测量消费者在有辅助和无辅助情况下对这些广告的回忆状况。可以看出,最初的一周,回忆率迅速下降,一周之后大致维持在稳定状态。

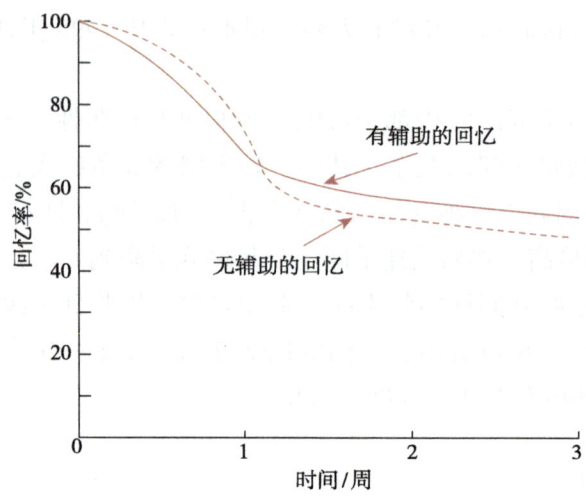

图 8-4　随时间发生的遗忘：杂志广告

资料来源：衡凤玲.消费者行为[M].北京：北京工业大学出版社，2004：103.

8.3.2　刺激泛化

　　刺激泛化是指由某种刺激引起的反应可经由另一种不同但类似的刺激引起。比如，一个消费者知道伊利的冰激凌很好吃，就认为新推出的伊利酸奶也好吃，这种情况就是刺激泛化。泛化在营销中是一个非常重要的概念，越来越多的名牌产品运用这一原理进行品牌延伸，且极易获得成功。

　　研究表明，泛化的程度与两个刺激的相似性有密切关系，即新刺激与原有条件刺激越相似，泛化越明显；相反，两者差异越大，泛化越小。

　　现在，刺激泛化原理被广泛地运用到企业的市场营销活动中，特别是在品牌策略、包装策略和广告策略方面。学习中的这种泛化现象对消费者的品牌学习带来的影响在于，消费者不必对每一个刺激做出反应，只要熟悉名牌中的某一个产品，就可能随之认识它的系列产品。这也正是名牌的市场价值所在。比如，我国海尔电器集团最初以优质电冰箱起家，取得成功以后又推出了一系列其他类别的电器产品，如空调、洗衣机、热水器、微波炉等，还有很多小家电都冠以"Haier 海尔"品牌上市销售，其用意就是消费者能从该公司某一产品的成功使用扩散到其他未曾使用过的产品中去。虽然海尔集团的产品之间存在差异，但对产品的知名度、质量的可靠性的认知是很容易转移到本企业其他产品上去的。再如，蒙牛利乐枕的液态奶在上市以后，受到消费者广泛的好评，蒙牛集团继而又用蒙牛品牌推出各种酸奶、各种冰激凌和各种口味的冠益乳，就是运用泛化原理建立消费者对这些产品的反应。据粗略统计，世界上大多数公司大约有 80% 的新产品品牌名称是已有品牌或生产线的拓延。比如美国宝洁公司在 20 个月的时间内推出近 90 种新产品，但是没有一个品牌是全新的。

> **专栏 8-3　　　　　飞利浦公司利用学习泛化原理设计品牌**
>
> 　　消费者行为学研究发现，当消费者在某一刺激情境中学到了某一反应后，其他类似的刺激出现，便能获得对该刺激同一倾向性的反应。这就是学习理论中讲的刺激的泛化。现在，这个理论被广泛地运用到企业的经营活动中。当企业把一种产品成功地推向市场，并取得了广泛的市场占有率后，再向市场推出系统产品也采取类似的策略。荷兰的飞利浦公司从一般的家用电器到家具、乐器，以及工业上使用的电子集成电路都一律以"飞利浦"命名，其用意就是使消费者能从该公司某一产品的成功使用概括到其他未曾使用过的产品中去。虽然该公司的产品之间存在巨大差异，但对产品的知名度、质量的可靠性的学习是很容易转移的。这种集中于某一单一刺激，较之采取分散的、为数众多的、昂贵的逐个命名品牌的策略的优点是，节省费用开支，减少推销新产品所冒风险。
>
> 资料来源：作者根据网络公开资料编写而成。

然而，对于企业来说，刺激的泛化是一把"双刃剑"。一方面，企业可以利用刺激泛化将消费者形成的关于本企业或产品的一些好的情感和体验传递到新产品上去，以此促进新产品的接受和购买；另一方面，关于企业或其产品的负面的信息经由刺激泛化以后，会对企业的营销活动产生不利影响，正如俗话"一荣俱荣，一损俱损"。比如，2008年9月发生在我国的三聚氰胺事件，致使成千上万的消费者不仅不买一些知名品牌的奶粉、液态奶等奶制品，而且还泛化到其他一些小食品上，拒绝购买这些乳制品厂家生产的所有产品，时至今日，对这些奶制品生产厂家来说都是一个痛。

还有一个值得注意的问题，刺激泛化现象的存在为营销中的不法行为提供了机会，表现为某些经营者在市场活动中采用不正当手段，在包装、装潢、商标、品牌名称等方面使自己的产品仿冒名牌产品，以期消费者对名牌产品的好感泛延到他们的产品上去，从而诱骗消费者上当受骗。

8.3.3　刺激辨别

刺激辨别是指人们将某一刺激与另一类刺激相区分的学习过程，或者说，它是指消费者对相互类似的刺激予以不同反应的学习过程。

刺激的辨别（或识别）与刺激的泛化是具有紧密内在联系的学习现象。我们对新刺激的最初反应通常接近于对以往类似刺激所做的反应。只有经过这样一个泛化阶段以及随之而来的对有关线索的学习之后，我们才开始学会将新刺激与旧刺激相区别。

消费者接受新产品的过程基本上也是这样的。这是因为购买者对新产品的第一反应就是弄清楚与该产品最相似的产品是什么。只有弄清楚这一问题，购买者才会将已知产品的某些特性赋予到新产品上，也就是对刺激予以泛化。当然，新产品获得成功仅仅停留在这一阶段还不够，还要使购买者感觉到它具有某些不同于已有产品的独特性。正是这种独特性，使新产品和原来同属一类的其他产品相区分。

另外，刺激辨别要求消费者在品牌学习中避免出现泛化的现象。因为相似性越来越小的刺激都被同样对待，不利于品牌的识别。这时必须对刺激做出区分，以使消费者对它们做出不同的反应。比如，拜耳的阿司匹林与其他品牌的阿司匹林不同，但是消费者不是购买专家，常常不能清楚地辨别它们的差异。为了使消费者对拜耳阿司匹林进行识别，并形成品牌记忆，企业的首要任务就是教会消费者区分拜耳阿司匹林与其他品牌的阿司匹林的不同。

刺激辨别在市场中不是个别现象。随着市场竞争加剧，同类产品繁多，产品同质化现象日益突出，产品之间的差异变得越来越小，要让消费者对不同产品做出准确判断，不是一件容易的事情。目前，广告宣传是大多数企业用于帮助消费者进行刺激辨别的主要手段。通过各种传播渠道，引导消费者注意本企业产品的特征，强化差别认识，如产品的一切外部特征，包括品牌、品名、色彩、外观、包装等，最终把自己的产品从同类产品中区分出来。

8.3.4 反应环境

反应环境是指消费者学习和掌握信息，以及以后回忆信息时所处的环境。影响信息提取能力的因素有两个，即最初的学习强度与回忆时所处的环境是否与最初的学习环境具有相似性。最初学习的强度越大，在需要的时候，提取相关信息的可能性就越大。在回忆时提供越多与当初学习该信息时相似的环境线索，回忆就越有效。反应环境对消费者的品牌学习有着基本的意义。通过反应环境有助于唤醒和强化品牌记忆。企业利用反应环境强化品牌记忆时，首先要研究消费者的购买习惯，了解他们购买决策发生的时间与地点，便于营造能唤起消费者记忆的环境线索。比如，一个企业在其口香糖的电视广告中将一幅有趣的画面与该口香糖品牌的发音配对出现，以使消费者对于该品牌产生正面情感（经典条件反射），但是广告中没有清楚地显示该口香糖的包装和品牌字样。当消费者在购买环境中面对众多品牌的口香糖时，由于只能看到各种口香糖的外观与包装，而没有与品牌相对应的声音刺激，这样的购买环境很难唤起消费者对特定品牌的记忆。正确的做法是广告在提供品牌声音刺激的同时，还应在画面中显示产品品牌的包装画面，这样才能为消费者提供一个完整的刺激环境，帮助消费者唤起记忆。

本章小结

本章讨论消费者学习心理与行为之间的关系。学习是人在生活过程中，因经验而产生的行为或行为潜能的比较持久的改变。学习在消费者购买过程中有三个方面的重要作用：一是获得有关购买的信息；二是促发联想；三是影响消费者购买决策的全过程。

消费者学习的方法有模仿法、试误法和观察法。

本章用比较多的笔墨讨论了有关消费者学习的理论，主要介绍了行为主义学派中有代表性的经典性条件反射理论和操作性条件反射理论，认知学习理论和观察学习理论。

最后讨论了消费者学习的基本特征。企业要掌握消费者学习的基本特征，以便制定有效的营销组合策略。

复习思考题

1. 什么是学习？学习在购买过程中有哪些作用？
2. 简述消费者学习的主要方法。
3. 经典性条件反射理论与操作性条件反射理论有何异同？
4. 运用认知学习理论分析认知因素对消费者行为的影响。
5. 什么是观察学习？怎样利用该理论刺激消费者的反应？
6. 举例分析影响学习强度的因素。
7. 试述刺激泛化原理和刺激辨别原理在营销中的应用。

实践活动

1. 找出三则广告，其中，一则基于经典性条件反射理论，一则基于操作性条件反射理论，一则基于观察学习理论，然后分析每则广告的特点，着重分析每则广告在运用学习理论方面的特点。
2. 访问周围的同学或亲朋好友，了解他们是哪个商店、电商或俱乐部的会员，并询问他们得到过哪些更优惠的促销待遇或其他优惠待遇。

案例选编

特百惠家用塑料容器的销售方式

特百惠（Tupperware）是全世界知名的家居塑料保鲜容器品牌，为消费者提供食品保鲜、制备、烹饪、储藏、盛餐、清洁等系列产品（见图 8-5、图 8-6）。1958 年，Justin Dart 以 1 000 万美元的价格买下了特百惠。在以后的 25 年里，经过不懈的努力，每 5 年特百惠的产品销售量和收入都能翻一番。然而，1983 年该公司销售量下滑 7%，经营利润减少 15%。在 1992 年第二季度的销售量同比下降 33%，他们在美国的经销商也减少了 20%。特百惠家居塑料产品通常是在进行室内聚会活动时使用的，但现在这些聚会不仅在家里，在办公室及其他任何方便的场所都能举行。如图 8-7、图 8-8 所示，家庭构成的变化和家用物品的变化造成了公司业绩的大幅下滑。

图 8-5 特百惠容器（1）

图 8-6 特百惠容器（2）

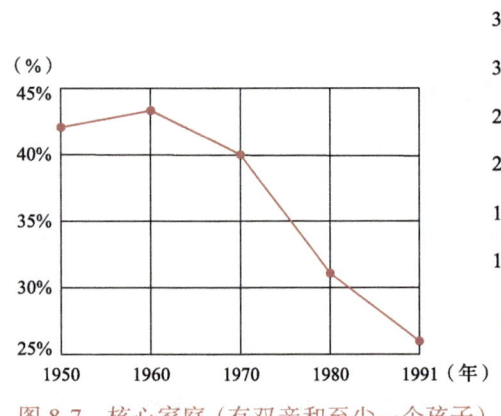

图 8-7 核心家庭（有双亲和至少一个孩子）所占比重变动图

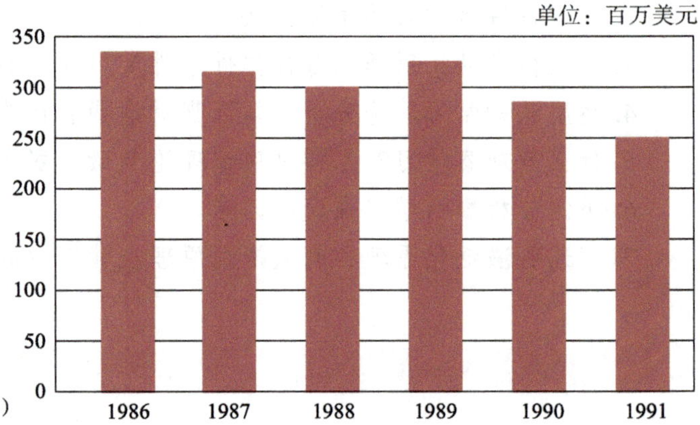

图 8-8 Tupperware 产品在美国销售额所占比重变动图

资料来源：作者根据美国人口普查相关资料整理而成。

特百惠一直以来采用聚会式销售模式，即由其业余销售人员及由他们邀请的朋友和熟人在指定地点聚会，同时在聚会上展示不同种类的塑料制品。这样的活动一般备有小点心和公司的免费试用品。与会者能参加由公司产品作为奖品的游戏，也能获得公司向来宾赠送的产品。许多顾客在聚会上订购货物并通过销售人员支付运费。

为了阻止这种下滑趋势，特百惠公司提供了一些新产品，包括 Modulan Mates，一种可防止家具摆放混乱的产品，Earth Pack，一套郊游时用的容器，以及放在微波炉里做丰盛午餐的容器。

该公司的这种销售方式也遇到了障碍，因为大多数的妇女（据公司的统计约 55%）不知道公司的地址，或者就不想来参加这样的聚会。大约 40% 的销售量是由那些自身没有参加聚会而是由前来参加聚会的朋友代定达成的。

而此时特百惠公司的主要竞争者 Kubbermaid 公司通过超市和打折的仓储式销售把商品卖给顾客。他们的市场份额已由 1984 年的 5%～10% 升到了 30%～40%。根据产量上的估计，特百惠公司的食品存放容器的市场占有率已由 59% 下降到 40%～45%。

特百惠公司仍坚持这种销售模式，并未打算进入零售市场。公司董事长 Allan. R. Nagle 说："改变现有的销售渠道将会使公司遭受伤害。"

公司已试着用邮寄产品目录的方式和电视广告来吸引新的经销商。不管怎样，公司希望在 20 世纪 90 年代以后能看到公司的聚会活动恢复活力，就像 Nagle 预测的："这种活动会变得比 20 世纪 80 年代更流行。因为妇女的兴趣会更广泛，而且家庭成员会把更多的时间花在家里。"

资料来源：彼德，奥尔森. 消费者行为与营销战略 [M]. 韩德昌，译. 大连：东北财经大学出版社，2000.

仔细阅读本文，回答下列问题：

1. 为什么特百惠公司的聚会活动对其销售商品会这么有效？这种销售方式对消费者的认知、情绪和行为产生什么样的影响？
2. 基于学习的基本特征，如积极强化、变动比率表和行为塑造，提出至少 5 条有关特百惠销售该产品的建议。
3. 对于特百惠公司来说，用什么营销策略可以阻止产品销售量的下滑及怎样扩大销售量和利润？
4. 请收集近 5 年特百惠在我国的销售方式及营销策略并进行相应分析。

第 9 章
消费者态度的形成与改变

消费者态度来自消费者以往的消费体验，直接影响消费者未来的购买行为。在一定意义上，消费者对产品或服务的肯定态度即品牌偏好，会产生爱屋及乌的行为；而否定的态度，会产生恨屋及乌的行为，这是企业营销主要研究消费者态度的原因之一。此外，态度作为一种复合型心理因素，具有外显和加以分析测量的特点。因此，在消费者行为研究中，十分重视对消费者态度的研究。

9.1 消费者态度的基本构成

9.1.1 态度的含义

态度（attitude）一词源于拉丁语的 aptitudo，含有"合适""适应"的意思。在现代心理学中，态度是指人们对于事物所持有的肯定或否定，接近或回避，支持或反对的心理和行为的倾向。

消费态度是消费者评价消费对象优劣的心理倾向，导致消费者喜欢或讨厌，接近或远离特定的产品和服务。消费者对产品或品牌的态度会直接影响其购买决策，在使用商品或服务中获得的经验又反过来直接影响消费者的态度，从而影响下一次的购买决策。

态度作为一种心理倾向，通常以语言形式的意见，或非语言形式的动作、行为作为态度自身的表现形态。因此，通过对意见、行动的了解、观察，可以推断人们对某一事物的态度。同样，通过消费者对某类商品或服务的意见、评价，以及积极、消极乃至拒绝的行为方式，也可以了解其对该类商品或服务的态度。比如，当观察到消费者对某品牌液晶彩电踊跃购买的情况时，就可以推断出消费者对该品牌持肯定和赞赏的态度。

9.1.2 态度的构成要素

消费者的态度是由认知、情感和行为倾向三种成分构成的复合系统。各个成分在态度系统中处于不同的层次地位，担负不同的职能，如图 9-1 所示。

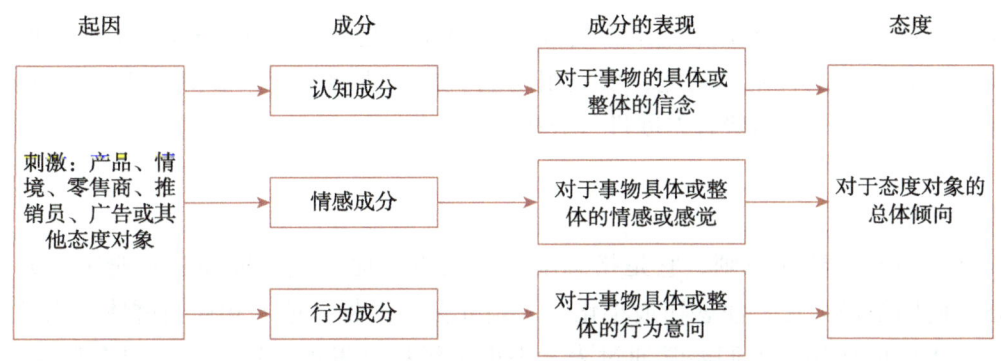

图 9-1 消费者态度结构及表现

1. 认知成分

认知成分是指消费者对客观事物的认识、理解和评价。消费者通过感觉、知觉、思维等认知活动形成对商品好坏、优劣、高低档等的认识与评价，它直接影响消费者态度的倾向性或方向性，是态度形成的基础。认知一般与提供的信息有关，而不含情绪或情感要素。比如，消费者认为性能优越、设计美观、操作简单的手机值得信赖，而性能不稳定、返修率高的手机不可信。

2. 情感成分

情感成分是指消费者在认知的基础上对客观事物的情感体验，它是态度的核心，与人们的行为紧密相连。比如，某人喜欢美的微波炉。这种喜欢包含有积极的感情成分。积极的感情就会使他对美的微波炉产生肯定的态度和接近倾向。如果条件具备，他就有可能会买一台美的微波炉。

3. 行为倾向

行为倾向是指个人对态度对象的肯定或否定的反应倾向，即行为的准备状态。通常，消费者对有关商品或服务有喜爱或肯定的倾向，就会导致购买行为的产生；反之，则不会导致购买行为的产生。

态度的三种成分各有特点：认知是态度的基础，其他两种成分是在对态度对象的了解、判断基础上发展起来的。情感对态度起着调节和支持作用，而行为倾向则制约着行为的方向性。

一般情况下，态度的三种成分作用方向是相互协调一致的。消费者态度表现为三者的统一。但是在特殊的情境中，上述三种成分也有可能发生背离，呈反向作用，致使消费者的态度呈现矛盾状态。比如，有一位消费者根据自己掌握的信息，预先判断某品牌的轿车有很大的降价空间，如果再等等，可以买到质量好、价格低的车。但由于对此款轿车具有强烈的好感，加上亲朋好友一个接一个都买了车，因而促成其"明知故买"。

9.2 消费者态度的基本功能

在研究消费态度功能的理论中，受到广泛关注的是卡茨（DanielKatz）的态度理论。卡茨认为，态度有四种基本功能，即效用功能、自我防御功能、知识功能和价值表现功能，在这里，我们结合消费者态度进行分析。

1. 效用功能

效用功能基于奖罚原则，它是指态度能使人更好地适应环境和趋利避害，或者说，利用态度使回报最大化，使惩罚最小化。人是社会性动物，他人和社会群体对人的生存、发展具有重要的作用，人们经常通过表达态度去维持和发展一段关系，只有形成适当的态度，才能从某些重要的人物或群体那里获得赞同、奖赏或与其打成一片。比如，销售人员如果对消费者的购买行为表示赞美，进而使顾客形成正面的态度和好感，销售过程可能会比较容易，而且消费者在下次遇到这些产品或服务时，也会做出一致的反应，从而节省了在购买决策上的时间。

2. 自我防御功能

自我防御功能是指当消费者的个别行为与所属群体的行为相左，或与社会通行的价值标准发生冲突时，消费者可以通过坚持固有态度以保护个体的现有人格，或适当调整和改变态度，求得与外部环境的协调，从而减少心理紧张，保持心理平衡，同时增强对挫折的容忍力与抗争力。比如，在消费过程中，我们经常可以看到一些收入水平并不高的消费者不时购买一些高级美容化妆品、抗衰老保健品或者对这种行为持积极的态度，实际上也是出于自我防御的目的，有意无意地防御由于身体衰老或自感容貌平平所滋生的不安心理。

3. 知识功能

知识功能是指消费者形成某种态度，更有利于对事物的认知和理解。事实上，态度可以作为帮助消费者理解商品或服务、广告、销售促进等的一种标准或参照物。消费者在已经形成的态度倾向性的支配下，可以决定是趋利还是避害。通过这种方式，可以使外部环境简单化，从而使消费者集中精力关注那些更为重要的事件。另外，态度的知识功能也有助于解释品牌忠诚的影响。对某一品牌形成好感和忠诚，能够减少信息搜集时间，简化消费决策程序，并使消费者的行为趋于稳定。

4. 价值表现功能

价值表现功能是指通过态度表现出消费者的性格、兴趣、文化修养，特别是自己的核心价值观念，同时反映消费者可能选择的决策方案和即将采取的购买行动。比如，有的消费者喜欢通过中国的饮食文化来表达他们的价值取向。

9.3 消费者态度的形成

9.3.1 心理学的态度形成与改变理论

态度具有稳定性的特征，它一旦形成，便会影响消费者行为全过程，所以要改变态度，并不像一般的学习那么简单。国外心理学家通过多种实验研究，提出了有关态度形成和改变的理论，在这里介绍较有影响的三种理论，即学习理论、诱因理论和平衡理论。

1. 学习理论

学习理论认为，态度是个体后天习得的。在态度的形成过程中，强化和模仿起了重要的作用。如果个体的某种态度得到强化，受到社会的赞许，那么这种态度就倾向于保持下来；反之，如果某种态度受不到强化，得不到社会赞许，就会消失。而人们的很多态度都是来自对榜样人物的模仿。榜样人物对某种事物持怎样的态度，人们就容易模仿他们的态度。

在态度的学习理论中，最著名的是心理学家凯尔曼（Kelman）提出的态度形成的三阶段理论。凯尔曼认为态度形成的过程可以分为三个阶段：顺从→认同→内化。

第一阶段是顺从，即在社会影响下，个人仅仅在外显行为上表现得与别人一致。对于之所以要如此行为并没有多少深刻的认识，也没有太多的情感成分。此时，个体对行为的态度主要受奖惩原则的支配，一旦外部强化或刺激因素消失，行为也可能会终止。因此，这种态度是表面的、暂时的和易变的。

第二阶段是认同，即表现为自愿接受别人提出的观点、信念和行为规范，并努力使自己在这方面的想法与之相一致。这种态度带有较多的情绪与情感成分，虽然它不一定以深刻的认识作为基础，但这种态度较顺从阶段的态度更为深刻，也更为积极主动。

第三阶段是内化，即个体把情绪认同的东西与自己已有的信念、价值观等联系起来，使之融为一体，对情感、态度给予理智上的支持。此时，个体态度以认知成分占主导，同时附有强烈的情感成分，因而比较持久和不易改变。

凯尔曼的理论不仅很好地解释了态度的形成从外到内、由浅入深的过程，并且使我们认识到态度的形成与改变是一个复杂的过程，并非所有人对所有事物的态度都必然经历上述过程，有时仅停留在第一或第二阶段。所以，稳固、持久的态度的形成十分困难。这就告诉企业，在经营活动中，应注意消费者态度的形成与转变，设法进行消费引导、消费教育，促进态度的内化。

2. 诱因理论

诱因理论是从趋近因素和回避因素的冲突看态度问题，即将态度的形成看作在权衡利弊之后而做出抉择的过程。以此来分析消费者行为，消费者对于一种产品或服务既有一些趋近的理由，也有一些回避的理由。比如，有一些消费者认为，新产品上市与众不同，能够体现自己的个性，使用时可能会招来同事、朋友的赞叹，产生令人兴奋的感觉，但是这种产品的品质不一定有保证,价格比较高,而且自己的父母或家里的其他成员并不喜欢这种产品。前者会使消费者对购买这种新产品产生积极的态度,后者则会使之产生消极的态度。按照诱因理论的观点,消费者最终态度是由趋近和回避两种因素的相对强度来决定的。如果前者在强度上超过后者,则会形成总体上的积极态度;反之,则会形成消极态度。

美国学者爱德华(Edwards)在1954年发表的一篇论决策的文章中,提出"期望价值"概念,并以此为基础对诱因理论做出解释。爱德华认为,由于诱因冲突的复杂性,人们在做抉择时,总是试图对每种可能出现的情况及预期的价值做出评价,并尽可能趋利避害,使主观效用达到最大。为了精确说明自己的思想,爱德华提出了用以测量主观效用(U)的公式,即$U=V \times P$。其中,V表示预期后果的价值,P表示预期后果出现的概率。如果就消费者对产品、服务的购买而言,若购买行为会带来更多更好的主观效用,消费者就会对此持积极肯定的态度;否则,会持消极否定的态度。在涉及两种产品的比较时,能带来较多主观效用者,将使消费者对其产生更为肯定的态度。

诱因理论把人的态度的形成看成有理性的、主动决策的过程,但把人的态度视为为追求个人得失而进行周密思考和计算的表现,似乎并不完全符合事实。不少研究表明,态度一旦形成,即使当时诱发态度形成时的诱因已被遗忘,人们的原有态度仍倾向于保持不变。对人、对事的情感成分比认知成分往往更为持久和更加有力。同样品质、同样价格的产品,仅仅由于原产地的不同,人们的评价会有令人惊异的差别;为了购买到产自家乡的产品或很久以前所喜爱的产品,消费者愿意付出更多的时间和金钱。这些事实说明,人的态度形成是一个复杂的过程,不一定或并不总是依理性原则行事的。

3. 平衡理论

平衡理论也称P-O-X理论,是由心理学家海德(Fritz Heider)于1958年提出的。该理论可以通过图9-2加以说明:其中P代表个体,O代表他人,X代表另一个对象,这三者之间的关系有肯定(+)和否定(-)两种形式。海德认为,如果三种关系从各方面看都是肯定的,或两种是否定,一种肯定,则存在平衡状态。相反,三种关系都是否定的,或两种是肯定的,一种是否定的,则存在不平衡状态。

比如,图中P代表某个消费者;O代表与该消费者相关的某个人,如该消费者所崇拜或讨厌的某个明星,或该消费者的某个朋友或家庭成员;X代表态度对象,它可以是某个产品、某个品牌、某种服务,也可以是一种现象、一种观点、一件东西等。P或O会对X采取某种态度。在a、b和c的情形下,P、O、X三者处于一种平衡状态。以a所示情形来说,P和O对X均持肯定态度,而且P、O彼此之间存在正面或积极的态度,因此P以及整个系统处于一种平衡状态。同样,在b、c情形下,系统也是平衡的。与此同时,在d、e、f情形下,平衡状态被打破。以e所示情形来说,P对O有一种负面态度,而O又对X持正面态度。此时,P如果不能改变对O的态度,就只有由原来喜欢X转变为不喜欢X,否则就会有不舒服、不平衡的感受。总之,根据平衡理论,当消费者与他人产生对产品或品牌的相反态度时，便发生了三角关系的不平衡。为消除不平衡，一种结果是消费者顺从他人的态度形成新的态度，另一种结果是坚持自我的态度而降低他人在自己心目中的地位。

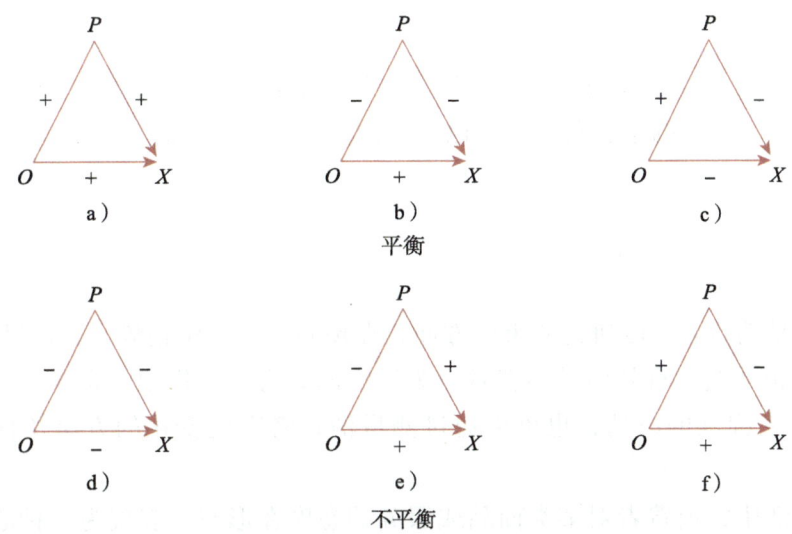

图 9-2　海德的 P–O–X 三角关系模式

另外，平衡理论有助于检验名人代言如何影响消费者对产品的态度。如果一个消费者喜欢某个名人，并且感知到（由于代言）该名人喜欢某个产品，则该消费者会倾向于更喜欢该产品，以达到心理平衡。但是，如果该消费者已经对名人代言的产品不喜欢，他可能会开始讨厌名人，再次达到心理平衡。

9.3.2　消费者态度形成的一般特点

1. 消费态度是消费者接受各种信息后经过思考判断而形成的

消费者如果认为信息真实，值得信赖并和自己的心理倾向或价值判断一致，就会对新接触的信息产生满意或肯定的态度；反之，则会产生不满意或否定的态度。总之，不管消费者通过何种渠道接受何种信息，其消费态度的形成与消费者获取信息的种类、数量关系、质量关系、价值判断具有密切的联系。

2. 消费需要是形成消费者态度的一个重要因素

对能够满足消费者需要的商品或服务，消费者就持满意的态度；对不能满足消费者需要的消费品，消费者就持不满意甚至持否定的态度。研究消费者态度是如何形成的，应该从影响消费者需要的因素开始，否则无法找到消费者态度形成的真正根源。

3. 消费者所处的社会文化环境对消费态度形成的影响

消费者所属的阶层对消费态度的影响主要表现在对产品等级的选择上，对相同或相似的商品，不同阶层的消费者消费态度是不相同的，这一点在我国轿车市场和商品房市场表现比较突出。消费者所属的民族、亚文化等因素对消费态度的影响，主要表现在对产品类别、属性、色彩等方面的选择上。

4. 消费态度受消费经验和厂商促销策略的影响

消费者对于某种商品或服务的消费经历可能形成满意或不满意的态度，从而影响其日后的购买行为。商家的整合营销策略也会直接影响消费者的消费态度。

9.4 消费者态度的测量

态度测量是消费者态度研究的重要方面，在预测市场变化趋势、进行目标市场选择、制定合理的营销战略、有效引导消费者行为等方面具有重要作用。企业营销战略是否成功以及获得多大程度的成功，也可以通过测量消费者态度变化的方向及程度做出客观评价。

在现实生活中，消费者对某类商品或服务的态度在形态上表现为一种心理活动和行为的准备状态，难以直接观察了解，因此需要采取一定的技术方法进行测量。所谓消费者态度的测量就是指运用科学的测量方法和技术手段，广泛调查、汇集有关态度的事实资料，并加以定性、定量的分析，以求得关于消费者态度的正确结论。应用于消费者态度测量的主要方法有以下几种。

9.4.1 态度测量法

态度测量法就是问卷法，即通过被测者对预先拟定问卷的回答，了解消费者对某一类商品或服务的态度。运用态度测量法的关键是合理设计问卷。问卷一般由反应测量内容的若干条陈述性题目构成。各题目按照被测者的反应范围或程度标以分数或量值，最后根据得分状况判定消费者的态度。

问卷的具体设计方法又分为两种。

1. 瑟斯顿等距量表

瑟斯顿（Thurstone）和蔡夫（Chave）在1929年出版的《态度的测量》一书中，提出了态度测量的等距量表法。该方法的特点是以等间隔方式拟定有关事物的题目，使问题按照强弱程度形成一个均衡分布的连续统一系统，并分别赋予量表值，然后让被测者任意选择自己同意的题目。根据被测者所选题目的量值，来确定其态度的倾向及强弱程度。得分越高表明态度的强度越高。

比如，某电视机厂为了解消费者对发展平板彩电（液晶、等离子）的意见，设计了一份问卷调查表，如表9-1所示。

表 9-1　瑟斯顿量表法例表

量表值①	题号	题目
7.5	1	今后应大力发展平板彩电，纯平彩电可被淘汰
5.0	2	应以发展平板彩电为主，可少量生产纯平彩电
3.5	3	平板彩电和纯平彩电各有优点，应共同发展
2.0	4	对彩电是平板还是纯平无所谓
0.5	5	老款彩电价格低，符合我国目前的消费水平，应以纯平彩电为主

①正式测量时，各题量表值一律不在卷面标出。

被测者赞成该题目时，在括号内打"√"符号，不赞成则打"×"符号。主测者根据得分高低判断消费者的态度倾向。

2. 李克特量表法

李克特量表法又称总和等级评定法，是美国心理学家李克特（Rensis Likert）于 1932 年提出来的。该量表法是在瑟斯顿量表法的基础上，设计出一种更为简便的态度测量表。该表同样使用陈述性语句提出有关态度的题目，但不将题目按内容强弱程度均衡分解为若干个连续系列，而是仅采用肯定或否定两种陈述方式。然后要求被测者按照同意或不同意的程度做出明确回答。供选择的态度程度在量表中用定性词给出，并分别标出不同的量值。程度的差异一般可作 5~7 级划分。例如，仍用上例，采用李克特量表法可做如下设计，如表 9-2 所示。

表 9-2　李克特量表法例表

我愿意使用平板（纯平）彩电				
非常愿意	愿意	无所谓	不愿意	非常不愿意
2	1	0	-1	-2

被测者可按照自己的意愿从中选择任一等级，打上"√"符号，最后由主测者根据得分情况对被测者的态度倾向进行定量分析。

以上两种方法各有所长。瑟斯顿量表法可以较详尽地给出供选择的题目，准确反映态度倾向的细微差异，对于复杂态度的测量具有良好效果。但是该表的测量程序比较复杂，对陈述项目的分类标准难于把握，因而在一定程度上削弱了其实用价值。相比之下，李克特量表易于得到被测者的配合，且包容量大，可以同时测量消费者对多方面问题的态度，而工作量却只有瑟斯顿量表的几分之一到几十分之一，因此在实际测量中得到广泛认可和应用。

9.4.2　语意差别量表

语意差别量表又称语意分析量表，是由奥斯古德（Charles Osgood）等人于 1957 年提出来的一种态度测量方法。该量表的基本思想是，对态度的测量应从多个角度并采用间接的方法进行，直截了当地询问人们对某一主题或邻近问题的看法与态度，结果不一定可靠。人们对某一主题的态度，可以通过分析主题概念的语意，确定一些相应的关联词，然后再根据被测者对这些关联词的反应加以确定。

具体应用是主测者设计一对对反义词分置两端，中间分为 7 个部分，要求被测者对某一物品的形容词的两极描述做出选择，在相应的位置上打"√"符号。下面以消费者对 A、B 两个品牌高压锅的评价来进一步说明语意差别量表的具体运用。图 9-3 绘出了 150 位消费者对 A、B 两个品牌高压锅评价结果的平均值。从图 9-3 中可以看出，消费者对 A 品牌的高压锅持否定的态度，而对于 B 品牌的高压锅持肯定的态度。

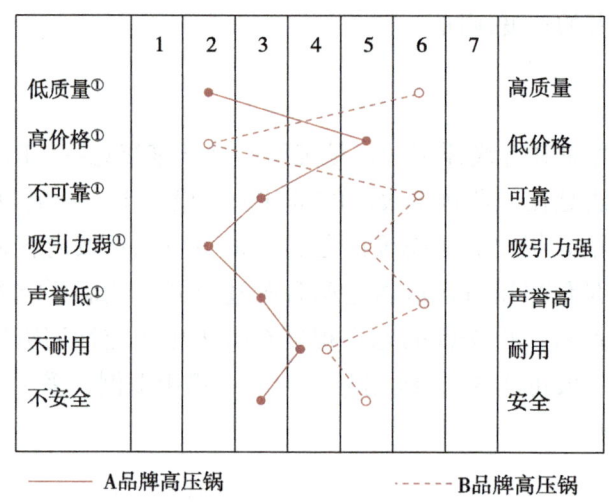

图 9-3 关于 A、B 品牌高压锅的态度折线图

①表示统计学上的显著差异。

差别量表构造比较简单，使用范围广泛，几乎可以用来测量消费者对任何事物的态度。虽然如此，这一量表也是有局限性的。这种态度测量方法并未摆脱被测者自我报告程式，而且量表中各评价项目仍带有一定的主观性。

9.4.3 多重性测量法

多重性测量法（多属性测量法）中包括多种不同的测量模型，在这里介绍两种常用的方法。

1. 期望值模型

期望值模型又称客体态度模型，因为是费希宾（Fishbein）提出的，所以也叫费希宾模型。它是一个测量或预测消费者态度的多重属性的模型。这一模型在消费者行为和市场营销研究领域受到广泛关注。该模型认为，消费者对商品的态度是基于消费者显意识中对商品多重属性的认知。由于商品的属性是多种多样的，在购买商品之前，消费者只对该商品多重属性中的一部分属性比较了解，即商品的这些属性在消费者的头脑中处于显意识的位置，只有这些显意识才影响消费者对该商品的态度，并最终影响消费者对于该商品的购买行为。

期望值模型可用下列公式来表示：

$$A_b = \sum_{i=1}^{n} B_i E_i$$

式中　A_b——消费者对于受测试产品的态度。

　　　B_i——消费者相信商品具有属性 i 的程度（其属性既包括功能上的，又包括心理上的）。

　　　E_i——消费者对商品属性 i 的评价值。

　　　n——表示重要属性的个数。

期望值模型指出消费者对于一个给定产品的态度是：该产品具有各显著属性的程度 B_i 与属性的评价值 E_i 乘积的和。下面，我们以测试消费者对三种品牌手机的偏好为例，说明期望值模型的应用。

首先，要找出测试产品的显著属性。最常用的方法是询问消费者，在他们评价各品牌手机时看重哪些属性，那些最经常提到或者说被高度关注的属性被挑选出来作为显著属性。

假定下列属性被挑选出来：

- 多功能。
- 价格是否低于 1 000 元。
- 质量、性能是否优异。
- 外观大方、稳重。

其次，测试 B_i 和 E_i 的值。B_i 表示认为某一品牌手机具有某属性的程度。B_i 在五等分或七等分量表中选择，从"很可能"到"很不可能"。举个例子。

A 品牌手机的价格低于 1 000 元是：

很不可能 ←——|——|——|——|——|——|——|——→ 很可能
　　　　　　 −3　−2　−1　 0　 1　 2　 3

E_i 表示对属性的评价。如，以低于 1 000 元的价格买手机：

非常糟 ←——|——|——|——|——|——|——|——→ 非常好
　　　　　−3　−2　−1　 0　 1　 2　 3

用这种方法来依次调查消费者对每种属性的 E 值以及每种品牌每个显著的 B 值。

假定现在向一位公司职员进行品牌调查，所得数据如表 9-3 所示。

总分计算过程如下：先将每个品牌的 B_i 和 E_i 相乘，各乘积之和即该品牌的态度值。如品牌 A 的态度值：$A_b = 2 \times 2 + (-1) \times (-3) + 3 \times 3 + 3 \times 2 = 22$，如此，同样可以得出 B、C 两个品牌的态度值。

品牌 A 的得分最高，可知这位公司职员最偏爱品牌 A，因为它具有比较符合期望的属性。

总的来说，营销人员希望消费者认为他们的品牌：①拥有期望的属性，也就是说 E_i

与 B_i 的值正负一致。②没有不理想的属性，也就是说，当 E_i 是负值时，B_i 也应是负值。在营销实践中，营销人员往往以此确定宣传的目标。

表 9-3 对一位公司职员进行调查的结果

属 性	评价值 (E_i)	品牌属性程度 (B_i)		
		品牌 A	品牌 B	品牌 C
多功能	+2	+2	+1	−1
价格低于 1 000 元	−1	−3	−1	+3
质量性能优异	+3	+3	+1	−1
外观大方稳重	+3	+2	+3	+1
总值 $\sum B_i E_i$		+22	+15	−5

2. 理想点模型

理想点模型的独特之处在于提供了消费者心目中理想品牌的信息和消费者对实际品牌的看法。理想点模型可用公式表示如下

$$A_b = \sum_{i=1}^{n} |I_i - X_i| W_i$$

式中　A_b——消费者对某品牌的态度。

　　　W_i——消费者认为属性 i 的重要性。

　　　I_i——消费者心目中属性 i 的理想值。

　　　X_i——消费者认为某种品牌属性 i 的实际值。

　　　n——属性数目。

理想点模型说明这样一个道理：如果某品牌的 A_b 值越低，则该品牌的各属性越接近理想品牌，消费者对该品牌的不满意态度就越低，该品牌被选择购买的可能性就越大。如果某品牌的各种属性与理想品牌一致，则 A_b 值为零。假设消费者 k 选购手机时只考虑内存容量和功能数目两种属性，理想品牌的功能数目是 16，内存容量是 20，并且两种属性同等重要，则他将选择品牌 A，如图 9-4 所示。

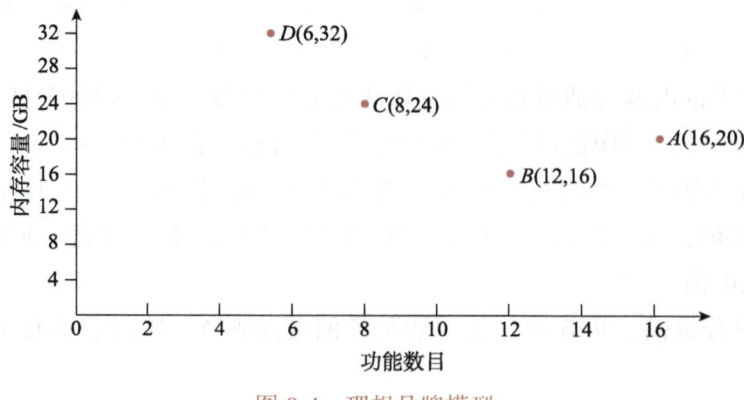

图 9-4 理想品牌模型

如果消费者 k 认为理想品牌的功能数目是 10，内存容量是 20，并且功能数目比内存容量重要 5 倍，即功能数目的权重为 5，内存容量的权重为 1，则他将在品牌 B 和品牌 C 之间进行选择，因为这两个品牌的 A_b 值最小。各品牌的 A_b 值计算如下：

$$A_{b\_A}=|20-20|+5\times|16-10|=30$$
$$A_{b\_B}=|16-20|+5\times|12-10|=14$$
$$A_{b\_C}=|24-20|+5\times|8-10|=14$$
$$A_{b\_D}=|32-20|+5\times|6-10|=32$$

期望值模型和理想点模型都是多重性态度分析模型，它们都包括对消费者态度的两个向性的调查。期望值模型计算出来的态度，既包含消费者对品牌属性的相信程度，又包含消费者对品牌属性重要性的评价。而理想点模型计算出来的态度，既包含消费者对品牌品质与理想品质差异的认知，又包含消费者对这种差异重要性的评价。因此，这两种模型都能全面反映消费者对某种品牌商品的真正态度。

多重性态度模型的用途在于综合诊断功能。它帮助营销人员洞察消费者进行各种选择的深层原因，鉴别出消费者对本企业产品或服务的概念误区和竞争性产品的威胁方向。

多重性态度模式还可用于检测、比较不同广告的效果。如果一个新产品有两套广告方案，就可用此模型检测。把被测试者分为两组，分别向他们实施一种广告方案，然后测试两组人员的产品态度值。由于所受广告刺激不同，两组人员对产品的印象、感觉和属性评价就会出现差别，由此产生产品态度差异，营销人员可据此对广告方案做出选择或修改。

多重性分析的另一个意义是它可用于新产品开发。如果发现市场上现在的商品销售量下降并缺乏理想品牌，这就意味着向市场引进新的、接近理想品牌产品的机会出现了。

专栏 9-1　　奢侈品是一种态度吗

奢侈品已无形地融入了我们的生活，对于一部分人来说，它甚至衍化为一种对生活的态度。当玛丽莲·梦露说她晚上用了 CHANEL N°5（香奈儿 5 号香水）睡觉时，你很难说 CHANEL N°5 仅仅是一款名贵的香水；当百达翡丽刻意淡化钟表的计时功能，宣称"没有人能真正拥有百达翡丽，只不过为下一代保管而已"时，它正诠释着一种永恒的情感诉求；在欧洲博物馆，你可以看到一双菲拉格慕女鞋制作的全过程。从选皮、画图到定型、上胶，手工工艺精湛复杂，制作师一丝不苟。精益求精、完美品质是奢侈品的独特标志，但对于现代人来说，奢侈品最重要的不只是商品本身，而是通过追求商品来传达对于生活的理解与态度。

资料来源：作者根据公开资料整理而成。

9.5　消费者态度的改变

企业十分清楚，消费者对商品持积极肯定的态度会推动消费者完成购买活动，甚至持续不断地进行购买，而消极否定的态度则会阻碍消费者的购买活动。所以，在对消费者态度了解的基础之上，营销人员可以运用多种方法去影响消费者的态度，巩固、强化消费者已有的积极态度，削弱、改变消费者消极的态度，以促进消费者在未来的购买行为中选择自己企业的品牌和产品或服务。

9.5.1 影响消费者态度改变的因素

事实证明，态度的形成受多种因素的影响，态度改变也是如此，即态度在各种因素的相互作用下会发生一系列变化。我们可以把影响态度的改变因素归纳为以下两大方面，即态度形成特征的影响和外界因素的影响。

1. 态度形成特征的影响

（1）形成态度的强度直接影响态度的转变。消费者对不同程度的刺激会产生不同的心理反应。因此，形成态度的强度也会有很大的区别，这直接关系到态度的转变。一般来说，消费者所受的刺激越强烈、越深刻，形成的态度越不易改变。比如，消费者购买了一台价值较高的电脑，商品的质量如果没有期望值高、售后服务又不到位，就会导致消费者对商品乃至企业形成强烈的不满。这种态度一经形成十分难改变。

（2）形成态度的因素越复杂，则态度的改变越困难。如果消费者态度的形成仅依赖于一个事实，那么只要证明这一事实是假的或错误的，态度就会改变。但是，如果态度的形成是建立在许多事实的基础上，则态度的改变就十分困难。

（3）消费者的态度一经形成，持续的时间越长越难以改变。就像许多上年纪的人每当回忆起家乡的风味产品总是赞不绝口，不胜感慨，喜爱备至。一个典型的实例是2011年北京著名的老品牌——停产近15年的北冰洋汽水重新上市，唤起了很多北京人的旧时回忆，引发消费者购买热情，就是因为消费者对老品牌北冰洋汽水形成的信赖和积极态度持续多年不变，见图9-5。

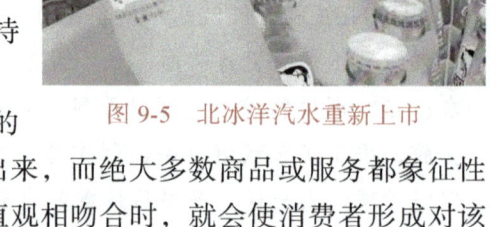

图9-5　北冰洋汽水重新上市

（4）形成态度基础的价值观与该态度相联系的程度。一个人的价值观会通过对事物的态度反映出来，而绝大多数商品或服务都象征性地代表一种特别的形象，当它与消费者所持的价值观相吻合时，就会使消费者形成对该产品的良好印象，且难以改变。

2. 外界因素的影响

（1）信息的作用。消费者对信息传达者或输送渠道越信任，所产生的态度就越坚定。比如，体育用品生产商在对其产品进行宣传时，请一位奥运会金牌得主担任代言人与请一位电影明星担任代言人相比，前者会有更大的说服力，消费者会更认可接受。因此，信息传达者不仅要专业，具有权威性，传达的形式还要恰当、中肯，以期获得信息接受者的认可，否则宣传效果会大打折扣。

（2）个体之间态度的相互影响。态度具有相互影响的特点，在个人态度受外界影响的因素中，他人的意见是很重要的因素。许多心理测试证明，当一个人首先表示他对某事的意见后，在场的其他人很容易附和。当另一种意见更有说服力时，人们又可能转变认识。这说明人们对事物的看法、见解很容易相互影响。这种相互影响的原因比较复杂，比较可信的解释就是从众心理的作用，因为随大流会使人感到很安全。另外，人们不愿表现出自己的错误或无知，附和他人意见也是一种比较好的掩饰。

（3）自我知觉理论的作用。自我知觉理论认为，改变消费者的行为也可改变其态度。因为人们以某种方式去行动时，实际上已经做出了承诺，这种不同程度的承诺会产生态度的改变。比如，消费者使用优惠券购买某种商品，说明有了一定承诺；如果消费者没有任何理由就购买某种商品，则说明有了更高程度的承诺；而多次重复地购买使用，说明承诺的程度是最高的，表明消费者对商品已产生了积极态度。

（4）团体压力。消费态度通常是与消费者个人所属团体的期望和要求相一致的。团体的规范和习惯会无形之中形成一种压力，影响着团体内成员的态度。团体中的个体也愿意使自己的态度和行为与团体中的大多数成员相一致，以求得到团体的认可。当然，当消费者改变了所处团体时，其态度又会同新的团体规范相适应。

9.5.2 当前消费者态度改变的特点

（1）信念比追求利益更容易转变。消费者通常先转变其品牌信念，进而转变其消费行为，企业可以通过转变消费者对品牌的价值观来转变消费者对产品的追求利益。然而，消费者追求利益比信念更持久、更根深蒂固和更内在化，因为它们与消费者的价值观更为紧密。比如，一家止痛剂生产厂商生产一种被消费者认为药效更强、见效更快的止痛药。然而，消费者更看重的是得到医生首肯的产品的温和性和安全性。该生产厂家可以试图使消费者相信，该止痛剂是一种非处方药品，无须医生推荐，其安全性很可靠，并且它是一种药效更强的药品，完全可以被人们接受。另外，该生产厂家也可调整其广告宣传重点，在继续强调见效快的同时，指出该药品完全符合有关标准的安全性。后一种策略将会比前者更有效，因为广告说服是在消费者现有价值体系下转变其对该品牌的信念。

（2）品牌信念比品牌态度更容易转变。消费者对产品的认知程度（信念）要比情感（态度）更容易转变。消费者行为学研究表明：消费者在高介入（参与）的情况下，信念变化要先于品牌态度的变化。如果消费者对产品的信念抑制了其购买行为，广告策划就要试图在不转变其信念的情况下转变他们的态度。

（3）对享受性产品而言，态度转变比信念转变更重要。当消费者基于情感购买某一产品时，他们依靠的是情感（态度）而不是认知（信念），对享受性产品来说这一点更为重要。比如，沃尔沃试图将其冷酷、可靠的产品形象转变成一种欢乐与幻想结合在一起的形象，但它获得的成功相当有限。沃尔沃为了达到其目的，不得不求助于态度转变策略，而非转变信念。它相当有限的成功迫使沃尔沃回到更为注重实际的，并强化消费者原有信念的主题上去。

（4）消费者对产品参与程度不高时态度更容易转变。消费者对于非参与产品的态度更容易转变，因为消费者对这种品牌并不关心。当产品的个性色彩不浓，消费者对产品没有什么感情，产品又没有什么象征意义时，消费者的态度更容易转变。当消费者对产品参与程度高时，他们只有在信息与其信念相一致时才会接受该信息。当参与程度低时，即使该信息与其先前信念不同，消费者也更有可能接受这一信息。

（5）弱态度比强态度更易转变。如果消费者对品牌的态度不那么坚定，营销人员就能够更容易地建立起与产品的新联系。比如，某一种护肤品，在非用户当中形成了一种黏稠、油腻的印象。非用户更多地把它看作是治疗严重皮肤病的药品，而不是普通的护肤品。营销人员深知，要扩大该品牌的销路，就必须转变非用户的态度。该公司开始在广告中将其产品宣传成一种柔润皮肤的日常护肤品，并在现场促销活动中把尽可能多的免费样品涂抹在潜在用户手上以表明该产品并不油腻。非用户之所以认可这样的现场宣传活动，就是因为他们对该产品态度的形成并非建立在直接使用的经验基础上，而只是一种微弱的印象。通过大力度的广告宣传，配合现场免费试用，使持有微弱态度的潜在顾客转变了态度。当然，如果消费者对公司或品牌的态度很牢固时，要想改变这种态度就更难了。

（6）以情动人的呈递方式。在消费者态度的三种成分中，情感成分在态度的改变上起主要的作用。消费者购买某一产品，往往并不一定都是从认识上先了解它的功能特性，而是从感情上对它有好感，看它顺眼、有愉快的体验。因而，广告如果能从消费者的感情入手，往往能取得意想不到的效果。如纳爱斯集团的雕牌洗衣粉，以下岗女工为主题的广告，虽未提及洗衣粉的优点，却给人以强烈的情感体验，诱发了消费者爱的需要，使消费者产生了感情上的共鸣，在心中留下深刻美好的印象，对此洗衣粉有了肯定接纳的态度。因此，在广告有限的时空中以理服人地呈递信息，固然显得公正客观，但以情感人的方式，更容易感染消费者，打动他们的心。

（7）奖励式的呈递。在广告中增加一些额外的奖励信息，使消费者在接受广告的同时可获得一些与广告无关的东西，如小礼品或其他信息等。奖励是一种外在的正强化刺激。行为主义理论认为，这种正强化刺激可以增加消费者对广告及广告所宣传产品的好感。心理学研究中的可口可乐效应就证明了这一点：把被试者分成两组，让他们看某个广告传单，其中一组在分发广告传单时每人赠送一瓶可口可乐饮料，此组为实验组，而另一组则无任何奖励，称为控制组。之后让被试者说明自己对广告及广告宣传产品的评价。研究表明，实验组的评价普遍高于控制组。这说明可口可乐的实物奖励起了积极的作用，它帮助消费者接受了广告。这种奖励式呈递在应用时应格外注意，所强调的奖励一定要能兑现，否则适得其反。

9.5.3 营销策略与消费者态度的改变

消费者态度的改变可分为两种：一是方向的改变，即原来反对的变成赞成，或原来喜欢的变成不喜欢。这种态度的改变也称不一致性改变。二是强度的改变，但态度的方向不变。比如，原来态度为赞成（或反对），改变为强烈赞成（或强烈反对），即指增加积极度（或消极度），使之成为一种更加强烈的积极态度（或消极态度），这种改变也称一致性改变。

消费者在购买决策过程中不仅会因态度产生偏爱，而且还会产生偏见，企业从保护自身的利益出发，要改变消费者的消极态度，推广企业的商品。除此以外，有的企业为了在激烈竞争的市场上争取更多的消费者，也需要改变消费者原来的不积极（但不是偏见）的态度，形成积极的肯定的态度，使消费者对于该企业的产品产生购买的兴趣。

改变消费者态度的营销策略主要有以下几种。

1. 改变认知成分

（1）改变信念。它是指改变消费者对品牌或产品的一个和多个属性的信念，具体方法是提供有力的事实或描述。比如，消费者可能认为小天鹅洗衣机没有国外产的洗衣机耐用，小天鹅集团可以提供大量的实验数据证实小天鹅洗衣机连续运转时间已经达到世界先进水平，丝毫不逊于国外的洗衣机，也可向顾客承诺高于国外洗衣机的保修时间。

（2）改变产品属性的权数。消费者认为产品的某些属性比另外一些属性更加重要，从而对本公司的品牌产生较不利的认知，营销人员可以设法改变消费者的属性权数，强调本公司产品相对较强的属性是此类产品最重要的属性，以改变消费者的品牌认知。比如，美国的克莱斯勒汽车在款式、耐用性、节油性、舒适性等方面和竞争者相比不占优势，但它是最早将汽车安全气囊作为标准配备的汽车公司之一，因此它在广告中大力强调汽车的安全性是汽车最重要的属性，使消费者的品牌认知朝着有利于该品牌的方向倾斜。

专栏9-2　　　　　　红罐王老吉改变属性权重的定位

2002年以前，从表面看红罐王老吉是一个经营得很不错的品牌，在广东、浙南地区销量稳定，盈利状况良好，有比较固定的消费群，红罐王老吉饮料的销售业绩连续几年维持在1亿多元。发展到这个规模后，当时红罐王老吉品牌的租用公司加多宝管理层发现，在所有困扰企业继续成长的障碍中，最核心的问题是企业不得不面临一个现实难题——红罐王老吉当"凉茶"卖，还是当"饮料"卖？

在广东，传统凉茶（如颗粒冲剂、自家煲制、凉茶铺煲制等）因下火功效显著，消费者普遍当成"药"服用，无须也不能经常饮用。而"王老吉"这个具有上百年历史的品牌就是凉茶的代称，可谓说起凉茶就想到王老吉，说起王老吉就想到凉茶。因此，红罐王老吉受品牌名所累，并不能很顺利地让广东人接受它作为一种可以经常饮用的饮料，导致销量大大受限。

而在加多宝公司的另一个主要销售区域浙南,主要是温州、台州、丽水三地,消费者将"红罐王老吉"与康师傅茶、旺仔牛奶等饮料相提并论,没有不适合长期饮用的禁忌。加之当地在外华人众多,经他们的引导带动,红罐王老吉很快成为当地最畅销的饮料。

面对消费者这些混乱的认知,企业用什么办法改变消费者的态度,明确红罐王老吉的核心价值,并与竞争对手区别开来。

如果用"凉茶"概念来推广,加多宝公司担心其销量将受到限制,但作为"饮料"推广又没有找到合适的区隔,因此在广告宣传上不得不模棱两可。当时很多人都见过这样一条广告:一个非常可爱的小男孩为了打开冰箱拿一罐王老吉,用屁股不断蹭冰箱门。广告语是"健康家庭,永远相伴"。显然这个广告并不能够体现红罐王老吉的品牌定位和独特价值。

2002年年底,加多宝找到成美营销顾问公司(以下简称"成美"),成美经初步研究后发现,红罐王老吉虽然销售了7年,其品牌却从未经过系统、严谨的定位。研究中发现,广东的消费者饮用红罐王老吉主要在烧烤、登山等场合。其原因不外乎"吃烧烤容易上火,喝一罐先预防一下""可能会上火,但这时候没有必要吃牛黄解毒片"。而在浙南,饮用场合主要集中在"外出就餐、聚会、家庭"。在对当地饮食文化的了解过程中,研究人员发现:该地区消费者对于"上火"的担忧比广东有过之而无不及。

消费者的这些认知和购买行为均表明,消费者对红罐王老吉并无"治疗"要求,而是作为一个功能饮料购买,购买红罐王老吉的真实动机是用于"预防上火",如希望在品尝烧烤时减少上火情况发生等,真正上火以后可能会采用药物。

由于"预防上火"是消费者购买红罐王老吉的真实动机,因此红罐王老吉改变原来宣传上模棱两可的局面,而突出"上火,喝王老吉"的定位宣传才是当务之急。这样一来成美决定在红罐王老吉的多个属性中改变预防上火的权重,品牌定位在"防上火的饮料",独特的价值在于"喝红罐王老吉能预防上火,让消费者无忧地尽情享受生活:吃煎炸、香辣美食,烧烤,通宵达旦看足球"。之后,强有力的广告推广策略,让"怕上火,喝王老吉"的广告语家喻户晓(见图9-6)。

图9-6 红罐王老吉广告宣传

资料来源:网易财经,红罐王老吉品牌定位战略,作者有删减。

（3）增加新属性。它是指在消费者的认知结构中增加新的属性概念，使消费者原先没有认识到或没有重视的，而本公司或本产品相对较强的属性成为影响消费者产品认知的重要属性。比如，在21世纪最初几年多数消费者购买台式电脑显示器时对辐射问题并未给予充分的重视，换言之，消费者关于显示器的品牌信念形成过程中没有考虑"辐射量"这项属性指标，如果这种情况不改变，消费者就不可能购买无辐射但价格昂贵的液晶显示器。营销人员可运用多种手段宣传辐射对人体造成的危害，促使消费者把辐射量作为显示器的重要属性来考虑，就能够改变其产品信念和购买行为。

（4）改变理想点。它是指在既不改变消费者的属性权数，也不增加新属性的条件下改变消费者对属性理想标准的认识。比如，电视机尺寸大小是消费者选择产品所考虑的重要属性之一，许多人存在单纯求大的倾向，导致许多中等尺寸的电视机销路不佳。营销人员可宣传电视机的尺寸应当与房间的大小相适应，改变消费者关于电视机理想尺寸的认识。

2. 改变情感成分

在不直接影响消费者品牌信念和行为的条件下，可以通过影响他们的情感，促使他们对产品产生好感，在使用过程中建立对品牌的正面信念。营销人员促进消费者建立对产品好感的方法有以下三种。

（1）建立消费者对产品的经典性条件反射。企业将消费者喜爱的某种刺激与品牌名称放在一起展示，多次反复就会将该刺激产生的正面情感转移到品牌上来。比如，挑战极限运动能够激发消费者感受力量和毅力的正面情感，如果把挑战极限运动的镜头与某运动饮料的品牌多次在一起播放，就会将消费者对该项运动的喜爱转移到本品牌上来。

（2）激发消费者对广告本身的情感。消费者如果喜爱一则广告，也能导致对产品的正面情感，进而提高购买参与程度，激发有意识的决策过程。使用幽默广告、名人广告、比较广告、情感性广告等都能增加受众对广告的喜爱，这类广告中不一定要含有具体的认知信息。消费者对广告本身的态度，如喜欢或不喜欢是营销成败的关键。

（3）增加消费者对品牌的接触。研究表明大量的品牌接触也能增加消费者对品牌的好感。对于低度参与的产品，可以通过广告的反复播放提高消费者的喜爱程度，而不必改变消费者最初的认知结构。这里，重复是以情感为基础的营销活动的关键。广告的传统测量方法侧重于信息的认知成分，而这些方法对以情感为基础的广告是不适用的。

3. 改变行为成分

消费者的行为可以发生在认知和情感之后，也可以发生在认知和情感之前，甚至也可以与认知和情感相对立。行为能够直接导致认知和情感的形成，消费者常常在事先没有认知和情感的情况下尝试购买和使用一些便宜的新品牌或新型号的产品。

在改变消费者的认知或情感之前改变其行为的主要途径是运用操作性条件反射理论。

营销人员的关键任务是促使消费者使用或购买本企业产品并确保产品的优异质量和功能，使消费者感到购买本产品是值得的。吸引消费者试用和购买产品的常用技巧有优惠券、免费试用、购物现场的展示、消费者体验、捆绑销售以及降价销售等。此外还要健全商品分销系统，保持适当的库存，避免脱销，防止现有顾客再去尝试竞争性品牌，因为这种尝试很可能引起消费者对竞争产品的好感并改变其购买选择。

本章小结

在影响消费者行为的因素中，态度具有极为重要的作用。态度是指人们对于事物所持有的肯定或否定、接近或回避、支持或反对的心理和行为的倾向。

消费态度是消费者评价消费对象优劣的心理倾向，它会导致消费者喜欢或讨厌、接近或远离特定的产品和服务。

消费者的态度是由认知、情感和行为倾向三种成分构成的复合系统。消费者态度的一般功能包括效用功能、自我防御功能、知识功能和价值表现功能。

态度一旦形成，要改变态度并不是一件简单的事情。国内外许多心理学家提出了态度形成和改变的理论，在这些理论中尤以学习理论、诱因理论和平衡理论比较有影响力。

消费者态度形成的一般特点包括：消费态度是消费者接受各种信息后经过思考判断而形成的；消费需要是形成消费者态度的一个重要因素；消费者所处的社会文化环境对消费态度形成的影响；消费态度受消费经验和企业促销策略的影响。

态度测量是消费者态度研究的重要方面，常用的测量方法有：态度测量法、语意差别量表法和多重性测量法。

影响消费者态度改变的因素主要有态度形成特征和外界因素。厂商应注意当前消费者态度改变的七个特点。

改变消费者态度的营销策略主要从态度的三大构成要素入手。具体可以考虑改变认知成分、改变情感成分和改变行为成分。

复习思考题

1. 试述态度及其构成要素。
2. 简述态度的基本功能。
3. 简述消费者态度形成与改变理论主要观点。
4. 简述瑟斯顿等距量表的基本思想。
5. 举例分析语意差别量表的运用。
6. 举例分析多重属性测量法的运用。
7. 影响消费者态度改变的因素有哪些？

8. 简述当前消费者态度改变的几个特点。
9. 举例说明营销策略与消费者态度的改变。

实践活动

1. 消费者 K 打算购买一台彩电,经过寻找信息,对现有品牌的每一属性分别做了评价,如表 9-4 所示。假定消费者 K 在彩电购买中只考虑图像清晰度和外观这两个因素,他认为图像清晰度比外观重要 3 倍,即图像清晰度权重为 3,外观权重为 1,消费者 K 最终选择了哪个品牌的彩电?从得分中你得到了什么启示?

表 9-4 消费者对各种品牌的评价

品牌	价格/元	体积	功能数目	图像清晰度	外观
A	5 200	35	8	10	9
B	4 500	30	7	10	8
C	3 000	40	5	7	7
D	2 500	47	4	8	4

2. 某洗衣粉品牌面市已经 3 年。最近,该品牌所属公司进行了一项调研,目的是了解消费者对该产品系列的态度偏好程度。表 9-5 汇集了有关的调研数据。

要求:用多元回归分析帮助调研人员分析消费者对品牌使用时间 X 和价格因素重要性 Z 等信息来解释消费者对品牌偏好态度 Y。

表 9-5 关于消费者品牌偏好态度的分析

被调查者编号	对品牌偏好态度 Y	使用时间 X/月	价格因素重要性 Z
1	6	10	3
2	9	12	11
3	8	12	4
4	3	4	1
5	10	12	11
6	4	6	1
7	5	8	7
8	2	2	4
9	11	18	4
10	9	9	10
11	10	17	10
12	2	2	5

注:对品牌的偏好态度用 11 点标尺量度(1=非常不喜欢这个品牌,11=非常喜欢这个品牌),对价格因素重要性同样使用 11 点标尺量度(1=最不重要,11=最重要)

3. 用多属性态度模型评价 10 个学生对以下事物的态度,并测量他们对这些事物的行为。他们的态度与行为一致吗?如果不一致解释他们的不一致性。

(1)饮料　　　(2)电视剧　　　(3)锻炼　　　　　(4)快餐
(5)社交网　　(6)微信群　　　(7)毕业后合租房住　(8)时尚杂志

4. 调查访问你所在的社区居民,了解他们对下列产品的态度,并写出一份访谈报告。

(1)国产牛奶　(2)有机蔬菜　(3)N95口罩　　　　(4)外卖食品

5. 试拟一份关于顾客对某中式快餐店餐品质量态度的焦点小组座谈会提纲,详细写出座谈的内容。

案例选编

北冰洋:重新唤起消费者儿时的回忆

又到盛夏,如今饮料市场上的商品琳琅满目。但几十年前北京的夏天就是北冰洋一统天下的局面。

北冰洋的历史最早可以追溯到1936年成立的北平制冰厂,1951年北冰洋开始生产汽水,并正式注册"北冰洋"商标,著名的"雪山白熊"商标图案面世(见图9-7)。

北冰洋汽水一上市就受到了北京市民的热捧。在那时,一毛钱的汽水对于一个月收入可能只有二十几元的家庭来说也算是一种奢侈品了。但每到夏日,一瓶冰镇的北冰洋汽水就是人们挡不住的诱惑。

图9-7 "雪山白熊"商标

那时候没有冰箱、冰柜,小卖部和副食店一般用一个大桶盛满了凉水,将汽水放进去泡着。

那时,在国内的饮料行业当中北冰洋也算得上是龙头企业,北冰洋的知名度更是传遍了全国各地,甚至被作为国宴指定汽水用来招待中外来宾。1985年北冰洋又重新改制成立了"北京市北冰洋食品公司",经典产品包括汽水、双棒冰棍、袋儿淋等,是国内本土汽水的代表品牌之一。

北冰洋不同于那些混合了香精和色素的饮料,而是一种真正的"果汁型汽水",它的产品中加入了新鲜的橙汁和从橙皮中提取的橙油。因为扎实的成分,代售北冰洋汽水的商户随处可见,可口可乐都不是它的对手。与此同时,北冰洋也迎来了发展的高峰时期。

自推出以来,北冰洋迅速成为北京消费者最喜爱的饮料产品,北方市场每售出2瓶汽水,其中1瓶就是北冰洋。1985—1988年,北冰洋产值超过1亿元,纯利润更是达到了1 300多万元,在行业中遥遥领先。可以说,在外国汽水进入中国市场之前,北冰洋就是北京的王者。

进入20世纪90年代,饮料市场竞争十分激烈。最先是美国的可口可乐杀入京城,抢占市场;接着是广东健力宝、强力等饮品百花齐放;然后是天津的果茶独树一帜,北冰洋原有的市场被迅速瓜分。

在激烈的市场竞争中，北冰洋突然宣布将和国际饮品巨头百事集团进行合作。原本以为，这一次的合作将会是北冰洋更进一步的台阶，却不曾想成为北冰洋的拖累。因为管理和经营方面的问题，北冰洋的销量开始逐渐下滑，产量也开始不断减少，直到1996年彻底停产，这个民族品牌在大众视野中一度消失。而同期的饮品市场中，各类碳酸类饮料和果汁类饮料纷纷崛起，市场一片火热。

关于北冰洋复出的呼声从未停止。2007年一整年，北冰洋上级企业北京一轻控股公司与外方进行了漫长艰辛的谈判，最终以"4年内不能生产碳酸饮料"为代价收回了北冰洋的品牌和商标。

2011年11月1日，已停产15年的北冰洋以桔汁和橙汁两款口味汽水重新上市，引起极大的轰动。重新设计的饮料瓶上的主题形象依旧是长脖子"大白熊"，唤起很多北京人儿时的回忆，当天3 000箱北冰洋汽水便一销而空。2个月后，工厂已实现盈利，2012年北冰洋的销售额便超过7 000万元。

2017年，北冰洋"袋儿淋"复出后，还加入天猫超市1小时达，并随着天猫超市打开香港市场。2018年，北冰洋还推出了塑料瓶包装汽水，罐装北冰洋百香果味、柠檬味和原味系列产品，年销量1 200万箱，年销售收入超过6亿元。复出后的北冰洋经过近11年的发展，再度成为深受消费者喜爱的产品。如今的北冰洋抓住市场流行的趋势，与玉渊潭公园合作推出定制款汽水"小樱"，与景山公园合作推出"牡丹"专版汽水，很受欢迎。

仔细阅读本文，回答下列问题：

1. 简短概括一下北冰洋的发展史。
2. 结合案例，分析消费者积极的品牌态度是如何影响2011年北冰洋的复出的？
3. 请收集北冰洋汽水的销售资料，分析消费者积极态度与北冰洋销售之间的关系。

第 10 章
经济文化因素与消费者行为

在影响消费者行为的各种社会环境因素中,经济文化因素占有极为重要的地位。经济因素决定消费者的购买力,起着规范和塑造消费者生活方式和偏好的作用;文化因素潜移默化地影响消费者的价值观念、生活方式、消费心理、购买行为。本章将着重讨论经济文化因素是如何影响消费者的购买行为的。

10.1 经济因素与消费者行为

经济因素是制约消费者行为的一个基本因素,它包括微观和宏观两个方面。本章中,微观经济环境主要是指消费者个人经济状况,宏观经济环境则主要是指经济发展水平和经济的周期性变化。

10.1.1 个人经济状况对消费者行为的影响

1. 消费者的收入

在研究消费者收入时,常使用以下指标。

(1)个人收入、可支配收入和可任意支配收入。个人收入是指城乡居民从各种来源所得到的收入。从个人收入中减除个人纳税后的余额和其他经常性转移支出后所余下的实际收入,即能够用以作为个人消费或储蓄的数额,就是个人可支配收入。各地区居民收入总额,可用于衡量当地消费市场的容量,人均可支配收入反映了购买力水平的高低。

从个人可支配收入中减去维持个人与家庭基本生活必须支付的费用和固定支出费用(包括食物、房租、水电、交通、购买耐用消费品的分期付款、保险和孩子上学费用),或者说减去生活成本,就是个人可任意支配收入,因为这一部分弹性大,所以它是影响消费需求变化的最活跃的因素。

（2）消费者的绝对收入与相对收入。绝对收入指的是消费者货币收入的绝对量。相对收入指的是消费者本人的收入与周围其他人收入的比较，以及自己现期收入与过去收入的比较。消费者的绝对收入变化指的是消费者所获得货币及其他物质形式的收入总量的升降变动。对大多数以货币收入为主的消费者来讲，影响其心理的主要因素是货币收入绝对数额的上升与下降。一般来说，消费者货币收入增加时，消费者的心理需求欲望也随之增强。反之，当消费者货币收入减少时，其心理需求欲望也随之减弱。消费者的相对收入变化指的是在消费者绝对收入不变时，由于其他社会因素，如价格、分配等的变化，引起原有对比关系的变动，而使收入发生实际升降的变动。相对收入变化时，对消费者的心理影响主要表现在以下几点。

第一，消费者本人的绝对收入没有发生变化，而其他消费者的绝对收入发生变化，或者消费者本人绝对收入的变动幅度大于或小于其他消费者绝对收入的变动幅度。消费者在短时间内一般不易察觉这种变动，它对消费者的短期消费心理也不构成影响。只有经过一段时间的对比之后，才会构成对消费心理的影响。

第二，消费者的绝对收入没有发生变化，而市场商品价格发生变化，使原有收入可购买的商品量发生了增减变化，或者消费者绝对收入的变化幅度大于或小于价格变动的幅度。这种变动对消费者心理欲望会产生直接影响，对消费者的货币投向、消费结构及消费数量都会产生明显的作用。这种变动是消费者相对收入变动的一种反映，并影响着消费者的购买行为。

消费者绝对收入与相对收入之间存在着两种变动关系。

首先，当消费者绝对收入与相对收入呈同向变动时，即同升或同降，对消费者心理变化不会产生较大的影响。其次，当消费者绝对收入与相对收入呈反向变动时，即一升一降，对消费者心理的影响较大。它一般表现为绝对收入的上升，相对收入的下降。比如，当消费者的绝对收入增加以后，需求和购买欲望随之增加，但是当消费者进入市场以后，发现物价上涨幅度快于自己收入上升的幅度，或他人收入增加幅度大于自己收入增加幅度时，就会使原已膨胀的消费欲望受到打击，转而出现不稳定或失望的心理感受。

专栏10-1　居民家庭收入主要分为工资性收入和财产性收入

根据《中国经济增长十年展望（2020-2029）：战疫增长模式》，中等收入群体是指三口之家收入处在10万～50万元的人群，目前这一群体的规模大约为4亿人。

从理财角度来说，对中产人群定义的门槛略微会高一些。如果一个人能在自己所生活的城市或者所生活的区域里维持收支相抵，获得中等或者中等偏上的生活水平就属于中产人群。这里有一个基本的逻辑叫"收支相抵"。而收支相抵并不一定是都有财可理的，如果说挣的钱都够花，但都花光了，那就会无财可理。所以理财，就要求收支相抵之上还要有结余，这样的话才"有财可理"。全国大概有3 000万～4 000万个我们定义的中产家庭，也就是1.2亿到1.5亿的人口水平。

国内的税收分两大块:一块面向企业,另一块面向个人。就个税本身来说,中产人群肯定是主要的纳税人群。个税在降低,不一定是个人收入在降低,但很明显能看到收入增速在下滑。由于工资增速和经济增速密切相关,当经济增速放缓时,工资收入高速增长的时代也会结束。

居民家庭收入主要分为工资性收入和财产性收入。以往我国居民家庭的财产性收入并不低,主要来自三块:第一块是除工资性收入增加之外的高收益。GDP增速很高时,各种固定收益的理财渠道比如存银行或购买各种固定收益的产品,收益是可观的。第二块是资本市场收益。比如中国股市1992—2022年之间大概年收益率在8%~10%,所以这个数据同样不低。第三块是其他的资产收益,如房地产。

中产家庭理财要有底线,这条底线就是风险承受能力。中产家庭非常脆弱,所能依赖的只有自身的知识和技能,以及由此产生的家庭财富。这些钱大部分都要用来满足房产、教育、养老等现实需求,所以这些钱只能进行有底线的理财,否则任何理财上的冒进将导致底线被破,会直接影响生活。要实现底线不破,资产配置必须动态调整。

一个人的风险承受能力主要受年龄、收入预期、财富积累及资产投资比例的影响。从人的生命周期来看,年轻时多数人具备收入能力,即使遭遇市场大幅下跌,年轻人也具备时间和能力来减少损失,等待长期收益;而老年人收入来源主要为固定的退休金,没有太多预期收入,因此风险承受能力低。

预期收入越高的投资者,风险承受能力越强。财富累积更多,拥有房地产等资产更多的人,资金对于他们的边际效用是递减的,因此他们的风险承受能力相对较高。资产投资比例越大的投资者在面临市场下跌时,对其整体财富的影响越大,心理压力越大,风险承受能力越弱。

中产家庭理财需要建立清晰的心理账户,比如子女教育、父母养老、自己退休养老、日常开支、购房养车、旅游等账户。目前一二线城市的中产家庭对子女的教育账户已经比较成熟,而其他心理账户仍需完善。如果不做好这些资金规划,可能会承担一些不必要风险,导致资金链断裂,甚至会使消费降级,影响子女、拖累老人。

负债率较高的中产家庭一般以房贷为主。如果其收入不能维持两位数以上的增长,将有18%的家庭会在未来某个时刻遭遇财务危机,即收支不相抵:收入加上手里所有的可流动性资产,不够支付当时的支出。出现财务危机的预估年龄主要集中在30~60岁,平均年龄为48岁,对于这个年龄的人来说,如果出现财务危机,可能从头再来的机会已经很少了。

资料来源:胡群.专访理财魔方马永谙:中产家庭理财需要建立清晰的心理账户,经济观察报2022-05-18.

(3)消费者的现期收入与预期收入。现期收入,指消费者在当前一定时期内所获得的收入。包括工资、奖金、利息、消费信贷收入等,也可以包括能转化为货币的财产。一般来说,消费者收入增加时,消费也会增加;收入减少时,消费也会减少。但是,收入和消费并不总是按相同比例增加或减少的。经济学家认为,从较长时期看,消费增长的幅度小于收入增长的幅度。因为消费者会按一个不断增大的比例把收入的一部分转化为储蓄。现期的实际收入与其他收入的最大区别在于它为消费支出额规定了一个客观上限。预期收入，指消费者以现期收入为基础，以当时的社会环境为条件，对今后收入的一种预计和估算。这种预计和估算取决于消费者对个人能力的信心和对社会发展前景的信心。

在一般情况下，当消费者的预期收入即将相对地高于现期收入时，他可能增加现期的消费支出，甚至敢于举债消费，以提高现期的消费水平。反之，当消费者估计预期收入将绝对或相对低于现期收入时，他将降低现有消费水平，减少日常支出，而较多地用于储蓄或投资，以期获得未来收益，以使未来消费水平不至下降，或可以提供基本生活保证。比如，2023年1月国家统计局发布的2022年全年经济运行数据中指出，2022年由于新冠疫情反复，多点暴发，政府防控力度大，2022年消费受到了收入增长放缓和储蓄意愿上升的影响。2019—2021年，中国家庭可支配收入以及相应的支出平均增长约5%。而在2022年，实际收入仅增长3%，实际支出则基本持平。鉴于不确定因素，许多家庭将已经处在相当高水平的储蓄率进一步提升。

2. 消费者的支出

在研究消费者支出时常使用以下指标。

（1）消费者的支出模式。收入水平在很大程度上影响着消费者支出模式与消费结构。随着消费者收入的变化，支出模式与消费结构也会发生相应变化。

消费结构一般是指以货币表示的人们所消费的各种不同类型的消费资料（包括服务）在消费总体中所占的比例。在1853—1880年，德国统计学家恩斯特·恩格尔（Ernst Engel）曾对比利时不同收入水平的家庭进行调查，并于1895年发表了《比利时工人家庭的日常支出：过去和现在》，分析收入增加对消费支出构成状况的影响。文章指出，在将支出项目按食物、衣服、房租、燃料、教育、卫生、娱乐等分类后，在收入增加时，各项支出比率的变化情况为：食物费用所占比率趋向减少，教育、卫生与休闲支出比率迅速上升。换言之，一个家庭收入减少，其支出中用于购买食物的比例变大，这便是恩格尔定律。食物费用占总支出的比例，称为恩格尔系数。一般认为，恩格尔系数越高，生活水平越低；反之，恩格尔系数越低，生活水平越高。在我国，随着城乡居民收入水平的提高，恩格尔系数呈现明显下降的趋势。表10-1是改革开放以来，我国城乡居民的恩格尔系数变动情况。

表10-1 改革开放以来我国恩格尔系数的变动

时间	城镇居民恩格尔系数/%	农村居民家庭恩格尔系数/%
1978年	57.5	67.7
2000年	39.4	49.1
2005年	36.7	45.5
2010年	35.7	41.1
2015年	36.2	37.1
2020年	29.2	32.7

资料来源：北京工商大学图书馆数据库。

当然，消费者支出模式与消费结构不仅与消费者收入有关，而且受到家庭生命周期所处的阶段、家庭所在地址与消费品生产及供应状况、城市化水平、商品化水平、劳务社会化水平、食物价格指数与消费品价格指数变动是否一致等因素的影响。

专栏10-2　　　　　　　　　富裕社会如何花钱

美国耶鲁大学教授希勒（Shiller）在《世界各国不断增加的财富》一文中写道，目前很难想象，如果几乎每个国家的GDP都成倍增长，世界将会是什么样的。所有这些国家会拿这些钱去做些什么？

1958年，经济学家约翰·加尔布雷思（John Galbraith）写了一本畅销书《富裕社会》。他在书中写到，以美国为首的发达国家到这一年已最终摆脱了极端贫困主宰我们生活时所出现的"严重短缺"现象，从而走向了一个"富裕的世界"。生活水平发生的变化之大，人们甚至弄不清楚自己到底想要什么。之所以造成这样的局面，是因为广告和推销术所带来的影响，它们左右了人们的愿望。

2005年，美国的实际人均GDP是1958年的3倍。人们是如何消费这一大笔额外增加的收入的呢？通过对美国商务部提供的1958年和2005年的数据对比，美国人将1958—2005年期间大幅增加的收入的27%用于医疗保健，23%用于住房，12%用于交通，10%用于休闲娱乐，9%用于个人的商业活动。

由广告商和推销人员大力推销的东西相对并不重要，用于食品的费用只在其中占8%，服装只占3%，个人护理占1%。

可见，美国人将所增加的收入大都花在了健康、构建舒适家园、旅游休闲和做一点小生意上。或许这种消费方式将会在全球盛行。只要全球经济能保持目前的增长速度，那么数十亿人的生活就可望获得同样的改善。这的确令人感到鼓舞。

资料来源：作者根据2006年10月25日参考消息相关内容整理。

（2）消费者支出的变化规律。在收入一定的情况下，消费者会根据消费的需求程度，对自己的消费支出项目进行排序，一般先满足排序在前，即主要的消费。比如，对普通人来说，温饱和治病是第一位的消费，其次是住、行和教育方面的消费，最后是舒适型、提高型的消费，如保健、娱乐和国外旅游等。

（3）机会成本。机会成本是指当一个人购买某个商品或从事某项工作时，所不得不放弃的购买另一个商品或从事另一项工作的价值。这个规定暗含的假定是：资源是有限的，并且某种资源被配置于不同的用途所产生的价值是不同的。机会成本的概念可帮助企业更清楚地认识消费者。比如一个消费者持有一定的货币，他既可以购买一台电视机，也可以购买几套高档服装，或者去旅游，或者存起来用于将来买房子，或者用于下一代的教育。每次购买选择对某个特定消费者来讲，带给他的满足感、价值和附加利益都是不同的。消费者在做购买选择时，往往要选择对于他自身来讲机会成本最小的购买对象。

3. 消费者的储蓄和消费信贷

消费者支出不仅直接受消费者收入的影响，还要受消费者的储蓄和消费信贷的影响。

（1）消费者的储蓄。储蓄来源于消费者的货币收入，其最终目的还是消费，这是一种推迟的、潜在的购买力。消费者储蓄一般有两种形式：一是银行存款，增加现有银行存款额；二是购买有价证券。但在一定时期内货币收入水平不变的情况下，如果储蓄增加，购买力和消费支出便减少；如果储蓄减少，购买力和消费支出便增加。所以，储蓄的增减变动会引起市场需求规模和消费结构的变动。对企业的营销活动会产生或近或远的影响。而储蓄的增加与减少又受利率变化、物价水平等多种因素的影响。在我国，储蓄动机对储蓄的影响十分明显。近年来为子女上学、社会保障的储蓄动机突出，排到储蓄动机的前两位，影响了一些家庭其他消费支出。

专栏10-3　2022年新增居民存款创纪录，"超额储蓄"有待释放

中国人民银行的数据显示，2022年全年人民币存款增加26.26万亿元，同比多增6.59万亿元。其中，住户存款增加17.84万亿元，而2021年全年住户存款多增加9.9万亿元，这意味着2022年新增居民部门储蓄较上一年有较大规模增长。

值得注意的是，2022年前11个月累计新增居民存款14.95万亿元，同比多增6.93万亿元，之前5年的12月居民新增存款均值1.4万亿元，市场猜测2022年全年居民部门新增存款或超过16万亿元，但最终数据是17.84万亿元，说明仅仅12月份的居民存款增加了2.84万亿元，2022年新增居民存款创了历史纪录。

2019年、2020年、2021年、2022年居民存款分别为9.7万亿元、11.3万亿元、9.9万亿元和17.84万亿元。如果把疫情期前的2019年居民存款作为标准，那么可以大约认为，我国在2022年的"超额储蓄"大概在8万亿元左右，可以把超额储蓄暂时定义为受疫情影响，导致居民储蓄增加的那部分存款。

同时，存款定期化趋势比较明显。2022年前10个月居民的定期存款多增加了124 937亿元，而活期存款只多增加了28 226亿元。2021年同期增加的结构情况是：2021年前10个月居民定期存款多增加了77 430亿元，活期存款多增加了15 367亿元。从以上两组数据可以看出，定期存款多增加的量要远远大于活期存款。这部分储蓄能不能转化为消费或者投资支出，就成为未来消费、资本市场和房地产市场复苏的关键。

最重要的一个问题是，居民这部分超额储蓄是怎么来的？

首先是受新冠疫情影响，居民收入下降，并预期未来收入下降，居民可能会将新增加的可支配收入中比此前更多的部分放入银行存款。就是说在疫情前，这部分储蓄本来是用来消费的，现在为了防范未来的收入下滑，成为预防性储蓄。

其次是疫情对消费场景的破坏和消费行为的阻滞，比如因为防控疫情，交通旅游出行消费大幅度下滑，商场、饭店、酒店等的消费大面积减少。三年疫情时间漫长，而且2022年由于疫情反复，多点暴发，政府防控力度大，对居民消费的影响是相当大的。

再次是 2022 年 11 月份银行理财由于债券市场的波动，导致理财净值波动，许多产品破净亏损，导致居民赎回。有机构数据显示这一轮赎回潮使得全市场理财产品规模回撤约 2.5 万亿元，相当于理财产品规模峰值 31.5 万亿元的约 8%。

最后是房地产领域，这部分存款就是典型的居民资产负债表去杠杆，收入预期的下降导致人们减少购房。还有一个因素是政府减税降费，提高了部分居民的可支配收入，这也同时增加了储蓄。

通过对这几部分储蓄的简要分析，看哪些储蓄可以在短时间内释放出来，哪些储蓄可能需要更长的时间释放出来。

第一部分是受疫情影响，居民收入下降或者预期下降，开始预防性储蓄的，这部分超额储蓄可能需要更长时间。经济在疫情后复苏，企业经营好转，减薪或者失业的从业者重新找到工作，降薪的人的薪资重新回到以前水平，收入增加预期好转，消费才能释放出来，这需要一个过程。

第二部分是因为消费场景而破坏的消费会释放，比如飞机航班恢复正常，酒店、旅游、娱乐场所、饭店和商场疫情后恢复营业等，这部分释放最快，且会持续释放。

第三部分是银行理财的投资很快就会恢复。中国人民银行的货币政策将继续加码宽松，或者更加宽松，很可能推出降息政策，理财产品的价值很快会凸显，债券市场回暖，理财净值开始修复，这部分资金也很快返回，并且可能还会吸引增量资金。

第四部分是房地产市场的回暖中国人民银行信贷会议强调房地产市场向新发展模式平稳过渡，未来的支持新政可能继续出台，房地产市场信心起来后，居民开始购房，房价上涨，财富效应显现，居民消费就会有更大空间的释放，那么居民的"超额储蓄"才可能出现趋势性的下行。

资料来源：冉学东. 2022 年新增居民存款创纪录，"超额储蓄"有待释放 [N]. 华夏时报，2023-01-11.

（2）消费者的信贷。消费者信贷也是影响消费者购买力和支出的一个重要因素。消费者信贷是指消费者凭信用先取得商品使用权，然后按期归还贷款以购买商品。西方国家的消费信贷主要有短期赊销、分期付款、信用卡信贷等形式。现在我国消费信贷的形式逐渐多起来，如购房贷款。从国家统计局公布的数据来看，2020 年我国居民消费贷款余额 49.57 万亿元，同比增长 12.7%。其中短期消费贷款余额为 8.78 万亿元，中长期贷款余额为 40.79 万亿元。由于消费者可用贷款来购买商品，因而消费信贷的规模和变化是会影响消费者或家庭的购买力和消费支出增减变动的。

影响消费贷款的主要因素有：消费者可支配收入、消费理念、人口结构、通货膨胀、贷款利率、房价与房屋销售量等。

> **专栏10-4**   **2023年上半年，房贷利率迎来"3时代"**
>
> 房贷利率下降，迎来了"3时代"，这么低的房贷利率可是从未有过的，银行为何愿意主动让房贷利率大降呢？
>
> **1. 居民收入降低**
>
> 由于新冠疫情的影响，居民收入普遍下降，购房意愿不强烈。如果房贷利率又比较高，恐怕更加没人买房了。降低房贷利率是为了刺激购房。
>
> **2. 买房意愿较弱**
>
> 尽管各地政府都在出台购房补贴政策，但大家的购房意愿显然还是比较弱的，而即便有一部分人买房，也会选择全款买房，以此来节省房贷利息。在此情况下，房贷利率自然也会出现下调。
>
> **3. 贷款需求减少**
>
> 房贷利率在很大程度上是受贷款需求影响的，即贷款需求越强烈，房贷利率就会越高，反之，房贷利率则会下降。如果申请房贷的人特别多，那么银行往往就会提高贷款的利率，通过这样的方式既可以筛选出更加优质的客户，也可以提升自己的盈利。
>
> **4. LPR利率降低**
>
> 不管银行的贷款利率是上涨还是下跌，都要根据中国人民银行发布的同期LPR利率进行调整。如果LPR利率是下调的，那么根据规定，各大银行也要根据这个利率下调自己的基准贷款利率。因此，LPR利率有所降低也是房贷利率跌破4%的原因之一。
>
> 资料来源：作者根据相关网络资料整理而成。

10.1.2 经济发展水平对消费者的影响

经济发展水平是影响消费者行为最基本的经济因素，它在总体上制约消费者活动的范围、内容和方式。

1. 经济发展水平影响消费品的供应数量和质量

由于生产决定消费对象，只有产品被生产出来，才有消费的可能。当一个国家或地区的经济发展水平较低时，消费品生产更换周期长，消费品的市场生命周期相对较长，就会出现产品短缺、市场供应不足、产品质量不佳等情况。消费者对消费品选择有限，消费者行为表现单一、从众，并由于社会缺乏物质基础使消费心理受到抑制。反之，当经济发展水平较高时，供应品丰富，消费者选择多样，需求和购买力就大。比如，伴随着改革开放及经济的快速发展，粮、油、蛋、肉等不再凭票购买，形成了供大于求的买方市场，消费者实现了更多的消费满足。

2. 经济发展水平对消费观念及消费方式的影响

影响人们消费观念及消费方式变化的根本原因是生产力的发展与经济发展水平的不

断提高。当前，消费者更加注重通过消费提升生活品质，追求更加健康文明的消费方式。消费观念已从传统满足基本衣食住行的消费品向满足更高层次身心健康需求的消费品转移，这不仅包括简单的物质需求，更有深层次的精神需求。比如，改革开放之前，由于产品供不应求，物资紧缺，大江南北就形成了"闲时吃稀，忙时吃干"的艰苦朴素的消费观念。改革开放之后，市场上的产品供给充足，消费品的花色品种层出不穷，消费活力被大大激发出来，"吃饭讲究营养，穿衣追求时尚，精神追求愉悦"已成为新的消费观念。

10.1.3 经济周期对消费者行为的影响

一个国家的经济周期与消费者行为之间存在相互作用和相互影响的关系。一方面消费者行为影响经济周期阶段的发展；另一方面当经济处于不同周期阶段时，消费者的行为是不同的。

一个国家的经济周期可以分为四个阶段：繁荣、衰退、萧条、复苏（见图10-1）。在各个阶段消费者需求和消费者信心方面的特征均有所不同。

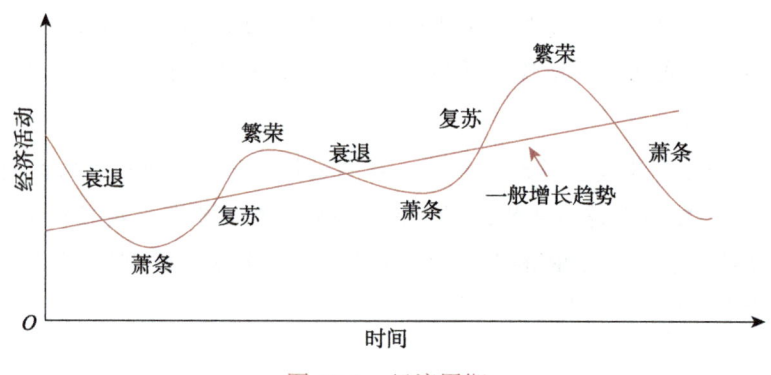

图 10-1 经济周期

在经济周期的高点上，国民生产总值最高，失业率最低，但商品价格较高，存在一定程度甚至比较严重的通货膨胀，消费者对经济发展的信心在下降。随着消费品价格的上涨，利率也逐渐增长。提高利率，会使消费者少借贷而多储蓄，就造成了商品需求量的下降。销售商逐渐感到销售量在减少，商品库存积压增加，就会减少对制造商的订货，这样制造商就必须降低生产水平，裁减工人，经济就进入了衰退阶段。在经济周期的低点上，消费者的悲观程度在逐渐加深，对产品的最终需求量愈发减少，销售商的存货还在增多。幸运的是，销售商会最终处理完他们的存货，因为需求量的减少，价格开始下降，消费者开始偿还他们的一部分债务。在这一临界点上，经济周期进入了萧条阶段，此时失业率达到最大值，而国民生产总值达到最小值。在复苏阶段，销售商开始扩大存货，制造商接到更多的订单，产量和就业率都开始提高，消费者变得越来越乐观。消费品需求量就会逐渐增长，消费者就会借更多的债务买更多的商品。但是，复苏阶段不会无限地进行下去，最后会达到繁荣阶段。这样就形成了一个经济周期的循环。

对于企业来说，理解和掌握经济周期对消费者行为的影响是非常重要的。有些国外的营销专家反复强调,在衰退期到来时,企业更需要通过市场调查,了解消费者对价值的重新定义和对经济衰退的反应,而不是削减市场研究的预算。

在经济衰退时,消费者的钱包瘪了,这时候消费者不再跟风,而是注重商品的价值,营销人员必须对每条产品线下产品的需求量做出预测。这个时期,消费者喜欢多用途产品胜过专业产品,企业应该十分重视调整产品组合,果断地缩减较弱的产品项目或砍掉不适用的产品线。

当经济的衰退隐约出现时,企业应该用类似于家庭成员舒适地围坐在壁炉边这样家庭温馨场面的广告替换以前冒险的和典型个人主义的广告。另外,不能削减广告费用,因为,在经济衰退时期,更多的消费者看电视或上自媒体时对广告增加的品牌印象比广告减少的品牌印象更深刻。

专栏10-5　　　　全球金融危机下消费者素描:痛感各不同

1. 英美重灾区:低档商品前所未有的抢手

2008年9月开始的美国次贷危机导致10月美国消费信心指数创下30年来最大月度跌幅。美国消费者通过合并购物行程来省钱,也更喜欢去光顾那些以相对较低价格出售多种不同商品的大超市和百货商店。

到圣诞节还有两个月,英国各地不少大商店就挂出了"清仓甩卖"、让利50%甚至70%的招牌,以早日下手争取客源,但消费者似乎不怎么领情。

有超市宣布,多年不上英国人餐桌的便宜的猪脸肉重新上市。消费者担心燃油价格继续攀升,加上经济不景气而不敢买车,大型连锁超市Sainsbury's的廉价货品销量大增,廉价酒店Premier Inn的入住率也大幅上升。麦当劳、中式外卖店等以平民为主的快餐店和一些廉价超市门庭若市,有很多勒紧裤带的消费者光顾,盈利甚至比经济景气时还好。英国麦当劳快餐店发言人甚至说:"汉堡包繁荣的时代又来临了。"

2. 印度和巴西:消费者走向理性

得益于快速的经济增长,印度、巴西等新兴经济体中的消费者长期以来被认为不理性、追逐品牌和花哨的产品包装。现在消费者们开始只买需要的,不买撑面子的。

2008年底,印度整个零售业萎缩了30%,汽车、家电产品的销售量都在下降。用印度报纸的话说:"人们开始停止消费。"

印度的零售商们很不情愿地看到他们包装精美的礼盒产品的销售量急剧下降。以往,消费者是最喜欢这些拿得出手的礼品的。在10月举行的印度教主要节日排灯节上,出售包装精美礼品的商家无奈地发现消费者倾向于购买现做现卖、没有包装成本的商品,而对以往他们喜欢的精美包装置之不理。

3. 俄罗斯:信贷消费骤减

2008年10月,莫斯科好几家超市都开始缺货。连锁店没有肉、鱼、蔬菜、水果和香烟,点心柜除了价格昂贵的进口苏格兰饼干外,通通是空的。供货商拒绝供货的原因是资金压力太大,债务多到没办法正常运转。

除了买不到生活用品,俄罗斯的信贷消费也被迫大幅减少。俄罗斯消费者近些年受美国信贷消费的理念影响较大,在新兴经济体中算是比较喜欢信贷消费的。但随着资金紧缺的贷款机构收紧了汽车和按揭等贷款的放款条件,消费信贷正在迅速枯竭。

资料来源:张一君.全球消费者素描:痛感各不同[N].中国经营报,2008-11-03.

10.2 文化因素与消费者行为

10.2.1 文化的含义

在中国,最早把"文"和"化"两个字联系起来的是《易经》,提出了"观乎天文,以察时变;观乎人文,以化成天下"的主张,其意思是用儒家的诗书礼乐来教化天下,使社会变得文明而有秩序。英国的文化人类学家爱德华·泰勒(Edward Taylor)在1871年出版的《原始文化》中,第一次把文化作为一个中心概念提出来,并加以系统的表述。他认为:"文化是一个复杂的总体,包括知识、信仰、艺术、道德、法律、风俗,以及人类在社会里所获得的一切能力与习惯。"美国的人类学家艾·克劳门(Ai Claumen)和莱·克鲁克霍斯(Lai Crookhos)认为"文化包括内隐和外显的行为模式",它是"构成人类群体的出色成就,包括体现于人工制品中的成就,文化的基本核心包括传统的观点,尤其是价值观念"。总之,人们对文化含义的解释仁者见仁,智者见智。

一般认为,文化有广义与狭义之分。

广义的文化是指人类在社会历史发展的实践过程中所创造的物质财富和精神财富的总和。狭义的文化是指人类精神活动所创造的成果,如哲学、宗教、科学、艺术、道德等。

在消费者行为研究中,由于研究者主要关心文化对消费者行为的影响,因此本书将文化定义为消费者在一定社会中经过学习获得的、用以指导消费者行为的信念、价值观和习惯的总和。其中,价值观是文化的基本核心内容。

10.2.2 文化的特征

1. 共有性

文化是由社会成员共同创造出来的,并对该社会中的每一个成员都产生深刻影响,使同一文化呈现出某种共性,表现在受同一文化熏陶下的人们往往具有共同的生活方式、消费习俗、消费观念及偏好禁忌。从消费者行为方面看,表现为人们行为的相互攀比、认同、模仿、感染等社会特点。

文化的共有性还表现在不同文化之间的共享性。信息、交通的发达,改变了人们相互影响、相互联系的频率和方式,不同文化影响下的人们通过直接、间接的交流,相互越来越了解。不同的文化之间呈现出一种融合性。比如,中国的饮食,色香味俱全,吸引着大批外国人,而日本的饮食因为清淡、健康也得到全世界的认可和喜爱。

2. 差异性

每个国家、地区、民族都有自己独特的区别于其他国家、地区、民族的社会文化,即有自己独特的风俗习惯、生活方式、伦理道德、价值标准、宗教信仰等,这些构成了文化差异。比如,风靡全球的可口可乐包装,在世界其他地区销售采用的都是红白相间的色彩搭配,而在阿拉伯地区,却变成了绿色包装,因为那里的人民酷爱绿色,对于他们来说,绿色意味着生命和绿洲。再如,红色在中国人的观念里象征着热烈、吉祥、美好,但西方有些国家认为红色是一种危险、令人不安、恐惧的颜色,易使人联想到流血、事故和赤字。由于这种观念上的差异,我国出口到德国的鞭炮曾被要求换成灰色的外包装才被接受。因此,在不同文化背景的国家,企业必须时时注意消费者的文化差异,"入乡随俗、入境问禁"是必要的。

专栏10-6　　　　　　　　　　中西方文化差异

中西方文化差异不仅表现在饮食观念和对色彩的认识上,还表现在诸多方面。比如,在思维方式上,是抽象和具象的差别,反映到生活态度上则似乎可以理解为西方人更加实用,而中国人则多少更偏重一些精神感受。我们把法文单词和中文文字加以比较,这一点就很明显。汉语文字造词多注重形象,而法文里更多考虑的是实际价值。像中文里的名片,法文里直译就是访问用的卡片,而航空母舰在法文里叫载飞机的军舰。

反映到绘画上更是如此,中国画的大开大阖、泼墨写意和欧洲油画讲究的人体比例和光学原理等完全属于两个风马牛不相及的技术范畴,似乎很难有共同语言。欧洲人有时不太能够理解我们过于抽象的艺术表现手法,我们有时也会认为欧洲人的艺术技巧过于写实本分,缺乏灵气。看多了欧洲绘画史上被奉为经典的宗教题材画作,中国人有时在感叹其技法写实细腻的同时,也会感慨欧洲大师们想象力的贫乏:为了说明天使在飞,就非得给那些可爱的小精灵加上一双翅膀。而我们的祖先不也画了几千年了吗,在那些美丽的仙女旁边加上几朵白云,她们不就飞起来了吗?多有意境,多有想象空间啊。

这就是文化的差异,但是,差异带来的并不总是分歧,它恰恰使文化丰富多彩。

资料来源:王松绍.趣谈中西方文化差异二三事[N].环球时报,2003-06-25.

---

3. 变化性

文化不是固定不变的,随着社会的发展,文化不断演化更迭。与之相适应,人们的崇尚爱好、生活方式、价值观念等也随之发生变化和调整。而消费市场是反映社会文化变化的一个最敏感的窗口，因为社会文化的发展变化常导致市场上某种消费时尚及商品的流行。比如，过去人们比较偏重食品的口感与味道，对其营养价值和是否有利身体健康常常忽略，但随着人们消费水平的提高和健康意识的增强，食品的营养价值和保健作用越来越受到人们的重视。由此，健康食品和功能性食品在市场上十分受欢迎。

4. 适应性

任何社会文化的形成和改变都有一定的客观原因，因此任何文化都是企业无法改变也不可能改变的。企业在具体营销活动时，必须研究不同国家、地区、民族、阶层消费者的文化差异。企业只有深入了解消费者的不同文化心理，风俗习惯，从而使自己的产品适应不同文化环境中的消费者，才能有的放矢地搞好产品销售，具体就要在产品设计、商标、图案、产品命名及促销方式上尊重中外消费者特有的风俗习惯、宗教信仰，以免遭受意想不到的挫折和损失。

专栏10-7　　　　　　　　　　自我参照标准

在实际工作中要做到文化适应是很困难的。造成困难的主要原因之一是所谓的"自我参照准则"在起作用。"自我参照准则"的概念是指无意识地参照本国文化价值观，将在国内市场积累的营销经验和技能，作为国际营销决策的依据。比如，我国有的外贸公司的谈判人员，在谈判开始时，见到外国商人总要递上一支香烟，实际上这就是在使用"自我参照准则"。在中国，向客人敬烟是为了表示礼貌和友好，然而在国外，特别是欧美国家，一般是不向客人敬烟的，因为有不少人是反对吸烟的，向这类人敬烟反倒是不礼貌的表现。

资料来源：刘文纲．国际营销管理 [M]．北京：经济科学出版社，2009：38.

10.2.3　文化价值观

尽管各种不同文化之间的差异性体现在多个方面，但最根本的差异还是文化价值观的差异。

1. 价值观的含义

价值观就是一个社会或群体中的人们所共有的对于区分事物的好与坏、对与错、符合或违背人的意愿、可行与不可行的观念。

文化价值观有核心价值观和次要价值观之分。文化的核心价值观是指特定的社会或群体在一定历史时期内形成并被人们普遍认同和广泛持有的占主导地位的价值观。对文化内容的营销分析始于对核心价值观的分析。核心价值观是人们获得生活的最终目标。营销人员知道社会群体中人们的核心价值观有助于理解消费者与产品的相互关系。表10-2中列出了美国人的核心价值观，供参考。文化的次要价值观是指特定的社会或群体在一定时期内形成和持有的次要的居于从属地位的价值观念。

表 10-2 美国人的核心价值观

价值观	总体特征	相关的消费者行为
获得与成就	只有努力工作才能成功	你值得这么做
活动	运动有利于身体健康	工作时间减少,休闲时间增多
效率和使用性	对那些能解决问题(如节约时间和精力)的事物的崇拜	刺激对那些运行良好而且节约时间的产品的购买
过程	人们会自我提高,明天会更好	期望获得新的改善的产品
物质丰盛	生活很好	产品奢侈,生活更好
个人主义	以自我为中心	获得能够表现自我的产品
自由	选择的自由	鼓励生产多种多样的产品
外部一致	一致观察,期望被接受	对他人拥有的产品感兴趣
人道主义	关心他人,尤其是失败者	赞助敢于参与竞争的公司
年轻	心理和外表都年轻	接受提供给年轻人的产品
合适和健康	关心身体健康	接受有关身体健康的食品、器具和行为

2. 价值观的衡量

每一种文化都可以用不同的文化价值观来描述,这些价值观导致了消费行为和消费价值观的差异。本书主要介绍荷兰心理学家、管理学家霍夫斯泰德(Geert Hofstede)的方法,他主要从以下五个维度对各国的文化价值观进行分析和比较。

(1) 个人主义指数(IDV)。该维度主要反映人们对个人与集体关系的价值取向。强调个人主义的文化,即较高的 IDV,反映了一种以自我为中心的思维,强调个人利益或个人成就,而个人与集体、社会间的关系比较松散。比如,美国、英国、澳大利亚等国家的 IDV 都比较高。集体主义文化,即较低的 IDV,反映的是一种以集体为中心的思维,强调个人利益服从集体利益,强调团队协作和团队工作方式。在集体主义文化下,人们生下来就与社会结成一种强烈的、紧密的关系。这种关系给人们带来安全感、归属感。比如,日本、韩国、中国和大多数阿拉伯国家的 IDV 都较低,属于典型的集体主义文化。

(2) 权力距离指数(PDI)。该维度反映人们对等级、特权和不公平的态度,即对一种社会结构中上下级之间的权力不平等状态的容忍度。在 PDI 高的文化下,人们倾向于接受等级制,习惯于服从上级的命令,视势力、操纵力和世袭为权力的重要来源,而且对权力拥有者享有一定特权表示认同。而在 PDI 低的文化中,人们珍视公平,反对特权,并把知识和尊重作为重要的权力来源。比如,印度、印度尼西亚、墨西哥及大多数阿拉伯国家的 PDI 都比较高,在这些国家,长期存在严格的等级制度,而德国、英国、美国等国家的 PDI 较低。

(3) 不确定性回避指数(UAI)。该维度反映人们对不确定性或风险的态度。UAI 高的文化往往难以容忍不确定性,不鼓励冒险和创新,对新事物往往持怀疑的态度,并且其成员较为关注安全感和行为的规范性以规避不确定性。因此,在这种文化下,人们会教条式地拘泥于过去习惯了的行为规范,这些行为规范最终转化为不可违反的行为准则。此外,在 UAI 高的文化下,人们往往崇拜权威,并回避风险。相反,在 UAI 低的文化下，人们易于接受新事物、新观念，并且乐于冒险和创新。根据霍夫斯泰德的调查，法国、德国等国家 UAI 相对较高，在这些国家，人们习惯于在近乎僵化的规范、制度下按部就班地生活、工作。而在美国、英国等国家 UAI 则较低，人们喜欢冒险，企业鼓励创新。

（4）男性化指数（MAS）。该维度反映人们对性别分工和成就感的态度。在传统社会里，男性曾长期占支配地位，而女性处于配角地位。即使到了今天，在不同国家女性的地位还是存在差异的。在 MAS 高的国家往往呈现出这样的文化特征：充满自信、喜欢自我表现，追逐金钱和社会地位。而在 MAS 较低的文化中则强调性别平等。比如，日本、墨西哥是 MAS 较高的国家，男性在社会发展中起支配地位，而女性起配角作用，女性就业率也较低。而在瑞典、法国、芬兰等 MAS 较低的国家，男女地位相对平等。

（5）长期取向（LTO）。该维度反映人们如何处理短期利益与长期利益的关系。长期取向的文化鼓励人们关注未来，重视节俭和毅力。如日本以长远的目光来进行投资，每年的利润并不重要，最重要的是逐年进步，以达到一个长期的目标，努力追求长期利益最大化。而短期取向的文化鼓励人们关注眼前，努力解决眼前的问题并获取短期利益。在长期取向的文化中，人们注重节约，有坚定信念并积极承担社会责任；而在短期取向的文化中，人们尊重传统，关注社会责任的履行，如美国公司更关注季度和年度的利润成果和对员工进行的绩效评估。

营销人员可以借鉴霍夫施泰德的划分方法，对消费者的价值观进行分类，还可以运用各种商用技术来调查社会趋势和价值观变化，更好地了解本企业产品的目标顾客。

10.2.4 我国传统文化与消费者行为

传统文化对我国消费者的心理和行为产生了根深蒂固的影响，形成了中国人独有的消费模式和消费习惯。本书主要从以下三个方面分析我国传统文化对人们消费心理和行为的影响。

1. 面子文化

"面子"是中文词汇里一个具有丰富内涵的词语。从字面上看，面子就是人的脸面，但在我国的文化中，这个词被特别重视。"给面子""争面子""丢面子""爱面子""留点面子""伤面子""丢脸""体面"等诸多概念，成了中国人日常生活和交际的基本概念，反映了人们的深层心理特质。

从社会心理学的角度看，面子是指个人在社会上有所成就而获得的社会地位或声望。在我国传统文化中，"面子"两个字的内涵丰富，它意味着个体要求他人尊重自己和不被忽视，体现了个人强烈的自尊感，因此，面子具有符号象征的意义，它象征着个人的身份、地位、财富与形象等。

在面子消费文化的影响下，消费者的表现如下。首先，凡是涉及面子的消费都格外小心谨慎，注意遵从各种礼仪规范，尽量不失自己的面子或伤别人的面子。其次，为了维护面子，消费者甚至不顾自身的经济状况，进行攀比消费或炫耀消费。"宁可背后受罪，也要人前显贵"是这种观念的典型反映。最后，在面子文化的影响下，消费者对商品或服务的情感性、夸耀性和符号性的要求，超过对商品或服务的物质性价值的要求

2. 关系文化

由于关系文化，消费者特别重视日常生活中的人情往来，包括亲情、友情、爱情、同乡情、同学情、上下级关系等。在关系文化的影响下，消费者首先注重关系，特别在意在消费中既要考虑巩固和拉近个体间的距离，也要体现自己的实力和面子，其次才是关注购买活动本身。因此，消费活动往往不是单纯的经济利益关系，还有人情往来、互惠交换等微妙复杂的心理。比如，礼品消费不仅仅是产品本身的物理属性，更多的是表达一种关系，礼品甚至不能反映送礼者本身的购买能力，实际成为送礼者和受礼者的情感关系纽带。

3. 家庭伦理文化

儒家思想和伦理观念在我国的社会道德传统中有着根深蒂固的影响，而儒家的伦理观念是以基本的血缘关系为基础的。因此，中国人非常看重家庭成员之间和家族之间的伦理关系。由此，以家族为基础的社会结构使个人与家族紧密相连，个人的言谈举止、行为好坏代表一个家族的兴衰荣辱。比如，房子具有特殊的意义，它不仅是物理属性的居住场所，更是一个家庭的载体和精神家园。因此，买房置地是一个家庭甚至是整个家族发达的标志，也是家族延续、传承的证明。所以，子女买房时，父母会动用全部资金，甚至亲朋好友也会全力相助，因为买房成了一个家庭和家族的事情。

由于重视家庭伦理关系，以家庭伦理为剧情的电视剧受到消费者欢迎。另外，由于重视家庭和家族整体利益和发展，很多父母秉承"前人栽树，后人乘凉"的消费理念，自己省吃俭用，却特别重视子女教育，斥巨资买学区房，让孩子上各种辅导班，愿意为孩子创造最好的教育环境，希望子女将来能"出人头地"。

10.2.5 流行文化与消费者行为

在当今社会，流行文化风潮起起落落，流行文化变化的节奏也越来越快。2004—2005年流行的韩剧使《大长今》《看了又看》等在中国家喻户晓。2005年蒙牛与湖南卫视联手策划的"超女"获得了巨大的成功，2010年的《非诚勿扰》、2012年的《中国好声音》、2013年的《爸爸去哪儿》、微信、微博等都曾经是流行文化。新媒体与传统媒体制造着一个又一个令人应接不暇的"星闻"。

1. 流行文化的含义

流行文化是符合大众口味的文化。根据这个定义，流行文化应该有以下特点。
（1）它与大部分人的经历和价值观有关。

（2）理解它不需要特定的知识。

（3）它的生产方式使大部分人都能很容易地接触到。

（4）它通常影响那些与工作和睡眠无关的行为。

要理解流行文化，必须将它与高层次文化区别开来。高层次文化经常是回溯到艺术、戏剧、音乐和文学的"古老的名家"上去。而流行文化通常是通俗的、大众的，甚至有些夸张的。我们还可以从大众文化的角度来理解流行文化，甚至有时候可以将二者合一。这样，就应了文化学家雷蒙德·威廉姆斯（Raymond Williams）的一句名言："文化的含义已经转变为对特定意义与价值的特定生活方式的表达，它不仅存在于艺术中，而且存在于日常行为之中。"

2. 流行文化涉及的范围

由于流行文化与大众诉求有关，并且只应用于非工作活动中，因此它所包含的主题范围非常广泛。

（1）广告。当广告中的形象、理念和符号被公众接受，广告就成了流行文化。

（2）电视。作为媒介，电视也创造了流行文化。实际上专家曾证明电视"已经成为重要的流行文化，并且是价值和观念的主要提供者"。研究人员发现大量观看电视会影响消费者对社会、事物、消费的看法。

（3）音乐。音乐也可以塑造流行文化。2004年流行的《两只蝴蝶》《老鼠爱大米》，2006年流行的《神话》主题曲，2012—2013年流行的《江南Style》，2014年流行的神曲《小苹果》，2021年王忻辰、苏星婕联手先后推出《清空》《落日与晚风》火遍全网，其实也表明流行音乐对一代消费者行为的重要影响作用。

（4）新媒体。互联网特别是移动互联网日益成为各种社会信息传播、汇聚的庞大平台，在大数据时代，各种文化运用互联网的平台进行传播交流、交锋、交融已经成为常态。

（5）大众文化。郑祥福、叶珲、陈来仪等编著的《大众文化时代的消费问题研究》（2008）中写道，大众文化是以工业方式大量生产、复制消费性文化商品的文化形式。大众文化和精英文化的一个很大区别是，大众文化最大限度地攫取市场利益，这甚至是它唯一的诉求。㊀大众文化最显著的特点就是毫不掩饰的商品性，它既然以赚钱为目的，就不可能不以制造时尚为己任，特别是以青年为主体。㊁

在大众文化汹涌大潮的冲击之下，现代社会的消费发生了价值尺度的根本转换，消费品的使用价值已经不那么重要了，人们重视的是消费品的"时尚价值"。时尚成为评价消费价值的主要尺度，这种消费已经主要不是对使用价值的消费，而是一种"时尚消费"，一种流行消费。现代传媒的快速传播，大众文化产品在最短的时间内弥散在大街小巷。流行时装、流行音乐、流行发型、流行饰物，人们就生活在时尚的变幻之中，不断地体现新的感觉，满足于"当下的体验"。

㊀ 郑祥福，叶珲，陈来仪. 大众文化时代的消费问题研究[M]. 北京：中国社会科学出版社，2008：4.
㊁ 郑祥福，叶珲，陈来仪. 大众文化时代的消费问题研究[M]. 北京：中国社会科学出版社，2008：36.

3. 影响流行文化的因素

在整个社会的文化矩阵中有很多潮流和反潮流。它们产生于物质环境、社会环境和文化价值取向三者之间动态的交互作用中。各种短时的潮流从文化矩阵中涌现出来，然后在多数情况下又消逝。以前，时尚潮流是由设计者创立的，现在，多数潮流是从年轻人开始的。比如，20世纪90年代中后期流行的日韩系的服装，近几年流行的哔哩哔哩（bilibili，简称B站）、热搜和小红书等。

随着流行文化的产生，媒体、意见领袖和网红会将带有潮流意味的符号向外传播。媒体包括网络、电视、广播、出版物、电影、戏剧等。比如，截至2014年5月1日，《江南Style》的MV在YouTube网站的点击量为20亿次。主要的大众意见领袖包括演艺明星、体育明星、社会名流、记者、广告人、各类编辑等。

4. 流行文化与市场营销

从分析流行文化中所得出的消费者行为概念可以用于市场营销策略的制定。

（1）定位和差异化。品牌的定位和差异化可以基于重要的文化价值取向。当然，在竞争的品牌中，只能有一个品牌保持最领先的位置。虽然可口可乐是世界最大的软饮料生产公司，但七喜通过将自己定位于"非可乐"饮料而成功地满足了我们的文化中对打破传统的需要，它既加强了七喜在消费者心目中的位置，也迎合了文化对带一点冒险的行动的偏好。

（2）环境分析。流行文化是外部环境的产物，因此，观察外部环境对于理解环境变化以及这些变化与公司产品的联系是非常关键的。20世纪50年代，本田公司看到美国摩托车市场上消费观念的变化，及时开展了以"你在本田上遇见最文雅的人"为主题的促销活动，将小型摩托车成功地推向美国市场。

（3）市场调查。市场调查能够帮助营销人员理解社会中流行文化的兴起是如何促使消费者价值观变化的。而人们价值观的变化具体体现在对满足、兴奋、休闲和娱乐的要求不断提高方面，这就会影响到企业如何给产品命名，产品的颜色、包装以及产品应如何设计。根据这些价值观进行推销会对广告词的基调和模式的选择产生较大的影响。

（4）市场细分。流行文化的研究可以用来加深对市场细分的理解，甚至可以考虑用流行文化的元素细分市场。比如，20世纪90年代社会流行时尚风潮中，诞生了更年轻、更活泼的咖啡消费者——星巴克一代。对这一代人来说，咖啡并不意味着回到家里喝，相反，咖啡成了一种身份的象征，并且只有在外面才会喝。

10.2.6 时尚与消费者行为

1. 时尚的含义

时尚是现代社会最为常见的社会现象之一，也是流行文化或者说是大众文化的一部分。所谓时尚，就是指时下流行的事物，是在大众内部产生的一种非普通的行为方式的流行现象。具体地说，时尚是指一个时期内相当多的人对特定的趣味、语言、思想和行为等各种模型或标本的随从和追求[一]。

我们还可以把时尚理解为：时尚不仅表现为一种物质样式、一种行为方式，更包含着一种意义、一种文化，它是根据历史地变化着的各种代码、样式和符号系统制造出来的。在生活节奏极快的现代，人们靠什么辨认自身呢？靠的也是符号，符号是他们维持记忆的主要手段[二]。

时尚象征着成功、身份、社会地位和人生价值的实现。它是一种"社会编码"，通过这个"社会编码系统"，它把人们归属于某一社会阶层，人们也可以通过这一社会编码系统的"索引"去查找他人或自己在社会中所处的地位。在此意义上，消费和语言一样，是一种含义秩序。在时尚消费中，消费品已经不是作为一种有使用价值的物品存在，而是作为一种代表着一定社会意义的符号存在；人们的时尚消费，主要不是消费商品的使用价值，而是消费其符号价值，即消费它的社会意义[三]。从这个角度来理解，时尚是指采用某些符号来获得一种身份。这些符号包括服装、首饰、车子、房子、艺术品以及其他能够看到的物品，这些符号在流行文化中传递了各种含义。

2. 时尚流行的特点

（1）潮流类型。研究者已经确定了两种时尚潮流的基本类型，即周期时尚潮流和经典时尚潮流。在周期时尚潮流中，社会成员所采用的风格总是在某个方向上走极端。在经典时尚潮流中，某种特定的外观成为"经典"。比如，2001—2003年流行的翻盖手机，就是当时的一种大众时尚。现在为了刷微信、玩手游、在移动互联网上看电影，大屏幕智能手机是一种流行时尚。

（2）潮流速度。潮流的速度可能很快也可能很慢，目前中国人的时尚注重"浅"而"快"。可以这样形容当下的时尚："浅尝辄止，不求甚解，注重形式，快速变动"。快时尚（fast fashion）的典型就是快时尚服装。比如，来自欧洲的ZARA、H&M，日本的优衣库、无印良品和GU，美国的GAP，我国的UR、热风等，快时尚服饰品牌对各秀场的时尚设计反应快速，紧追该季节潮流，以低廉的价格快速上新时尚单品。这类快时尚品牌的特点就是款式多、上新快和平价。而有的潮流流行时间比较长，比如2007年以来流行的智能手机，因为它包括了具有无线接入互联网的功能、PDA功能（个人信息管理、日程记事、多媒体应用、浏览页面）、开放性的操作平台、强大的功能和超快的运行速度等，就成为流行至今的一种大众时尚，甚至成为我们生活中不可缺少的一部分。

（3）潮流的反传统。时尚潮流的最主要特征就是与传统相悖。传统是多年形成的，是某种守旧，而时尚潮流则是以标新立异吸引大众的。

[一] 周晓红. 现代社会心理学 [M]. 南京：江苏人民出版社，1991：442.
[二] 郑祥福，叶珲，陈来仪. 大众文化时代的消费问题研究 [M]. 北京：中国社会科学出版社，2008：35.
[三] 郑祥福，叶珲，陈来仪. 大众文化时代的消费问题研究 [M]. 北京：中国社会科学出版社，2008：38.

3. 休闲消费

在本章中，我们把休闲消费放到时尚的范围中进行讨论，这是因为，休闲消费逐渐成为现代人，特别是青年一代的一种生活方式、一种消费时尚、一种流行文化。

休闲消费是在人们收入水平不断提高的基础上，基本生活消费满足以后更高层次上的消费。它形成的必要条件是要有钱，同时有"闲"。作为一种时尚，休闲消费不仅限于参加旅游、体育、娱乐等休闲活动，而且体现在人们日常的消费行为中。休闲消费是一种能够体现人们个性、身份、地位、文化品位与生活态度的消费时尚。从人们的发型、穿戴到身上的各种饰物，从人们消费的各种生活用品到居室中的家具摆设，甚至是人们日常消费的食品，都存在着休闲消费方式。在日常生活中，休闲消费表现为一种多层次、多形式的消费。休闲消费不仅限于节假日的集中消费和高消费，如打高尔夫球、作为会员去乡村俱乐部度假、利用公共假期出国观光、吃日本或韩国料理、付费参加各种体育俱乐部活动，甚至参加马术俱乐部，同时也有在日常工作之余，看场体育比赛，看一部电影，茶馆小聚，与朋友喝咖啡，去网吧、酒吧、舞厅、卡拉OK厅放松精神的日常休闲消费。此外，人们逛商场购物，甚至逛逛夜市，吃点小吃也不失为一种中低收入者的休闲消费。在日常工作与生活的非正式场合，穿上一套高品质、款式随意的休闲服，配以与之相协调的休闲鞋、背包、帽子及手表等各种饰物，同样可以体现人们轻松、潇洒、不拘谨的生活态度。[○]

20世纪末直到21世纪的前十几年，热衷于休闲消费的人往往追求这样一些生活状态：去听音乐会，在宜家买家具，热爱明星，吃全麦食品，开改装吉普，穿休闲服，用最新款智能手机。除此之外，热衷于休闲消费的年轻人和一些中老年人，还十分在意享受现代科技带来的生活乐趣。他们起一个个性化的网名，然后通过微信和朋友联系，在微信或微博上陈述观点看法，通过Wi-Fi下载歌曲、随时更换手机铃声和自己微信的标识，在网上购物、预约出游。他们喜欢通过带有大量图片的时尚、休闲类杂志，消费时间，了解世界，制造一波又一波的休闲时尚热潮。

专栏10-8　　　　　　　Z世代年轻人的时尚文化聚焦

2021年4月FASHION ZOO时髦圈儿联合第一财经商业数据中心CBNData对外发布了《新青年文化洞察》报告。以大数据为基石，深度解码Z世代年轻人的时尚文化聚焦，从消费主张、价值认同、品牌沟通、潮玩元素、人群特点、社交圈层等众多维度立体透析"青年"这个正在迅速崛起并被广泛关注的独特群体。

1. 时尚消费话语权的转移

从Demna Gvasalia到Virgil Abloh，国际时尚大牌纷纷起用年轻设计师的背后，正是想要与年轻消费群体建立深度对话的迫切意愿。FASHION ZOO时髦圈儿发布的《新青年文化洞察》披露：不论是消费人数还是客单价增速，"90后""95后"都远远高于其他

[○] 郑祥福，叶晖，陈来仪. 大众文化时代问题研究[M]. 北京：中国社会科学出版社，2008：46.

年龄层。而品牌对他们的消费诉求也更为关注，Gucci与哆啦A梦的跨界联名、LV与英雄联盟的合作设计都是希望以年轻人热爱的文化去捕获他们的芳心。新一代青年正在成为掌握时尚消费话语权的核心人群已是不争事实。

2. 圈层文化是新青年时尚消费的特点

据《新青年文化洞察》报告的调研数据显示，圈层文化是新青年时尚消费的一大主要特点。不论是近年来迅速升温、正在从小众走向资本风口的潮玩手办文化，还是充分展现出文化认同与文化自信的国风、国潮文化，不论是以Z世代为主流群体、产业链愈发庞大的热血电竞文化，还是更强调品质与态度、未来和责任的可持续消费文化，不论是以粉丝效应为核心、带动直播产业快速发展的明星红人文化，还是以高知、高消费人群热衷的智能科技产品形成的智慧极客文化，新一代年轻人消费的背后是寻求社交认同、融入共同圈层的迫切需求，是自我认知、自我表达的鲜明发声。"We Are What We Buy"既是新一代年轻人在时尚消费时的态度，更是他们的时尚主张和潮流文化，是值得品牌深研并思考的未来发展方向。

资料来源：深度解码青年时尚FASHION ZOO发布"新青年文化洞察"，环球网，2021-04-02.

10.3 亚文化群与消费者行为

同一文化中的人群根据人口特征、地理位置、宗教信仰等又可以分为若干个不同的亚文化群。亚文化群是指某一文化群体所属次级群体的成员共有的独特信念、价值观和生活习惯。每一亚文化都会坚持其所在的更大社会群体中主要的文化信念、价值观和行为模式。同时，每一文化都包含能为其成员提供更为具体的认同感和社会化的较小的亚文化。构成亚文化群的群体所追求的文化尽管有时与基本文化或者主流社会文化，或者与其他亚文化群的文化含义会有某些部分或某种程度的相同，但该亚文化群体必然是独特的。表10-3给出了一些亚文化群体类型的例子。

表10-3 亚文化群体的类型

人口统计指标	亚文化群体的具体类型
年龄	儿童、少年、青年、中年、老年
宗教信仰	佛教、基督教、伊斯兰教
种族	亚裔、西班牙裔、黑人
民族	汉族、蒙古族、壮族、维吾尔族
收入水平	高收入、中等收入、中低收入、低收入
国籍	英国、韩国、加拿大、美国
性别	女性、男性
家庭类型	单身家庭、核心家庭、主干家庭
职业	技工、大学教授、部门经理、咨询专家
地理位置	东部、中部、西部
社区	大城市、中等城市、城镇、郊区、街道

1. 年龄亚文化群体

不同年龄的亚文化群往往有着不同的价值观念和消费习惯。青年亚文化群喜欢追求新颖、奇特、时尚、乐于尝试新产品，容易产生诱发性、冲动性购买；中年亚文化群承担着家庭生活的重任，同时扮演着家庭消费品购买决策者的角色，所以消费者行为中讲求实惠、理性、精心挑选的特征十分突出，另外，事业上的成就也要从购买商品或品牌中体现出来；而老年亚文化群比较保守和自信，习惯购买熟悉的商品，求实求利动机较强。

2. 性别亚文化群体

不同性别的亚文化群有着截然不同的消费心理和消费行为。一般来说，女性消费者对时尚的敏感程度往往会高于男性，女性消费者通常比较重视商品的外观，而男性消费者则比较重视商品的性能和品质；另外，女性消费者对价格的敏感程度也远远高于男性消费者；而在购买方式上，女性消费者通常有足够的耐心与细致，但同时又缺乏决断性。

3. 民族亚文化群体

民族亚文化是人们在历史上经历长期发展而形成的稳定共同体的文化类型，对消费者行为的影响是巨大、深远的。它是以历史渊源为基础的具有基本文化总体特征，又有其自身的较稳定的以观念、信仰、语言文字、生活方式等形式表现出来的人群共同体。比如，我们常说的"中华民族"就是由56个民族构成的总体文化，而每一个民族又具有自己的民族亚文化特征，形成了有自己特点的语言文字、风俗习惯、爱好禁忌。不同的民族在饮食、服装、礼仪等方面各有特点。

4. 地理亚文化群体

一方水土养一方人。地理环境的差异会导致人们在生活方式、消费习俗和消费特点上的不同，形成地理亚文化群。我国著名文化专栏作家、收藏家马未都先生说过，我国古代信息不流通，地域文化十分突出，形成了一个个板块文化（亚文化群或子文化群）。长期形成的地域习惯，一般比较稳定。自然地理环境不仅决定一个地区的产业和贸易发展格局，而且间接影响一个地区消费者的生活方式、生活水平、购买力的大小和消费结构，从而在不同的地域可能形成不同的商业文化。比如，我国北方人多爱深色服装，而南方人多好浅色；城市消费者往往喜欢黑、白、灰等颜色的服装，农村消费者更青睐红、绿、黄等鲜艳的服装。

5. 宗教亚文化群体

不同的宗教群体，具有不同的文化倾向、习俗和禁忌。全世界有佛教、基督教、伊斯兰教等，这些宗教在不同的国家或地域甚至是同时存在的。宗教的信仰者都有各自的信仰、生活方式和消费习惯。宗教能影响人们的行为，也能影响人们的价值观。

> **专栏10-9　　宗教影响印度人的行为**
>
> 　　一道山脉或一条河流可以是一种文化的坐标，也可以是两种文化的界标。喜马拉雅山脉就是这样一个文化界标，它隔开了中国文化和印度文化，在印度文化中到处可以看到宗教的影响。
>
> **重精神轻享受**
>
> 　　历史悠久的国度都拥有众多的节日。中国人过节特别讲究吃，喜欢用美味佳肴烘托节日气氛。印度人却从来不讲究口福，节日庆典更与美食无缘，有时甚至还要减少餐桌上的食物。印度节日的主要目的是让神灵高兴，自己再从中得到精神上的满足。
>
> 　　印度教相信生命轮回，只有当肉体死后，肉体包裹的灵魂才会投胎转世。肉体是灵魂的载体，也是灵魂最后解脱的障碍，所以印度教徒不会用美食娇纵自己的身体。
>
> **重内在秩序，轻外部环境**
>
> 　　印度人对精神有多么执着，就对现实有多么冷漠。印度街道和公共场所显得散漫而无序：路上，车辆和动物并行，很多汽车都有碰撞过的痕迹。仅仅把这种混乱归结为管理不善并不全面。根据印度教圣典《奥义书》的解释，人生活的物质世界都是幻觉。既然是幻觉，何必在意眼前的混乱呢？同时，印度教的轮回观念使印度人不重视时间，反正这辈子不行还有下辈子，印度人的性格似乎注定是散漫的。
>
> 　　印度并非没有秩序，这种秩序是建立在内心之上的。印度教按社会分工把人分为四个等级。这种种姓制度构筑起了印度钢铁般的社会结构。
>
> **重个人，轻集体**
>
> 　　印度教的修行是一种个人行为，任何人都无法取代。《吠陀》里有一句话："就算在群飞的鸟儿中，每一只鸟都是自己飞的。"印度教没有固定的礼仪和聚会，一个人每天的行动和想法，决定了他来世的命运。这种自我意识在印度妇女纱丽的丰富色彩中得到了体现。正如一棵树上没有完全相同的两片叶子一样，在一群妇女的纱丽中，很难看到一模一样的颜色和图案搭配。
>
> 　　这种注重自我表现的现象也与印度历史有关。印度历史分裂时间长、统一时间短。这就削弱了印度人的集体意识。在宗教文化的熏陶下，人们只想着自己头顶的那一片天空。
>
> 资料来源：张讴. 宗教影响印度人的性格 [N]. 环球时报，2005-05-18.

　　除了以上介绍的亚文化群体以外，还可以用其他变量细分出很多亚文化群体。特别是在现代社会中，消费者的价值观念、生活方式、消费态度总是在变化着，导致新的亚文化群体层出不穷。通过对新的亚文化群体的分析，营销人员可以了解目标市场的需求状况和消费行为特征，从而提高营销策划的目的性和针对性，以取得良好的效果。

　　总之，以上对于文化的研究，希望营销人员知其静，可以使营销战略保持较长时间的稳定；知其变，就是要把握趋势，因势利导。

本章小结

本章讨论了经济因素和文化因素对消费者行为的影响。

经济因素是制约消费者行为的一个基本因素,它包括微观和宏观两个方面。微观经济因素主要分析消费者个人经济状况,包括消费者的收入,消费者的支出、消费者的储蓄和消费信贷;宏观经济因素主要分析经济发展水平对消费者的影响,以及经济周期性变化对消费者行为的影响。

文化因素对消费者行为的影响无处不在,文化具有共有性、差异性、变化性和适应性等特征。文化价值观和中国传统文化对消费者行为有深刻的影响。此外,本章还用一定的篇幅讨论了流行文化与消费者行为以及时尚与消费者行为。

在亚文化与消费者行为中讨论了主要亚文化群体,并且在总结亚文化消费者群特点的基础上指出,企业营销可以把每一个亚文化群视作一个细分的目标市场,分别实施不同的营销策略,以取得良好的效果。

复习思考题

1. 如何理解经济因素对消费者行为的影响?
2. 消费者收入是由哪些指标构成的?
3. 在研究消费者收入与支出的关系时,常使用哪些指标?
4. 简述影响消费贷款的主要因素。
5. 根据当前房地产市场状况,思考房贷对商品房市场的影响。
6. 如何理解文化的内涵?文化有哪些特征?为什么在文化适应中要贯彻因地制宜的原则?
7. 大学生可否算作一个亚文化群体,为什么,市场营销人员怎样基于对这部分消费者的了解制订营销方案?
8. 举出本文中未能讨论的亚文化群体,并对其进行简要描述,在此基础上策划营销方案。

实践活动

1. 收集新冠疫情对我国消费市场影响的具体案例,阅读案例,并写一份读书笔记。
2. 查阅近5年我国城镇居民与农村居民人均可支配收入及消费支出情况的统计数据,再查阅近5年你所在地区城乡居民人均收入水平变化的统计资料,在分析的基础上写一份读后感。
3. 在查阅相关资料的基础上,分析当前我国消费者的储蓄目的及其对消费的影响。
4. 神曲总是层出不穷,2012年以后,神曲当属PSY的《江南Style》。这首歌在推出 2 个月时，就登上韩国各大音乐榜单首位，之后，《江南 Style》在美国音乐网站 Billboard social50 排行榜中获得第一名，成为首个登上 iTunes MV 排行榜榜首的韩国歌曲。从流行文化的角度，分小组进行讨论，《江南 Style》为什么不分国界、不分种族地红遍全球？

案例选编

vivo 用本土文化占领海外市场

企业在国内取得不错的市场成绩后会拓展海外市场，将自己的产品带向世界各地。以 vivo 为例，自 2014 年 8 月正式开启国际化战略以来，2021 年 vivo 已经覆盖全球 4 亿多用户，服务 60 多个国家和地区。

1. 国际化的产品布局

2014 年，vivo 开启了国际化发展之路，将出海的第一站选在了印度。最初 vivo 只是将在国内市场叫座的 vivo Xshot（精英版）、vivo X5Max、vivo X5Pro 等产品推向海外。这种做法无可厚非，在一个市场能取得成功的产品，往往能在其他市场取得同样的成功。然而，如果仅仅将在国内大卖的机型引入海外市场，这种国际化产品的打法还有所不足。海外市场的用户因国情、社会文化、消费水平、审美标准、使用习惯等不同，存在着一些或显著或细微的差异。于是，vivo 公司在深入了解印度市场的需求后，针对印度市场推出了一系列适合当地消费者的手机产品。2015 年，在印度的新品发布会上，vivo 发布了专门为印度市场定制的 vivo V1 和 vivo V1Max，这是 vivo 首次在海外市场发布本土化机型，该机型还未在国内上市。这种本土化产品的推出掀开了 vivo 国际化产品布局的新篇。

当然，要赢得当地消费者的喜爱，产品本身的实力是必不可少的。vivo 在专门针对当地消费者设计适合他们需求的产品方面可以说经验颇丰。无论是在印尼市场针对当地人经常骑摩托车的交通方式专设了摩托车模式，还是在印度市场针对印度人的不同肤色分类研发了 AI 美颜功能，vivo 都能准确洞察当地人的需求，并且打造出满足当地人需求的产品。在进一步挺进欧洲市场之前，vivo 对欧洲不同国家的 9 000 名消费者进行访谈和研究，发现欧洲当地人很喜欢音乐、运动，并且对手机系统要求简洁、对隐私要求严格。为此，vivo 推出了无线耳机设备，满足当地消费者对户外运动、聆听音乐的需求；在手机系统方面，在欧洲市场预装纯净、极简的安卓原生系统；针对欧洲严格的隐私要求，vivo 根据欧盟的《一般数据保护条例》（GDPR），从组织、流程、技术三个维度进行了针对性的准备，在 2018 年就成立了全球数据保护专项团队。在 vivo 的欧洲官方社交媒体上，隐私保护被特别放在了简介里面，足以见 vivo 对于欧洲用户需求的在意程度。

2. 国际化的品牌营销

对于vivo而言，进军海外市场意味着要对品牌进行全面包装，树立品牌在当地市场的品牌形象，同时要实施符合当地市场实际的渠道建设等营销战略。在印度发布会上，vivo邀请了印度宝莱坞影后Kangana Ranaut为其拍摄了一段30秒的欢迎视频，而这位多次获"印度奥斯卡"奖的印度女影后更是出现在了当天中午的新闻发布会以及晚上的发布会现场，并与观众和媒体一起分享自己和vivo的故事。在此前的马来西亚发布会上，vivo也邀请了多位马来西亚当红明星前来助阵。由于这些明星在当地市场具有超高的人气，因此也吸引了很多明星的粉丝成为vivo的粉丝。vivo通过明星策略形成了品牌建设和粉丝建设的协同发展。2015年，vivo在印度举办了其首场海外粉丝会。本次印度粉丝会通过海外社交媒体平台进行招募，不但获得了近万名粉丝的申请要求，甚至有其他海外市场的用户要求vivo在其国家也举办粉丝会，彰显了vivo的产品和品牌精神在海外市场用户群体中的高度认同。

而在具体的营销基础设施建设上，vivo不仅逐步将团队本地化，而且还注重建立在当地市场的渠道体系和售后系统，从营销的底层发力，推动国际化战略的深入渗透。以印度市场为例，vivo建立了一个拥有7 000名员工和10 000个零售商的良性发展体系。截至2021年，vivo在印度建立了20家专业的、有印度文化特色的售后服务中心，提供符合印度民族特性的售后服务。而类似的营销建设，在印度尼西亚、马来西亚、菲律宾等地也相应展开。

3. 注重与本土文化的融合

在印度，与消费者沟通的制高点永远离不开两个主题——板球、宝莱坞。vivo选择的印度文化IP是板球。2015年，vivo以3.3亿美元获得5年IPL（印度板球超级联赛）冠名权。之后，印度民众无论是现场观赛还是在家收看直播，映入眼中的都是"vivo IPL"。通过这一赛事强大的影响力，vivo成功提升了品牌知名度，获取了印度人民的好感。另外，vivo聘请《摔跤吧！爸爸》的主演，印度国宝级巨星阿米尔·汗做品牌代言人，使得vivo品牌在印度几乎达到了家喻户晓的地步。

除此之外，vivo还十分重视印度的节庆活动。2019年，vivo选择在印度排灯节前夕正式发布vivo V17手机。vivo在印度的各线下销售门店都在明显的位置摆放着V17的样机；城铁等处的广告牌上写着"V17,clearasreal（V17，栩栩如生）"；在电视上，V17手机广告特别突出它在夜光场景下的优质拍摄效果。这款机型既是可供选择的节日馈赠佳品，也是记录节日、以拍摄功能见长的手机。

2017年10月，vivo以俄罗斯为桥头堡进军欧洲市场，vivo在俄罗斯打出知名度，办法是赞助2018年俄罗斯世界杯足球赛，成为2018年俄罗斯世界杯的官方用机（见图10-2），极大地提升了vivo在俄罗斯消费者心中的认知。此外，通过亮相克里姆林宫、推出FIFA定制版的vivo X20等一系列动作，使vivo X20系列机型在俄罗斯大火，得到了诸多消费者的喜爱和追捧。

图 10-2 vivo 赞助 2018 年俄罗斯世界杯足球赛

2020 年 vivo 宣布正式进入欧洲六国并稳步拓展欧洲市场。vivo 深知欧洲足球文化的影响力，并与欧足联达成了合作，成为 2020 年欧洲杯官方合作伙伴，vivo 旗下的产品也同步进入多个欧洲国家市场。在 2020 欧洲杯正式开赛后，vivo 旗下的 vivo X60 系列产品也正式在欧洲市场开售。在欧洲杯现场，摄影师更是用 vivo X60Pro+ 记录下了不少精彩时刻，让人们能够以更直观的方式了解到这款手机强大的影像实力。

2023 年 9 月，vivo 在包括印度在内的 39 个国家和地区推出最新款 vivo V295G 手机。vivo 通过成功运用本土文化战略，已经成为我国海外市场份额数一数二的头部手机厂商。

资料来源：作者根据相关网络资料整理而成。

仔细阅读本文，回答下列问题：

1. 结合案例分析 vivo 如何用本土文化战略开辟海外市场的？
2. 以本案例为依据，拓展收集 vivo 文化的资料，归纳总结至少 3 小点。

第 11 章 社会群体因素与消费者行为

消费者群体是由具有某些共同特征的消费者集合而成的，对消费者行为影响比较大的社会群体有参照群体、社会阶层和家庭。因而，本章将对这三个群体因素展开讨论，并在其中穿插对模仿与从众心理和社会角色的探讨。

11.1 参照群体

11.1.1 参照群体的含义

研究参照群体问题始于 20 世纪 40 年代。1942 年美国社会心理学家海曼研究个人对自身地位的看法时采用了参照群体这一术语。

参照群体是个体认同的为其树立和维持各种标准、提供比较框架的群体。参照群体能够影响一个人的价值观念，并影响着他对商品和服务的看法及其购买行为，它可能是个人所属的群体，亦可能是个人"心向往之"的群体。消费者在购买活动中或进行消费决策时，常常以参照群体作为参照和比较的对象。

11.1.2 影响消费者的主要参照群体

参照群体可以大致分为两类，一是个体所归属的成员群体（membership groups），也就是消费者已经成为其中一员的群体。比如，家庭、同事和校友会等。二是个体所倾慕和向往的榜样群体（aspiration groups）。也就是消费者没有参与但渴望归属的群体，包括演艺明星、体育明星以及社会名流和成功的企业家，甚至包括其他阶层的群体。

一般来说，市场营销人员倾向于利用成员群体和榜样群体的影响力，使消费者产生一种成为某群体成员的愿望来推广自己的产品。基本上每一个人都会有若干参照群体，他依据这些群体，并按照不同的问题，把自己、别人与这些群体进行比较。不同的参照群体从不同角度影响人们对生活的态度并指导人们的行为方式。而同一参照群体的意义在不同时期则可能发生变化，不同的历史时期有不同的参照群体。如果两个参照群体在目标、规范等方面发生矛盾，往往会引起个体内心的冲突，当某一参照群体的目标、规范价值体系对个体的态度和行为起决定作用时，这一参照群体成为事实上的参照群体。

专栏11-1　百事用名人做形象代言人

作为全球最大的饮料公司之一，百事在广告的拍摄中总会邀请大量明星，并且这些明星都有着很大的号召力。可以说，百事成功的关键很大一部分取决于广告，而广告的成功很大程度上是因为这些明星的加盟。

时尚、个性和品位一直是"百事明星"的特质，能成为百事代言人的明星，要满足下面三个条件：

①要当红；
②要在年轻人中很红；
③形象活泼、动感、健康。

1983年，百事与美国流行音乐巨星迈克尔·杰克逊签订了一个合同，以500万美元的惊人价格聘请他作为形象代言人，并推出了"百事可乐，新一代的选择"广告语，获得了巨大的成功。

百事为什么能够成功？百事可乐先做了市场调查，主要调查公众对百事可乐的看法，在收回的调查问卷中，公众描绘百事可乐：这是一家年轻的企业，具有新的思想，员工富有朝气和创新精神，这是一家发展很快的企业。当然，因为年轻和时尚，而不免有些咄咄逼人。当时的迈克尔·杰克逊正好符合这一感觉。

当年，可口可乐独霸亚洲的可乐饮料类市场，百事可乐根本没有市场份额。百事可乐想进军亚洲市场，就借鉴了其在欧美大区广告成功的策略。1988年，张国荣成为百事可乐在亚洲地区的首位代言人。1993年，刘德华成为继张国荣之后百事可乐的代言人。20世纪的最后几年，百事可乐又邀请王菲、郭富城和瑞奇·马丁、珍妮·杰克逊做形象代言人。

百事可乐总能保持一种绝对的新鲜感，用名人做形象代言人更新的速度相当快，总能给追星族强烈的视觉冲击。巨星阵容历来是百事可乐塑造年轻、时髦的品牌形象（区别于可口可乐）的重要广告策略。不仅是演艺明星，百事在体育界签下的明星一点都不逊色于耐克、阿迪达斯等运动品牌。在2002年和2006年世界杯期间，百事可乐又聘请世界著名的球星做形象代言人，比如罗纳尔迪尼奥、齐达内、卡洛斯等。五夺"金球奖"的梅西，在2006—2007赛季刚刚迎来职业生涯的第一次爆发，立即被百事可乐签入麾下。在担任百事可乐代言人的这些年里，梅西经常在广告中利用可乐罐秀自己的脚法。而百事可乐最经典的足球大片，还是和贝克汉姆的合作。在2014年世界杯期间，百事可乐邀请梅西、拉莫斯、范佩西、阿圭罗、威尔希尔与大卫·路易斯等来自不同国家队的球星组成"梦之队"。为了兼顾其他足球不太发达地区的市场，郭富城和美国歌手加奈儿·梦奈

（2）形式丰富。口碑传播来源于消费者，这就注定了它不像大多数公司的广告那样千篇一律，无视接收者的个体差异。由于信息的传播者和接收者之间存在着各种关系，所以可以根据接收者的具体情况，选择合适的传播内容和形式，获得最佳的传播效果。

（3）受干扰少。由于口碑传播者和接收者的关系一般较为密切，这就注定相比其他传播方式，口碑传播信息受干扰的情况比较少，加之口碑传播的信息更具有活力，就更容易进入消费者的记忆系统储存起来。

12.1.5 口碑传播的作用

口碑传播的作用可以从正面口碑的积极作用和负面口碑的消极作用两个方面进行分析。

1. 正面口碑的积极作用

口碑传播一直对消费者购买行为产生着重要影响。正面的、积极的口碑传播对于新产品扩散成功的影响不可忽视。比如，约翰·奈斯比特（John Naisbitt）的《大趋势》一书发行后，出版商先把 1 000 册书送给各大公司的总裁们阅读，结果不到一个月，该书成为千百万生意人的必读之书。这也给了出版商一个重要启示，正面的口碑传播关键是要寻找"喝彩者"，以便获得积极的传播。另一项由费德蒙（S·Feldman）和斯宾塞（M·Spencer）所做的研究发现，搬进某一社区的新居民中，2/3 的人是通过与他人交谈获得信息而找到他们现在所熟悉的医生的。

美国哥伦比亚大学学者阿恩特在 20 世纪 60 年代研究口碑传播对新产品普及的作用，在调查统计分析的基础上，得出表 12-1 的结果。表中说明，潜在消费者是否与已经购买者谈过话，对其新产品的购买有直接影响。

表 12-1 是否购入商品与口碑传播信息的关系

口碑传播信息	购入商品者	非购入商品者
谈过话	62%	32%
未谈过话	38%	68%
合计	100%	100%
调查人数	185 人	321 人

阿恩特（1967）认为口碑传播至少具有如下的优势和发挥更大作用的理由：①口碑效应具有反馈和澄清的机会；②口碑效应被认为是提供的更值得信赖的建议；③个人之间的信息沟通有助于社会支持和鼓励。

恩格尔等（1969）认为："你最好的销售员就是对你满意的消费者。"这个假设就是说满意的购买者会和其他人分享他的经验，无形中增加了企业的促销效果，同时说明了正面积极的口碑传播的正面影响作用。Reichheld 和 Sasser（1990）的研究指出，正面积极的口碑传播不但可以降低企业的营销支出，而且当新的消费者被吸引的时候也会增加企业的收入。归纳学者们的观点，从企业的角度考虑，口碑传播宣传成本低。口碑对企业价值贡献体现在资产负债表中的商誉科目中，它的形成一方面需要企业在前期投入较大的财力，宣传自身提供的产品和服务，另一方面需要消费者的认可。一旦消费者在体验产品和服务的过程中形成了良好的印象，他们就会将这种经历主动与周围的人分享，而且对方也认为他们并非在推销产品，仅仅是为了说出自己的感受，因此也会更为关注传播的内容，这样也为企业在后期省下了一笔巨额的广告费用。

2. 负面口碑的消极影响

口碑传播不仅是传递积极的正面信息，同样，它也传递消极的负面信息。通常，负面口碑较正面口碑对消费者影响更大，所谓"好事不出门，坏事传千里"恐怕从一个侧面反映了这种情况。

如果说正面口碑是企业的无形资产，那么负面口碑就相当于企业的负债。口碑传播是一把双刃剑，正面积极的口碑传播通过建立正面的形象有助于企业获得成功，负面的口碑传播由于破坏了形象会损害公司利益。Solomon（1998）认为负面的口碑传播会降低一家公司广告的可信度。Arndt（1967）、Mizerski（1982）和 Wright（1974）的研究证明口碑传播的影响是不均匀的，负面口碑传播带来的影响比正面口碑传播带来的影响更大，负面的口碑传播会带来灾难性的影响。阿恩特（1967）发现负面口碑传播对销量降低的影响是正面口碑传播引起的销量增加的两倍多。这就意味着关注一些企业产品或服务的负面口碑信息是非常重要的。

专栏12-5　　　　《天机·富春山居图》的负面口碑悖论

《天机·富春山居图》这部在2013年6月端午小长假上映的商业大片，首日票房收入高达5 160万元，但是负面口碑、网上吐槽随之而来。仅仅几天的时间，时光网、豆瓣网等主流电影网站上4万多个评论中75%的网友给该片打的是一颗星。各种吐槽和差评，让主角刘德华坐不住了，他在自己的微博上向广大观众道歉。

然而，负面口碑却使《天机·富春山居图》的上座率和排片量出现"逆生长"的情况。上映两天票房破亿元，最终该片赚得3亿元左右的票房收入。一些影评人士在网上总结人们去看《天机·富春山居图》的原因。

主观原因：①好奇；②从众；③负面口碑使该片成了事件电影。

客观原因：①国产保护月；②端午档期；③刘德华和林志玲搭档。

近几年，国产电影常出现烂片"逆口碑飞翔"的现象。很多因素导致这种现象发生，根本原因是人们评价电影的标准和选择掏钱看什么电影的标准是不一样的。人们在给电影评分时，更看重电影的内在质量：故事、主题、角色、技术（画面、声效、服装、道具）、艺术技巧（电影语言）。但是，人们掏钱去影院更看重电影的外在社交效用：男女约会、朋友聚会、聊天谈资……中国电影市场用票房证明着一个事实：观众更倾向于掏钱给那些娱乐性强、带有搞笑元素、无须多思考的作品。观众的掏钱标准与打分标准的不同,导致了低分烂片却仍有高票房的怪现象。

黑山在自己的微博中写道:中国电影市场近几年热钱滚滚,声势浩大,然而一个又一个票房奇迹并不意味着中国电影质量的提升。相反,类型单一、风格趋同、趣味低俗、创意缺乏等顽疾正蚕食着其生机和活力。这些问题的不断积累,终于产生了一部烂得以至于让观众提议建立中国电影退票制度的吐槽神片——《天机·富春山居图》。

资料来源:作者根据相关网络资料整理而成。

12.2 口碑传播中的意见领袖

在口碑传播过程中,我们经常可以发现,有些消费者会较其他消费者更频繁或更多地为他人提供信息,从而在更大程度上影响别人的购买决策,这样的消费者被称为意见领袖(opinion leader)。意见领袖积极地从大众媒体和其他来源收集相关的消费信息,并对消费信息进行加工,再把经过加工的信息解释、传达给群体中需要这类信息的消费者成员,从而对消费者的购买行为产生重要的影响。

12.2.1 意见领袖的含义

意见领袖是一些经常能影响他人态度或意见的人,也就是在非正式的产品或服务的沟通中,就某一特定的产品或服务,能够提供建议与信息的人。简言之,意见领袖是指那些影响他人的人。

12.2.2 意见领袖的特征

1. 德尔·I. 霍金斯等学者的观点

德尔·I. 霍金斯(Dell·I. HawKins)等学者认为,意见领袖最大的也是最明显的特征是对某类产品较群体中的非意见领袖有着更为长期和深入的介入。这种持久介入,是人对某类产品或活动有更多的知识和经验,由此使意见领袖得以出现。因此,意见领袖通常是和特定的产品或活动相联系的[1]。

意见领袖主要通过人际沟通和观察来发挥作用,而且这些沟通和观察活动,最常出现在有着相似的人口统计特征的个人中间。毫不奇怪,意见领袖出现于人口的各个群体中,而且在人口统计特征上很少同他们所影响的人有显著差别。一般来说,意见领袖比其他人更加合群,这可以解释为什么他们愿意向其他人提供信息。另外,意见领袖对相关媒体的接触水平远较非意见领袖高。

企业识别和赢得意见领袖十分重要。

---

[1] 霍金斯,马瑟斯博. 消费者行为学 [M]. 符国群, 等译. 12 版. 北京:机械工业出版社,2017: 141.

在线下，意见领袖可以从专业的媒体资源获得。意见领袖大量地使用大众媒体，尤其是那些与意见领袖相关的媒体，为识别意见领袖提供了线索。比如，东风日产推测《世界汽车》的订阅者可能是某些品牌轿车的意见领袖，同时由于意见领袖很合群，喜欢加入俱乐部和社团，东方日产也可以将轿车爱好者俱乐部的成员、越野俱乐部的成员，特别是俱乐部的活跃分子作为意见领袖。

在线上，意见领袖可以通过他们在某一特定圈子内的活动和影响力来识别。Matt Halfill 是一个运动鞋品牌的老总，开了一个名为 NiceKicker 的博客，他是运动鞋文化的意见领袖，像耐克这样的公司就会在他的博客上打广告。在我国，意见领袖会在微信中建群，或者利用朋友圈来施加他作为意见领袖的影响力。

还要特别注意，某些产品领域有职业性的意见领袖。在我国一些大城市，牙医有意无意就充当了他周围人购买牙膏、牙刷的意见领袖；一些中年女大夫又成为周围同龄女性保健护理品的重要意见领袖。

2. 意见领袖的一般特征

意见领袖一般有以下三方面的特征。

（1）人格特征。意见领袖通常是最早出于纯粹的好奇心而试用新产品和服务的人。他们通常是社区的活跃分子，不甘寂寞。而且，意见领袖一般具有公开的、独特的特性，这让他们更可能以与众不同的方式去尝试那些未知的而又让人感兴趣的产品和服务。此外，意见领袖可能比一般人更健谈与合群，因而他们更具有影响力。

（2）独特的产品知识。意见领袖通常限定在特定的产品领域或特定的购买情境之中。意见领袖最大的也是最明显的特征，就是对某一类产品比群体中的其他人有着更为长期和深入的介入。由于某些原因，有的人对某类产品或活动有更多的知识和经验，因而在其他人看来，他在这方面更有权威。因此，意见领袖通常是和特定的产品或活动相联系的。比如，早年间某位消费者是最早使用微信的人，在玩微信、刷帖子方面有丰富的知识和经验。于是，在他的大朋友圈中的消费者在购买智能手机和玩微信时就会向他求教，获得他的意见与建议。在另外的产品领域如服装、家具等，该消费者不一定是意见领袖，他人在购买这些产品时可能并不征求他的意见。有研究显示，当某人是某种特定产品，如电视机方面的意见领袖时，他亦可能成为冰箱、空调等产品的意见领袖。

（3）丰富的市场知识。意见领袖虽然通常是和某种产品或活动相联系的，但也有这样一些人，他们似乎了解许多产品、购物场所和市场的其他方面的信息。这样的消费者被称为多面意见领袖。调查表明，在某些文化背景下，单一意见领袖占主导地位，而在另外一些文化背景下，多面意见领袖占主导地位。拉扎菲尔德（Lazarsfeld）等人在20世纪60年代对美国人的政治观点、家庭购物、服装式样、电影四个方面的意见领袖做了调查，发现这四个方面的意见领袖很少重合，也就是说，在美国，似乎是单一意见领袖占主导地位。多德（Dodd）的研究则表明，在非洲，有26%的被调查者对种田、纠纷、宗教等多种问题都到同一个人那里去求教，也就是说，在非洲一些地方多面意见领袖占主导地位。一般认为,在传播技术比较发达的社会里,单一意见领袖比较盛行;在传播技术欠发达的社会里,多面意见领袖则较为盛行。

12.2.3 意见领袖与企业营销策略

实践证明,一般消费者通常会认为意见领袖比广告人更可信、更可靠。那么如何争取和利用意见领袖加强产品推广的效果呢?可以从以下三个方面入手制定营销策略。

1. 锁定意见领袖

意见领袖在产品的推广和广告传播中的作用是巨大的,只要能在广告传播活动中找出目标消费者的意见领袖,锁定意见领袖,并通过对他们的说服,进而扩散到更广泛的群体,就能加强广告传播的效果。那么,在茫茫人海中,如何寻找和锁定意见领袖?通常用以下两种方法来确定意见领袖。

(1)根据意见领袖的特征去考察。在消费领域,意见领袖一般具有以下七个特征。

第一,交际广泛,频繁接触媒介,拥有较多的信息渠道。这样,他们才有可能掌握大量信息,对有关商品或服务有更多了解。

第二,同公众联系密切,并在公众中有较大的号召力。意见领袖的价值在于通过他自己使更多的人认识广告产品,接受广告产品,因此,意见领袖只有同一定范围内的公众建立广泛的联系,并拥有较大的影响力和号召力,才能强化广告的宣传效果。

第三,威望较高但易于接触。意见领袖在群体中必须被公认为是见多识广或称职能干的人,能为群体成员提供有益的信息和意见。这样能获得较高威信,但又平易近人。只有这样对他的倡议人们才愿意响应,对他的行为人们才愿意模仿。

第四,具有相同的社会经济地位,收入较高,而且稳定。这是他们之所以成为意见领袖的经济基础。良好的经济条件,使他们有能力成为新产品的早期采用者,获取更多的产品知识。

第五,教育程度较高。良好的教育使他们能够利用更多的媒介获取信息,也使他们具有较强的判断能力和主观见解,处理问题比较理智,因而容易说服更多的消费者。

第六,乐于创新。意见领袖思想活跃,性格外向,勇于创新,勇于接受新生事物。尤其是当整个社会倡导革新开放时,其创新精神更为突出,这也是他们成为新观念、新产品的带头者、鼓动者的一个重要内因。

第七,意见领袖并不集中于特定的群体或阶层,而是分布于社会的任何群体和阶层中,每一个群体都有自己的意见领袖,他们与被影响者处于平等关系,而非上下级关系。

(2)用调查的方式确定。根据东方消费者行销资料库(Eastern Integrated Consumer Profile,E-ICP)的调查,意见领袖可以用三种方式衡量。一是向受访者询问,当他做某种购买决策时,会去向谁进行咨询;二是利用某一团体中的被告知者去确认意见领袖;三是由受访者自我评估其在所给予题目中的影响力。

> **专栏12-6　意见领袖调查表**
>
> 提示：这是关于_____（产品类别）的一份简短的调查表。请仔细阅读每个句子。对于每个句子，请写出一个数字表明你对句中意见的看法。这些数字从1～7，数字越大表明同意程度越高。（　　）
>
> 1. 我对_____的意见好像与别人都不一样。（　　）
> 2. 当我考察购买_____时，我向别人征求意见。（　　）
> 3. 当别人选择_____时，他们不向我征求意见。（　　）
> 4. 在我购买_____之前，不需要和别人商讨。（　　）
> 5. 别人向我征求购买_____的意见。（　　）
> 6. 我很少问别人应购买哪种_____。（　　）
> 7. 我认识的人根据我告诉他们的信息选择_____。（　　）
> 8. 我在购买_____之前，喜欢征求别人的意见。（　　）
> 9. 我常常劝说他人购买我喜欢的_____。（　　）
> 10. 当我征求别人的意见后，我购买_____感觉更好。（　　）

2. 创造意见领袖

一些企业有时会雇用或直接聘请表现出意见领袖性格的人来影响消费者。GAP及该集团下的Banana Republic、香奈儿和其他一些服装零售商经常会雇用一些年轻、时尚、有魅力的人在他们的专卖店里工作。这些人可以以非常低的价格买到这些专卖店的服装，同时他们被鼓励（有时是强制）在工作期间穿着这些服装，以便在顾客中创造亮点。

商家也可以通过向消费者提供刺激因素来创造意见领袖。他们可以为这些被吸引来的新顾客提供折扣或其他销售促进活动，于是，这些人又会像滚雪球似地带动更多的消费者前来购买。

3. 使用意见领袖时应注意的问题

第一，广告在使用形象代言人时，应力图使消费者模仿意见领袖。因此，要十分慎重地选择形象代言人。

第二，企业在赠送样品时，不能随机地以任何消费者作为样本，而应该尽量将产品送到可能成为意见领袖的人手里。比如，克莱斯勒公司为了引入它的某款新车，向6 000名可能的意见领袖提供新车，让他们免费使用一个周末。这些人包括经理和社区骨干，也包括经常提供意见却不受注意的人，如理发师。随后的市场调查发现，有32 000多人驾驶或乘坐了这种车，而其口头赞誉流传更广。所以，如果营销人员能够辨认出意见领袖，向他们提供产品（借给他们使用也行）是完全值得的。

第三，正确处理顾客的抱怨或投诉。因为消费者会同其他消费者谈论他们有关产品、商店和服务的经历。而意见领袖的谈论要比一般人的影响更大。所以，当顾客的期望未被满足时，企业必须及时妥当地处理他们的抱怨或投诉。甚至在有些情况下，企业应当鼓励消费者去抱怨，因为这样能增加抱怨者对产品的忠诚度。

12.3 创新扩散

12.3.1 创新、创新扩散的概念与扩散过程

1. 创新的含义

创新是指被相关的个人或群体视为新颖的构思、操作或产品。某个产品是不是创新产品，取决于潜在消费者对它的认知，而非取决于对其技术改进的客观衡量。某些产品可能已有悠久的历史，但如果该产品被消费者认为有新颖之处，便是创新产品。

根据对原有消费模式的影响程度可将创新划分为三种类型。一是连续创新，指对原有产品只做些细微的或无关紧要的改变，这种产品对消费模式的影响是很有限的，顾客购买产品后，仍可按原来的方式使用。比如，宝洁公司推出的飘柔水果香型洗发水，就是在原有配方的基础上加入芳香剂，但这并不影响消费者的使用方式。二是动态连续创新，指对原有产品的某个不太重要或中等重要的行为领域进行重大改变。这种创新会对原有的消费模式加以改变，但又不是彻底的。比如，华为Mate60就是在Mate50的基础上进行的动态连续创新。三是非连续创新，指引进和使用新技术的创新，要求顾客必须重新学习和认识创新产品，彻底改变原有的消费模式，如眼部激光手术。另外，根据创新的动力来源，可以将创新分为技术驱动型创新和消费者驱动型创新，即创新来源于科技本身的发展还是消费者的需要。

2. 创新扩散的含义

所谓创新扩散，是指新产品上市后随着时间的推移不断地被越来越多的消费者所采用的过程。也就是说，新产品上市后逐渐地扩张到其潜在市场的各个部分。

3. 创新扩散过程

创新扩散的研究一般包括两个问题，一是新产品的扩散过程，二是新产品购买者的分类研究。前者探讨的是新产品扩散过程，后面探讨的是新产品在不同时点购买者的特点。

消费者对新产品有一个认识决策过程，潜在需要有一个显化、形成动机的过程，所以新产品的扩散要经过相当长的一段时间，并且新产品扩散时也不会出现所有消费者同步购买的现象。由于消费者之间存在多种差异，所以消费者会在不同时期进行购买，从而呈现出多种形态的新产品扩散曲线。

传播学者罗杰斯在新事物发展的 S 曲线理论中指出，几乎大部分新思想、新事物的创新扩散的传播过程呈 S 形曲线。开头人数很少，扩散的进程很慢，但人数增加到居民的 10%～25% 时扩散会突然加快，曲线呈迅速上升趋势，而在接近最大饱和点时再次慢下来。美国消费者行为学研究者霍金斯等认为，无论所研究的创新产品或涉及的消费群体是什么，扩散过程随着时间的推移都会呈现出相似的模式：相对缓慢的增长阶段，接下来是快速增长阶段，最后又是缓慢的增长阶段，如图 12-1 所示。但这种模式也有例外，调查表明，对于像饮料这类连续创新产品，开始的慢速增长阶段可能被跳过。而有些创新的电子类产品，在最后的缓慢增长阶段即将到来时又被更富有创新意义的产品挤出市场，形成扩散终止的局面。此外，研究显示，不同新产品从导入市场，到达到市场饱和的时间是各不相同的，从几星期、几个月到几年不等。这就引起了对两个问题的思考：一是影响创新产品在某一细分市场扩散速度的因素是什么？二是在创新扩散过程中如何区别不同阶段的消费者？

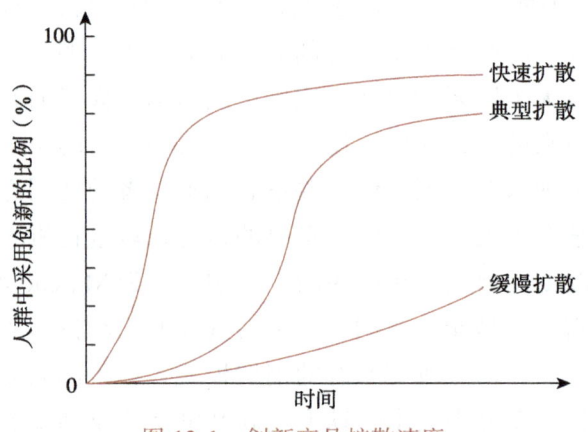

图 12-1 创新产品扩散速度

资料来源：霍金斯. 消费者行为学 [M]. 符国群，等译. 11 版. 北京：机械工业出版社，2013：171.

12.3.2 影响创新扩散的因素

影响创新产品的扩散速度的因素有以下方面。

（1）所满足的需要程度。创新产品满足的越是显而易见的需要，扩散的速度也就越快。

（2）消费者个人因素，如性格、文化背景、受教育程度和社会地位。不同的消费者对新产品的接受快慢程度是不同的。

（3）消费者知觉风险。与采用创新产品相联系的风险越大，扩散就越慢。风险包括经济的、个人身体的和社会方面的风险。知觉风险取决于三个方面的因素：①创新产品无法产生预期效果的可能性；②不能产生预期效果所造成的后果；③可修复性，修理费用和其他问题。

（4）群体类型。有些群体比另外一些群体更容易接受改变。一般来说，年轻人更易于接受新事物、新观念，所以新产品在这一群体内扩散得也就更快，因此，目标市场乃是决定创新产品扩散速度的重要因素。比如，2007年6月29日上市的iPhone手机，是美国苹果公司出品的第一款智能手机，其屏宽8.9厘米，比一般手机屏幕大，与众不同的多点式触摸屏，以及这款手机将iPod播放器和传统手机功能融为一体，能播放音乐和上网，支持无线网络及蓝牙技术，还能运行苹果公司的Macintosh计算机操作系统，使iPhone手机得到了众多年轻"果粉"的青睐，其目标市场有利于这款新产品的扩散。

（5）决策类型。决策实质上可分为个人决策和集体决策两种类型。做出决策的人数越少，创新产品扩散得就越快。因此，涉及两个或两个以上决策者的创新产品，要比只有一个决策者决定购买与否的产品扩散得慢。

（6）创新产品的特征。创新产品本身的特征主要包括四点。一是适应性，创新产品需要与目标消费者的生活方式、价值观念和以前的消费经验等相一致、相吻合。当创新产品与目标市场的消费习惯、社会心理、产品价值观相适应或较为接近时，则有利于市场扩散，反之，则不利于市场扩散。二是简易性，一般而言，新产品设计、整体结构、使用维修、保养方法必须与目标市场的认知程度相适应。复杂程度越低的产品，被采用得也越快，其成功的概率也越高。三是可使用性，越易于操作和使用，便于体验其利益的产品，成功的可能性越大。四是可观察性。如果消费者能够目睹他人成功地使用某种创新产品，该产品扩散速度会越快，自然也更有可能获得成功。

（7）营销努力。企业营销努力的程度极大地影响着扩散速度。企业为了对新产品扩散过程进行管理以达到预期目标，一般在新产品上市时派出销售队伍，主动加强推销；开展广告攻势，使目标市场很快熟悉创新产品，开展丰富多彩的消费者体验活动，鼓励消费者试用新产品。在新产品的成长期，通过意见领袖的口碑传播，影响早期大众和晚期大众采用者，创造性地运用促销手段鼓励中间商，鼓励消费者重复购买，以实现快速增长的目标。在产品成熟期，继续采用快速增长的各种策略，更新产品设计和广告策略，以适应后期采用者的需要，实现渗透最大化。通过企业的营销努力，进入衰退期的产品尽可能维持一定水平的销售额。

12.3.3　创新产品不同时点采用者的特点

图12-2中的累积曲线描述了一种产品在贯穿生命周期期间，随着时间推移，使用新产品人数增长的百分比。从图形可以看出，一小部分消费者会很快采用创新产品，另一部分消费者则需经历一个漫长的过程，而大多数消费者介于这两者之间。

消费者对新产品的接受不是同步的，有的人最早购买新产品，有的人在大多数人购买之后才会购买，那么，为什么会有这种差异呢？最先购买者与随后购买者有什么不同？很多学者对此进行了系统的调查与分析。20世纪60年代初，美国学者罗杰斯（Rogers）对此进行了研究，提出了有代表性的新产品购买者类型理论。

罗杰斯按消费者接受新产品时表现出来的个性差异和接受新产品的时间先后，把消费者划分为五种类型，即创新采用者、早期采用者、早期大众、晚期大众和落后者，如表12-2所示。

表 12-2 新产品购买者类型

新产品购买者类型	比例（%）	新产品购买者类型	比例（%）
创新采用者	2.5	晚期大众	34.0
早期采用者	13.5	落后者	16.0
早期大众	34.0	总计	100.0

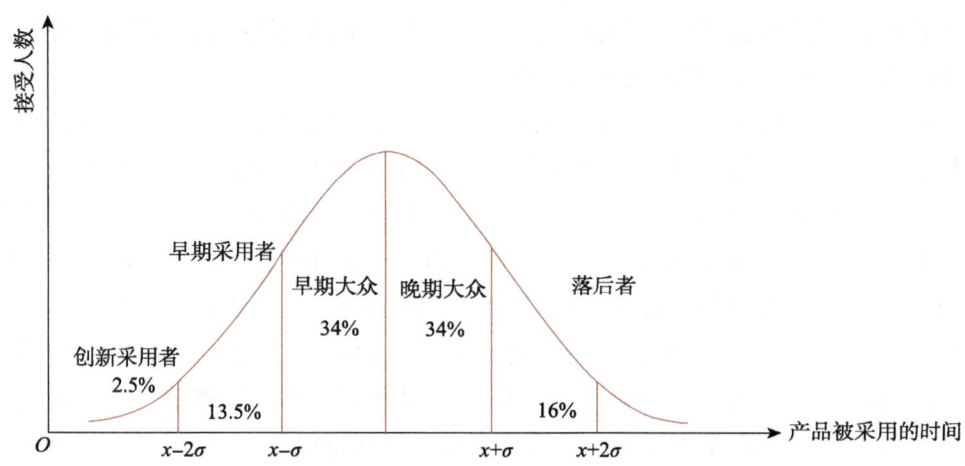

图 12-2　创新产品随时间推移被消费者采用的过程

罗杰斯的研究结果表明，每类新产品采购者的个性特点都具有相似性，而各类型消费者的个性特征又有明显差异，他认为这是消费者购买时间顺序上有巨大差异的原因所在（见表 12-3）。当然，消费者对新产品的接受还受年龄、收入状况、社会交往程度、受教育程度、性别和文化等因素的影响。

表 12-3　新产品购买者个性特征

新产品购买者类型	个性特征
创新采用者	冒险性强，变革，独立性强，非传统
早期采用者	炫耀、追逐时髦、好奇
早期大众	模仿、从众
晚期大众	谨慎小心、怀疑、犹豫
落后者	传统、保守、惰性强

1. 创新采用者

最先试用者的性格特点属于革新型，喜欢冒险，而且愿意承担创新可能带来的风险，占全部潜在采用者的 2.5%。

2. 早期采用者

早期采用者一般事业有成，受过良好教育，总体上比较年轻，通常是当地参照群体中的意见领袖。他们有较强的交际能力和较多的社会联系，信息来源比较广泛。这类消费者的消费观基本属于开拓、创新型，对新产品表现出较大的兴趣和好奇心。这类消费者占全部潜在采用者的13.5%，对新产品的扩散有更大影响。

3. 早期大众

早期大众采用者是新产品的基本消费者，占全部潜在采用者的34%。这类消费者的购买心理是顺应社会潮流，不愿做时代的落伍者，同步心理、从众心理对他们的购买行为起决定性的作用。这类消费者多是收入一般的中青年，他们的社会交往不是十分积极，但也不消极，其信息源也较为灵通，进入市场的新产品如果能为早期大众接受，就说明它是成功的。

4. 晚期大众

晚期大众是收入偏低或比较节俭的中年人，占全部潜在采用者的34%。他们的信息不够灵通，他们的性格共同点是谨慎小心，对新事物存有戒心，反应缓慢，购买行动迟疑。只有在大多数人都已购买使用，证明新产品确实给消费者带来一定的利益和好处时，他们才会购买。

5. 落后者

落后者一般是收入较低或节俭成性的中老年人，占全部潜在采用者的16%。他们遵从传统观念，有较强的消费惰性，对事物的态度趋于稳定，不易改变。

12.3.4 新产品扩散过程与企业营销策略

由于消费者之间存在多种差异，对新产品的了解有快有慢、有先有后，所以消费者会在新产品扩散的不同时期进行购买，这就意味着企业要针对不同时期购买的消费者采取不同的营销策略。另外，企业应该努力寻找影响扩散的障碍，制定促进扩散的有效策略。

1. 市场细分

根据创新产品的早期采用者与晚期采用者的不同特点，企业应当采取一种灵活的目标市场策略，也就是说，在目标市场大致选定后，企业应当首先把注意力集中在目标市场中最有希望成为创新采用者和早期采用者的人身上。在向这群人宣传产品功能特点时，应强调产品的新颖性和革新特点。由于这个群体十分关心并精通产品种类，营销沟通还可以将重点放在产品的技术特点上，然后让受众自己去理解这些特点会给他们带来的好处。

在创新产品得到认可后，企业营销的注意力就应当集中到早期和晚期大众采用者身上，这时候就需要多种媒体与受众进行沟通。另外，信息的主题也应当从强调新颖性转移到强调产品已获得认可和证明它们的优越功能上来。

2. 扩散促进策略

前面提出，扩散过程就是创新产品不断地被更多消费者所采用的过程。对于企业而言，它总是希望产品扩散得越快越好，消费者接受得越快越好。因此，寻找扩散障碍，制定促进扩散的策略，努力克服这些障碍就成为营销管理者的主要任务。表 12-4 列出了一些扩散促进的可能策略。

表 12-4 创新分析和扩散促进策略

影响扩散的因素	阻碍扩散的情况	扩散促进的策略
群体性质	保守	寻找其他市场，以群体内的创新者为目标
决策类型	群体决策	选择可以到达所有决策者的媒体，提出化解冲突的主题
营销	有限	以群体内的创新者为目标，使用地毯式轰炸策略
感知的需要	弱	做大量的广告表明产品利益的重要性
相容性	冲突	强调与价值规范相符的属性
相对优势	低	降低价格，重新设计产品
复杂性	高	在服务质量高的零售店销售，使用有经验的推销人员，试用产品演示、大量的营销努力
可观测性	低	大量使用广告
可试性	困难	向早期采用者免费提供样品，对租赁机构提供优惠价格
知觉风险	高	成功记录，权威机构认证或证明，担保

资料来源：霍金斯，马瑟斯博. 消费者行为学 [M]. 符国群，等译. 北京：机械工业出版社，2013：174.

本章小结

本章讨论了口碑传播、意见领袖和创新扩散。

口碑传播是消费者对企业、产品、品牌和服务的认知、态度和评价，并在群体间非正式地相互传播的包括正面和负面的所有内容。按口碑的传播方向，可以将口碑传播分为正面口碑传播和负面口碑传播；按口碑的传播途径，可以将口碑传播分为传统口碑传播和网络口碑传播。此外，分析了口碑传播的原因和口碑传播的特点，从正面口碑的积极作用和负面口碑的消极作用两个方面讨论了口碑传播的作用。

在口碑传播中，意见领袖是一些经常能影响他人态度或意见的人，也就是在非正式的产品或服务的沟通中，就某一特定的产品或服务，能够提供建议与信息的人。意见领袖一般有三个特征，即人格特征、独特的产品知识和丰富的市场知识。企业利用意见领袖加强产品推广的重点是锁定意见领袖、创造意见领袖和使用意见领袖时应注意的问题。

在创新扩散中，分析了创新扩散的含义，讨论了创新扩散过程、影响创新扩散的因素、创新产品不同时点采用者的特点、新产品扩散过程与企业营销策略的制定。

复习思考题

1. 简述口碑的含义及口碑的分类。
2. 简述口碑传播的原因及口碑传播的作用。
3. 查阅相关资料并思考口碑传播对消费者品牌转换的影响。
4. 什么是意见领袖？意见领袖有哪些特征？
5. 简述意见领袖与企业制定营销策略的关系。
6. 什么是创新？什么是创新扩散？
7. 分析影响创新扩散的因素。
8. 写一篇读书笔记：分析创新产品不同时点消费者的特点。

实践活动

1. 上网搜索当前热播电影或者是电视连续剧网络口碑传播的影响力及评价。
2. 走访自己周围的同学，了解他们对微信营销、微信广告的看法。
3. 访问自己周围的同学，请他们谈谈在学校的学习和生活中意见领袖对他们行为的影响。
4. 在网上找出两个意见领袖和两个寻求意见领袖的实例，并加以描述。
5. 选择自己最近感兴趣的创新产品，以网上获取有关该产品的信息，并据此写一份报告。

案例选编

三只松鼠的口碑营销

三只松鼠是中国坚果及零食市场的龙头。据里斯中国数据统计，2021年三只松鼠在坚果市场的占有率为39%，市场份额稳居第一。

创立于2012年的三只松鼠搭乘中国第二代互联网快速发展的春风，依靠线上平台的快速扩张，短短几年时间迅速成为网红零食板块龙头。2019年三只松鼠登陆深圳交易所，得到投资者的高度认同，股价在不到短短一年的时间里上涨了4倍以上，最高触及90元。

2021年，公司实现营收97.70亿元，与上一年基本持平；归属母公司净利润4.11亿元，同比增长36.43%。

1. 建立极致口碑

三只松鼠爆发式增长背后靠的是口碑的裂变，即在顾客中通过极致体验建立口碑，其核心是推己及人：站在消费者的角度思考需求，利用主人文化，将弱关系变为强关系。

三只松鼠是如何将口碑做到极致的呢？

（1）通过社会化媒体建立网络口碑

三只松鼠一上市就拥有自己的官方网站和各大 B2C 平台旗舰店，与此同时，三只松鼠还进行了搜索引擎优化。三只松鼠拥有自己的微信公众号、微博号、QQ 公众号、三只松鼠贴吧、松鼠小贱、松鼠小美、松鼠小酷分号。同时，三只松鼠还有自己的吃货交流区和松鼠动漫萌工厂。

（2）品牌人格化：消费者零距离

当客户第一次接触三只松鼠，会在第一时间留下难以磨灭的印象，也就是那三只可爱的松鼠：鼠小贱、鼠小酷、鼠小美，如图 12-3 所示。

三只可爱松鼠的"萌"营销只是表层原因。直接赋予品牌人格化，以主人和宠物之间的关系，替代了传统的商家和消费者之间的关系，这才是三只松鼠的本质意

图 12-3　可爱的三只松鼠

义。三只松鼠的客服以松鼠宠物的口吻来与顾客交流，顾客成了主人，客服成了宠物。于是，扮演松鼠角色的客服，可以通过独特的语言体系在顾客脑中形成更加生动的形象。

这样一种聊天方式把整个交易的过程转化为一种互动化、戏剧性的沟通过程，三只松鼠实际上已经实现了品牌人格化。借助主人文化和三只可爱的小松鼠，品牌不再给人高高在上的感觉，而是亲切、真实、体验感极强。

（3）深入人心：售卖流行文化

三只松鼠创始人通过多年来对市场的洞察，认为三只松鼠之所以会引起人们的喜爱，是因为它们能够带来快乐，并且要随时嵌入消费者的生活之中。在这种理念下，三只松鼠成立了松鼠萌工场动漫文化公司，希望可以创作出互联网动画片、动漫集、儿童图书，为消费者带来快乐。这种流行文化的叫卖，进一步强化了三只松鼠的口碑。

（4）在细节上超越客户期望

消费者在购物之后，往往会通过社交媒体，比如微信朋友圈分享自身的购物体验，即"晒"。

消费者往往会晒比较炫酷的产品，或者分享喜悦，发泄抱怨。而这种情感的分享和传播，会影响朋友的购买行为。这是一个巨大的变革，也是一种商业领域话语权的更迭，这将是一个消费者主导的时代。

在这样一个消费者为王的时代，网络口碑将在品牌建设中起到重要的作用。章燎原（三只松鼠创始人）利用逆向思维，思考了产品以外的一些细节，同时还查阅了其他品牌的一些负面评价。最终，他得出了用户体验策略：在每个细节上都要超越用户期望，创造让用户尖叫的服务，才是核心竞争力。

2. 复制口碑全方位延伸消费场景

（1）打造超级 IP 复制口碑

在互联网时代，超级 IP 的价值，受到前所未有的重视。三只松鼠不仅卖产品，也制

造内容，而内容本身也是三只松鼠另一种形式的产品。"三只松鼠"这个IP的最大优势，就是它的多样性。围绕这个超级IP，三只松鼠在持续制造内容以及开发周边。比如三只松鼠在制作一些动漫、动漫剧，与动漫产业实现跨界的融合，来带动"三只松鼠"IP的不断升级。

值得一提的是，2015年"双11"购物节，三只松鼠推出的广告片是由好莱坞的后期团队做的动画和3D模型。

三只松鼠也在侵入动漫产业链的上游，筹备一些动漫大电影，涉足儿童喜欢的一些动漫书籍、插画、绘本。

（2）不断拓展消费场景延伸口碑

为了发现三只松鼠的消费场景，三只松鼠的团队思考能否针对二次元群体推出一个二次元群体的零食包，在看动漫的时候应该想起的是吃点零食，应该想起三只松鼠；出游的时候，你要想起三只松鼠，你要带上三只松鼠一起去旅游，不然路上饿了怎么办？

通过对消费场景的挖掘和设置，三只松鼠在不断拓展自身的消费群体。

在社会化媒体时代，很多企业都在思考如何建立外部口碑的问题。首先要做的就是先把内部员工变成品牌的粉丝，因为这是一个"内无口碑，外无品牌"的时代。建立内部口碑才能做好服务，服务的质量来自消费者的感知，是无形的，但对企业而言，要提升服务质量，就必须将这种无形化为有形。传统企业客服是标准化的，不能个性化，且不能与企业直接沟通。纵然再好的服务技巧，也难以比得过"用心"两个字。当"松鼠"们用心的时候，顾客一定感知得到。这种感受得到的体验，才是最真挚、最能打动顾客的心的。通过建立内部粉丝和外部粉丝，三只松鼠实现了口碑裂变和爆发式增长。

资料来源：作者根据百度百科、网易报道整理而成。

仔细阅读本文，回答下列问题：

1. 结合本文分析口碑传播，特别是网络口碑传播的作用。
2. 三只松鼠网络口碑传播有哪些特点？
3. 在查阅三只松鼠2021年财报、销售毛利率资料的基础上给出今后三只松鼠市场营销的建议。

第 13 章
情境、商店环境因素与消费者行为

情境因素是影响消费者行为发生的重要因素。面对同样的营销刺激，同一个消费者在不同的情境下将做出不同的反应。在销售方式趋向多元化的今天，购买方式从线下转为线上，电商对线下零售百货和商超形成的巨大的冲击，再加上近几年新冠疫情的干扰，让线下的生意十分难做。然而，商店因品种繁多、现场选择、综合服务、功能齐全、能满足消费者多方面需要等优势，仍在各种销售方式中占据比较重要的地位，成为消费者逛街购物的首要选择。相应地，商店环境对消费者购买行为的影响是十分重要的。

13.1 情境因素与消费者行为

13.1.1 消费者情境的含义

消费者情境（consumer situation）是指那些独立于单个消费者和刺激消费者的单个客体（产品、广告等）之外，能够在某一具体时间和地点影响消费者购买行为的一系列暂时的环境因素。比如，消费者购买某一商品的行为，受到当时的天气情况、消费者的心境、购物场所的布局、音乐、卖场的拥挤程度等情境因素的影响。又如，一位消费者可能在大多数时候都是乐观的（稳定的特征），但是在看完一个公司的广告后可能变得不开心。这种负面的情绪就是由周围媒体环境引起的短暂状态（情境因素），这样的暂时性情境还包括很多，如生病和时间压力等。情境影响既不同于个性、态度等个体和心理因素的影响，也不同于文化等宏观环境因素的影响，因为这两方面的影响具有更为持久和广泛的特性。

13.1.2 情境因素的构成

消费者情境是比较复杂的，有两种构成说：一种是根据对消费者行为产生影响的因素进行分类，比较有代表性的是贝克（Bellk）五要素说；另外一种是根据消费者购买行为过程的不同阶段进行分类，比较有代表性的是美国学者彼得（Peter）和奥尔森（Olson）的五个一般消费情境说。

1. 贝克五要素说

贝克认为，情境因素主要由物质环境、社会环境、时间、购买任务和先前状态等构成。

（1）物质环境，是指构成消费者情境的有形物质因素，例如，地理位置、气味、音响、灯光、天气、商品周围的物质等。物质环境对消费者的情绪、感受具有重要的影响，比如，如果商店里光线暗淡，空气浑浊，过道狭窄，就很难吸引消费者进店，即使消费者进来了也会顿生撤出之意。因此，商店应努力创造良好的物质环境，以此吸引消费者。

（2）社会环境，通常涉及购物或消费活动中他人对消费者的影响。比如，他人是否在场，彼此如何互动等。一个人独自收看电视节目与几个朋友一起收看时的行为会有明显的差别。同样，一个人单独购物和接受服务与有购物伙伴或朋友在场时相比，行为也会发生变化。典型的是在餐馆用餐，当领导或其他认识的人出现在邻座时，点的菜和喝的酒水也许会与平时不同。

（3）时间，是指情境发生时消费者可支配时间的充裕程度。它也可以指活动或事件发生的时机。比如，一天、一周或一月当中的某个时点等。时间是一种重要的资源，随着生活和工作节奏的加快，人们的时间压力越来越大，因此，众多以节省时间为目的的产品相继问世。不仅如此，时间还可作为情境变量对消费者产生影响。比如，当时间压力增大，消费者用于信息搜集的时间就会减少；距离上次用餐的时间越长，食物广告就越容易引起消费者的注意。再如，在一天的不同时间段，消费者对信息的处理也将不同。研究发现，在即时识记和回忆测试中，早间广告节目较晚间广告节目效果好；而在延时识记和回忆测试中，即在观看节目两小时以后的测试中，晚间收看比早间收看效果好。

（4）购买任务，是指消费者购买产品或服务的目的以及产品使用的场所。比如，虽然是同样的品牌，但为送礼而购买的行为和为自己的消费而购买的行为是不一样的。

（5）先前状态，是指消费者带入消费情境中的暂时性的情绪，如焦虑、兴奋、高兴等，或者自身的状态，如疲劳、是否备有现金等。先前状态主要通过两种方式影响消费者。首先，它可能会导致消费者对问题的认识，如处于饥饿状态下的消费者，会产生购买食物的意识和冲动。其次，先前状态会通过改变消费者的情感来影响其行为。良好的情绪状态会导致个体对刺激物的好感或正面态度，这一点合乎常识和逻辑，因此不难理解。

2. 不同购买阶段情境说

美国学者彼得和奥尔森在他们合著的《消费者行为与营销战略》一书中将一般的消费情境归纳为五个，即信息获得、购物、购买、消费和处置（见表13-1）。通过分析这些情境，营销人员可以辨别消费者的行为目标、情感、认知主要的环境因素，从而制定营销战略和策略来改变、加快或维持主要的消费行为。

表 13-1　五个一般的消费情境

情　　境	一般的行为	特殊的行为和环境
信息获得	获取信息和交流	读宣传广告、与朋友谈及跑鞋、在家里看电视广告
购物	商店接触和产品接触	橱窗摆设、餐馆里的价目单、在一家商店比较衬衫的品牌
购买	使用资金交易	获得 VISA 卡、结账、打电话
消费	使用	吃饭、使用冰箱 15 年
处置	支配	多次使用铝罐、在曲棍球比赛时扔掉热狗的包装纸

资料来源：彼德，奥尔森.消费者行为与营销战略[M].4 版.韩德昌，等译.大连：东北财经大学出版社，2000：304.

在借鉴上述消费情境说的基础上，我们根据消费者购买行为过程的不同阶段，将消费者情境分为以下四种类型。

（1）信息获得情境。信息获得情境是指消费者获得诸如品牌和商场选择的相关信息的环境。信息获得情境也包含能影响消费者的情感、认知和行为的社会因素（与朋友交谈、售货员的劝说）和物质刺激（商场里醒目的标志、产品的价签）。这些信息可能是偶然获得的，也可能是有意获得的。

对于消费者的信息环境，有许多因素是营销人员可以控制的，如广告、促销、人员销售和商店的橱窗等。

在信息获得情境中两个特别重要的行为是信息的接触和信息的交换。因为商品零售中约有 2/3 的购买决定是到商店才做出的，与商店中营销信息的接触可以给消费者的购买行为带来显著影响。正因为如此，许多商家千方百计地加快商品信息的接触，如物美超市、永辉超市在购物车上张贴商品广告等。

凭借现代科技，营销人员可以将信息传递给特定的目标市场。许多百货商场、超市有与收款台电子扫描器相连的电子赠券发布系统，借助于这些系统，商店可以向购买不同商品的消费者提供不同的赠券。

（2）购买情境。购买情境是指当消费者购买商品和服务时所具有的物质的空间和社会的特征。

物质的空间主要是指购物行为可以在各种环境下发生，比如精品屋、专卖店、商场。现在很多女性消费者在浏览购物网站，特别是视频号小店和抖音小店时，受商品展示图片的刺激以及直播带货口碑的影响，盲目下单的冲动性购买比比皆是。

社会的特征主要是指商店里有多少销售人员和收银员、商店对消费者购物时的帮助、消费者的亲朋好友的影响和商店里的其他人。购物情境的所有这些因素都可以影响消费者的情感和认知进而影响消费者的购买行为。比如，在欧美国家，有些人就不愿意去可能会被销售人员"围攻"的汽车展览大厅参观汽车展。

（3）使用情境。使用情境是指在产品使用场合中会影响消费者行为的情境。使用情境是以解决问题的制约因素来起作用的，或者以解决问题的源泉来起作用的。使用情境可分为企业可控制情境和不可控制情境。可控制的使用情境是在产品使用过程中由影响消费者情绪的情境。例如，一些服务产品使用过程中的背景音乐、店铺的设施等。不可控制的使用情境是在产品使用过程中由消费者自身所引起的情境。如时间压力或其他约束力等。

（4）处置情境。处置情境是消费者在使用产品以后处置产品的情境。处置情境与一些行业高度相关。比如，二手车的价格会影响购买新车的行为。垃圾的分类回收促使企业关心产品外包装材料和包装方式。另外，消费者处置产品的行为与资源再利用有密切关系，这不仅对企业的市场营销策略，而且对社会公共政策都有意义。

3. 消费者情境对营销的启示

营销人员需要辨别信息获得、购买、使用和处置情境中关键的社会环境和物质环境特征。同样，营销人员也应知道消费者对环境因素所做出的行为、认知和情感上的反应。比如，环境因素的某些方面会阻碍企业把自己的产品成功地推向市场。企业可以制定相应的营销战略和策略来改善环境以刺激、加快和强化消费者想要实施的行为。如果消费者在资金上出现困难，企业还可以推出消费信贷。如果消费者厌烦了购物环境，而使他购买情绪低落，企业的营销人员还可以向消费者推荐其他的购物环境，如网上购物、邮寄和电话购物等。

13.2　商店选址与消费者行为

商店的本质特征是向消费者提供商品和服务。但是，不同类型、不同地点、不同购物环境的商店对消费者购买行为会产生极大的、不同的影响。

行为学家和营销人员总是在问，人们为什么要逛商店呢？同样的商品，人们为什么要在这家商店买而不去另一家商店买呢？这些问题既涉及消费者购买行为的动机，也涉及商店能满足消费者的哪些需要，给他们带来哪些利益的问题。

13.2.1　消费者逛商店的动机

人们逛商店、买东西除了补充必要的"缺货"动机以外，还可能是由以下原因中的一种或几种决定的。

（1）将它视为一种娱乐活动，以改变日常单调的生活方式。
（2）将它视为一种角色体现，如家庭主妇们的采购。
（3）将它视为一种了解时尚、跟上潮流的方式。
（4）将它视为一种社交方式，以此与人建立良好的关系。
（5）将它视为一种展示自我的方式，如展示自己的经济地位或表现自己的鉴赏能力、讨价还价的能力等。

此外，消费者之所以选择某家商店，还要看该商店能否给他们带来什么。这就涉及消费者对可供选择的商店有怎样的评价标准，或者说到底哪些因素影响消费者的选择。

根据作用方式的不同，商店环境可分为外部环境和内部环境。前者包括商店的类型、地理位置、店门设计、招牌、橱窗、霓虹灯、标志等,后者包括店堂内部的建筑设施、柜台布置、商品陈列、装饰风格、照明、音响等。上述各项因素的综合作用,构成商店的整体环境。而广义的商店环境还应包括销售方式、售货员的服务态度、服务质量等软件系统,但是,因篇幅所限,这里仅对一些问题加以讨论。

13.2.2 商店形象

商店形象是指消费者对商店所有特点的整体印象。商店形象的一些研究结果表明,消费者对商店形象要素的认识程度直接影响他们对商店的选择。商店形象包括商品、服务、顾客、物理设施、便利性、促销、商店气氛、机构以及购买后消费者的满意程度,共9个层面和23个构成要素(见表13-2)。

表13-2 商店形象层面和构成要素

形象层面	构成要素
商品	质量、品种、式样、价格
服务	提供按月付款服务、促销员、退货方便、信用、送货
顾客	顾客层
物理设施	清洁、店内布置、购买便捷、吸引力
便利性	商店位置、停车
促销	广告
商店气氛	温馨、有趣、兴奋、舒适
机构	商店声誉
购买后消费者满意程度	满意

商店形象也可以由商店知觉图来解释。商店知觉图是在二维或者三维空间上表现的消费者对商店的知觉状态。如图13-1是用多属性量表法来分析的各商店形象的知觉图。横轴表示价格/质量,纵轴表示产品线的宽度/深度。

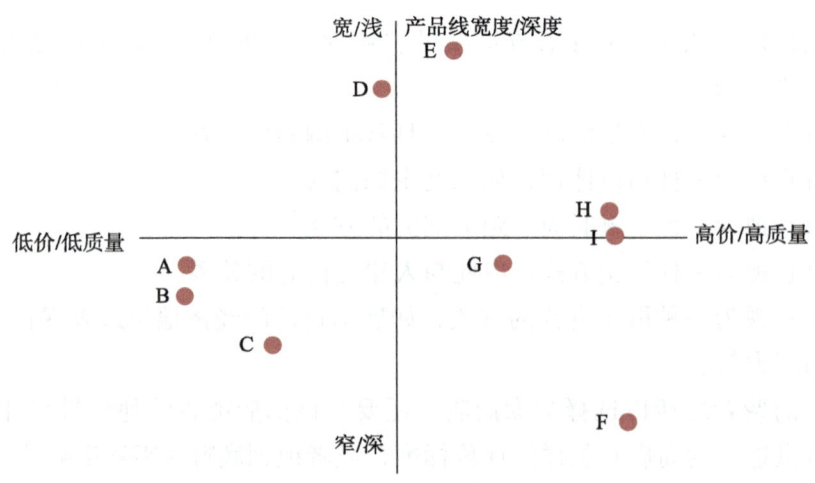

图13-1 商店形象知觉图

根据这个知觉图，商店 A、B、C 的商品品种比较少而且主要销售低价/低质量的商品。从这点上看，这三家商店的形象是类似的。相反，商店 D 和 E 是以中间水平的价格/质量来销售品种较多的商品。商店 F 的商品品种有限，但销售高价/高质量的商品，所以具有高档的形象。商店 G、H、I 具有的商品品种一般，却有价格高/质量高的形象。这些商店形象可用于目标市场的选择上。社会经济地位低的消费者一般重视商品品种的宽度（各种各样的商品群），所以可能偏爱商店 D 和 E，相反，社会经济地位较高的消费者更重视商品品种的深度（特定商品群的各种各样的品牌），所以会选择商店 F。

从商店知觉图中可以看出，商店形象不仅取决于商店本身的特征，而且还受商店里经营的商品形象的影响。就是说，经营形象好的商品，可以改善商店自身的形象。比如，形象一般的商店经营高档商品，从而可以提高商店的形象。相反，定位较高的商店，经营一般的商品，就可能降低商店的形象。

13.2.3　商店的类型

19 世纪中期以来，随着社会经济的发展，商店类型出现了一系列新的变化。不同类型的商店，适应了顾客购物的不同心理需求。

1. 大型百货商店

大型百货商店属于综合商店的一种。它一般设在城市中心的繁华闹市区，建筑富丽堂皇，营业面积大，营业场所宽敞，环境布置优雅气派，上下电梯方便。它拥有经营门类广泛、品种齐全、设施优良、服务完善、明码标价、信誉良好等多种优势，具有较强的综合功能，可以满足消费者求全心理、选择心理、安全心理及享受服务心理等多方面的心理需要。同时它适应各种职业、收入、社会阶层的消费者的心理特征，因而对大多数消费者具有较大吸引力。它是消费者集中选购多种商品、了解市场信息、享受购物乐趣的主要场所。

2. 超级市场

超级市场是一种敞开货架，顾客自选售货的商店。自选售货方式使顾客从紧逼性推销的压力下解放出来，可以随心所欲地拿取自己喜爱的商品，且可以改变主意，把已经挑选的商品随意放回原处调换，增加了购物的乐趣，同时减少与售货人员产生人际摩擦的可能性。另外，超级市场因为雇员相对减少，商业成本较低，这样一来商品的价格就比较低廉，可以使消费者得到实惠。超市购物实行一次性集中付款的结算方式，节约了顾客购物的时间，受到消费者的欢迎。因此，超级市场一出现，便受到消费者的特别偏爱。

3. 连锁商店

连锁商店是一种具有统一经营方式、统一品种、统一价格、统一服务、统一标识、分布广泛、接近消费者等特点的商店群。近几年，食品、百货类连锁商店常与超级市场结合，构成连锁超市。在连锁商店里购物，可以满足消费者认准服务品牌、方便消费、放心消费的心理。

4. 仓储式商店

20世纪90年代，仓储式商店在我国的各种商店类型中异军突起。这种商店一反传统销售方式，将零售、批发和仓储各个环节合而为一，并采用小批量，如成盒、成打的形式出售商品，因而可以最大限度降低商品的零售价格。所以，尽管这类商店环境设计简单，服务设施简陋，但因价格低廉的突出优势，迎合了工薪阶层求廉、求实的心理需要，对大多数消费者有强大的吸引力。

专栏13-1　　　　　　　购物中心仍是消费者逛街购物的首选

新冠疫情对购物中心的整体冲击较大。中国连锁经营协会联合尼尔森发布的《2019—2020年度中国购物中心消费者洞察报告》（以下简称"报告"）显示，尽管受新冠疫情影响，到访量、逗留时间等大幅下降，但购物中心仍是消费者逛街购物的首选。不过，新冠疫情也正倒逼购物中心调整经营策略，加快数字化转型以突破时间和空间的限制，满足消费者随时随地的需求。此外，随着新一代消费者的迅速崛起，如何打造购物中心的鲜活度成为购物中心经营者必须面对的挑战。

如今，购物中心已进入软实力比拼阶段，而随着年轻消费群体的崛起，消费心理及消费习惯正在加速重塑。未来，购物中心必须更好地迎合市场需求，进一步挖掘新一代的消费潜力。

1. 购物中心仍是逛街购物首选

报告显示，受新冠疫情影响，2019—2020年购物中心消费者指数为65.2，跌破前年水平。下跌主要由客群人气指数和消费意愿指数下降较多造成。

调查显示，大部分消费者在购物中心的逛街购物时间为1～2小时。在都市型购物中心，消费者更会慢逛享逛，逗留时间较长，有30%的消费者逗留超过两小时。而在社区或区域型购物中心，消费者逗留时间最短，速战速决，有38%的消费者逗留不到1小时。

对此，报告建议，都市型购物中心需注重消费者体验，如增加休闲娱乐文化业态，打造城市网红打卡地，将购物中心变成消费者"种草"目的地；社区型购物中心则需促使消费者即时消费，如增加促销活动。

此外，报告还显示，购物中心受欢迎指数为81.9，比上一年度略有上升，这反映出近年来购物中心对消费者体验的重视，硬件环境、场景、服务和管理等综合水平上的持续提升工作已初见成效。消费者对购物中心满意度整体提升，更愿意将购物中心推荐给他人，也更愿意长期光顾购物中心。

2. 软实力更显重要

报告显示，购物中心消费者总体指数随城市能级的下降而降低，一线城市购物中心依然处于领跑地位。与此同时，购物中心竞争进入软实力比拼阶段，未来服务水平和购物氛围或更能拉开差距。

在会员经营方面，从整体而言国内各能级城市购物中心发展并不均衡，且会员来源单一，但上线城市购物中心的经营水平明显高于下线城市。具体来说，上线城市的购物中心更重视会员培养和运营，下线城市会员规模较小。一二线城市购物中心会员已有相当大的比例，大部分消费者是两家购物中心的会员，竞争较激烈。而三线城市购物中心会员发展较慢，四成消费者不是会员，竞争格局尚未形成，仍需培养消费者的忠诚度。

在购物中心满意度方面，整体购物环境、业态和品牌、交通情况等硬件指标评分都高于4.0，但代表软实力的购物中心工作人员服务态度和营销活动满意度都较低，评分均低于4.0，这一问题在区域型、社区型购物中心中尤为突出。

业界分析认为，在未来做好环境、业态品牌配比、交通（包括停车场设计）等硬件设施，都是购物中心提高消费者满意度的"必选动作"。而若要提高核心竞争力，还需重点关注工作人员服务和营销活动等软实力的提升。

3. 迎合年轻消费者

值得关注的是，25~34岁人群的消费者总指数尽管下跌幅度较大，但分数高企，为所有年龄段最高，他们依然是购物中心最核心的消费客群。随着新一代消费者的迅速崛起，如何打造购物中心的鲜活度成为购物中心经营者必须面对的挑战。

报告认为，新冠疫情导致了一系列消费心理的变化。新冠疫情期间，公众卫生危机和发达的互联网生活让人际关系更加疏离，社交更加虚拟化，进一步促进了外卖订餐、线上网购、宅文化等网络经济的发展。

目前，新一代消费者在购物中心的潜力有待激活。上述报告还显示，Z世代（1995—2009年出生的人）到访购物中心的频次不高，仅有71%的Z世代消费者每周逛街一次以上，比例显著低于非Z世代消费者的78%；他们在购物中心的消费水平也不高，Z世代消费者半年在购物中心消费金额约为5 910元，显著低于非Z世代消费者的9 811元。

报告建议，购物中心需要强化消费者精神关怀，加大线上渠道布局力度有可能更好地吸引Z世代消费者。购物中心可以通过举办新锐文化、科技、生态等活动，营造商场文化艺术潮流时尚的氛围，以提高Z世代消费者在此寻到精神契合度和黏性的概率。此外，在把握潮流方面，购物中心可以多引入Z世代喜爱的潮流商品和服务，提高新一代的消费转化率。同时，可多通过体验互动、快闪店等，提升购物中心的鲜活度。

资料来源：购物中心仍是消费者上街购物首选，中国商报，2020-07-21.

5. Shopping Mall 模式

Shopping Mall，意为大型购物中心。最早起源于20世纪50年代的美国，是美国全面进入小康社会、物质生活高度丰富时期的产物，也是继百货店、连锁店、专卖店、折扣店、超市、购物中心之后，在商业领域兴起的最新业态。它集购物、餐饮、娱乐、休闲、旅游、社交、商务等功能于一体，为消费者提供一站式服务。20世纪80年代以后，因其商品功能逐渐向休闲消费功能转移，这一商业模式很快风靡全球。

与传统的商业模式相比，Mall 具有三个显著特征：一是大，占地面积大、绿地面积大、停车场规模大、建筑规模大，营业面积一般在 10 万平方米以上，并且一般坐落于城市边缘；二是多，店铺多、行业全、功能多，集购物、餐饮、休闲、娱乐、文化、健身、服务于一体；三是好，主要是指购物环境好、档次高、顾客购买力聚合性好。Mall 靠"玩"聚集人气带动购物和餐饮，辐射范围广，所以也有人说 Mall 是建立在"汽车轮子上的购物中心"。

目前 Mall 是欧美国家的主流零售业态。在日本，Mall 是消费者假日购物的首选。在我国香港，每 30 万人便拥有一个 Mall。在北京西四环有目前世界最大的、占地 68 万平方米的"金源新燕莎 Mall"。还有西单大悦城和朝阳大悦城都属于 Shopping Mall，是"80 后""90 后"和"00 后"们喜欢去的地方。Shopping Mall 营销推广的主体并不是具体的商品，而是商家、品牌和不同的业态，其营销的目的就是向消费者倡导一种全新的生活方式，而不是一个简单的购物行为。

专栏 13-2　　　　　　　　　根据自身实力智慧选址

优衣库（UNIQLO）是日本著名的休闲品牌，其创始人柳井正在创立之初选址时说过："零售业的成功与否取决于商铺的地段。但是，好的地段租金就贵。不管是卖东西，还是搞餐饮，好的地段条件要素是相同的。路边商铺地段好，是因为商店门前有人流和车流，交通便捷，而且店面宽，从很远的地方就能看到，认知度相对会比较高。但是这样的地块租金很高，不是所有企业都可以承受的，更何况当时整个零售业都处于在路边开店的热潮中。"

优衣库的新店选址，通常是寻找那些主干道旁边的支马路，或是后马路，总之是一些有缺陷的地块，这样租金就会很便宜。"优衣库在日本静冈县开的第一家店（静冈草薙店）就是位于干线道路旁边的横马路上，当时周围还有农田。我当初也有些迟疑，开在这个地方真的能行吗？想不到，这家店的生意还挺好。"柳井正回忆道："如果勉强地选择在好的地段开店，租金自然高，如果卖得好还可以，卖得不好，这么好的地段就成了一种浪费。所以，我认为与企业自己的实力和能力相匹配的地段，才是真正的好地段。"

比如，在小的城市里开个服装店，怎样在最短的时间里做到闻名于众？

最有效的方法是开一个比所有竞争对手面积都要大、形象都要好的店。这样，当消费者第一眼看到你的店面，就会留下深刻的印象，会觉得你经营的这个品牌是一个很有品质的品牌，即"小市开大店"。很多经销商开店的时候很小气，觉得自己经营的品牌能不能赚钱还不清楚，先投点钱试试吧，于是就找一个位置很偏、面积很小、租金很低的店，招一些条件很差的人来经营。一个新开的店、新来的品牌对当地消费者来说是一个新面孔，越是新面孔越需要好的呵护才有活下来的机会。

相反，在大城市要开小店。北京、上海寸土寸金，在王府井、西单街边开一个地铺，每平方米每年的租金是1万～1.5万元。如果开个100平方米的店，年租金就是100万～150万元。以100万～150万元的年租金开一家专卖店，即使4折进货，有60%的盈利空间，算上租金，也很难有很高的净利润。假如资金不够、实力有限，怎么在这种大城市开店呢？很简单，在所有商场里都开一家分店，虽然面积不大，但客人在所有的商场都能看到你的品牌，见得多了也就记住了，门店的生意也就好做了。

资料来源：作者根据百度搜索文章整理而成。

13.2.4 商店位置

行家嘴边上常挂的一句话："做买卖第一是选址，第二是选址，第三还是选址。"可见"地利"的重要性。另外，商店的规模也是消费者选择商店的重要因素。我们从消费者购买某类商品的行程模式，可以看出商店的位置对消费者选择商店的影响（见表13-3）。

表 13-3 消费者购物行程模式

购买日用品的行程	购买选择品的行程	
	较低选择性	高选择性
徒步 300～500 米 自行车 700～1 000 米	各种交通工具 20～30 分钟	时空距离 1 小时左右

另外，消费者对商店的选择，也可以用引力模型来解释。

1. 零售引力法则

如果有一位消费者居住在位于两个城市之间的城镇，那么，这位消费者如何选择两个城市的商店呢？美国学者威廉斯·J.赖利（William·J. Reilly）早在20世纪20年代末提出了零售引力法则。根据零售引力法则，吸引消费者的零售引力与两个城市的人口成正比例，而与中间城镇距离的平方成反比例。其公式如下

$$\frac{B_a}{B_b} = \frac{P_a/P_b}{(D_b/D_a)^2}$$

式中　B_a——A城市从这个中间城镇获得的贸易量比例；
　　　B_b——B城市从这个中间城镇获得的贸易量比例；
　　　P_a——A城市的人口；
　　　P_b——B城市的人口；

D_a——A 城市到中间城镇的距离；

D_b——B 城市到中间城镇的距离。

根据这个公式，消费者将依据城市的人口和到他居住所在地的距离作为选择购物地点的参考因素。一个城市的人口越多，距离越近，消费者越可能去这个城市购物。在这里，人口因素不仅仅代表了城市规模，同时也暗含了商业规模。因为，人口多的城市，商店的数量会更多，质量也会更高，因此对消费者的吸引力也会较大，这就是所谓的"零售引力"。

2. Huff 模型

$$P_{ij} = \frac{S_j / T_{ij}}{\sum_{j=1}^{m} S_j / T_{ij}^{\lambda}}$$

式中 P_{ij}——消费者 i 选择商店 j 的概率；

S_j——商店 j 的规模；

T_{ij}——消费者 i 到商店 j 的时间；

λ——某一特定产品或商店的吸引力因素。

为了说明问题，设某一特定类型的商店吸引力因素 λ 为 1.0。

（1）商店 1 占地面积 3 000 平方米，消费者到此商店需 5 分钟。

（2）商店 2 占地面积 6 000 平方米，消费者到此商店需 10 分钟。

（3）商店 3 占地面积 24 000 平方米，但需 20 分钟到。

计算结果：商店 1、2、3 各自占市场份额为 0.25、0.25、0.50。

结论：由于商店 3 在规模上占绝对优势，尽管离消费者远，但消费者选择的概率是 50%。

从 Huff 模型中可以看出，商店的规模和到达商店的距离、时间是影响消费者选择商店的因素之一。但是，"消费者对商店的知觉是同质的"这一假设不符合现实情况，并且由于考虑了潜在的所有商店，所以在商店或购物中心非常多的情况下，就降低了 Huff 模型的说服力。

13.2.5　商店品牌

从某种意义上说，商店本身就是一个品牌。从传统意义上说，零售商店只出售带有制造商品牌的商品，但是近 20 年以来，许多商店开始发展高质量的商店品牌。比如，沃尔玛、家乐福、西尔斯、物美、超市发等。它们或者使用商店的名字，或者使用独立名称。这种自有品牌不仅为商店带来了可观的利润，而且如果发展得当，它们还可以成为商店的重要特色，成为吸引消费者到该店购物的原因之一。

商店品牌获得成功的关键因素是产品的高质量。只有让消费者体验到在这个商店里购买的商品物有所值，消费者才会对该商店产生积极的、肯定的态度。

13.3 商店环境与消费者行为

商店环境布局是零售商的重要资源，商店环境可分为商店外部环境和商店内部环境。合理的商店环境设计，一方面可以营造与商店形象相一致的卖场氛围吸引顾客；另一方面可以使顾客在观赏和选购商品的过程中，始终保持愉快的、积极的、轻松的情绪，在优雅、舒适、轻松和友善的环境气氛里，从容选购，顺利完成购买活动，并对商店留下良好的印象。

13.3.1 商店外观设计

商店外观是商店外部环境中的一部分，包括建筑特征、店名与招牌设计、橱窗设计、店面装潢、色彩与照明等。商店外观是商店的门面，而商店外观设计基本的目的是引起消费者对本商店的兴趣和关注，从而产生进店购物或浏览的欲望和联想。因此，商店外观设计必须以消费者心理与购买行为研究为前提，注重对消费者心理的影响。下面主要谈谈招牌设计、门面设计和橱窗设计对消费者购买行为的影响。

1. 招牌设计

招牌是商店的名称，是用以识别商店、招徕生意的牌号。门面大的商店固然应将招牌设计得冠冕堂皇，门面不甚显眼的小商店，招牌所发挥的作用就更大了。我国古代的店铺，招牌往往是唯一的室外装潢，招牌上写的字号便是店铺的名字，许多老字号的商店愿在门前悬挂名人题写店名的匾额作为招牌，一些小商店也常以写上店名的招牌作为外观装饰。但是，随着时代的发展，招牌的种类越来越多样化了，已不再仅仅是用来题写店名，开始朝着广告化的方向发展。而且，商店外观几乎所有的部分都能被用来安置招牌，如图13-2所示。

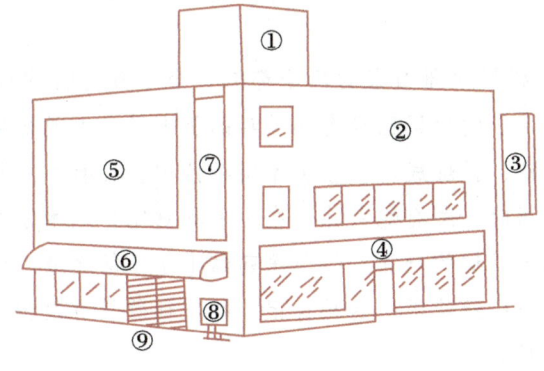

图 13-2　商店招牌种类

注：①屋顶招牌；②栏架招牌；③壁上招牌；④遮阳篷招牌；⑤侧翼招牌；⑥门面招牌；⑦垂吊招牌；⑧活动招牌；⑨木板套窗招牌。

资料来源：杨洪常.商店经营管理指南[M].北京：经济管理出版社，1996：173.

设计精美、具有高度概括力和吸引力的商店招牌，不仅便于消费者识别，而且可以形成鲜明的视觉刺激。比如,北京都一处烧麦馆开业于清朝乾隆三年(公元1738年),不但字号为乾隆皇帝所赐,而且其店内所摆牌匾更为乾隆皇帝御笔。牌匾用黑漆油饰,字帖金箔,称之为"虎头匾"或"蝠头匾",寓意洪福吉祥。整个招牌设计大气、醒目、精美,如图13-3所示。

图13-3 北京都一处烧麦馆牌匾

在商店招牌的命名与设计上,具体而言应掌握以下原则。

(1)新颖别致,引人注目。设计新颖独特、别具一格或富有艺术性、形象生动的招牌,能迅速引起消费者的注意,激起浓厚的兴趣和丰富的想象。比如,麦当劳的金黄色"M"招牌、肯德基的招牌,老远就能引起人们的注意,并激起消费者对它们的浓厚兴趣。

(2)反映主营商品和经营特色,产生直观信赖感。每个商店都有各自的主营商品、经营特色和服务传统,特别是一些历史悠久的老字号商店更是如此。这些商店的招牌不仅直接反映出商店经营商品的类别,而且以其浓郁的民族风格获得消费者欣赏,还能引起消费者对商店的经营历史、特色和服务传统的联想,从而赢得消费者的赞誉和信任。比如,北京的老字号内联升鞋店、瑞蚨祥绸布店、同仁堂药店、荣宝斋书画店、六必居酱菜店等。

(3)文字简练,易于朗读,便于记忆与传播。招牌是一种广告形式,它不仅能招徕顾客,而且还能传递信息,扩大影响。所以,一些造型独特、文字精练、寓意深刻的招牌往往在消费者的记忆中留下深刻的印象。比如,北京的鸿宾楼酒家、福州的味中味酒家等招牌易读、易记,高效地发挥了它的识别功能和传播功能。

专栏13-3 药店的标记

英国、法国、意大利等欧洲国家的药店都有一个十分奇特的标记:一条蛇缠绕在一只高脚杯上。以此作为药店的标记已经有几千年的历史了。人类很早就懂得毒蛇有药用价值,并有目的地收集毒蛇,提炼成药。在古希腊神话中,凡有神医阿斯克勒庇俄斯和他的女儿健康之神吉吉亚出场时,总有蛇做伴。在古罗马画家、艺术家的作品中,几乎都有描绘这位健康之神手拿杯子喂蛇的场面。蛇与医药结下了不解之缘。到中世纪,欧洲大陆便开始出现了直至今天仍被广泛使用的这种标记。蛇象征着具有救护人类的能力,高脚杯则代表人类收集毒蛇的工具。

资料来源:作者根据相关网络资料整理而成。

---

2. 门面设计

商店的门面无疑就如人的脸面一样,是其形象的突出表现部分。在进行商店门面设计时，首先，需要全面了解商店出售的商品种类、规模、特点，使之尽量与店面外部形式相结合；其次，要满足消费者方便实用的心理要求；最后，还应了解周围环境、交通状况、建筑物风格，使店面造型与周围环境协调和谐。

由于商店类型不同，店门口的开放程度也不一样，不论是哪一种开放程度的店门，在设计上应以方便顾客出入、形式大方、宽度足够、能吸引顾客的视线为基本考虑点。不同开放程度的类型有如下几种。

（1）封闭型，亦称"两小一大型"，即小店门、小橱窗、大招牌。这种类型的店面设计是：面向大街的一面用橱窗或有色玻璃遮蔽起来，入口尽可能小些，同时商店招牌应醒目、高大、引人注意，而橱窗则应小些，陈列物也应简单、大方，数量不多但精美华贵。采用这种形式的多是一些经营高档商品，如金银首饰、名贵工艺品、艺术瓷器等高档商品和特殊商品，以及经营西餐、咖啡饮料等的专业化商店。它突出了经营贵重商品的特点，设计别致、豪华，给人以高档的感觉，并且创造了幽静、文雅的购物环境和气氛。

（2）半开型，亦称"三大型"，即大招牌、大店门、大橱窗。这种类型的店面设计是：大店门入口适中，既适应客流量大的需要，又给人以宽敞明亮的感觉，使消费者能看清店内大体结构；大招牌往往给人以大店、名店的印象，显示经营者的实力和信誉度，有利于吸引更多消费者的注意；大橱窗使消费者未进店前，即可了解商店所经营的主要商品种类，有利于吸引更多的浏览者和过往行人。采用这种形式的多是一些经营日用工业品或其他生活用品的大、中型零售商店、各类超级市场等。

（3）全开型，亦称"两大型"，即大店门、大招牌，这种类型的店面设计是：商店正对大街的一面或两面全部开放，有时干脆无店门，没有橱窗，消费者出入随便，没有任何障碍，还能满足消费者方便、实用、经济的心理需要。门口只要有醒目、简单的大字招牌即可。采用这种形式的多是一些农副产品商店、农贸市场和食品店。

3. 橱窗设计

橱窗不仅是门面总体装饰的组成部分，而且是商店的第一展厅。如同商店的眼睛一样，通过它消费者就能了解商店的全部，橱窗设计的好坏决定商店是否能更吸引人。有关数据显示，放在橱窗中的商品会比普通展示的商品平均销售量高 68%。因此，一个成功的橱窗不仅具有吸引消费者驻足的功能，而且能够切实提高销售数量。

橱窗设计是以商品为主体，通过布景、道具和装饰画面的背景衬托，并配合灯光、色彩和文字说明，进行商品介绍和商品宣传的综合性艺术形式。

一个主题鲜明、构思新颖、风格独特的商品橱窗本身就是一件街头艺术品，与商店建筑及周围环境形成一个生动的画面，会给消费者带来强烈的视觉冲击和审美享受。

橱窗一般设在商店的大门两侧或者两门中间的显眼位置。具体的设计要根据商店的位置、营业项目和营业场所的大小而定。百货商店传统上使用大面积并有一定深度的橱窗，以展示整个房间的家具或配上野外景致的运动用品使用情景。而营业面积小的商店，则不必设置专门的橱窗，可采用玻璃墙的办法。这样既能使所陈列的商品一览无余，又能反映商店的经营情况，可以说是一种特殊的橱窗。

橱窗作为商店外观的重要部分之一，是商店向外界宣传自身形象的一个阵地，可以说是商店的无声广告。现代商店特别强调橱窗的展示作用，就在于它对消费者有以下心理功能。

（1）形成商店外观的一部分，向外界做广告宣传，塑造商店形象。

（2）表现商店的经营方向，陈列出所经营的代表性商品，体现商店的风格特点。

（3）以特殊的商品造型设计吸引行人注目，留住往来行人的脚步，制造顾客光临的机会。

（4）随着社会环境与季节的变化而改变设计，指导流行趋势，引导消费潮流。

（5）向顾客提供新商品信息，介绍最新的商品销售情况。

（6）美化购物环境，营造优雅、时尚、潮流的现代气氛。

（7）有时也可以用来公布商品信息。

另外，如果将橱窗与招牌和其他异形物混合使用，会更加突出店头布局，大大提高顾客的注目率和震撼感。比如，图13-4是马来西亚一家英伦眼镜店的店头布置，顺着顾客视线，先用落地橱窗激发顾客兴趣，再靠门口异形物体吸引顾客进店。再比如，一些大中城市商场里的超市多采取开放式入口，并注重"门面"陈列的时尚温馨，很能引起顾客的购物欲望（见图13-5）。

图13-4　马来西亚一家英伦眼镜店的店头布置

图13-5　商场里的超市开放式入口

专栏13-4　宜家迷宫式设计是设计者的心思

如果你经过北京的北四环路，很容易就被路边一座蓝色的建筑物吸引，这就是瑞典宜家家居（IKEA）四元桥店。不但宜家家居的蓝色建筑及其建筑物上的IKEA黄色标志非常醒目，而且由于其地处车流量大的北四环路北侧，再加上与首都机场高速交界，地理位置优越，吸引了大批前来购物的顾客。

当你踏入宜家，从入口开始就会被唯一的一条曲折回转主路依次引入客厅家具、客厅储物室等各个主区域，直到一个不落地走完才能抵达出口。其实，宜家在地面上画的那些箭头指示的不是从入口到收银台的最短路线，而是最长的，顾客沿途能看到所有产品。此外，为了确保顾客在购物中想快速离开或快速抵达感兴趣的区域，每个主区域间有一些较隐蔽的辅助捷径作为辅动线。据说，这种导线设计在宜家内部被称为"危险的仙境"，意思就是看起来很美，但不知不觉会会花光你手中的钱。

此外，在宜家随处可见清晰明了的指引牌，墙上、地上、各种货架上，甚至连购物车上都会有清晰的退换指标牌。除指引牌外，每一个商品都会详细地标注尺寸，样板间也会标注面积的大小，让顾客可以快捷便利购物。

宜家以这种独特的店面路线设计和购物指引，让顾客看完了所有商品，虽然中途避免不了有走迷宫的感觉，但顾客找到商品的快乐被延迟了，最后买到东西时的快感会是原本计划购物的好几倍，毕竟宜家清楚，在顾客购买的商品中有70%～80%属于冲动性购买。

资料来源：白玉苓.消费者行为学[M].北京：人民邮电出版社，2021：156.

13.3.2 商店内部设计

商店内部设计包括店面布局、购物场所的设备、POP 广告和商品陈列等。良好的内部设计不仅可以提高商店有效面积的使用率、营业设施的利用率，而且能为消费者提供舒适的购物环境，使消费者获得购物之外的心理满足。良好的内部设计也能使商店营业员的精神饱满、情绪稳定、态度热情，从而提高工作效率和服务质量。

1. 店面布局

比较常见的店面布局类型主要有格子式布局、岛屿式布局和自由流动式布局。

（1）格子式布局。格子式布局是一种规范的布局方式，被超市卖场、便利店等广泛采用。这种布局中货架排列成行和列，货架中间形成整齐的通道和曲径过道呈格子状分布，如图 13-6 所示。

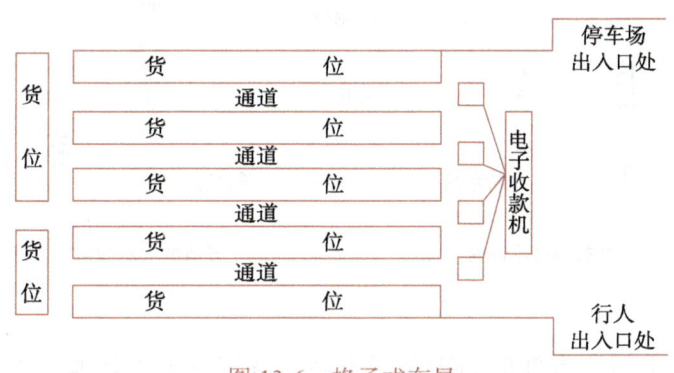

图 13-6　格子式布局

安排格子式布局是使商品陈列货架与顾客通道都呈长方形,而且主通道与副通道宽度各保持一致,所有货架呈并行或直角排列。顾客在通道上推着购物车,转个弯就可以到达另一条平行的通道上,这种直直的通道和 90 度的转弯,可以使顾客以统一方向有秩序地移动下去,格子式布局可以根据商店规模、卖场特点、顾客习惯而采取各种具体形式。

(2)岛屿式布局。岛屿式布局是在店铺中间布置各不相连的岛屿的形式,在岛屿中央设置货架陈列商品,岛屿可布置成正方形、长方形、圆形、三角形等多种形式,如图 13-7 所示。

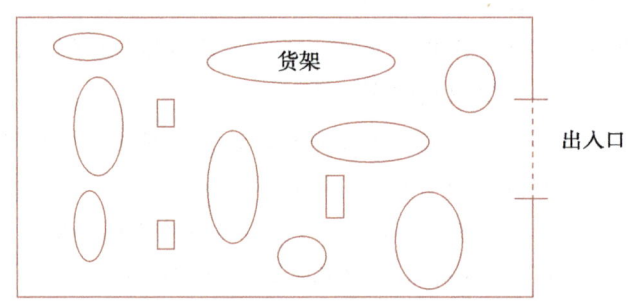

图 13-7 岛屿式布局

这种布局美化了店铺,营业气氛好,顾客流动较灵活,视线开阔,容易引起顾客的冲动性购买,一般用于百货商店、专卖店和购物中心,主要陈列体积较小的商品,有时也作为格子式布局的补充。国内的百货商店引入各种品牌专卖店,形成"店中店"形式,因而岛屿式布局被改造成专卖店布局而被广泛使用。

(3)自由流动式布局。自由流动式布局是充分利用已有空间,根据商店建筑(墙、柱、角、梯等)和设备特点而形成的各种不同的组合,或独立,或聚合,方便顾客通过许多不同的路线进入商店的所有区域,如图 13-8 所示。

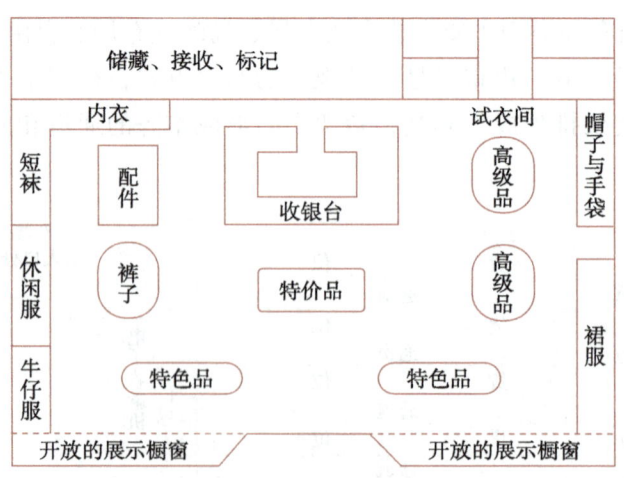

图 13-8 自由流动式布局

大面积的开放空间和多样的购物路线提高了顾客的购物体验,顾客可以自由选择,不会产生急切感,增加了顾客的逗留时间和购物机会。员工利用与顾客的近距离沟通,把握顾客需求,可以向顾客提供个性化服务,使人员促销变得更容易有效。

自由流动式布局非常适合追求商店购物体验而非效率的商场,它们通常只向顾客提供有限的商品类别,且商品的毛利率比较高,顾客在购买决策上需要较多时间。

2. 购物场所的设备

(1)照明设置。灯光被视为店面的经典销售工具之一。"一盏放在地板上的灯光可以使建筑产生一种幽灵的气氛,一束照在石头的纹理、天花板和墙壁质地的顶灯,把屋舍渲染得富于神奇和肃穆。"苏珊·朗格(Susanne Langer)的观察表明,空间不但要通过光束来表现,而且空间氛围、空间个性也要靠光束来渲染和控制。商店内部照明分为基本照明、特殊照明和装饰照明三种类型。

1)基本照明。这是以在天花板上配置荧光灯为主的一种照明方式,为整个营业场所而设置。这种照明灯光模拟自然光的光谱频率,光色比较柔和,只是紫光的成分比较多,但一般消费者也乐意接受。照明光度的强弱,要视商店的经营范围和主要销售对象而定。一般而言,质地精密、色彩多样且挑选性较强的商品,光度要大些;结构简单、色彩单调且挑选性不强的商品,光度可小些;主要销售对象是老年顾客的,光度要强些;主要销售对象是青年顾客的,光度可弱些。商店不同位置的照明度也有差别,营业厅前部可适当弱些,使消费者进店后有一段短暂的视觉适应过程,越往里,光度逐渐增强,使消费者的视线本能地转向明度的地方,吸引消费者向商店内部行走。

2)特殊照明。这是以增加柜台、货架的光度来突出商品而配置的,多采用聚光灯、探照灯等定向照射。对于一些名贵、精密的商品使用特殊照明,便于消费者观看欣赏、挑选比较,并能显示出商品的华美、贵重,激发消费者对商品的喜爱和向往。

3)装饰照明。大多采用彩灯、壁灯、吊灯、落地灯和霓虹灯等照明设备。这类照明有美化店容、渲染气氛的作用,使消费者感到轻松愉快、情绪兴奋。照明设备必须与商店建筑结构相协调,强弱对比不宜过大,彩色灯光和闪烁灯光要适度运用,如果过多、过杂或光线变化剧烈,会破坏店内环境。还需注意不能乱用灯光,以免歪曲商品颜色。

科学地配置采光和照明,不仅能够吸引消费者的注意力,使消费者的视觉感官舒适,而且是促销的一种手段。

专栏13-5　　　　　　灯光怎样"忽悠"我们的大脑

菜市场里"虾蓝肉红"

经常买菜做饭的人可能都有这样的经历,在菜市场购买了几斤肉之后,回到家里却发现肉的颜色暗淡无光,与先前在菜市场看到的鲜红透亮判若两样。这是什么原因?其实是菜市场卖肉的柜台上的灯光扰乱了人们的视线。平常买肉时一般人都从肉的颜色判断肉质是不是新鲜,根本没想过这灯光会给肉的颜色"掺假"。

如果仔细观察，人们就会发现不同摊点上亮着的灯也不一样：生肉区用红灯，鱼虾区用蓝灯，面包专柜则会选择使用黄灯。这是因为，在红色灯光下看东西，极易造成视觉上的疲劳，时间久了就很难分辨出事物外观上的一些微妙变化；蓝色往往使人感觉到寒冷，所以蓝色灯光最适合作为冷冻食品的标志色；黄色光感最强，容易让人想起丰收的五谷和甜美的食物。

餐厅中的明暗玄机

我们经常看到，一家餐厅的大厅灯火辉煌，但是等到走近餐桌的时候，灯光却骤然暗了下来。这样看似普通的设置却有着神奇的奥妙——它不仅仅是为了单纯的照明，更是为了美化菜肴，营造良好的用餐环境和氛围。

一位餐饮行业的负责人揭示了其中的秘密。一张张桌子并列排着，中间的间距比较大，暖暖的灯光只是直直地射下来，在桌子的正中间聚成一个圆，顿时，吃饭的普通饭桌便成了"舞台"，在舞台上"跳舞"的是一道道刚端上来的飘着香味的菜肴。桌子的两边是一个暗区，一明一暗，这样，饭桌上的人自然而然就把目光聚焦到了菜肴上，经过光源的照射，绿色的蔬菜泛着绿色的光，让人顿时有了食欲。

还有餐厅在桌子正上方使用磨砂的筒灯，这种灯不会散光，光源聚集非常好，能营造出一种非常特殊的氛围。这样，吃饭的人会很放松，心情很愉快，加上灯光照在菜上，每盘菜色泽都相当不错，这会让大家感觉吃得更香。

灯光如何制造情调

灯光不仅可以营造空间气氛，而且能够传达不同的空间表情。

麦当劳、肯德基等西式快餐作为一种休闲餐饮，光源系统以明亮为主，有活跃之意。传统的咖啡厅、西餐厅是最讲究情调的地方，灯饰系统以沉着、柔和为美。不同的国家有不同的情调，英国式的古典庄重、法国式的活泼明朗、美国式的不拘一格等，都需要灯光来配合。根据中国传统的就餐心理，中餐厅灯火辉煌、人们兴高采烈，布光呈现出热烈喜庆的气氛。

一般的家用餐厅，灯光越柔和、越含蓄越好。柔和、含蓄的灯光能使人融入温馨浪漫的情调中，使精神和身体更加放松与愉快。对于色彩方面，运用最多的暖光源当属橙色光，它是一种富足、快乐而幸福的色彩，会大大促进食欲；蓝色、紫色的光则不会让人吃太多，因此想要减肥的朋友不如尝试一下在餐厅中装一盏蓝灯，或者将餐具换成蓝色、紫色，也许会有意想不到的收获。

资料来源：作者根据 2010 年 7 月 24 日辽沈晚报文章改编。

（2）色彩调配。一个色彩缤纷的商店比一个缺少色彩的商店更能受到消费者欢迎，这是显而易见的。不过，在商店的内外装饰中，颜色的搭配大有学问。如黄金首饰店铺以大红色为主色，有喜庆气氛，并且十分引人注目，效果会很好；高档器皿店以淡绿色花岗石装饰地板，配以淡咖啡色的陈列用具，有清新高雅的环境效果，令人赏心悦目。从色彩心理学的观点看，每一种颜色都会给人们特定的感觉。而人们对色彩的反映与偏好又是与他们的社会文化、个性特征、生活经验、需要和情趣等相联系的。不同的色彩能引起人们不同的联想，产生不同的心理感受。因此，当一个商店内部装饰运用色彩调配时，应注意色彩对消费者心理和行为所具有的影响作用。在设计时，应根据商店周围环境、经营性质、商品特点、顾客层次等进行颜色的选择和搭配。同时，还需要注意在墙壁、天花板、地板、陈列用具、灯具、商品等要素之间做主色与副色的安排。如表 13-4 所示，它是国外商店色彩设计资料，可供参考。

表 13-4 不同商店色彩设计表

店铺种类	主色	第一副色	第二副色	地板	天花板	墙壁	用具	灯具	目的
高级女装	茶	白	深蓝	深蓝	白	白	茶	黑	欧式
年轻女装	灰	银	白	巧克力	巧克力	灰	银灰	黑	冷淡现代
男士西服	深茶	白	灰	灰	淡灰	白	深茶	白	英式
女士饰品	乳色	橘	白	橘	白	乳色	乳色	白	快乐感
婴儿用品	天蓝	白	粉红	天蓝色	白	白黄	白蓝	草色	可爱感
寝具	橘	黄	淡蓝	橘	白	白黄	茶	淡蓝	快乐感
鞋店	茶绿	红	白	红	白与绿茶	同左	茶绿	黄	华丽感
药店	表草	白	橘	青草	白	茶绿	白	乳色	健康感
化妆品	淡紫	茶	白	灰褐	淡紫	淡紫	茶	粉红	纤细感
文具	深蓝	茶	白	深蓝	白	白	茶	白	丰富感
钟表眼镜	深蓝	茶	白	深蓝	白与蓝	白	银	黑	精致感
珠宝	深蓝	金	白	深蓝	白与蓝	白	金	金	豪华感
家用电器	黄	橘	白	黄	白	白	茶	黄	快乐感
运动器材	翠绿	乳白	白	翠绿	乳白	白	白	白	运动感
玩具	橘	淡蓝	白	橘	白与橘	淡蓝	白	橘	快乐感
面包	黄	茶	白	黄	乳白	白	茶	白	明亮感
水果	翠绿	黄	橘	翠绿	白	白	翠绿	橘	新鲜感
美容院	淡紫	茶	白	淡紫	白	淡紫	茶	白	柔顺感

（3）气味。气味刺激消费者的嗅觉。商店中的气味直接影响消费者的心理感受。清新芬芳的气味吸引消费者欣然前往；而强烈刺鼻的异味会使消费者生理上难以忍受，同时心理上产生反感，对其购买活动无疑是起消极作用的。

（4）音响。广义的音响包括店堂内播放的背景音乐、广播播发的语音信息和一些柜台营业员为顾客演示商品性能供人试听时而发出的各种声音。只有和谐的音响、柔和的音色和适中的响度才能令人感到舒适。商店在营业时间里声音嘈杂是不可避免的，但如果过度，会使消费者不愿留步，并使营业员工作效率下降。因此要注意以下几点。

1）在店堂内播放的背景音乐，题材要适合特定场所的购物环境。若商场销售的商品地方特色明显，可播放一些民族音乐；若商场的现代气息比较浓郁，可播放一些现代轻音乐；若商场的艺术色彩比较浓厚，可播放一些古典音乐；若主要消费对象是青年人，可播放一些流行音乐；而若以中老年顾客为主，可播放那些怀旧金曲。总之，要使顾客的情绪在音乐的映衬下能与商场的主体风格产生共鸣。

2）商品广告信息、各种提示、寻人启事等属于语音信息播放。这类信息的音色要比较柔和，使人有亲切舒适的感觉。由于语音较容易受到周围噪声的干扰和掩盖，会影响人们对所含信息的接收，因此要求清晰度高，音量略大于背景音乐。

3）其他声音发送，如挑选电视机和组合音响等，供人试听时发出的各种声音非常难以掌握。噪声强度若超过60分贝，会严重影响人与人之间的交谈；噪声强度若超过80分贝，会使人产生痛苦的感觉。商家应严格控制此类噪声和其他噪声，尽可能排除噪声声源，降低音量，以创造一个相对宁静的购物环境。

（5）空气。保持商店内空气清新宜人，温湿度适中，才能保证消费者产生舒适、愉快的心理感受。空气污染是商场需要重视和加以解决的问题。在有限的空间中，人们呼出的二氧化碳大量聚集，加上营业过程中产生的各种灰尘，会使空气受到污染，空气质量下降。空气质量下降会导致顾客感官受到有害的刺激，引起烦闷、焦虑，影响正常营销活动的进行。商场应安装必要的设施，保持空气的流通，以清新宜人的空气满足顾客的生理需要，使其产生舒适、愉快的心理感受。这样也可以调节营业员的情绪，提高服务质量。

专栏13-6　　　　　　　　　　欧美超市舒适源自细节

美国超市：信任顾客

美国超市一般没有楼层，面积大，空间高，整齐地排列着高高的货架，用叉车取放商品，门外则是可容纳几百乃至上千辆车的停车场。

美国超市使用标签提示顾客各种食品营养成分的做法非常普遍。它们还推出一套"营养导购系统"，就是给在超市里销售的食品按其营养成分用星级的方式标注。比如，研碎的粗谷物为最有营养的"三星级食品"，烤豆子是有营养的"一星级食品"，而膨化食品则一颗星都没有。

英国超市：体贴入微

英国超市方便的购物环境和齐全的货物将一些传统小店挤对得几乎没有容身之地，人性化的管理服务功不可没。

超市里销售的水果大多是洗净可以直接吃的，为了方便顾客把买回家的水果一次性吃完，超市在进货时一般只挑选中等大小的水果。

蔬菜只按个卖，不用称重，还能买半个。鸡蛋使用了便于顾客携带、防挤碎的包装。不管哪个厂家的牛奶，都按全脂、低脂和脱脂等不同类型分蓝、绿、红等几种颜色的包装。

法国超市：浪漫本色

与英美超市相比，法国超市并不显得特有秩序，但让顾客购物时少了很多牵绊，多了几分愉快。

法国超市有很多，其中家乐福和欧尚等连锁超市早已遍及全球。在法国，超市被分成"三六九等"，许多针对移民和留学生的廉价超市很红火，但法国中产阶层并不怎么光顾。在超市里面，顾客如果不小心打碎玻璃杯或酒瓶，大可不用买下，法国超市不会向你索赔的。

浪漫的法国人甚至利用超市来创造恋爱机会。在巴黎的一家超市，每周四晚上为单身男女组织"相亲"，当天晚上到这家超市购物的单身男女均可获得超市提供的独特紫色购物筐，筐壁上贴有一对爱侣亲吻的卡通图案。

德国超市：精打细算

德国平均约每 8 600 人拥有一家超市门店，超市的密度很高，各超市之间的竞争非常激烈。德国有不少大型连锁超市专门面向低收入者，比如，食品连锁超市阿尔迪，该超市出售的商品，价格要比其他超市平均低 20% 左右。

德国超市往往从细节入手，通过贴心的服务最大可能地延长顾客在商店里逗留的时间。比如，对于在超市内的广告画甚至是播放的音乐都精挑细选。考虑到德国人一般家中人少，各种商品都采用小包装。在超市退货也相当方便，一位德国留学生曾经在阿尔迪超市办理退货，本来非常不好意思，但超市的职员仿佛更为抱歉，一个劲地道歉，说商品不合意，给你添麻烦了，这份热心让他非常感动。

德国超市非常注重效率，超市的服务人员很少，收银员同时兼任货架管理员。德国超市虽然算得精细，但处处都为顾客算计。超市会给顾客免费提供木质的提手，防止口袋勒手，也方便顾客重复使用。另外，德国人一向以善用高科技著称，德国西南部的艾德卡（Edeka）超市从 2004 年开始已经采用指纹付款。只要将指纹记录交给超市，买完东西伸伸手就能结账回家了，超市会根据顾客的指纹记录自动从其账户上扣款。

资料来源：韩曙. 欧美超市舒适源自细节 [N]. 北京晚报，2006-09-23.

3. 售点广告

POP 广告（point of purchase advertising）又叫店面广告或销售现场广告。售点广告是一种设置在零售商店内部和门口的陈列式广告，分为立式、悬挂式、柜台式和墙壁式四种（见图 13-9）。焦点广告的功能是充分利用销售时空，对顾客购买做最后的劝说。

售点广告不仅可以提醒消费者购买自己已有印象的商品，指牌认购，而且还可以美化店面环境，增加零售店对顾客的吸引力，烘托销售气氛。

图 13-9　POP 广告

在设计售点广告时，要掌握以下原则：①注重心理攻势。销售现场广告具有直接促销的作用，设计者必须着力于研究店铺特点与商品性质，以及消费者需求和心理，以求有的放矢地表现最能打动顾客的信息内容。售点广告应有针对性地传达店内所售商品的信息，表明商品优点、特性、功效等。②注重设计。由于售点广告体积小，置于琳琅满目的商品之中极易被人忽略，其立体设计应注意造型新颖别致，形象突出抢眼；平面设计则应使图文鲜明醒目、便于阅读。③注重陈列。现场广告不是节日点缀，并非越花哨越好，它是商店整体的一个重要组成部分。售点广告陈列布置应与商店总体形象保持和谐统一，从而达到塑造企业形象、营造商店文化氛围的效果。此外，还要注意发挥室外焦点广告的作用，像商店的牌匾楹联、橱窗陈设、店面装饰、霓虹灯、招贴画、活人广告等，它们具有引导消费者做出走进商店的选择和美化城市的功能。

4. 商品陈列

一个合理的布局应同时考虑商品陈列的美观大方。一件商品能否使顾客感到华丽、新颖和富有吸引力，其布置与陈列起着十分关键的作用。

（1）商品陈列的"三易原则"。今天，"陈列就是沉默的推销"已成为商店管理的至理名言，"成功的商品陈列就是优秀的无声推销员"已被越来越多的人接受。商店为了让顾客方便购买，在商品陈列上还应根据人体的高度，科学地摆放商品，掌握使顾客易看、易摸、易挑选的"三易原则"。

第一，易看。商品要让顾客容易看见，并非那么简单。如果商品的摆设位置过高，顾客仰视时会比较费力，给顾客造成的心理距离较大；如果商品摆设的位置过低，顾客需要低头寻找商品，在人多拥挤的情况下顾客不容易发现自己感兴趣的商品，减少了商品被人注意的机会。因此，使陈列的高度与人眼睛的高度大致相等是较好的选择。一般来说，男性距地面150厘米，女性距地面140厘米，在这两个高度范围内最符合人的视觉习惯，也最容易引起人的注意

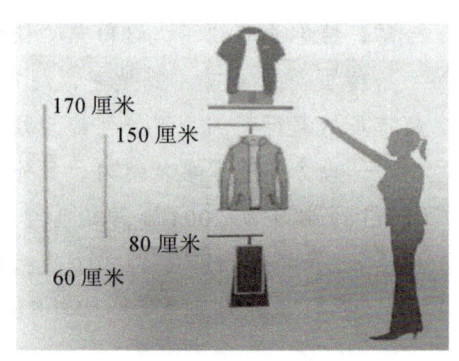

图 13-10　商品陈列高度示意图

（见图 13-10）。可见，把最主要的商品陈列在此高度范围内更有利于销售。有些商场为了加速资金流转、赚取更多利润，仅将价格高、利润大的商品放在与顾客眼睛平行的货架上。

第二，易摸。商品不仅要让顾客容易看见，还要让顾客抬手就可以触摸到。这样会给顾客一种亲切感，增加他们的购买欲望。特别是在自选商场，除非是易受损伤、小件易掉或昂贵的商品，一般应尽量采用让顾客容易摸到或容易拿到的陈列方式。一般而言，顾客观看和拿取商品的有效范围是离地面30~180厘米以内。如按容易的程度来排列，60~150厘米为"第一有效区"，商场应该把最主要的商品陈列在此高度范围中，以便顾客拿取。30~60厘米和150~180厘米为"第二有效区"，1~30厘米和180~200厘米为"第三有效区"，该区域较少用来陈列商品，通常作为存货空间或留作空白。以上这些高度数据，可以在决定商品陈列的位置时作为参考。

第三，易挑选。商品整理分类，让顾客一目了然，易挑选。这不仅是要把商品的种类区分开来，摆放得便于顾客挑选，而且对商品的大小、款式、用途及适用对象的年龄等也要做明确的分类，并注意到相关的问题（见图 13-11、图 13-12）。

图 13-11　将商品放在让消费者最方便、最容易拿取的地方，根据消费者的不同年龄、身高，进行有效的陈列

图 13-12　北京金融街购物中心 OLE 超市内的酒窖酒庄酒品种丰富，且易看、易摸、易挑选

（2）商品陈列布置法则。商品的陈列要把重点放在顾客的视觉感观上，既要展现商品的特性，又要借美观的陈列设计，把商品动人心弦的魅力表现出来。

第一，主题陈列法。它是结合某一特定事件、时期或节日，集中陈列展示应时适销的连带性商品，或根据商品的用途在特定环境时期陈列的方法。比如，春节前商店中的年画专柜。它能使商店创造一种春节文化的独特气氛，吸引消费者的注意力，促使他们购买年画。

第二，整体陈列法。它是将整套商品完整地向消费者展示的陈列方法。比如，将全身服饰作为一个整体，用人体模型从头至脚完整地进行陈列。整体陈列形式能为消费者做整体设想，便于消费者购买。

> **专栏13-7　多芬洗发香波应陈列在哪个区域**
>
> 　　怎么才能让商品陈列干净整齐？什么地方才是好的陈列位置？陈列还有哪些作用？这一系列问题，可以从联合利华全球最有价值的品牌之一多芬香波的陈列区域找到答案。某家卖场的洗发香波多芬的价格与沙宣相当，按照当时的卖场环境来看，多芬洗发香波应该陈列在沙宣旁边，因为有能力消费沙宣的人群才有可能选择这个价位的产品，同时也能说明该产品的档次类别。然而多芬洗发香波却与很多国内三线低价洗发水放在一起，而宝洁等一线产品都在这个洗化陈列区的另一端。国际品牌和国内三线品牌陈列在一起，会让消费者有这样的疑问："这是多芬的产品吗？"消费者无法理解国际品牌为何沦落到与廉价产品为伍，品牌优势荡然无存。而且这个卖场的主要消费群体是周边的固定人群，所以他们非常清楚自己需要的那个档次的产品在哪个陈列区域。因此，买中高价位产品的人大多不会注意低价格区，低价格区即便有些廉价产品销售得非常好，也与多芬品牌无关，因为多芬的价格是旁边产品价格的2~3倍。这种做法导致了多芬品牌月销售额仅几百元的尴尬局面。后来卖场管理者听取专家意见，对该商品陈列做了如下调整：①将陈列区域调整到一线品牌沙宣旁边；②增加主推品种的陈列面，将大容量产品及市场反应冷淡的产品的陈列面减小；③注意陈列的色彩搭配及摆放整齐以达到整体陈列面统一的效果。经过与卖场沟通调整以及促销人员的配合后，多芬香波取得了月销售额2万元以上的好成绩。
>
> 　　资料来源：侣玉杰，邵正苓. 零售管理[M]. 北京：中国人民大学出版社，2010.

　　第三，分类陈列法。它是根据商品的类型、质量、性能、特点、产地和使用对象等进行分类，并向消费者展示的陈列方法。分类陈列法是一种广泛使用的方法，它便于消费者集中挑选、比较，也有利于反映商店特色。

　　第四，价格系列法。它是指根据商品价格高低展示商品。比如，男子西装可按照1 000元以下、1 000~2 000元、2 000~3 000元、3 000~4 000元、4 000元以上分成5组展示。这一方法可以让顾客按照他们出价的意愿挑选商品。

　　第五，垂直陈列法。它是将同一类型或同一种类的商品，在货架上一层层上下垂直陈列的方法。这种方法方便消费者在不同式样、不同质地、不同型号的商品之间进行挑选。

　　第六，关联陈列法。它是将不同种类但相互补充的商品陈列在一起的方法。运用商品之间的互补性，可以使消费者在购买某商品后，顺便购买与该商品互补的商品。比如，顾客购买台灯，顺便就买了灯泡。这种方法增加了消费者购买商品的概率，有利于满足消费者的求便心理。

　　第七，挂钩陈列法。它是将小商品用挂钩吊挂起来，使商品易被顾客找到，比较容易购买，修改陈列方便（见图13-13）。

图 13-13　挂钩陈列法

第八，图形陈列法。它是将商品用不同的几何图形陈列布置的方法。商家若能将它们灵活运用，就能为商店设计出各种独特的陈列布置。

1）三角形布置。这种布置很容易表现出安定感和流动感，在实践中被很多商店采用。但在使用时要注意切勿呆板。如几个三角形放在一起，应有变化，使各三角形的大小和周边不等，摆放得错落有致，这样才能表现出流动感和美的韵味，如图 13-14 所示。

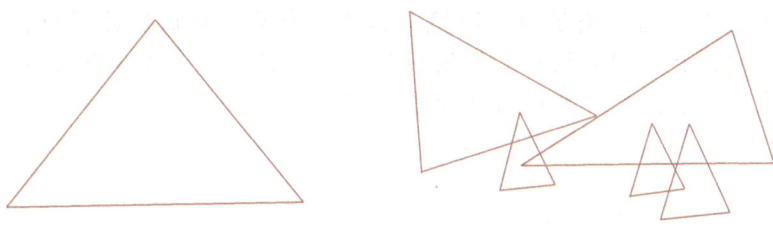

图 13-14　三角形陈列布置

2）圆形布置。有些单一商品，陈列时不易表现出量感，唯有借助陈列技巧去展示。圆形布置是在外圆处装饰一些有用的小道具，而把所要展示的商品放在圆的中央，艺术性地将其烘托出来，如图 13-15 所示。

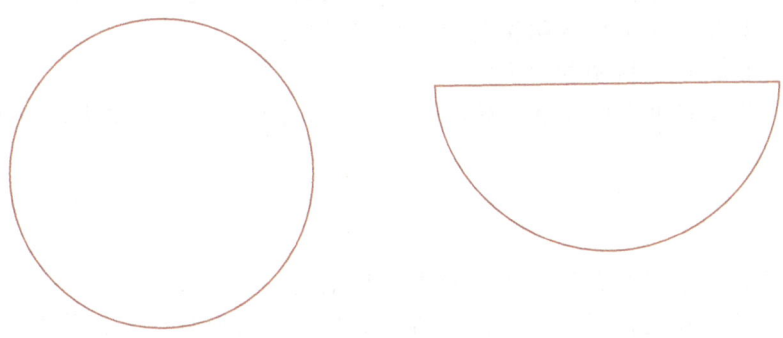

图 13-15　圆形陈列布置

3）曲线形、直线形、放射形布置图，如图 13-16 所示。

图 13-16　曲线形、直线形和放射形布置图

总之，在实际营销活动中，商品陈列的方法多种多样，要视具体环境、条件的不同而认真抉择。而科学的、独具匠心的商品陈列方法，可以使商品富有生命、发出光彩，以吸引更多的顾客，增加销售机会和提高卖场绩效。

本章小结

本章首先论述了情境因素与消费者行为。在阐述消费者情境的含义之后，介绍了两种情境因素的构成理论以及消费情境对营销的启示。

其次，讨论了商店选址与消费者行为，包括消费者逛商店的动机、商店形象。在消费者购买不同种类商品时，商店类型和商店位置对消费者购买商品的影响很大，另外，不容忽视商店品牌的影响作用。

最后，用较大篇幅讨论了商店环境与消费者行为。从商店外观设计开始分析，具体内容包括招牌的设计、门面设计和橱窗设计。然后讨论了商店内部设计，包括店面布局、购物场所的设备、售点广告和商品陈列等内容。

复习思考题

1. 简述消费者情境的含义及贝克的五要素说。
2. 举例说明时间以哪些方式影响消费者购买决策。
3. 简述不同购买阶段的情境因素说。
4. 举例说明情境对冲动性购买行为的影响。
5. 结合自己的购买经历谈谈自己购买不同种类的商品，经常愿意去哪种类型的商店。
6. 商店外观设计对消费者购买行为有哪些影响？
7. 商店内部设计包括哪些内容？
8. 为什么许多超市将口香糖、木糖醇、巧克力等放在收银台附近？请说明原因。

实践活动

1. 主题调查：不同业态的商店消费者类型比较。
2. 选择一条商业街，观察记录街上店铺的招牌、门面特征等，并进行对比分析。
3. 谈谈你最喜欢的一家商店的店面设计有什么特点。

4. 某大型百货商场为了改变经营面貌，突出经营特色，引导和激发消费者的购买行为，准备邀请大学生从消费者行为特点入手，为各商品部重新命名，并为每一种新命名的商品部设计一条广告语，请在以下商品部中任选两个：

化妆品部、男女鞋部、洗涤用品部、电脑及文化用品部、针织品部、儿童玩具部、女士服装部（淑女装、职业装任选一个）、婚纱摄影及娱乐部。

要求：

（1）根据该百货商场的革新意图，根据本章的知识，为你选出的商品部策划一个既符合消费者心理，也要有时代感的新名称，并分别设计一条广告语。

（2）说明你这样设计的理由。

（3）设计一次公关活动或事件，推出这次重新命名活动，并分析预期效果。

案例选编

别关灯！

7-11便利店的一位管理者说，以前有些店主在晚上关掉门口的灯，唯恐费电，而且免费灯光会吸引水果小贩待在门口。这是极其错误的做法。当灯光成为社区的一个亮点，并吸引水果小摊贩到门口，会大大提高店铺的亲和力和安全感，而且可以对购买水果的顾客进行关联销售。最重要的是，顾客也会将你的店铺视为夜间购物的首选。

这只是灯光效应的一种表现，但很多加盟商为了省钱，擅自把店铺里的灯光关掉一大半。它们不知道，在零售业，灯光被视为店面的经典销售工具之一。

店主一定要明白，随着店铺数量的增多和商品结构的同质化，目前顾客的冲动购买率已经不是75%，而是达到90%以上！商店感觉最难的，首先是如何吸引顾客进店，而灯光恰恰是引发顾客进店冲动购买的重要手段。

图13-17b是一家好邻居便利店，在它开业不久后，一家7-11便利店开在左边（见图13-17a）。

a)　　　　　　　　　　　　　　b)

图 13-17

从外部看，图13-17a 7-11便利店内亮灯数在相同面积里，几乎达到图13-17b 好邻居店的 3 倍。我们做个简单的客流统计：选择 5 个非连续的 1 分钟，对每个 1 分钟里的店前经过人数、进店人数都进行统计。

2005 年 10 月 15 日晚 8 时左右，我们统计客流情况为：平均每分钟店前经过约 15 人，其中 7-11 进店数约为平均 6 人/分钟，好邻居平均为 2 人/分钟。两家进店人数比 3∶1。2006 年 3 月再次考察该处时，那家好邻居店已经停业了。这与我们 2005 年的预估结果相同，因为在进店人群中，平均商品单价也不一样——7-11 为 10～15 元，好邻居却不到 10 元。

那么，除了吸引顾客进店，灯光还能做些什么？

- 当你周围对手林立，你一定要用更强或更别致的灯光来提示店外顾客"瞄准"你。
- 当你希望店内的商品显得品质好，也一定要用灯光来提示店外顾客。
- 当你有毛利高的独特商品，还有促销，一定要用移动光源打在上面提示店内顾客。
- 当你有写着优惠的价格标牌，也要把它们放到强光底下提示店内顾客。

更优秀的做法是，尝试不同的灯光，看能否为你的店铺塑造出如家一般，或某种特殊场合的效果，这样能最大限度地刺激顾客看到商品后，就想起吃它、穿它时的美好场景，并引发立即购买。

资料来源：赵华山. 别关灯 [J]. 销售与市场，2006.

仔细阅读本文，回答下列问题：

1. 结合本文谈谈商店外部和内部环境对消费者购买行为的影响。
2. 你认为店头灯光和店内灯光有何作用？

第 14 章
网络购物影响因素与消费者行为

互联网特别是移动互联网的普及，为人们的生活方式以及消费行为注入了许多新的元素，现在网络购物已经成为一种常态化的购买行为。应该怎样定义网络消费者，怎样把握网络消费行为的影响因素，研究网络消费者的营销价值就成为本章讨论的重点问题。

14.1 网络消费的发展现状

14.1.1 网络消费和网络购物的含义

1. 网络消费的含义

网络消费是指人们以互联网为工具实现其自身需要的满足过程。

从消费者行为学来讲，网络消费有广义和狭义之分。

从广义上说，网络消费包括上网浏览新闻、搜索信息、网络教育、在线影视、网络游戏和网上购物在内的所有消费形式，消费的产品包括物质产品和精神产品两方面。

从狭义上说，网络消费主要是指网上购物，即人们为完成购物或与之有关的任务而在网上虚拟的购物环境中浏览、搜索相关商品的信息，从而为购买决策提供所需要的必要信息，并实现决策的购买过程。本文在讨论网络购物环境与消费者行为关系时主要涉及狭义的网络消费概念。

2. 网络消费与电子商务的关系

网络消费与电子商务密切相关，通常电子商务是指发生在开放网络上的包含企业之间（B2B）、企业与消费者之间（B2C）和消费者与消费者之间（C2C）的商业交易。从狭义上理解的网络消费主要包括 B2C 和 C2C 两种模式。

3. 网络购物的含义

网络购物简称网购，是指消费者通过网络（购物网站）向供应商购买商品或享受服务，包含 B2C 和 C2C 电子商务模式。消费者浏览网上商品，比较、选择其满意的商品或服务，通过网络下订单，进行线上付款或离线付款；而供应商处理订单、网上送货或离线送货，从而完成整个网络购物的过程。

14.1.2 当前网络消费的特点

1. 新冠疫情带动网购渗透率回升

国家统计局发布的数据显示，2017 年我国网络零售同比增长 32.2%，之后几年交易规模增长幅度逐渐减少。然而，2020 年在新冠疫情影响的背景下，网购的便捷性、安全性更加显现，使得我国网络购物市场规模仍然保持增长，达到了 11.76 万亿元，同比增长 10.6%，渗透率占比增长达到 30%。2022 年全国网上零售额 13.79 万亿元，比上年增长 4.0%。

在经过数年发展以后，头部电商在下沉战略、品牌协同、购物补贴、社区团购等赛道展开激烈角逐。在激励竞争中，中国零售电商市场逐渐向着规范化、品质化和多元化的方向演进，B2C 市场交易成为主要的交易模式且规模庞大。消费者对品质的追求，使大量的 B 类线下知名品牌几乎全部上线销售，很大程度拉动用户在线上购买的动力，同时让用户认可 B 类企业的产品和质量。

2. 个人消费者网购品类向全覆盖消费需求方向发展

《第 51 次中国互联网络发展状况统计报告》中指出，截至 2022 年 12 月，我国网络购物用户规模达到 8.45 亿人，占网民总体的 79.2%。个人消费者网购品类不断丰富和细化，逐渐向全覆盖消费需求方向发展。第一方阵为服装鞋帽和针纺织品、日用品、食品、饮料、烟酒；第二方阵为化妆品、家用电器、图书音像；第三方阵为通信器材及数码产品及配件、家具及室内装饰品、交通运输、体育娱乐产品、医疗器具及药品、珠宝首饰；第四方阵为服务类，餐饮外卖成为网购热点，旅游、教育、美容美发成为网购新风尚，推动网络消费体验升级。

专栏 14-1　　　　　　　东方甄选和董宇辉火爆网络

2022 年 6 月 10 日，在新东方旗下的东方甄选直播间，一位自嘲撞脸"兵马俑"、号称 8 年教过 50 万学生的英语老师董宇辉正在介绍商品。有别于其他主播干燥乏味的直播带货，在介绍到商品特点时，董宇辉将英语老师的身份特点发挥得淋漓尽致，推出双语直播带货，用英语配合小黑板表达商品特点，思路清晰，热情并富有感染力。

东方甄选在直播带货中推出的图书、智能软件和文教用品，使知识类直播越来越受到公众的欢迎。双语带货直播这种看似"不务正业"的直播，反倒是无心插柳柳成荫，董宇辉和东方甄选迅速火爆网络，开创了上课式直播带货的新潮流。

有数据显示，6 月 10 日东方甄选观看人次、GMV（gross merchandise volume，商

品交易总额）分别达到907万、1 457万元。6月11日，上述两数据继续攀升，分别为1 275万元、2 014万元。而当日东方甄选在抖音直播带货达人榜中位居第6。

6月12日和13日，东方甄选继续以GMV为1 606.7万元、2 297.7万元，位居达人带货榜单第8、第2位。该直播间粉丝从100万人涨至逾1 000万人，不过短短几天时间。

在社交媒体上，"中关村周杰伦"董宇辉持续刷屏。"1亿人点赞董宇辉直播""我就买个玉米你给我讲哭了"等话题接连登上微博热搜榜。数据显示，抖音号涨粉榜东方甄选冲到第二，多项排名都是前三。

针对新东方直播爆火的情况，董宇辉在接受媒体采访时表示，自己就是一个农民的孩子、一个在大城市努力奋斗的年轻人。

6月13日，俞敏洪在凌晨向董宇辉发微信表达感谢，董宇辉回复称："一大早收到俞老师的关心，兴奋，感动。昨晚10.8万人在我直播间里，听我讲书，几万册图书迅速售空。作为一名曾经的老师和现在的网络销售员，传递知识，让人喜欢阅读，最终热爱生活，这是我的福气、荣幸和使命。茫茫人海，原来你也在这里。"

资料来源：大江大河，东方甄选和董宇辉火爆网络，2022-06-16.

3. 直播带货拓展网络消费空间

在技术创新和消费升级的双重作用下，新的网购模式悄然而至。综合电商、生鲜电商、直播带货、短视频电商、社交电商、社区团购（微信群卖货）等新模式走进消费者视野，与传统购物网站形成互补。以北京为例，调研结果显示91.2%的北京居民仍然会选择使用淘宝、天猫、京东等传统购物网站；51.9%的北京居民会选择使用超市自营购物app（如多点、永辉、盒马等）；使用社交电商（如拼多多、小红书等）和直播电商平台（如抖音、快手、淘宝直播）的占比分别为28.5%和24.4%；社区团购（微信群卖货）占比为17.2%。值得一提的是，现在视频号又创立了视频号小店直播带货平台。

直播带货提升用户体验，增强互动性和趣味性，70.9%的北京居民认为优惠力度大、性价比高是选择直播购物方式的最重要原因。互动性、便捷性、主播效应等也是直播带货火爆的原因。

直播购物的类别主要集中在游戏、食品和美妆护肤，占比分别为69.7%、67.5%和47.4%；旅游玩乐、科普、服饰等占比均不超过10%。女性居民更偏爱直播购物，参与人次是男性的3.6倍；八成消费者年龄在31~60岁之间，31~40岁的消费者接受度最高，占比为33.8%；家庭年收入在5万~15万元的居民使用直播带货的占比最高，为49.9%，5万元以下的占比为22.3%，15万~25万元占比为17.1%，25万元以上的占比为10.6%。

4. 移动端消费已成为网络购物主流趋势

移动网购即手机网络购物的高速发展的主要原因是用户消费场景使用习惯的转移。

经过早期移动网购的快速增长，如今网民移动网购的习惯已基本养成，PC端流量增长渐缓，转向移动端。以淘宝为例，手机淘宝目前每天超过1亿活跃用户访问，2023年10月24日"双11"预售当天，淘宝app活跃用户数达5.07亿。无论从流量还是交易量来看，移动端均体现出巨大优势。除此之外，电商企业移动化战略也是移动网购高速发展的重要原因：一方面，许多电商企业以新用户获取和品类扩张为战略重点，推出针对移动端的定制电商产品；另一方面，大量新兴电商仅推出移动端业务，移动端成为新增网购用户的主要来源。

值得关注的是用户使用手机网络购物的情景较为多元。有86.7%的用户在家休闲时用手机网络购物。对于部分用户而言，手机已经逐步替代家庭电脑在用户网络购物中的地位；有60%的用户是在无法使用电脑联网时使用手机网络购物；20%的用户在上班、上学时使用手机网络购物；还有40%和13.3%的用户分别在乘坐公共交通工具和排队等候时使用手机网络购物。可以毫不夸张地说，一部手机搞定消费者的"衣食住行用"。

5. 价格驱动购买时代渐远，从"淘货"时代进入到"选货"时代

经过多年的发展，网站用户体验的提升和促销活动已经成为常态化的基本保障。网络口碑、价格、网站/商誉成为网购用户决策时最为关注的因素。研究报告中指出，用户网购时不只是追求价格低，70.8%的网购用户会将品质与价格综合考虑，24.6%的网购用户甚至会因为高品质而忽略价格，只有4.7%的网购用户会因为商品的价格而略微牺牲品质。价格驱动购买的时代渐行渐远并呈现出3个特征。第一，从"淘货"到"选货"。消费者已经过了价格为导向的网购时期，伴随品牌品质的崛起，网购已从"淘货"时代进入"选货"时代。第二，品质商品的判断标准日益清晰。品牌授权、货源渠道正规、售后有保障成为网购消费者对"品质商品"的三大重要判断因素。调研报告显示，天猫、京东、拼多多、淘宝等头部电商平台凭借大平台的公信力，其品质更能赢得消费者信赖。第三，品质商品的需求持续上涨。网购消费者主要考虑要素由价格升级为价值，消费者对品牌电商的需求加大。国家提倡公平竞争的政策环境将驱动电商平台经营理念和盈利模式的健康升级。

6. 网购消费者购买决策存在年龄代际区隔，国产品牌网购消费意识增强

中国互联网络信息中心（CNNIC）在2022年1月发布的《第49次中国互联网发展状况统计报告》中指出，目前"80后"及"90后"的网购使用率最高，达93%；"95后"群体网购消费潜力最大，41.9%的"95后"网购消费额占日常消费总额3成以上，网购消费占比高于其他年龄网购群体。电商一般认为，"60后"谨慎而行，看重网站知名度和口碑以及购物网站品牌，"70后"持节俭风格看重价格高低，"80后"看重用户评价和性价比，"90后"更注重用户评价，"00后"流向拼团模式。这与不同年龄代际的生活态度和购物习惯相关，因此购物网站在做宣传推广时，针对不同年龄段目标用户应该采取不同的促销策略。

在《第49次中国互联网发展状况统计报告》中还指出，在消费趋势方面，国产品

牌网购消费意识增强。在文化自信和品牌升级的推动下，国产品牌网购消费热潮高涨，国产品牌受到网购用户广泛的青睐。数据显示，网购国产品牌的用户占网购整体用户的 65.4%。在该群体中，购买的国产品牌主要为运动服饰、美妆护肤、家用电器、手机数码等，购买比例分别为 57.5%、38.7%、37.7% 和 36.2%。

7. 手机支付成为线上购物甚至线下消费的主要支付方式

手机支付也称为移动支付，随着技术的不断升级，促使移动支付场景日益丰富，覆盖领域日趋广泛。目前，商超、连锁店、品牌店、酒店、餐饮、停车场等线下零售及服务业商户网点均逐步接入支付宝、微信支付等。截至 2020 年 12 月我国手机网络支付用户规模达 8.53 亿人（见图 14-1）。

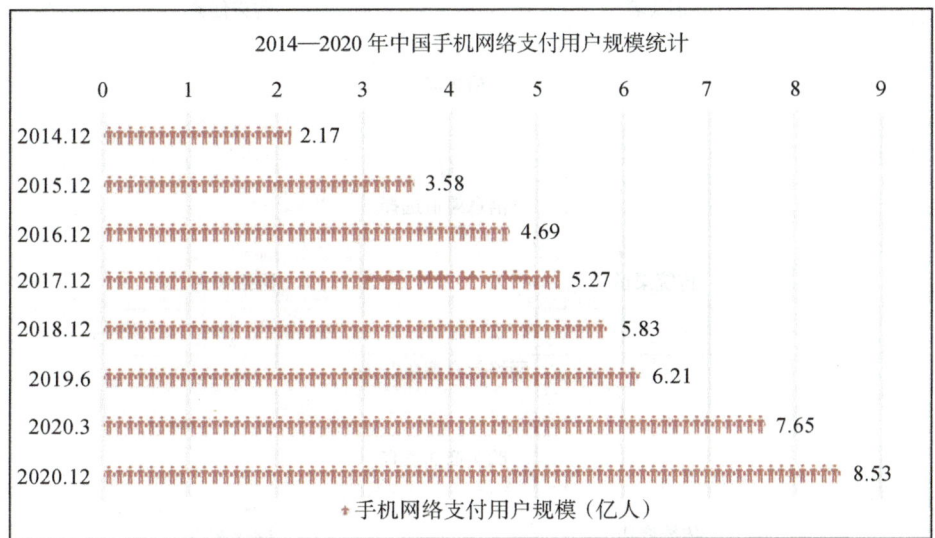

图 14-1　2014—2020 年中国手机支付用户规模统计

资料来源：中国互联网络信息中心、智研咨询。

2022 年移动支付应用在延续以往发展趋势的基础上，进一步加速向农村地区网络消费者和老年消费者渗透。值得注意的是，技术进一步提升移动支付的安全性和便捷性。生物识别技术日趋成熟，指纹识别已被大规模使用，面部识别也得到广泛商用。

14.2　网络消费者行为特征与类型

随着网络消费的发展，网络消费者的类型多种多样，划分网络消费者的方法也有很多，那么，企业营销人员应该如何定义网络消费者？如何认识网络消费者类型呢？

14.2.1　网络消费者的含义

网络消费者是指通过互联网在电子商务市场中进行消费和购物等活动的消费者个人或群体。在本章中，我们仅研究网络消费者个体。在网络经济背景下，企业只有全面了解和掌握网络消费中的消费者心理与行为特征，才能有的放矢地制定出正确的营销策略，充分利用网络资源，营造出一个有利于自身发展的经营环境，在激烈的市场竞争中立于不败之地。

14.2.2 消费者的线上决策行为与线下决策行为的区别

一般认为，消费者在网络环境与传统环境下的购买决策过程并没有太大的差别，然而，如图 14-2 所示，从网络消费者购买决策行为的过程和内容框架来看，消费者的在线决策行为与线下传统环境下的决策行为相比，存在一定区别。

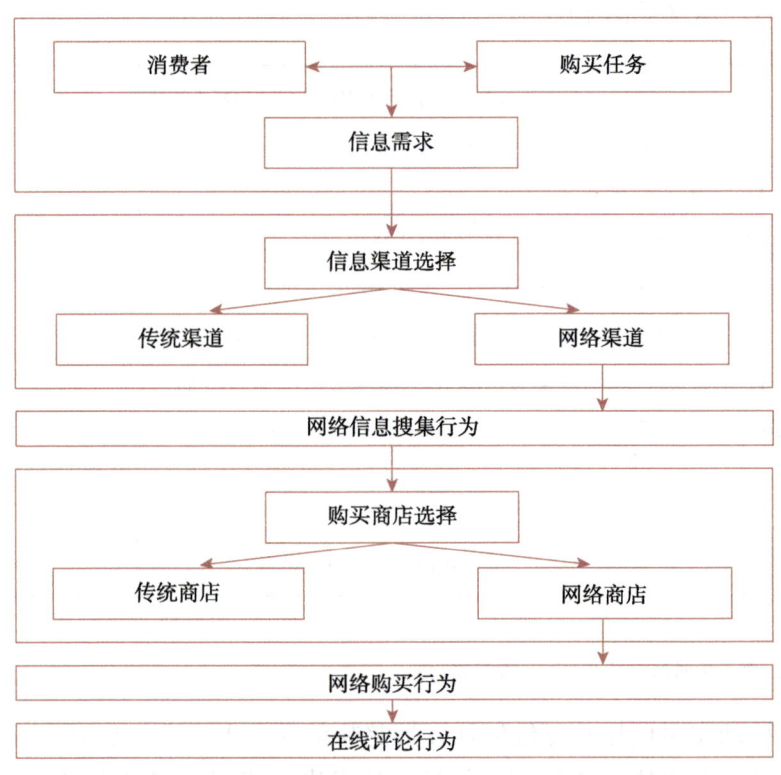

图 14-2　网络消费者购买决策过程和研究内容框架

（1）消费者需要与电脑或智能手机/网络交互才能形成决策，这将涉及消费者网络系统操作使用的经验能力。

（2）由于网络环境是虚拟的，企业在设计网站（如信息提供、信息组织和展示）时可以不受产品包装和实体配送的约束，其提供的在线产品信息与产品实体是分离的，消费者既可能从中受益，也可能上当受骗，因此，在网络环境下消费者对企业产品和服务的感知、信任将会发生变化，网络隐私和欺诈等问题使得消费者对网上购物越来越谨慎和敏感。

（3）传统的决策过程是一个决策者–决策问题的二元关系，而在网络环境下，消费者不再需要逐一地评价所有产品就能做出决策。一些决策辅助程序可以根据消费者的偏好推荐可能的产品，因此决策过程可能是一个三元关系：决策者 – 决策支持系统 – 决策问题。

如果企业营销者能够理解潜在消费者在考虑使用电子商务过程中所经历的决策过程，将会对其业务具有极大的帮助。

14.2.3 网络消费形成的心理基础

消费者在网络购物时的心理基础主要包括以下几个方面。

1. 追求时尚和新颖心理

网络消费者多数为年轻人，年轻人的特点是热情奔放、思想活跃，喜欢联想，富于冒险，这些特点反映在消费心理上，就是追求时尚和新颖，尝试新鲜生活，喜欢购买新颖独特的产品。在互联网背景下，消费者按下鼠标，几秒钟之内就可以搜索到所需产品的品牌、价格、形状、功能、特征等信息，轻而易举地找到"新、奇、美"的商品。

2. 追求物美价廉心理

虚拟的网上商店比实体商店成本要低得多，所以网络消费"价廉"的特点就迎合了越来越多消费者的心理要求。另外，比起传统商店来说，网上商店不需要消费者跑腿，就能更为直观地了解商品，精心挑选、货比三家，满足了消费者追求物美价廉的心理。针对消费者的这种心理，天猫、淘宝、京东、拼多多、亚马逊、走秀网、1号店、唯品会等总是不失时机地推出打折热卖信息。消费者只要进入"特价热卖"专栏，就可以轻松获得各种打折热销产品的信息以及价格，进而通过链接快速进入消费者认为适合的网站，完成购物活动。拼多多更是运用社交电商和拼团让利，在短短几年中吸引了3亿多消费者。

3. 追求独立自主心理

网络消费者善于从实际出发，主动通过各种途径获取与商品有关的信息，查询商户的买家评论、信用等级，并进行分析比较，权衡商品的性能、品质及利弊，独立地做出购买决策，表现出较高的分析判断能力和独立性。

4. 追求个性与体验心理

由于网络消费者主要以中青年人为主，他们有自己独立的思想、喜好、见解和想法，对自己的判断能力也比较自信，生活体验感强，选购商品时不但看重商品的实用价值，还特别重视商品的造型和款式，追求与众不同、体现个性的商品。通过网络消费，消费者不仅能够完成购物，而且能够获得良好的购物体验，寻找购物的乐趣，保持与社会的联系。

5. 追求方便快捷的心理

传统的商品选择过程短则几分钟，长则几小时，再加上往返路途的时间，消耗了消费者大量的时间、精力，而网上购物弥补了这个缺陷。无论夏天或冬天，雨天或雪天，在任何一个不想出门的日子里，消费者通过网络就可以轻松完成购物，而等着送货上门服务对消费者来说也是很惬意、激动的过程。同时，无论身处何地，消费者都可以24小时随时登录网址，利用互联网在全球范围选购商品，没有时间、空间的限制，节省时间和精力，这对消费者来说有很大的诱惑力。

6. 追求沟通与分享心理

在网络环境下，消费者与商家的互动沟通意识增强，并可以参与到生产和流通中来，与卖方直接进行沟通，减少了市场的不确定性。同时，随着QQ、微信等交互平台的崛起以及交互技术的迅猛发展，消费者和电商的沟通更加方便，消费者也愿意将自己的消费感受（不管是正面的还是负面的）与他人进行分享，发表评论，这些信息成为其他消费者选择商品时的重要参考依据。

7. 理性和非理性并存心理

网络为消费者挑选商品提供了可以利用的各种信息资源，消费者可以利用网上信息对商品进行反复比较，主动上网寻找适合的商品。同时，消费者面对的是电脑和手机屏幕，没有实体店嘈杂的环境和销售人员的各种劝说，消费者可以不受干扰地购买，这表现为网络消费者理性的特点。但是，由于网络购物时商品的不可见性，再加上支付环节的虚拟化，使从众、冲动或过度网购的现象愈加突出，甚至有的"上瘾型"消费者沉溺网购，不网购就难受，影响了正常的工作和生活，这表现出网络消费者非理性的特点。

专栏14-2　　　　　生鲜电商的中老年用户激增

绿码认证、扫码出行、社区团购、线上支付等一系列需要通过互联网完成的衣食住行，把一大批中老年人"逼"上了互联网。有数据显示：2020年春节期间，阿里本地生活"60后"用户线上买菜的订单量翻了4倍；每日优鲜2020年1月23日至2月23日期间，40岁以上用户增加了237%；美团"60后""70后"用户分别以36.7%、31.5%的占比成为外卖新客增长的主力；饿了么平台外卖生鲜的50岁以上的用户环比节前增长了2.3倍。

1. 中老年客户增长的原因

在新冠疫情期间，不少中老年客户开始线上买菜，其原因有以下几点。

（1）刚需

生鲜菜蔬是人们日常生活中必不可少的刚需消费。由于消耗速度快，人们的购买频次也相对较高。新冠疫情期间，不少生鲜电商app涌现，为中老年用户提供了对比价格的机会。再加上不少生鲜电商都提供"无接触配送"服务，安全性更高。

（2）后辈指导

新冠疫情期间，家中的儿女、亲友、志愿者等现场指导中老年用户，帮助他们快速掌握线上买菜的方法，解决使用难题，迅速让中老年客户成为"抢菜"达人。

（3）模式创新

新冠疫情期间，兴起"直播+社交电商"的模式，中老年消费者可以在直播间观看菜品的新鲜度，价格也更优惠。

（4）线上线下联通

新冠疫情促进了线上线下融合的速度，许多超市也开始提供线上购物服务，为中老年用户接触生鲜电商创造了有利条件。

2. 生鲜电商的变化

新冠疫情使得不少中老年客户都养成了线上生鲜购物习惯，他们会给生鲜电商市场带来什么变化？

（1）社区团购

不少中老年客户更青睐于社区团购，这也与社区团购的运营特征分不开。一是大部分社区团购平台都通过微信群运营，而微信群是老年人使用频率最高的 app。二是社区团购的商品价格优惠。三是社区团购属于熟人经济，口碑营销，通过熟人介绍、社交分享等进行裂变。

（2）下沉市场

一二线城市中，生鲜电商对中老年客户的消费观念、消费习惯的培养已基本完成。接下来，生鲜电商正在向三四五线城市渗透，开拓广大下沉市场。随着技术的进步，生鲜电商领域也迎来了许多新的入局者。

资料来源：作者根据 2020 年 5 月 25 日长江商报文章整理而成。

14.2.4　网络消费者的基本类型

有许多种对网络消费者类型的划分方法，在本书中主要介绍白玉苓划分的 4 种类型。企业应将注意力集中在其中一两种类型的消费者身上，这样才能做到网络营销活动有的放矢。

1. 务实型

务实型的消费者需要的是方便、快捷的网上购物服务。这类消费者往往已经对商品有基本的了解，对自己的购买行为和需求有着非常明确的定位和目标。他们在网上购物的时间花在交易本身上而不是频繁地浏览和比对商品上，即更加注重商品的质量和服务，因此信任度高以及物美价廉的商品和服务是这类消费者最热衷的选择。面对各式各样的网络广告或促销，他们对商品的需求波动幅度较小，购买弹性较小，甚至可能不受外在干扰的影响，属于理性的消费群体。

2. 浏览型

浏览型的消费者享受浏览网页的乐趣，愿意将时间花费在各种商品对比和比价上。这类消费者大多是休闲时间充裕的人，并享受着不同购物网站给他们带来的视觉冲击和购买欲望心理下的需求波动。他们对经常更新、视觉元素丰富、具有创新设计的网站有较大的兴趣，或许对商品本身的兴趣没有浏览网页所带来的兴趣浓烈。因此，这类群体的消费观及其消费行为其实是难以准确预测的，因为他们往往没有具体的消费目的，不急于购买和交易，只是消磨时光。

3. 经验型

经验型的消费者会将生活中的讨价还价能力应用到网购的议价过程中。该类消费者可能是市场行情的熟知者，可能是对价格的不满意者，也有可能是追求议价胜利心理并以此得到满足感的消费者。网站上的"大减价""清仓处理""限时抢购"之类的字眼能够很容易地吸引这类消费者，但他们不会简单地为之所动，他们最关心的是网购交易是否划算，在经过精心"算计"，确认其合理性之后，才决定下单购买。

4. 冲动型

冲动型的消费者比较容易受网络视觉营销和促销的影响。他们很容易被网络购物平台上品种繁多的商品或低价吸引眼球，受到价格和视觉等因素的强烈影响，会轻易做出购买决定。这类消费者一般年龄较小，心智不够成熟或缺乏足够的购买经验。

值得注意的是，最近几年，在网络消费者类型中有两种比较突出的消费行为。其一，购物成瘾型。这类消费者一般居住在我国的大、中城市，年龄20~40岁，有一份不错的工作，女士居多，她们天天逗留在网上，沉迷于网上购物之中，经常透支购买一些不需要的商品，可以说是典型的"月光族"。其二，团购型消费行为。随着网络消费者的不断增加和其对某些购物网站的频繁使用，某些具有相同需求、兴趣偏好的消费者逐渐聚集到一起，形成网络消费族群，他们通过对同一种或同一类商品的一起购买来获得更高的价格优惠或更低的人均物流。团购行为有三个特征：①注重与相关族群行为的一致性；②较强的族群情感依赖；③注重族群关系产生的利益评估。

专栏14-3　　　　　　　Z 世代网购主力军画像

Z 世代是指新时代人群。新的"Z 世代"是指 1995—2009 年间出生的一代人，他们一出生就与网络信息时代无缝对接，受数字信息技术、即时通信设备、智能手机产品等影响比较大，所以又被称为"网生代""互联网世代""二次元世代""数媒土著"等。

2021 年全世界人口数量中，Z 世代占比超过三分之一。中国作为人口大国，Z 世代人群最为庞大，一共有 1.51 亿人，2023 年他们的规模已接近 3 亿人。所以，Z 世代的青年们一定会成为未来社会经济的主力军，也将是未来新时代的面貌。

电商 app 中 Z 世代用户群体占比越来越高。有统计表明，2019—2022 年网购平台的消费者中 Z 世代的比例由 16.5% 上升至 25.8%，目前在各类电商 app 中都少不了他们的身影。

电商 app 的 Z 世代用户中男性用户的购物率逐年增长，购物已不再是女性的"专利"。"精致 Boy"也开始占据了"剁手战士"的半壁江山。

电商 app 中的 Z 世代消费者主要集中在三到五线城市，这些人的收入不高，而且刚步入社会，随着三四五线城市物流的快速提升，接收快递越来越便利，会有更多的小镇青年们加入"网购大潮"。

资料来源：作者根据相关网络资料整理而成。

14.3 影响网络消费行为的因素

影响网络消费行为的因素可以分为外在影响因素和内在影响因素。

14.3.1 外在因素

1. 经济文化因素

社会经济文化因素的基本指标在第 10 章中已有阐述，无论是传统消费还是网络消费，经济因素是影响消费者行为的一个基本因素。比如，根据中国互联网络信息中心（CNNIC）的调查统计，2009 年我国网络购物用户规模为 1.08 亿人，同比增长 45.9%。金融危机客观上促进了网络购物的发展。从供应端来看，很多企业受到冲击，网络作为便捷的营销平台，成为企业摆脱困境的捷径。2009 年企业进驻 C2C 或自建 B2C 平台的数量增加迅速，增加了网络购物市场的商品供应量。从用户端来看，随着网络购物观念的普及，网络购物已逐渐成为网民消费生活的习惯。

网络消费与社会文化因素也有一定的关系。比如，有关研究显示中国消费者网上购物的频率是欧洲消费者的四倍，是美国和英国消费者的近两倍，显示出中国消费者网购热情非常高。其中的原因与我国市场庞大，物流费用和人工费用相对低廉相关，也表明了中国消费者接受新事物的速度和意愿，反映了我国社会文化的特点。

2. 社会群体因素

社会群体因素指的就是网络消费者周围的人文环境对其网络消费行为所产生的影响，其中主要包括正式群体与非正式群体、参照群体、意见领袖和社会阶层等。这些影响因素中的每一个指标，既可以作为一个单独指标去制定营销策略，也可以与其他变量放在一起，作为细分网络消费者的依据。比如，在专栏 14-3 中写到，中国的"Z 世代"人群最为庞大,一共有 1.51 亿人。目前在各类电商 app 中,都少不了他们的身影和留下来的足迹,所以企业在制定网络营销策略时,就要清楚地知道他们到底对什么感兴趣,什么是他们的喜爱和偏好,了解他们的上网习惯与经常浏览的网站与频道,使企业制定的营销策略更具有针对性。

3. 购物网站属性因素

与线下实体商店购物相比,网络购物因为存在买卖双方之间的空间分离,从而使消费者对商品的感官体验和认知与实体店购物差别很大,因此网店属性呈现信息的方式与效果成为消费者网购中重要的情境要素,对消费者的购买影响很大。比如,网店使用的简易性、购买过程的便利性、产品陈列的吸引性等属性都会对消费者选择产生影响。有研究显示,浏览网店的加载速度快、网站信息完善、店名和 Logo 简洁易记、物多价廉、辅助说明人性化等,会增加消费者对网店的满意度。

4. 网络营销组合因素

网络为企业营销提供了巨大的市场和无限的商机,但是网上购物又挑战着企业营销管理者的智慧,挑战着企业网络营销组合策略的制定。特别是随着更多的消费者向移动互联网全面转移,基于移动互联网时代的目标市场、顾客形态、产品种类与传统营销会有很大的差异,如何跨越地域、文化、时空差异再造顾客关系,将需要许多创新的营销行为,而网络营销策略制定的效果,又直接影响着网络消费者的购买行为选择。

5. 政策法律法规因素

政策法律法规因素主要是指国家政策和法律法规等对网络消费行为产生的影响。比如 2014 年起,《中华人民共和国消费者权益保护法》明确规定消费者在网络购物中有权自收到商品之日起七日内退货,这就大大提高了消费者对网络消费的信心。

6. 不可预知风险因素

不可预知风险因素也称为不可预测的因素和未知风险或未识别的风险。不可预知因素的影响不可忽视。比如,2003 年暴发的"非典"疫情和自 2020 年暴发的新冠疫情等意外因素对网络消费行为有明显的影响作用。

专栏14-4   "6·18"来袭,这些网购陷阱一定要当心

又是一个"6·18"购物狂欢节,你买买买了吗?网购消费者在疯狂"剁手"的同时千万别忘了防范那些网购中的陷阱。

陷阱一:先涨后降

价格是电商促销期间刺激消费的重要因素。电商以预售、定金、满减红包等各种促销手段让消费者"算不清",先涨价后降价、虚构原价、随意标注价格的情况较为突出。

在"6·18"电商大促期间,消费者需擦亮眼睛,货比三家,对于心仪商品要关注平时销售价格,与促销价格进行对比,确认是否存在真正的实惠,以防落入商家的价格陷阱。

陷阱二:隐私泄露

对于一些从未安装的电商 app,在下载安装时往往会跳出多个对话框,而消费者一般都不会仔细查看条款内容,直接点击"同意"或"是",这就让商家获取了用户的很多个人信息,有些是购物所必要的,有些是非必要的。

消费者要提高个人信息保护意识,从正规渠道下载 app,尽量关闭一些敏感信息的获取权限,如手机通讯录、手机照片、精准定位授权等。

陷阱三:虚假宣传

近年来,网红直播带货越来越普及,消费体验情况总体较好,但同时还存在部分虚假宣传、不按规定公示证照信息、言行低俗、价格误导以及没有显著提示和私下交易风险等问题。

消费者可以通过对比同类商品线上线下价格、查看网店销量与评价等信息、留意中评及差评等方式,核实促销折扣的真实性。

资料来源:作者综合 2022 年 6 月 18 日中国新闻网、《人民日报》、中国消费者协会网络平台相关报道整理而成。

14.3.2 内在因素

1. 个人因素

影响网络消费者行为的个人因素包括消费者的年龄、性别、受教育程度、职业、收入等。比如,网络购物依赖于消费者对电脑、智能手机或其他上网产品的操作熟练程度,在年轻人看来不算难的事情的操作知识及注册和购买技能,对一些中老年人,特别是文化水平偏低的中老年人来说就是不可逾越的障碍。因为缺乏网络购物必要的知识和技能,不知道如何安装必要的软件、如何进行注册,即使他们有心上网购物,但是无力完成操作。

2. 风险感知心理

虽然网上购物具有形式方便、信息快捷、节省时间和体现个性等诸多优势,但消费者对网上消费仍然有一定程度的担忧心理,这些担忧心理制约了网上消费者的消费行为。

(1)对网上商店虚拟营销环境缺乏信任感。传统的购物方式表现为消费者对产品"亲眼看、亲手摸、亲耳听、亲口尝",但是当消费者在网上购物时,由于消费者无法实际接触商品和卖家,因此很难辨别商品的质量、性能、售后服务和商家信誉等信息的真伪,在信息方面居于弱势地位。再加上网上商家存在夸大商品质量、虚假宣传商品、以假乱真、误导消费者等问题,使消费者网购时心存疑虑,担心自己的权益受到侵害。

（2）对个人隐私和网上支付缺乏安全感。网络安全和隐私保护是影响网络消费最主要的问题，尤其是移动互联网、智能手机、移动支付的发展，特别是大数据、数据挖掘技术对个人信息的精准捕捉，使消费者缺乏安全感，担心个人隐私暴露。另外，目前网上支付手段有很多，网银支付、第三方支付非常普遍，移动支付的使用率非常高，但在支付过程中消费者的个人资料和信用卡密码可能会被盗取和盗用，这些问题对网上购物起阻碍作用。

（3）购物节价格缺乏透明度。网络销售的商品因普遍比线下实体店销售的商品价格低而吸引消费者购买，尤其是每年的"双11"等购物节大促活动，使消费者对网络消费的低价格形成了一种期待。但多数消费者对商品价格缺乏认识，不了解商品价格形成的机制，再加上有的电商存在虚构原价、虚假降价等问题，降低了消费者的信任度和忠诚度。

（4）对配送和售后服务缺乏保障感。物流配送是消费者选择网络购物时的重要内容，消费者在网上购买商品后，都希望能快速、方便地获得商品。虽然目前我国的物流配送水平有了很大的提高，免运费已经成为增强卖家竞争优势的一项必备因素，但物流配送水平还有很大的提升和发展空间，商品在配送过程中存在周期较长、费用较高、货物丢失、货物损毁等问题。另外，消费者也会担心网购后商品维修、退换货等售后服务问题不好解决。

专栏14-5　　微店购物发生纠纷维权成本高

据经济之声《天天·315》报道，越来越多的消费者开始在微店消费。由于微店的商品页面与官方投诉平台并没有直接链接，维权通道不顺畅，消费者的维权成本比较高。

消费者刘先生通过微信朋友圈看到了一篇关于一位老先生发明的反向折叠伞的文章。文章的最下方有一个购买链接，刘先生就点击进去花费168元购买了一把伞。到货时，刘先生没有在家，快递员把包裹放在家门口，刘先生没有亲自签收。等他回到家打开包裹时发现伞柄坏了。

随后，刘先生联系了微店的店主，对方告诉他，由于他没有当面签收，不能免费退换货，需要刘先生再付35元才能给他寄一把新伞。如果想退货，只能退回120元，理由是刘先生没有当面签收。

据刘先生说，想直接联系到这位微店店主并不容易，只能在微信上等待他的回复。刘先生收到的包裹上有一个发件人，按照电话号码拨打过去，发现其实并不是微店店主本人，而是他的合作方，也可以说是雨伞批发商。微店店主在他这里拿货，向他提供买家地址，他收到地址后，直接发货。关于伞柄坏的事情，他也了解，认为可以免费给消费者换一把，但必须微店店主同意才行。

这样看来，这位微店店主可能都没有亲自看过卖给刘先生的伞，更别说监督质量了。刘先生在收到的包裹中没有发现任何关于这把雨伞的质量证书或者证明。他认为，这是一个三无产品。另外,让他心里更加不舒服的是,他在另外一家微店发现了同样的雨伞,售价只有 60 多元。

刘先生在和微店店主沟通过程中,微店店主态度相当强硬,强调如果刘先生发起投诉,他会拒绝任何形式的退换货。事情陷入僵局,消费者刘先生应该如何维权?

在网络上以"微店消费维权"为关键词进行搜索,会发现很多网友都有相同的困惑。因为在微店商品的购买页面上并没有维权通道,微店 app 上也没有任何关于如何维权的说明。

记者在电脑端打开微店官网后才得知一个 400 开头的客户服务电话。微店客服部门工作人员说,消费者要想维权,需要下载微店 app,进入订单页面后发起投诉,售后部门才能介入处理。

微店客服人员告诉记者,微店是一个正规的企业,有相关的法律规定。消费者的资金(货款)有微信平台做担保,卖家没有提走,如果出现问题需要退款,消费者应尽快在订单中心点击申请退款,微店会进行退款。如果退款不成功,那么可以点击投诉,后续问题投诉部会进行处理。至于处理时间,买卖双方投诉以后,72 小时举证,2 个工作日介入,3 个工作日给消费者结果。

刘先生刚开始在微店页面找不到投诉入口。后来,在网络上搜索了其他网友的维权经过后才找到微店官网客户服务电话。在客户服务人员的指导下,刘先生在手机端下载微店 app,并且在订单页面发起了退款。微店店主虽然没有明确表示同意退货,但给他发了退货地址和联系电话。但是,要刘先生自己承担退货运费。

资料来源:作者根据 2018 年 2 月 6 日央广网《天天·315》节目播送内容整理而成。

14.4 研究网络消费者行为的营销价值

网络消费者的购买行为给企业的经营理念带来了新的挑战,这就要求商家一定要在事前做好功课,转变营销观念,建立一套适合网络消费者需求的营销运作机制才能获得成功。

14.4.1 合理规划布局

由于网络消费的特征是交易的虚拟性,消费者不能直接接触实物,只能看到商品的文字和图片描述,因此,网店的合理规划和布局是否对消费者有吸引力至关重要。

网店规划和布局主要是指对购物网页内容进行合理的排版布局。这不仅是为了提高页面的使用率和网店的转化率,而且能方便消费者网购,为消费者提供舒适愉快的购物环境,提高消费者网购体验。网店的规划布局没有统一模式,要以适应消费心理和行为方式为布局原则,并结合经营特色和商品特点,追求实用、合理和美观。

(1)店铺的招牌。招牌包括店铺的名称、标志、口号、店铺的图标等,这是吸引消费者浏览商店、产生购买行为的基础。网店可以通过特别的店铺名称、简短的广告语、醒目的 logo 来增强店铺的认知度。

（2）导航条。导航条的主要功能是可以快速链接到相应的指定页面。首页导航条一般有三种类型：①根据店铺的主营商品（如男装、女装、童装）在导航条上分类；②根据购物规则、购物流程等（如买家须知、尺码表等）在导航条上分类；③根据特别商品（如特价商品、新品、热卖商品）在导航条上分类。首页导航条不仅可以引导购物、减少沟通，还可以推荐商品，可见首页导航条的布局非常重要。

（3）商品分类。商品分类主要按照商品功能、商品属性或商品价格进行，主要满足消费者搜寻查找商品的需要，做到清晰明了、一目了然。注意商品分类一定要根据消费者的搜索习惯设置，而不是越多越好，一定不能太复杂。

（4）商品展示。商品展示主要根据产品定位和店铺的风格，通过图片展示商品，以突出商品的性价比，提升商品的视觉展示效果，做到图片风格统一，不要使消费者产生视觉疲劳。

（5）客服软件。客服软件一般设计在网店首页的显著位置，方便消费者联系商家，让消费者真实感受到体贴、周到的服务。

（6）店铺页尾。店铺页尾主要展示关于快递、包装、售后服务等信息。

（7）店铺背景。网店背景主要是店铺的背景图片，反映店铺的风格、重要的信息，如店铺二维码或店铺一些重要的折扣信息都可以加入背景设计中。

（8）促销海报。促销海报应呈现网店开展促销活动的信息公告、促销内容、优惠券或主打产品推荐，设计要醒目，让消费者一点进首页就能看到，吸引并留住消费者。

14.4.2 打造"热款"或"爆款"

"热款"或"爆款"一般是指在商品销售中供不应求、销售量大、人气高的商品。消费者之所以会选择"热款"或"爆款"，往往是受从众心理的驱动。这不仅是一种盲从，而且是因为网上购买不能接触到实物，消费者获得的信息有限，所以更多人购买和更多人评价的商品往往会得到消费者的信赖，毕竟买的人多、好评率高的自然是好的商品，这是消费者基本的判断逻辑。

成为"热款"或"爆款"商品首先应该有质量保证，差评较多的商品很难扭转局势成为"热款"或"爆款"。成为"热款"或"爆款"的商品还应具有性价比高、销量大、人气高、库存充足等特点，并可以带动整个网店的销量和人气。网店运营者在了解消费者需求的基础上，选择具有以上特征的商品，通过一定的宣传推广策略来推动"热款"或"爆款"的形成，比如，对主推商品的购物网页进行优化，对主图、标题、宝贝详情、温馨提示等进行规划，为"热款"或"爆款"商品设计好关键词，时时检测关键词的转化数据，并及时调整；同时把握好投放条件，如是周末还是工作日投放，在哪个季节或哪个区域投放，这些都可能影响商品销量；还可以结合有话题性、传播性、影响性的社会热点，使点击率、粉丝数、转化率增加。

14.4.3　为消费者全方位省钱

价格是决定网购消费者购买的主要因素，消费者通过网购，不但要省时省力，而且要少花钱。目前，各类电商大多通过低价、折扣、优惠券、购物满减等种类繁多的促销方式来吸引消费者，即使是"6·18""8·18""双11"和"双12"等购物节，基本也都以价格作为销售卖点。另外，为满足消费者货比三家的购买心理，还出现慧慧购物助手、购物党、慢慢买等各种比价软件，使消费者拿起手机，扫一扫就能自动对比多家网店同系列商品价格，轻松实现多站点比价，使网上商铺的价格及其折扣优惠更加透明。

网店运营商不仅要通过价格吸引消费者，还需要制定为消费者省钱的各种策略，毕竟消费者看重投入产出比，希望能用最少的钱购买更多更适合自己的商品。比如，利用心理学中的互惠原理，通过免费试用吸引潜在消费者；利用消费者的立即报偿心理，推出"买一赠一""购物返券"等活动；利用延迟满足心理，设置"购满抽奖""集齐印花换购礼品"等活动；采取"限时抢购"，制造稀缺感，使消费者产生即刻购买行为；采取包邮服务使消费者不需要承担邮费，提高购物整体性价比，让消费者占有消费优势。

14.4.4　提升顾客网购体验

随着网络购物的普及和发展，顾客信息、顾客行为记录等信息越来越丰富，并且大数据处理和分析技术也已成熟，可以计算出每一个顾客的特征，即形成"顾客画像"（user portrait）。顾客画像就是通过大数据勾画出的顾客特征，用人口基本属性、社会属性、生活习惯、消费行为等信息抽象出来的一个个具体的标签，标签就是某一用户特征的符号化。由此，网店经营者就可以根据不同顾客做到有的放矢：根据年龄、区域、人群、爱好、内容偏好、购物行为、搜索行为等定向选择进行资源投放，精准联系顾客需求与产品销售，实现资源优化配置。

在掌握"顾客画像"的基础上，网店可以采取全面措施提高顾客网购体验，包括优化网站设计、提供丰富的商品信息、及时的在线客服、快捷的支付手段，让购物流程更便捷，促成顾客完成交易，从而优化顾客购物体验，并利用数据使购物体验更加个性化。

个性化推荐一般是通过顾客以往的使用记录，包括顾客的点击、添加、删除、收藏、分享等活动，通过系统后台收集该方面信息，经过一段时间的信息收集，并不断调整，形成最接近顾客的使用偏好，由此了解顾客的需求，为顾客推荐其可能感兴趣的商品或服务。个性化推荐不仅能够提高顾客的网购体验，增加顾客黏性，还能够促使浏览者转化成购买者，并简化其搜索信息过程，提高网店商品的交叉销售。比如，在消费者买手机时可向其推荐关联商品（如移动电源、耳机、手机壳等）。但是，个性化推荐也可能降低消费者接触"新"商品的可能性，选择范围也许更加狭窄，而且由于个性化推荐的智能化，很多消费者担心隐私遭到侵犯。

14.4.5 把流量转化为购买力

有关调查表明，网店经营资质展示、完整的联系方式、权威的网络安全认证标志、良好的顾客口碑等信息能够大大增强消费者的认可程度，降低消费者的感知风险，其中口碑信息是赢得消费者信任的关键点，消费者会把口碑及评价作为决策的重要依据。用户评价、商品销量、累计评论、售后服务等信息成为网购消费者获得商品口碑的直接途径。良好、正向的口碑不仅仅是网店的一种荣耀，也是一种高效、低成本的营销手段，对吸引新顾客、增强其购买兴趣和信心非常重要。

粉丝经济作为新的消费潮流，成为很多网店运营者策划的阵地，粉丝对明星、品牌的支持的常见表现方式是购买明星推荐的商品，这也是粉丝获得归属感的一种心理满足。"网红+热门话题+明星同款"所具有的流量及明星效应，由粉丝构建了一个特殊、庞大的购买力群体，形成众多衍生品。

网店除了有能力提供符合粉丝审美和偏好的商品之外，还需要提高粉丝的参与感和互动感，如通过论坛讨论、社交圈讨论、购物分享、购物游戏、直播带货等方式，增加销售过程中消费者的活跃度和黏性，不断优化方法，做到引流和"吸粉"。

14.4.6 软硬件双管齐下保障网购安全

硬件方面是指购物网站用以保障交易安全的技术。网上交易系统和程序应当利用好现有的安全技术，如加密技术、防火墙技术以及认证技术，或利用虚拟专用网来防止或减少信息被窃取和篡改的可能性。软件方面是指增强消费者对网站的信任度。大量的调查表明：网站备案信息、经营资质展示、完整的联系方式、权威的网络安全认证标志等信息能够增强用户的认可程度；在产品/服务展示的同时，展示该产品/服务客户的服务评价、使用体验等，利用口碑传播来推广自己的网站诚信度，亦能增加用户购买的兴趣和信心。

14.4.7 提高服务质量和服务水平

网店经营者要充分利用网络沟通的优势，开展多种形式的即时交流，如在线咨询和解答系统、QQ或微信在线服务等，让顾客随时随地都可以联系到卖方，让顾客感觉网络的另一端总有人为自己服务，增强安全感，具体措施如下。

（1）在线即时交流时要注重保持通道畅通，防止出现系统死机、掉线、无法登录等问题。

（2）客服人员保证随时应答顾客询问，及时听取顾客的意见和建议，解答、解决顾客的问题。要注意的是，有时顾客并不是真的有问题才会询问，而是希望通过询问来获得保障和安全感，也是下单前的最后一步，以获得再次确认。比如，在商品详情里已经很清楚地写道"该服装面料是醋酸面料，具有吸湿透气性、回弹性更好、不起静电等特点"，但有的顾客还是会问这种面料会不会不透气，是否有静电等问题。这时顾客不一定是看不懂商品详情介绍，只是想通过客服人员来确认商品的真实性。因此，对于重复性的提问，看似无意义，客服人员也要耐心地为顾客解答。客服人员的服务水平和服务能力对转化率起重要作用，并不是单纯机械地应答。

（3）当顾客要求退换货时，客服人员要根据退换货流程，做好物流单据、发货地址、退款到账等协调工作，并做好顾客不满或投诉的协调工作，确保解决顾客的问题。

14.4.8　制定针对目标顾客的 4P 营销策略

从 4P 营销组合策略角度归纳以上七点：在产品策略上，要求企业根据目标顾客特征进行产品和服务的开发、设计。企业应充分利用互联网的一对一交互式功能加强与顾客之间的沟通，引导客户在网上参与产品设计，满足需求。在价格策略上，企业应注重强调自己产品的性能价格比以及与同行业竞争者相比自身产品的特点。除此之外，企业还可以通过网上会员卡的方式，鼓励消费者上网消费，还可依时间、季节、库存情况、市场供需情况等自动调整产品价格。在渠道策略上，应本着让消费者方便的原则，及时在网站发布促销信息、新产品信息，提供多种支付方式，让消费者有多种选择，促进消费者购买。在网站建设时，设立网络店铺、组织网络商展，使消费者一上网就可饱览各类相关商品信息，激发其购买动机。在促销策略上，可针对目标客户群利用弹窗及时提供产品信息，利用网上对话的功能，举行网上消费者联谊活动和各种公益活动。企业可较多利用促销的方式，如提供折扣券或赠品等以激发消费者上网搜寻及购买产品的意愿。

本章小结

本章主要围绕网络购物与消费者行为的相关问题进行讨论。

在网络消费的发展现状中给定了网络消费的含义和网络购物的含义，在此基础上论述了当前网络消费的发展特点。

在网络消费行为特征与类型中指出，网络消费者是通过互联网在电子商务市场中进行消费和购物等活动的消费者个人或群体。消费者线上决策行为与线下决策行为是有区别的。在讨论网络消费形成的心理基础与行为特征后，介绍的是白玉苓教授划分的 4 种类型。

本章还研究了网络消费形成的心理基础和行为特征，在此基础上讨论了影响网络消费者行为的外在因素和内在因素。应该指出的是，外在影响因素中不可预知风险因素的影响作用不可忽视。最后从 8 个方面阐述了研究网络消费者行为的营销价值。

复习思考题

1. 解释以下概念：

（1）网络消费　（2）电子商务　（3）网络购物　（4）网络消费者

2. 简述网络消费形成的心理基础。
3. 网络消费者有哪些基本类型？
4. 论述网络消费行为的影响因素。
5. 根据本章内容，试述网络消费与传统消费的区别。
6. 试述研究网络消费者的营销价值。

实践活动

1. 作为一名消费者登录淘宝网、天猫、京东商城、亚马逊、美团、叮咚买菜或其他电商平台，任选一种商品比较虚拟店与实体店的价格。
2. 设计问卷调查表，调查30名有移动网购经验的同学，调查他们网购的原因、频率、产品类型、关注点等，根据调查结果总结他们的网购特征，分析其中的原因。
3. 将学生分为两组，每组4人，组织一场主题为"购物网站个性化推荐的利弊"的辩论赛。

案例选编

拼多多上线"48小时保供套餐"

拼多多成立于2015年9月，是一家专注于C2M拼团的第三方社交电商平台。上线一年时间，拼多多的单日成交额即突破1 000万元，付费用户数突破1亿，用不到10个月的时间就走完了老牌电商用三四年走的路。拼多多就像一匹电商黑马，在阿里巴巴、京东、唯品会等电商巨头的夹缝中突围而出。

拼多多将娱乐与分享的理念融入电商运营中：用户发起邀请，在与朋友、家人、邻居等拼单成功后，能以更低的价格买到优质商品。同时，拼多多也通过拼单了解消费者，通过算法进行精准推荐和匹配，由此实现了以"社交+微信导流"的低价高速裂变式增长。

成立之初拼多多面向的消费人群主要分布在三四线城市及以下市场。显而易见，这是淘宝、京东以及一批垂直电商覆盖不到的人群。不过如今光靠三四线城市及以下市场已经难以满足拼多多的"野心"了。2020年的数据显示，拼多多平台一二线城市用户的GMV贡献率已达到48%，并呈持续上升趋势。这就意味着多年下沉的拼多多向一二线城市渗透的战略是成功的。

2022年3月下旬到4月上旬，上海新冠疫情形势严峻，物资需求激增。4月7日零点，拼多多正式上线"48小时保供套餐"。消费者打开拼多多app或小程序，搜索"上海48小时"，即可进入保供套餐专题页面。页面产品涵盖粮油食品、速食乳饮、海鲜水产、消毒防疫、家清个护、宠物用品等居民急需物资。保供套餐每单包含6人份到60人份套餐物资不等，单一套餐也可配送，不必成团，下单后可在 48 小时内送达。拼多多旗下"多多买菜""快团团"等业务团队也发挥互联网电商平台优势，组织货源、提升配送效率、提供技术支持，多措并举做好抗疫保供工作。

资料来源：作者根据相关网络资料整理而成。

仔细阅读本文，回答下列问题：

1. 拼多多与淘宝、京东等电商平台有什么区别，为什么拼多多能脱颖而出？
2. 拼多多的目标顾客有什么特征？
3. 拼多多的短板在哪里？拼多多进入一二线城市面临哪些问题？
4. 查找资料并用小组讨论形式谈谈：在 2022 年 4 月上海疫情严峻的情况下，拼多多上线"48 小时保供套餐"满足了消费者的哪些需要？
5. 拼多多旗下"多多买菜""快团团"等业务的特点是什么？

第 15 章
营销组合因素与消费者行为

影响消费者行为的外在因素除了经济文化因素、社会群体因素、商店环境因素和网络消费环境因素以外，市场营销组合因素是影响消费者行为的一个不可忽视的因素。在尼尔·鲍敦（Nell Borden）提出"市场营销组合"的概念之后，1960年麦卡锡（Jay McCarthy）教授将其概括为产品、价格、渠道和促销这四种因素的有效组合，简称4P。本章将从这四个方面探讨营销组合因素对消费者行为的影响。

15.1 产品与消费者行为

市场营销组合策略的选择与制定是建立在对消费者购买行为充分了解的基础上的。许多营销专家通过大量的观察和实践后认为，在4P组合中，消费者最关注的是产品，即该产品能够给他带来什么利益。在对该产品的评价中，消费者对产品的核心价值进行评价之后，才会去考虑价格、渠道、促销等其他因素的效用。正如世界著名的商业咨询公司博思艾伦（Booz Allen Hamilton）多年前就已经注意到的，"如果承认产品是商业经营的媒介，则商业战略就是基本的产品计划"。

一个企业的产品能否为社会所接受，能否为消费者所认可，从一定程度上反映出该企业营销战略决策的成功与失败。充分了解、把握产品与消费者行为之间的关系，是企业走向成功的基础。

15.1.1 产品接触和品牌忠诚

1. 产品接触

当我们在零售店中以正常的零售购买顺序来讨论产品接触时，它涉及在店里找到所需产品摆放的位置、对产品的检查、携带产品去结账等行为。除光顾零售店以外，产品接触也可以用其他的方法实现。消费者可以接受邮寄的产品；可以接受商店免费赠送的样品；可以从朋友处借用或使用某种产品；可以接受某种礼品性的产品；还可以简要地看看别人所使用的某种产品的情况，以替代亲身体验。消费者通过上述的这些方法来接触、使用和体验产品，他们在此过程中获得的产品接触知识对他们日后的购买行为有着相当大的影响。比如，宝洁公司的产品刚进入中国市场销售时，由于产品概念新、价格比较高，销量并不理想。公司及时调整推广策略，以上门免费派发试用装和宣传品的形式敲开了消费者的大门，使消费者有机会接触和试用其产品，也借此敲开了消费者的心扉，奠定了其系列品牌在中国市场上居于领导地位的基础。再比如，国际知名品牌的轿车登陆我国市场后，用试驾、试乘等消费者体验的营销策略，让更多的潜在消费者接触知名品牌的轿车，为将潜在消费者尽快转变成现实消费者创造了条件。

2. 品牌忠诚

在全球经济低增长和高竞争的市场条件下，保持住对品牌忠诚的客户是企业生存的关键，并且这常常是比吸引新客户更为有效的战略。据估计，一家普通的公司吸引一个新客户比留住一个老客户要多付出大约6倍的代价，这也是品牌忠诚之所以会成为营销战略中重要概念的原因之一。

在某些情况下，品牌忠诚可以被认为是广泛的认知活动和决策的结果。其中，认知过程对深化和维持这种行为会产生强烈的影响。品牌忠诚既有重复购买的意图，也会导致直接的购买行为。不同的消费者对品牌的忠诚程度可以用购买序列来表示（见表15-1）。

表15-1 以购买序列表示的品牌忠诚程度（符号A、B、C等表示不同的品牌）

购买类型分类	品牌购买顺序
专一的品牌忠诚	A A A A A A A A A A
偶然改变的品牌忠诚	A A A B A A C A A D
有改变的品牌忠诚	A A A A A B B B B B
分散的品牌忠诚	A A B A B B A A B B
品牌中立	A B C D E F G H I J

（1）专一的品牌忠诚。这是最理想的状态。它意味着对某种产品，消费者只会采购单一品牌。比如，多数女士是自己喜爱的美妆护肤品品牌的忠实使用者。当她无法买到想要的品牌时就会放弃购买。这类消费者轻易不会改变自己的消费习惯。因此，企业营销策略的制定应充分考虑品牌忠诚者的用情专一。

（2）偶然改变的品牌忠诚。这是最常见的。消费者偶然转变的原因各异：他们惯用的品牌无现货；新品牌上市，尝试一次新品牌；一种竞争性品牌以特殊低价销售；在极偶然的情况下购买了一种其他品牌。

（3）有改变的品牌忠诚。这也是一种常见的现象，消费者在某一段时间内购买某品牌的产品，在另外的一段时间里又购买另一个品牌的产品。比如，在2022年的一次调查中发现，不同年龄的女性对美妆护肤品的选择有显著差异。兰蔻、雅诗兰黛、SK-Ⅱ、资生堂等品牌深受青年和中年女性的欢迎，而人到中年、老年时，常用的品牌是百雀羚、大宝，随着年龄的增加，使用频率大幅提高。

（4）分散的品牌忠诚。这是指对两种或两种以上品牌的连续购买。比如，对牙膏、洗发液、沐浴液、巧克力、点心等的消费，很多消费者都存在着分散的品牌忠诚的消费习惯。我们经常听朋友说，她前一段时间喜欢吃金帝榛仁夹心巧克力，而这一段时间吃德芙黑巧克力，但是，这几个品牌的巧克力都是她喜欢的。

（5）品牌中立。这种现象是相对于专一的品牌忠诚的另一种模式，是指消费者购买时不存在明显的重复购买行为。比如，一个消费者可能会经常在双休日购买打折的松花蛋、咸鸭蛋，而不去关心它是哪个地方生产的。

消费者对品牌的忠诚程度除了按照上述方法来划分以外，也可以通过消费者购买比率、重复频率以及偏好的长期性进行划分。具有一定忠诚性的消费者，认牌购物倾向强烈。当他们没能买到自己所忠诚品牌的商品时，宁愿以后再来或到别的商店去购买他们喜欢的品牌商品，也不轻易改变初衷。从商品角度来看，对某些商品的消费行为分析表明，有专一品牌忠诚的商品一般是牙膏、茶叶、咖啡、妆品、洗发、护发和染发类商品，而多数消费者倾向于选择自己所喜爱的一种或几种品牌的商品。

15.1.2 产品定位和产品环境

1. 产品定位

产品定位是指针对竞争者现有产品在市场上所处的位置，根据消费者对该种产品某一属性或特征的重视程度，为产品设计和塑造一定的个性和形象，并通过一系列营销努力地把它们有力地传达给消费者，从而确定该产品在市场上适当的位置。产品定位的目的在于通过创造具有特殊性和区别于对手的鲜明形象的产品来影响消费者的需求。产品差异化是企业利用独特的营销组合使消费者感受到该产品不同于竞争对手的产品的过程。

产品定位和消费者细分是同时进行的：在确认了一个消费者细分市场后，就要开发并促销某种产品来满足这一细分市场的要求。比如，1996年星巴克宣布在日本开一家咖啡店，这个消息的发布引起了日本咖啡店店主的恐慌。星巴克意识到日本是世界上第三大咖啡消费国，这个国家本身仍是一个未被开发的市场。星巴克的定位是在幽雅的环境中喝浓浓的西雅图咖啡。因为明显不同于日本本土的普通咖啡店，星巴克的盈利潜能是巨大的。再如，20世纪90年代，在日本经济持续低迷的时期，日本一般民众在消费的时候更加趋于理性，不会盲目地追求名牌，人们在轻松自由的私人时空里，对衣服的要求就是"简单、舒服"四个字。优衣库正是抓住了这一基本的人类心理需求，打出了"适合所有人的衣服"的宣言——什么样的衣服适合所有人？没有明显的年龄、性别、职业界线，质优价廉的服装！

优衣库还认为：个性不在于服装，而在于穿服装的人；服装如果有个性，反而很难穿着得体。在不断地弱化具体产品的款式特色的同时，优衣库强调的是本品牌服饰系列的高质和低价，将"要想获得日常舒适，日常服装的选择"和优衣库直接联系起来，使

"日常的服装穿优衣库已经足够了"的产品定位深入人心。所以即使在 2008 年以后的经济萧条的时期，物美价廉的优衣库服装依然卖得很好。

有两种产品定位的策略可以运用。一种方法经常运用于市场领先者品牌。在特殊定位中，市场领先者力图在消费者头脑中建立产品关键特征和利益之间的紧密联结。他们努力建立品质和服务之间的独特联系，来制造强烈的产品形象。在这种方法中，即使没有提到其他品牌，但目的仍旧是从品质和服务上区别于竞争产品。比如，海尔的各类产品，定位在"给顾客更多的价值"方面，通过广泛深入的宣传，早就深入人心，区别于其他竞争对手的产品。另一种方法经常运用于不是市场领先品牌的产品。在这种方法中挑战者的品牌、追随者的品牌试图相对于市场领导者品牌进行产品定位。竞争定位的目的是要强调该品牌相对于领先品牌的特征。在这种方法中企业常采用比较广告法，或者是竞争对垒法。百事可乐相对于可口可乐的定位就属于竞争定位的典范。在两大可乐战役中，可口可乐始终坚持自己是适合男女老少饮用的全家型产品，而百事可乐则定位为青少年时尚饮料。在 2006 年的春节广告中，可口可乐推出"刘翔亲情篇"，百事可乐就推出"古天乐蓝色情缘篇"。终端广告不仅如实地诠释和传达出可乐两大巨头的心思和意图，而且通过竞争定位的各种营销事件，紧紧吸引住了目标消费者。

当消费者可以将一种产品同其他产品区分开时，企业将从中获得较大效益。特别是产品差异化能够增加产品的认知价值，而认知价值的增加有助于提高营销组合各部分的力度。

专栏15-1　　　　　百年商战两"可乐"

在 20 世纪商战史上，没有比可口可乐与百事可乐之间更激烈、更扣人心弦的市场争夺战了。它们都以广告为旗帜，在全球掀起了一场又一场旷日持久的"世界大战"。

针锋相对

最富有戏剧性的竞争战发生在 1985 年。当时可口可乐为迎接诞生 100 周年，突然宣布改变沿用了 99 年之久的配方，而采取刚刚研制的新配方。岂料该产品上市后，引起了市场的轩然大波，消费者纷纷抗议这一改变，可口可乐形象也为之大挫。此时的百事可乐真是乐不可支，特地让员工放假一天以示庆贺。同时，百事可乐花了巨额投资制作了一则电视广告节目，在众多电视网络上反复播放一个月。节目是这样的：一个眼神急切的女士盯着镜头说："有谁能出来告诉我可口可乐为什么这么做？它们为什么要改配方呢？"然后，镜头突然转变，这女士说："因为它们变了，这一次我要开始喝百事可乐了。"紧接着，她喝了一大口百事可乐，满意地说："嗯、嗯，现在我知道了。"经此一下一上，百事可乐一下子成了可口可乐最强劲的竞争对手，于是可口可乐被迫再次宣布将恢复原有配方，命名为古典可口可乐，新可乐也将继续销售。

然而，这一策划上的重大失误，已造成可口可乐市场一片混乱，不仅如此，可口可乐的毁灭性的错误还在继续。可口可乐为改变被动局面，在很短的时间里接连推出健怡可口可乐，加上古典可乐、新可乐等，总共有几种不同口味的新产品同时出现在市场上。新老消费者都被弄得无所适从，百事可乐又制作了一个绝妙的攻击广告："要哪一个？"店员问到。"就要一听可口可乐。""噢，这里有好几种可口可乐，有原来的可口可乐，也就是新可口可乐出现前的那种，新的可口可乐也就是你们习惯当它是老的那种……它是为你们最新改进的可口可乐，除了可口可乐外，它的确是正宗的老可口可乐，但如今它都成为新可口可乐，我说这些你明白吗？"这绕口令式的一段话，谁能明白呢？再冷静的顾客也不耐烦了，人们自然转向其他商品。这个雄霸可乐世界百年之久的亚特兰大帝国，终因自己的连连失误，加上竞争对手的咄咄逼人，陷入空前的危机之中。

稳中求胜

可口可乐在全球150多个国家和地区一直畅销不衰，但尚有不少空白点。对此，百事可乐没有放过。1959年，百事可乐借美国在莫斯科举办博览会之机，请苏联国家元首赫鲁晓夫评价口味，并将此事通过新闻媒体大肆宣扬，以致在苏联掀起了品尝百事可乐的热潮，从而轻松取得了苏联的市场。百事可乐在中东以及日本市场也获得了相当的成功，成为在海外120个国家和地区中市场占有率极高的饮料。

百事可乐珍视品牌质量，注重不断改良饮料口味，确立了在质量上使之优于新加入本行业的众多饮料竞争者，并确保不逊色于可口可乐的目标。同时，百事可乐利用自己比可口可乐含糖量稍高、口感良好的特点，向可口可乐发起更加猛烈的攻势：于1972年发动了一场试饮百事可乐与可口可乐两种饮料的口感、味道的活动。比试结果是多数品尝者似乎更喜欢百事可乐，百事可乐终以3∶2的优势胜出。1960年，可口可乐与百事可乐市场销售额之比为2.5∶1；而到了1985年成为1.5∶1。从1977年起，百事可乐在美国的销售量开始超过可口可乐，在本国市场上终于可以与可口可乐平分秋色了。更重要的是它能创造社会时尚，引导消费潮流，培养人们的消费习惯，形成一种持之有效的影响力。

1988年百事可乐荣登美国十大顶尖企业榜第七名。2000年，美国《财富》周刊公布的每四年一次的"全美国受推崇的公司"排行榜显示，百事公司成为饮料行业中"最受推崇的公司"之首。百事可乐公司在世界饮料行业中，以强劲的企业优势，从1999年的世界第九位攀升至2000年的世界第一位。而可口可乐却从以前的第一位下滑到第四位。

可口可乐和百事可乐都是巨无霸式的国际品牌，有着百年以上的悠久历史，产品遍布世界各地，品牌影响根深蒂固，成熟的市场营销运作体系已臻佳境。两可乐以广告为旗帜的百年之争，真正缔造了两个饮料帝国的了不起的神话。

资料来源：陈支农. 百年商战两"可乐"[J]. 大地，2003（18）.

2. 产品环境

产品环境指的是被消费者理解和关注的与产品相关的刺激物。一般来说，这些刺激物多数是通过视觉感官获得的，但也有些例外。比如，家庭影院的立体声组合给人以视听刺激,棉纺织服装给身体和皮肤带来舒服感。产品环境可以影响消费者的认知、情感和购买行为。典型的产品环境有产品特征、包装、包装的色彩以及品牌识别和标签信息等。

(1)产品特征。产品特征是影响消费者认知、情感和购买行为的主要刺激物。这些特征是凭借消费者自身具有的价值观、信仰和过去的经验条件来评价的。比如,一套西装的产品特征包括颜色、布料、款式等。通过对这些特征的审视和试穿,消费者就可能得出结论:"这套西装做得不错,适合我穿""我不喜欢这套西装""这套西装做得倒是不错,可是不适合我"。此外,产品的包装、品牌名称、品牌标志也是被考虑的因素。特别是现实生活中,消费者对价格变动、促销手段和分销渠道所造成的品牌形象的认知都可以成为他们评价产品、购买与否的决定性因素。

(2)包装。有效的产品包装能够提高消费者对产品的认识,在商店或家庭中加强品牌印象,巩固已有顾客并吸引新用户,提高产品的竞争优势和利润。在某些情况下包装可使一种产品获得相对优势。比如,随着大众健康意识的崛起,消费者对饮用水中矿物质等微量元素的关注与日俱增,不再满足于日常解渴。农夫山泉用独特的包装让消费者了解到长白山水源地的生态环境,将视角带回到生态系统中,让用户更深地了解农夫山泉健康饮用水的来源,从而提高消费者对品牌的忠诚度。

专栏15-2　　　　　　　　农夫山泉的惊艳包装

颜值经济下,越来越多的大品牌开始在包装上做起了文章,农夫山泉的产品包装可以称得上业界翘楚,几乎每次推出的新品包装设计都能在网络上掀起一波浪潮。

1. 雪山新包装,加深品牌与长白山的关联度

长白山作为国家级自然保护区,不仅是水源地,也有着中国十大最美森林之一的美誉。农夫山泉将长白山的魅力风景与生灵融入瓶身的设计中,当透过瓶身上镂空的动物形状往瓶内看去,可以看到每个动物所处的生态环境和水源,就像是把长白山的美景握在了手里一样。这种惊喜感会让用户主动将其与农夫山泉之间产生联想,形成一定的关联度(见图 15-1)。

图 15-1　农夫山泉长白雪

2. 春节限定瓶，丰富品牌文化

农夫山泉每年春节推出的限定瓶，以水滴状的瓶身造型和别具一格的生肖图案受到无数消费者的追捧，带给消费者特别的视觉体验。生肖瓶都以免费的形式回馈给消费者，向消费者传递了美好的家庭祝福，也借此丰富了品牌文化（见图15-2）。

图 15-2　农夫山泉2020庚子鼠年典藏版

3. 多品类特色包装，迎合细分化的市场趋势

未来几年仍是饮用水发展及饮品市场大发展的时代，市场会逐渐细分。农夫山泉不仅在矿泉水的制作上有深刻的见解，在饮料领域也有涉猎，如旗下的尖叫和苏打气泡水。专为运动科学补水的尖叫系列以时尚感极强的包装开创了独特的吸口瓶盖，成为一大亮点（见图15-3）；全新品类气泡水的包装也根据不同口味设计了对应的故事场景，主打"轻盈生趣"特色，深受消费者的喜爱（见图15-4）。

图 15-3　农夫山泉尖叫包装

图 15-4　农夫山泉气泡苏打水包装

可以说,农夫山泉在包装上下足了功夫,无论是雪山新包装还是春节限定瓶包装,都给客户带来了一场又一场的视觉盛宴,也在消费者心中留下了深刻的品牌印象。

资料来源:作者根据网络公开资料整理。

(3)包装的色彩。包装的色彩对消费者有不容忽视的影响。比如,2005年夏天,一边是百事可乐的蓝色包装,配以百事特别邀请古天乐和F4担纲主演的"可乐我要蓝色的"突破渴望篇;一边是可口可乐的红色包装,配以中国台湾地区超人气组合S. H. E的"要爽由自己"的冰火暴风城篇。当时,这种红蓝对决吸引了无数消费者,使更多的消费者在"红""蓝"包装和"红""蓝"广告对决中度过了整个夏天。再比如,2020年北冰洋汽水对塑料瓶装进行了全新升级。升级的塑料瓶装采用了蓝橙双色作为主色调,不仅吸纳了品牌标识中的符号,而且将产品特色中的橙色吸纳进来,凸显品牌和产品特色。

(4)品牌识别和标签信息。在产品或包装上印着的品牌识别和标签信息是企业提供给消费者的额外刺激。在大众时尚消费时代,这种刺激包含两方面的意义。

首先,品牌识别的基本功能在许多情况下简化了消费者的购买过程,并使品牌忠诚成为可能。标签信息包括使用说明、含量、成分或原材料、使用、使用日期和保管产品的说明。现在我国消费者越来越重视产品环境中的这一部分信息。比如,不同年龄的消费者会根据牛奶包装上的信息,以确定自己的最佳食用方法;同样,有健康意识的消费者会参考包装上的信息,以确定一些食品的营养价值、含糖量及热量等,从而确定自己的最佳食用量标准。

其次,品牌识别的延伸功能是时尚消费的集中体现。郑祥福等人在《大众文化时代的消费问题研究》一书中引用青木贞茂的话说:"商品一旦被确立为品牌,便超越其物理的特性,而带有某种象征性,于是商品被'图腾化'。不仅对供应者,对使用者而言,它也以神圣的事物呈现。尤其对于使用者而言,它更是难得的东西,可充当差异表示符号。"2008—2013年北京街头休闲、逛商场的白领女士虽然收入水平不同,但都喜欢背LV包,这就是一种典型的品牌识别现象。当时,全球三大时尚品牌巨头之一的古驰、国际顶级时尚品牌普拉达、迪奥、香奈儿,亚时尚品牌蔻驰(Coach)等,已经是一些人财富、身份、成就、地位等的象征,成为一些人以物化的形式表现自己内心对财富、身份、成就、地位等渴望与追求的外化的符号。

15.2　价格与消费者行为

在营销的 4 种最基本的手段中,提高产品质量、扩大销售网点、增加广告宣传都会提高企业的运营成本,而唯有价格是直接提高企业利润的。正如著名营销专家菲利普·科特勒说的,在营销组合中,价格是唯一能产生收益的因素,也是营销组合中最灵活的因素。它与产品特征和渠道不同,与促销手段一样,它的变化是十分迅速的。

15.2.1　消费者的价格心理

消费者的价格心理是消费者在购买活动中对商品价格认识的各种心理反应和表现。它是由消费者的个性心理及消费者对价格的知觉判断共同构成的。此外,价格心理还会受到社会生活各方面的影响,消费者的价格心理主要表现如下。

1. 选择性

消费者在日常的生活中,通过各种各样的渠道获得价格的信息,不被人们注意的一些琐碎的感官经验往往影响人们对价格变量的理解。从简单、偶然的接触某商品的价格,直到形成一定的价格区间,进而形成消费者自身的可接受价格体系,并形成一个消费者自认为是公平的内参价格。在购买行为上,消费者经常会有意无意地对商品或服务的价格进行比较,首先是从货币成本进行价格区间定位,然后再对成本进行全面估算,对价值和成本进行权衡。在通常的购买行为中消费者会对各种成本进行取舍,选择对自己效用最大的价格组合方式。比如,消费者购买耐用消费品可能为了节省货币成本,而承担更多的时间、认知努力和行为努力所带来的成本。而在对金融产品的选择购买中,消费者则倾向于减少信息收集的成本,而付出更多的费用来向专业人士咨询。

2. 相对性

消费者在对价格进行选择时,在很大程度上受到对价格的理解及态度的影响,出现相对性心理特征,主要表现在,对于不同的商品,消费者有着不同的内参价格。比如,对于日常生活用品,消费者对其价格的要求较苛刻,其价格区间的宽度也变得更窄,这就是为什么我们会经常看到一些家庭主妇为一两毛钱在菜市场争得面红耳赤。而对于奢侈品和一部分的耐用品,消费者会采取一种宽容态度,只要价格落在其可接受区间里,则不管处于哪一端,甚至出现一定的偏差,也会乐于接受。

环境对消费者理解价格也会产生作用。当一个中等消费水平的消费者来到精品百货店时,他会主观地认为此处的商品价格都是较高的,即使商场打折使他能轻易支付某些商品，他都会觉得货币成本较高，但这并不意味着他不肯为获得除使用价值外的其他价值而支付成本。而当他处于小商品批发市场、折扣商场时，他可能为5%以下的折扣而兴奋，或者不对价格进行估算，再或者根据内参价格比较而轻易购买。

消费者还会对品牌商品或拥有良好服务的商品采取更为宽松的态度。某一特定品牌的标价或许被当作一个产品特质。接下来消费者会把这一信息与这一产品集团内其他品牌的价格进行比较，也与这一品牌和其他品牌的特质以及其他消费成本进行比较，最后形成对不同品牌选择的态度。消费者对品牌的偏好和对服务的期望，也会形成一个较高的心理价格。

3. 习惯性

由于消费者长期多次购买某些商品，反复感知商品的价格，形成了对某些商品价格的习惯性心理定式。这种心理定式一旦形成，就会直接影响消费者的购买行为。因为在市场条件下，商品价格受各种因素的共同影响，消费者很难对其做出客观判断，只能依靠逐步形成的价格习惯做出所购商品价格是否合理的判断。特别是一些需要经常购买的生活必需品，在消费者头脑中留下了深刻的印象，更容易形成习惯性价格心理。如果商品价格恰好在消费者认为的习惯价格水平，他们就会乐于接受；反之，如果超出了这一范围，则难以接受。

4. 敏感性

敏感性心理是指消费者对商品价格变动的反应程度。这种敏感性既有一定的客观标准，又有消费者在长期购买实践中逐步形成的一种心理价格尺度，具有一定的主观性。这两者共同作用，影响消费者对不同种类商品价格变动的敏感性。

消费者对价格的敏感性与商品的价格弹性有关。如果商品需求有较大的弹性，说明商品的价格变化不大，而购买量会产生很大的变化，即消费者对价格反应比较敏感；如果商品需求缺乏弹性，说明商品价格变动后，购买量不会产生很大变化，即消费者对价格反应不敏感。

消费者对价格的敏感性还取决于人们对商品的需求程度。一般来说，粮食、蔬菜、肉类等生活必需品的需求程度高于名烟、名酒、高档化妆品、高档珠宝等奢侈品，因而人们对日常生活消费品价格变化的敏感程度会远远大于奢侈品和享受型消费品。

商品价格的升降直接关系到人们的生活水平，因而处于低收入阶层的消费者对价格变动更为敏感。

15.2.2 定价策略与技巧

价格制定的策略有很多，这里主要介绍心理定价策略和差别定价策略两种。

1. 心理定价策略

企业定价时可以有意识地利用消费者的心理因素，将产品价格定得高些或低些，以满足消费者生理的、心理的、物质的和精神的多方面需求。常用的心理定价策略有以下五种。

（1）整数定价。对于那些无法鉴别内在质量的商品，消费者往往通过价格的高低来判断其质量的好坏。但是运用整数定价策略，并不是一味地制定高价格，而是要凭借整数价格给消费者造成特殊的印象。整数定价常常以偶数，特别是"0"作尾数。比如，精品店的服装可以定价为1 000元，而不必定为998元。这种定价策略的好处是：①可以满足购买者炫耀富有、显示地位、崇尚名牌、购买精品的虚荣心。②省却了找零钱的麻烦，方便企业和顾客的价格结算。③花色品种繁多、价格总体水平较高的商品，利用产品的高价效应，在消费者心目中树立高档、高价、优质的产品形象。整数定价策略适用于价格高不会对需求产生较大影响的、需求价格弹性小的商品，如流行品、时尚品、奢侈品、礼品、星级宾馆、高级文化娱乐城等，由于其消费者都属于高收入阶层，也甘愿接受较高的价格，所以适合采用整数定价策略。

（2）尾数定价。尾数定价又称"非整数定价"，是指企业利用消费者求廉的心理，制定非整数价格，以零头标价而且常以奇数作尾数，尽可能在价格上不进位。

利用尾数定价策略可以使价格在消费者心目中产生三种特殊的效应：①便宜。标价99.97元的商品和100.07元的商品，虽仅相差0.1元，但前者给购买者的感觉是还不到"100元"，给消费者一种价格低廉、商品便宜的感觉，使之易于接受。②精确。带有尾数的定价可以使消费者认为企业定价是非常认真、精确的，连几角几分都算得清清楚楚，进而会产生一种信赖感。③吉利。由于民族习惯、社会风俗、文化传统和价值观念的影响，某些数字常常会被赋予一些独特的含义，比如，因为谐音的关系，定价为178元的衬衫比174元的更好卖。

（3）声望定价。这是根据产品在消费者心目中的声誉、诚信度和市场地位来确定价格的一种策略。声望定价可以满足某些消费者的特殊心理欲求，如地位、身份、财富、名望和自我形象等，还可以通过高价格显示商品的豪华名贵。该策略适用于知名度高、广告影响力大、深得消费者青睐的名牌商品。比如，世界顶级腕表百达翡丽，因为品牌含金量极高，是成功运用声望定价策略的典范。为了使声望价格得以维持，百达翡丽需要适当控制市场拥有量。多年来，百达翡丽生产的腕表数量极为有限，年产量在25 000~30 000块，比不上时尚腕表的年产量。想要拥有一块传统手工制作的百达翡丽手表，顾客只能耐心等待8~10年。再比如，2003年英国名车劳斯莱斯的价格在所有汽车中雄踞榜首，除了其优越的性能、精良的做工外，严格控制产量也是一个很重要的因素。在过去的50年中，该公司只生产了15 000辆轿车，美国艾森豪威尔总统因未能拥有一辆金黄色的劳斯莱斯汽车而终生遗憾。然而，企业运用声望定价策略必须非常谨慎，使用不当会导致销量下降，已有的市场被竞争对手抢占。

（4）招徕定价。这是指将某几种商品的价格定得非常高，或者非常低，在引起消费者的好奇心理和观望行为之后，带动其他商品的销售。这一定价策略常为综合性百货商店、超级市场甚至高档商品的专卖店所采用。值得企业注意的是，用于招徕的降价品，应该与低劣、过时商品明显地区别开来。招徕定价的降价品，必须是品种新、质量优的适销产品，而不能是处理品。否则，这样做不仅达不到招徕顾客的目的，反而会有损企业声誉。

专栏15-3　网友留言：指责星巴克"暴利"缺乏财务学常识

2013年10月20日晚，央视用20多分钟播出了星巴克暴利的新闻。几乎在一夜之间，星巴克暴利的说法传遍了大街小巷。支撑该观点的佐证有三：一是有消费者"现身说法"，指星巴克在美国标价2.75美元，加上8%左右的消费税后也不过约3美元（约18元人民币）的小杯拿铁，到了上海星巴克店内售价高达27元，价格高出美国1/3。二是外媒近期公布的一项对全球多城市的调查表明，星巴克在北京的价格高于香港、东京、纽约、伦敦等城市。其中，一款在伦敦售价3.81美元的咖啡到北京价格变为4.81美元，贵出1美元。与之对应的是，北京的人均可支配收入远远落后于这些城市。三是星巴克出售的由中国制造的马克杯，加上关税及运输成本之后，在美国市场的售价却仍旧低于其在中国本土市场上的销售价格。

由此，"星巴克中国营业利润率远远超美国，甚至是欧洲等地区的16倍以上"以及"星巴克在华'施暴'"等说法不胫而走。

一天之后，著名财经评论家叶檀女士发表博文予以反击。她在财经网上写道，商品的定价总体而言是由稀缺性与市场认可度决定的。在奢侈品方面尤其如此，否则很难理解一件名牌衬衫卖上万元人民币还有人趋之若鹜。当服装等产品主要不是为了保暖，而是为人打上身份与文化的烙印时，其背后的运作与品牌的持久力至关重要，所有的广告、代言、设计、门店气氛营造都需要持久的投入与维持。

普通消费品的定价通常与成本相差不会太远，因为普通消费品没有稀缺性，竞争充分，生产者的利润极薄，目前很多商品的毛利只有10%左右，几乎无利可图。当面临产能过剩时，生产者只求覆盖成本，定价策略决定了生产者不会偏离成本线太远。如果遭遇经营困难，如现金流紧张、库存积压严重等情况，企业挥泪大甩卖，产品价格远低于成本线，也是屡见不鲜的。上海食品协会咖啡行业协会会长就把星巴克当成大众消费品了。他给星巴克咖啡算的账是：以一杯售价25元的中杯美式咖啡计算，大约需要耗费20克咖啡豆以及一次性纸杯一个，按照目前市场较高品质的熟咖啡豆价格100元/千克计算，20克咖啡豆成本2元，一次性纸杯成本大约0.6元，这样一杯星巴克美式咖啡的物料成本也就是2.6元，但售价却是物料成本的近10倍。

这位咖啡专家显然不懂定价。星巴克在中国要维持高端消费品形象，要维持小资顾客宾至如归的感觉并不容易，咖啡店并不稀缺，消费者认可才会买单。

《新浪财经》专栏作家梁飞撰文写道："既没有准入限制，也没有高门槛，那就是说，开咖啡店这事是一个完全竞争市场，我们有什么理由去指责一个完全竞争市场上产品的价格呢？星巴克咖啡定价27元/每杯，这并不是政治手段，而是完全的市场行为。且不说

> 看一个产品的定价不能仅看其毛利（如人工、房租、存货周转、翻台率等，中国星巴克的翻台率远低于欧美等国家，很多人一泡就是几小时）。在很多媒体眼中，产品的定价法应该是这样的：原材料的价格加上其他摊销费用，再加上一定的加成（利润），好，定价完成！我只能说，你这是卖白菜的定价法吧。比如说，白菜进货 2.00 元/斤（1 斤=0.5 千克），我加到 2.50 元/斤卖出去，那就是成本定价；竞争对手的白菜卖 2.00 元/斤，我就卖 1.80 元/斤，这就是竞争定价；消费者觉得一杯咖啡值 30 元，我就卖 30 元，这就是需求定价，星巴克的定价方法，就是基于需求的定价方法。抛开一切基于其他的成本不谈，即便拿铁咖啡的物料成本不足 4 元，星巴克的咖啡为什么就不能在中国每杯卖 27 元人民币呢？第一，星巴克的咖啡是刚需吗？不是的。第二，星巴克带来的仅仅是一杯咖啡吗？不是的。在星巴克积极的品牌运作之下，在星巴克喝咖啡已经成为一种小资身份的象征，在星巴克喝咖啡，不仅仅是一杯咖啡，而更多的是一种心理上的愉悦与满足，在那里可以聊八卦，但不宜进行商务谈判。"
>
> 资料来源：作者根据央视 2 套及新浪财经相关报道整理而成。

（5）习惯定价。这是按照消费者的习惯心理制定价格。日常生活必需品的价格，通常易于在人们心目中形成一种习惯性标准。符合其标准的价格被顺利接受，偏离其标准的价格则易于引起疑虑。高于习惯价格常被认为是不合理的涨价，低于习惯价格又可能使消费者怀疑是否货真价实。

2. 差别定价策略

差别定价策略是指对同一产品针对不同的客户、不同的市场制定两个或两个以上的价格，或使不同商品之间的价格差额大于其成本之间的差额。差别定价策略的定价理念是，十分强调适应消费者的不同特性，而将成本补偿放在次要地位。其好处是可以使企业定价最大限度地符合消费者需求，促进商品销售，有利于企业获得综合经济效益。差别定价策略通常有以下几种形式。

（1）因人而异法。这种策略是指对同一产品针对不同的消费者制定不同的价格。比如，对儿童和成人、老年人和年轻人、女性和男性、残疾人和健康人、老主顾和新顾客分别采用不同的价格。

（2）因地而异法。这种策略是指根据不同的地点位置而采取不同的价格。比较典型的例子是房地产、影剧院、民航客机等。方位有差别，其售价也不一样。比如，体育场的前排可能收费较高，旅馆客房因楼层、朝向不同而收取不同的费用。这一定价策略的目的是调节消费者对不同方位的需求偏好，平衡市场供求。

（3）因时而异法。这种策略是指同一种产品，成本相同，其价格却随节假日、季节、日期、钟点的不同而变化。如电力、通信、交通、旅游等部门的定价者在高峰期和低谷期实行不同的价格标准。对于某些消费淡、旺季明显的时令商品，如应季时装、空调风扇、取暖炉等，在需求旺季，消费者愿意以稍高的价格购买；而一到淡季，购买意愿明显减弱。为此，企业在定价时应考虑到消费淡、旺季的价格差别，适时地调整价格并及时地降价出售过季商品，以减少仓储费用和加速资金周转。

（4）因牌而异法。这种策略是指成本和性能都不相上下的产品由于品牌、商标不同而存在价格上的差异。这种定价策略是以消费者能够接受的最终销售价格为依据，即价格完全由市场需求决定。如我国企业生产的衬衫，使用自己的商标出口与使用外商的国际名牌商标出口价格相差数十倍。如此悬殊的价差显示出品牌效应，另一方面也表明，确实有人甘愿为名牌出惊人的高价。

（5）因量而异法。这种策略是指卖方为了鼓励消费者大量购买，或集中购买它一家的商品，根据购买数量给予不同的价格折扣。这种折扣分为累计数量折扣和非累计数量折扣两种形式。

当然，差别定价法中还有因流转环节而异的差别定价和因付款方式而异的差别定价。由于差别定价策略是针对不同需求采用不同价格，能够满足顾客的心理平衡感，能够为企业谋取更多的利润，所以在营销实践中得到广泛的运用。

专栏15-4　　　　　　　　　签署仅两天重要条款被删

2023年7月6日，被誉为汽车产业发展"风向标"的2023中国汽车论坛在上海嘉定正式拉开帷幕。论坛上，国内15家主要车企与特斯拉联合签署了《汽车行业维护公平竞争市场秩序承诺书》(以下简称《承诺书》)。《承诺书》第一条中"不以非正常价格扰乱市场公平竞争秩序"引发各方关注，相关话题很快冲上热搜，被称为"保价协议"。

有网友认为签署《承诺书》的车企们可能会减弱甚至停止价格战，2023年下半年的新车价格可能不会再有大的惊喜。有网友直言"不优惠，我们老百姓不买就行了"，还有网友认为"其实就是害怕特斯拉降价"，也有网友认为这是"明显的垄断行为"。

两天后的7月8日，中国汽车工业协会发布声明表示："《承诺书》中'不以非正常价格扰乱市场公平竞争秩序'涉及'价格'表述，表意不当，有违《反垄断法》精神……现发布声明，将上述条款从承诺书中删除，并敦促16家及其他汽车生产会员企业，严格遵守《反垄断法》及相关行政法规、指南、规章，自主定价、公平竞争。"

资料来源：作者根据2023年7月8日上海证券报相关文章整理而成。

15.2.3　消费者对价格变动的反应

价格作为4P中最活跃的因素，就在于它是根据市场的供求关系，即企业、消费者、竞争者三者博弈的情况进行调整的，并且频率之高大大超过了其他三种营销策略。19世纪英国小说家狄更斯在描写当时英国社会时说：这是一个极好的年代，这是一个极坏的年代！这是一个犬牙交错的年代。套用到现在的商品价格上：这是一个涨价的年代，这是一个降价的年代！这是一个涨跌交加的年代。这就是说，企业为某种产品制定出价格以后，并不意味着大功告成。随着产品和市场的变化，企业必须对现行价格予以适当的调整。在对价格进行调整时，不仅必须考虑与消费者有关的收入弹性、价格弹性、支出结构和替代品、互补品的问题，还必须考虑消费者对价格变动的心理反应。

不同消费者对价格变动的心理反应也是不尽相同的。从理论上可以通过需求的价格弹性来分析消费者对价格变动的反应，弹性大表明反应强烈，弹性小表明反应微弱。但在实践中，对需求价格弹性的定量分析非常困难，其准确度会受到诸多复杂因素的影响，如消费者对价格的心理预期、原有的价格水平、价格变化趋势、需求状况、竞争格局以及产品生命周期等，并且这些因素是处于不断变化之中的，使企业难以计算和把握。所以，研究消费者对调价的反应，多是定性分析，着重关注消费者的价格意识和心理反应。

1. 消费者的价格意识

这是指消费者对商品价格高低的感觉程度，直接表现为顾客对价格敏感性的强弱，包括知觉速度、清晰度、准确度和知觉内容的充实程度。它是掌握消费者心态的主要方面和重要依据，也是解释市场需求对价格变动反应的关键变量。价格意识强弱的测定，往往以购买者对商品价格回忆的准确度为指标。研究表明，价格意识和收入呈负相关关系，即收入越低，价格意识越强，价格的变化直接影响购买量；收入越高，价格意识越弱，价格调整一般不会对需求造成太大的影响。此外，由于广告常使消费者更加注意价格的合理性，同时也给价格对比提供了方便，因而广告对消费者的价格意识也起着促进作用，使他们对价格高低更为敏感。

消费者可接受的产品价格界限是由价格意识决定的。这一界限也规定了企业可以调价的上下限度。在一定条件下，价格界限是相对稳定的，若条件发生变化，则价格心理界限也会相应改变，因而会影响企业的调价幅度。

2. 消费者的价格反应

依据消费者的价格意识心理，可以将消费者对价格变动的反应归纳如下。

（1）在一定范围内的价格变动是可以被消费者接受的；提价幅度超过可接受价格的上限，则会引起消费者不满，产生抵触情绪，而不愿购买企业产品；降价幅度低于下限，会导致消费者的种种疑虑，也对实际购买行为产生抑制作用。

（2）在产品知名度因广告而提高以及收入增加、通货膨胀等条件下，消费者可接受价格的上限会提高；在竞争对手进入市场后，消费者关于产品的信息增多了，对产品质量有明确认识，或者该类产品价格连续下跌，或者消费者的收入减少等情况下，消费者可接受的价格下限会降低。

（3）消费者对某产品频繁降价的种种心理反应可能是：产品将马上因式样陈旧、质量低劣而被淘汰；企业遇到财务困难，很快将会停产或转产；价格还要进一步下降；产品成本降低了。而对于某种产品的提价则可能这样理解：很多人购买这种产品，我也应赶快购买，以免价格继续上涨；提价意味着产品质量的改进；企业将高价作为一种策略，以树立名牌形象；卖主想尽量取得更多利润；各种商品价格都在上涨，提价很正常。

（4）不同产品的调价，引起购买者心理反应的强度也不尽相同。对于价格较高、经常购买的产品，顾客往往对其价格变动较为敏感。对于价格较低、不经常购买的产品，顾客一般对其价格调整不大在意。对于价格较高、不经常购买的大件耐用品，消费者通常更关心获得、使用、保养和维修产品的总支出，如果企业产品的性能、品质和服务优势得到消费者认同，即便其价格高于同类竞争产品，也会有消费者欣然接受。

> **专栏15-5　　　　　　　为什么麦当劳逆风涨价**
>
> 麦当劳在"非典"后期的2003年5月28日，将自己的快餐品全面提价。巨无霸由原来的10元涨到10.4元；麦辣鸡由原来的9.9元涨到10元，所有快餐品平均涨幅1%～2%。麦当劳为什么在此时此刻涨价呢？他们是这样分析形势的：在"非典"疫情得到有效控制以后，消费者被压抑的消费能力可能会有较大的释放，麦当劳抓住机会涨价，不但可以将"非典"时期带来的损失减少，而且还会有可观的收益。麦当劳的快餐品平均涨幅1%～2%，由于麦当劳在中国具有很大的规模，通过涨价它将得到很大的利益。有人给麦当劳算了一笔账，通过这次涨价，麦当劳每年可以多进项1 000多万元。另外，麦当劳在中国有较大的竞争优势，它的主要消费者群体对价格不是很敏感。
>
> 资料来源：作者依据相关资料整理而成。

15.3　渠道与消费者行为

分销渠道是指产品或服务从生产领域到消费领域的通路，由一系列履行中介职能的相互依存的企业或个人组成。活跃在通路中的成员有各类型的批发商和形形色色的零售商。考虑到在现实中消费者接触更多的是活跃在渠道中的零售商，也就是终端销售点，又考虑到在第13章论述商店环境与消费者行为时，或多或少涉及本节的内容，所以，本节有选择地、有针对性地做简单阐述。

15.3.1　渠道选择的因素与消费者行为

决定分销渠道的因素包括如下内容。

（1）购买批量大小。购买批量大，多采用直接销售；购买批量小，除通过自设门市部出售外，多采用间接销售。

（2）消费者的分布。某些商品消费地区分布比较集中，适合直接销售。反之，则适合间接销售。在工业品销售中，本地用户产需联系方便，因而适合直接销售。外地用户较为分散，采用间接销售较为合适。

（3）潜在顾客的数量。若消费者的潜在需求多，市场范围大，需要中间商提供服务来满足消费者的需求，宜选择间接分销渠道。若潜在需求少，市场范围小，生产企业可直接销售。

（4）消费者的购买习惯。有的消费者喜欢到企业买商品，有的消费者喜欢到商店买商品。所以，生产企业应当既采用直接销售，也采用间接销售，以满足不同消费者的需求，进而增加产品的销售量。

15.3.2 终端销售点的选择原理

终端销售点是指商品离开流通领域，进入消费领域的发生地。对于消费者而言，它是零售地点，对于生产者而言，它是送货站。终端销售点是企业实现经营目标的前沿阵地，企业产品能否最终销售出去以及能否最终实现理想的经济效益，都与终端销售点的选择和经营直接相关。

因此，企业终端销售点的选择也要考虑消费者的购买心理和购买行为的变化及其规律性，从而有的放矢地做出自己的选择。终端销售点的选择主要取决于以下几点。

（1）顾客对最方便购买的地点要求，如遍布社区的连锁小超市或便利店。

（2）顾客最乐意光顾并购买的场所要求。

（3）商品最能充分展现、让更多人认知的地点要求，如北京西四环的百安居。

（4）树立商品形象的地点要求等。

这些要求具体反映在终端销售点的选择中，要求企业根据目标市场的特征及竞争状况、企业自身的经济实力、产品特点、公关环境、市场基础等特点，以及企业外部的市场环境、竞争对手状况、市场购买力水平等因素，经过综合权衡选出直接面向顾客的零售商店。

15.3.3 终端销售点选择与消费者行为

终端销售点选择的主要依据如下。

（1）消费者收入和购买力水平。购买力水平是市场的重要构成要素之一。顾客购买力水平的高低，不仅影响某种商品的购买量，还影响购买商品的档次。大部分消费者的购买力来自个人收入，因此也可以说，收入水平的高低是指导企业认识商品购买者、选择终端销售点的重要依据。不同收入水平的消费者对商品购买的地点的选择和要求是不一样的，因此，企业销售产品或服务，首先要考虑的就是它所面对的消费者群体的定位。企业在选择终端销售点时，必须考虑到不同地方的个人可支配收入以及个人可任意支配收入的水平。一般来说，收入水平较高、购买力较强的消费者的选购品相对较多，而且愿意到规模较大、装潢漂亮、声誉较高的商店购买，对货币成本不太在意。而那些收入水平较低、购买力较低的消费者则表现出更愿意去超市、大卖场和定位中档偏低的商店购物。

（2）目标顾客出现的位置。如果让消费者一旦产生需要就能够方便地购买，则意味着"商品必须跟踪消费者"。不论消费者出现在哪里，能够满足消费者产生的需要或购物欲望的商品就要同时出现在哪里。这就要认真研究消费者可能的活动范围，他们在每个地方可能产生的需要和购买欲望是什么。

（3）顾客购买心理。不同顾客的购买兴趣、关注范围、购物期望等心理特征是不同的。顾客的购物心理直接影响他们的购买行为。因此，如果企业不考虑顾客在一定条件下、一定时间和一定地点的购买心理，盲目选店，往往会产生不理想的效果。相反，合理的商业网点布局，准确的市场定位，是能够吸引众多消费者频繁光顾商店的。

各种不同的消费心理与最终销售点密切关系的表现。

1）重质量心理。持有这种心理的消费者在购物时的第一决策依据是商品的质量。他们关注商品的材质、加工工艺技术、设计造型，因此对某些家电产品、化妆品等来说最佳销售地点为家电连锁店、百货商场专柜，给人以放心、货真价实之感。

2）重品牌心理。持有这种心理的消费者非常重视商品的品牌。以前人们认为，只有在买高档商品、时尚消费时才重视品牌，其实不然，现在更多的消费者在超市、大卖场购买生活用品、大米白面、厨房和卫生间的洗涤和去污用品时也十分重视品牌，可以说认牌购货已经渗透到大众消费者的各个方面。

3）重价格心理。持有这种消费心理的消费者在购物时最看中的是商品的价格。他们对价格十分敏感，常常表现得比一般人聪明，商品价格的点滴变动，他们很快就能觉察出来。在选购商品时，他们会在对同类商品的价格比较中做选择。通常情况下，他们会优先考虑打折的、优惠的商品，各种平价超市、批发市场是他们购物的首要选择。这也是一些连锁超市、小商品批发市场永远顾客盈门的原因所在。

4）重便利心理。持有这种消费心理的消费者在购买饮料、冷饮、报纸杂志、小商品、油盐酱醋、牛奶等生活用品时，追求方便，省时省力的心理十分突出，所以，他们一般会就近消费。因此，遍布于各居民社区的小型超市最受人们的欢迎。

5）重服务心理。持有这种消费心理的消费者对于耐用消费品，特别是家用电器、汽车、计算机等商品，在购买时不仅注重品牌、质量、价格等因素，更看中这些商品的整体服务水平。因此，企业应选择能提供一定服务的，并有良好声誉的中间商来销售自己的产品，或者对中间商提供一定的技术支持、技术培训，使之能够胜任工作。比如，北京的国美、苏宁、大中等家电连锁店，提供家用电器的免费上门送货、安装等各项服务，由此吸引更多的消费者光顾商店。

6）重风险心理。持有这种消费心理的消费者在购买商品时或多或少会存在一定的风险心理，但是，能否知觉到这种风险，以及知觉到风险的大小，却因人、因产品、因情景而异。风险是一种客观现象，企业经营者所能做的就是千方百计降低消费者购物消费时的风险。

（4）消费者对商店的认知。商店的外观设计，店内硬件配套设施及先进程度，商品的摆放，销售人员的衣着、谈吐、工作态度，商家所采用的促销手段等，这一切都会作用于每一位前来光顾的消费者，使他们从对客观事物的个别属性的反映升华到对作用于他们感官的客观事物的整体反映上,从而完成作为消费者心理活动的认识过程的感知阶段。当一个消费者对自己的心理活动进行整合之后,就形成了自身对这家商场的看法和态度,这一看法和态度又将决定或在很大程度上影响着消费者的购买行为。

> **专栏15-6　　　　　　　　　　　百雀羚的促销策略**
>
> ### 1. 百雀羚的产品和品牌
>
> 百雀羚是上海百雀羚日用化学有限公司旗下的品牌,至今已有近百年的发展历史,一直努力为消费者打造天然温和的护肤产品。
>
> 2000年以后百雀羚开启了品牌复兴之路,产品和技术不断升级,以东方护肤的平衡和谐之道,致力于带给消费者天然安全的护肤体验。作为中国护肤领导品牌,集团旗下品牌包括百雀羚草本、百雀羚男士、三生花护肤、三生花洗护、气韵、小雀幸、蓓丽等。
>
> 百雀羚主要产品类别有面部护理、手部护理、眼部护理、唇部护理、身体护理,主要以面部护理为主,包括洁面乳、爽肤水、乳液以及面膜等产品。
>
> 百雀羚长期以来主打绿色包装,给人以优雅、经典的印象。然而,这种包装无法很好地迎合年轻消费群体,不利于开拓年轻人的市场。为了使品牌活化,百雀羚采取了一系列举措,推出了典雅款新包装(见图15-5)。
>
>
>
> 图15-5　百雀羚典雅款新包装
>
> 百雀羚的目标消费者为25~40岁的女性群体。它的产品定位是为女性做草本类的天然配方护肤品,产品功能专注于保湿。这一定位一方面有意开发年轻消费者市场,另一方面与"天然配方"的新消费诉求相契合。
>
> ### 2. 百雀羚的促销组合策略
>
> 近些年来,百雀羚采用了多种促销策略,主要目的不仅是单纯提高销量,扩大市场,更重要的是使品牌年轻化,并最终摆脱长期以来百雀羚在人们心中"老旧、廉价"的品牌形象。
>
> (1)广告宣传　　百雀羚从2008年开始数字化转型以来,便积极地利用全媒体进行广

告投放。不论是传统媒体还是新媒体,均收获了一大波流量。

在2015年、2016年连续两年获得天猫"双11"美妆类冠军后,百雀羚发布了《谢谢你》系列广告,在《人民日报》、微博、微信等媒体平台转载。从2016年开始百雀羚连续推出二十四节气宣传海报(见图15-6)。2017年5月百雀羚联合"局部气候调查组",以长图叙事这种相对碎片化的形式,在新媒体上推出广告《一九三一》,在网络上发布后瞬间成为爆款,浓烈的上海风情和民国腔调,与百雀羚品牌高度契合。一击出圈后,百雀羚为了迎合年轻消费群体,在2017年"双11"来临之际,推出了以"俗话说得好"为主题,落点为"全场5折零点开抢"的"双11"宣传片。2018年4月9日,百雀羚推出长篇微电影励志广告《韩梅梅快跑》。

图15-6 百雀羚24节气部分宣传海报

2010年莫文蔚代言百雀羚草本护肤系列,2016年李冰冰和周杰伦成为品牌代言人,2017年周冬雨成为三生花系列面膜代言人,2019年7月迪丽热巴成为彩妆代言人。

如今这个时代流量就是资本。品牌营销也深谙此道,为了获得更多的关注,流量明星代言成了必备营销手段。2020年百雀羚官宣王一博成为全新品牌代言人。由他来担任品牌代言人,自然也赋予了百雀羚更年轻、更具实力的品牌标签,由此激发出潜在消费者的购买动机。

(2)公关促销 百雀羚致力于传递东方美,守护东方文化,以科技草本赋能守护中国女性的独特美丽。同时,百雀羚积极承担社会责任,关爱老孤弱贫等社会特殊群体,设立"百雀羚大爱基金"长期支援高校防艾、孤儿关怀、非物质文化遗产传承、贫困地区儿童音乐教室等公益项目,发挥了很大作用。

2013—2015年,百雀羚连续三年斥资获得《中国好声音》独家特约赞助权;2015年以 1.65 亿元拿下《快乐大本营》的首席特约权。

2011 年起，百雀羚携手中国青少年发展基金会以及淘宝网等电子商务平台，启动"涌泉相报"公益活动，以帮助老人们实现绿色梦想为起点，不仅帮助公益老人实现了打井浇灌 14 万棵树的绿色心愿，还向社会宣扬了爱护自然、保护自然、人与自然和谐相处的绿色发展理念。

2012 年百雀羚启动了"北纬 30 度·琥珀计划"公益项目，以北纬 30 度为地理线索寻找濒临失传的民间艺术，挖掘具有代表性的草本植物并应用到产品研发中，承袭中华民族的草本文化，弘扬民间艺术。

2018 年起，百雀羚连续多年联合郎朗艺术基金会捐赠音乐教室，用音乐守护爱，圆梦孩子指尖的梦想。

2020 年百雀羚集团心系抗疫前线，迅速联络物资紧缺的医疗机构，紧急调配 7 大类 50 余种卫生用品，第一时间组织并落实总价值超过 2 亿元的物资捐赠，在最短时间内踏上驰援之路。

百雀羚开展的公关活动提高了企业知名度和美誉度。

（3）**销售促进** 作为传统国牌，百雀羚早已在线下布局各大商超。百雀羚官网显示，目前百雀羚以线上及商超为主要销售渠道，其中线上渠道主要包含天猫、京东、唯品会和小红书，商超渠道主要为沃尔玛、家乐福、大润发以及屈臣氏。随着品牌革新升级，百雀羚在线上也积累了大批年轻用户，成功转型。

在线上销售渠道中，百雀羚利用近些年来兴起的"6·18""双 11"和"双 12"等购物狂欢节，抓住时机进行折扣促销，利用购物狂欢节进行满减、满赠等活动来吸引消费者，激发消费者的购买欲望。也正是因为百雀羚抓住了这一有利的促销方式，自 2015 年"双 11"开始，百雀羚连续 4 年取得天猫国妆销售第一。

在已有商超线下布局的前提下，百雀羚热衷于通过各类快闪店将线上流量导流到线下，同时也通过线下渠道吸收更多的粉丝流通到线上。有消费者表示："相比过去的直接线上购买，现在可以线下试色，终于不用盲买了。"（见图 15-7）。

2019 年百雀羚三生花通过抖音举办"颜值三生花不完"联通线上与线下的主题活动。"发起挑战"是抖音常见的调动用户热情和吸引用户参与的营销方式。据亿邦动力网报道，该场快闪活动吸引了包含代理商、门店导购及消费者在内的 4 000 余人参与。活动结束时，百雀羚三生花抖音账号的粉丝从一开始的 10 人涨到了 5.3 万人。通过联通线上与线下，百雀羚在将原有用户导流到线下的同时，也将新的粉丝沉淀到品牌官方账号，聚合私域流量，便于品牌后续转化和传播。

（4）**人员推销** 百雀羚在专营店以及商超推出试用服务，有专门的促销人员进行产品推广，产品推出试用装，免费为消费者提供试用机会。不仅如此，百雀羚还在线下举办展销会，通过品牌促销员让消费者了解产品、试用产品，从而激发消费者的购买欲望。

图 15-7 深圳一家沃尔玛内的百雀羚专柜

资料来源：作者根据网络公开资料整理。

15.4 促销与消费者行为

企业不仅要开发优良产品，给予产品有吸引力的定价，还要通过有效的分销渠道把自己的产品送到目标顾客手中。除此之外，企业还必须通过促销活动与自己的目标消费者进行双向沟通，目的是使消费者对产品有所了解，产生兴趣并最终购买。

15.4.1 促销的本质

促销（promotion）是指企业利用各种有效的方法和手段，将企业及其产品的信息传递给消费者，使消费者了解和注意企业的产品，激发消费者的购买兴趣和欲望，并促使其实现最终的购买行为，从而达到扩大销售量的目的。

促销的本质是一种信息沟通，是企业与消费者之间的一种信息沟通过程，即企业作为信息提供者发出刺激消费者的各种信息，把信息传递给目标消费者，以影响其态度和行为。

15.4.2 促销组合决策

1. 促销组合的含义

企业把广告、公共关系、销售促进（又称营业推广）、人员推销等多种促销方式综合起来进行选择、协调、运用，组合成企业的一个整体的促销策略系统，即促销组合

(promotion mix)。美国著名市场营销学家菲利普·科特勒在1991年把直复营销(direct marketing)作为促销的工具，在本节中我们不讨论直复营销。

促销组合被看作一种组织促销活动的策略思路，它主张企业应把广告、人员推销、营业推广、公共关系等四种基本促销手段组合为一个策略系统，使企业的各种促销活动互相配合，协调一致，最大限度地发挥整体效果，从而顺利实现促销目标。按照这种思路，促销策略被视为一个系统化的整体策略，四种基本促销手段则构成这一整体策略的四个子系统。每一个子系统都包含了一些可变因素（具体的促销工具），某一因素的改变意味着组合关系的变化，也就意味着产生了一个新的促销策略。

促销组合是一个重要概念，它体现了现代市场营销理论的核心思想：整合营销传播管理。

2. 促销组合的方式

（1）广告。广告是一种以付费的形式通过一定媒体对产品或企业进行宣传的促销方式。广告种类繁多，常见的有电视广告、广播广告、报纸广告、杂志广告、微信朋友圈、看一看、视频号、抖音等。还有产品包装、产品说明书、户外广告、海报招贴和传单、售货现场陈列、视听资料、邮寄广告、产品目录等。

（2）销售促进。销售促进是通过各种具有短期刺激作用的特定活动促使潜在购买者更快地或更多地购买某一产品的促销方式。比较常见的包括使用优惠券、价格折扣、有奖销售、对经销商的各种折扣或奖励等。

（3）公共关系。公共关系是以非付费方式借助大众传播媒介的新闻报道间接宣传企业及其产品的一种促销方式。常见的手段或工具包括新闻发布会、公益服务活动、经过策划的公关事件或专题活动、研讨会、演讲等。

（4）人员推销。人员推销是以销售人员直接说服顾客购买产品为基本内容的一种促销方式，包括上门推销、电话推销、展销会、零售现场推销等。由于具有人与人面对面接触、人际关系培养、瞬时反应的特点，人员推销在购买过程的某个阶段，特别在建立购买者偏好、信任和行动时是最有效的工具。

15.4.3　促销目标与促销组合的沟通特征

1. 促销目标与消费者购买行为

（1）促销活动的一般目标。企业所有的促销活动都会作为环境中的信息被消费者认知，换句话说，企业的所有促销活动都会影响消费者的认知、情感、态度和行为。因此，企业促销活动的开展要满足以下目标。

1）影响购买行为。改变或保持消费者特有的有关产品或品牌的行为，即影响或改变消费者经常性的购买行为。

2）传播信息。在消费者记忆中建立有关产品或品牌的新知识、新含义或信念。

3）说服作用。改变消费者对产品或品牌的信念、态度和意图。

4）转变情感上的反应。当消费者考虑产品或品牌时，改变被激活的印象、感觉和情感。

5）提示作用。增强品牌名称或消费者记忆中的一些其他产品含义的潜在活力。

当营销人员确定自己特定的促销目标和资金预算时，一定要做市场调查，进行必要的可行性分析，以使企业的营销战略特别是促销计划能够更具有针对性。不管企业的促销目标是单一性，还是复合性的，都必须包含着影响消费者购买行为的详细计划及目标。

（2）消费者不同购买阶段的促销目标。一般来说，购买行为是消费者经历知晓、了解、喜欢、偏爱、说服等一系列心理活动后的最终结果。伴随这一过程，消费者的需求状态也会循序渐进地发生变化，由没有需求到产生较低水平的需求，再逐步发展为较高水平的需求，直到产生强烈的需求，从而完成购买前的心理准备。企业促销活动的任务一方面是千方百计地推动这个过程的发展，使顾客的需求状况由低到高，直至采取购买行动；另一方面是千方百计地缩短消费者对本企业产品和品牌的认识过程，比如通过企业的促销努力，消费者仅用一周，甚至一两天的时间就了解了本来需要一个月才能了解的企业推出的产品和服务的策略。

根据消费者在购买过程中心理活动状态的不同，促销目标的确定会经历以下几个阶段。

1）知晓阶段。当一种产品刚刚被推入市场，绝大多数目标消费者对该产品一无所知时，企业促销活动的主要目标就是让目标消费者知道这种产品的存在，建立品牌知名度，通常只需要向消费者传递简单的信息和品牌名称。即使如此，由于必须大量重复有关信息，完成这一目标也需要时间和资金投入。

2）了解阶段。当目标顾客已经知道某种产品的存在但对该产品的性能、特点等缺乏了解时，企业促销活动的目标就是使潜在购买者更多地了解产品的各个方面，此时所需传递的信息数量开始增加，传递信息的方式也应不断变化。企业应随时掌握目标消费者对企业和产品了解的程度，并据此决定发布信息的方式和频率。

3）喜欢阶段。当大部分目标消费者对企业和产品的特征已经有了一定程度的了解时，企业要力图使目标消费者建立起对企业及产品的良好印象。如果消费者对该产品印象不佳，促销人员就要分析其原因。一种可能的原因是促销活动的方法不当，没有产生预期的结果，甚至相反，此时改进促销策略是当务之急；另一种可能的原因是产品本身存在某些问题，此时必须改变产品策略。

4）偏爱阶段。如果目标消费者喜欢某种产品，企业应继续推动其建立对该产品的偏爱心理，使消费者逐渐从心目中排斥其他品牌。此时，促销活动的主要任务就是对本企业产品的质量、性能、价格等属性进行更有深度、更有针对性的宣传，使消费者产生偏好。

5）说服阶段。在说服阶段，企业的促销目标就是让目标消费者相信购买本企业的产品是最好的选择。在这一阶段,人员促销发挥着很重要的作用。

6)购买阶段。在购买阶段,促销目标是引导消费者迈出最后一步,完成购买活动。

2. 促销组合的沟通特征

从信息沟通的特点来看,促销组合中的四种促销类型各有不同的沟通使用范围和局限性。

(1)广告的沟通特点:①以新颖、奇特的方式吸引消费者的注意力,给消费者一定的震撼,引起消费者注意;②通过各种媒体及时、反复地传递产品信息,加深目标顾客的印象并便于消费者收集有关资料,在购买前有充分的考虑、比较和选择,减少购买风险;③利用社会心理的作用机制,在消费者中造成广告的轰动效应,促使流行、时尚等社会行为的出现;④信息的单向传递使企业无法立即获得顾客的反应,同时也使顾客感到没有购买压力。

应该注意的是,广告作为一种成熟的促销手段,已渗透到社会生活的各个方面。但近年来随着新媒体的出现和移动互联网的兴起,传统媒体特别是电视、报纸广告等效用下滑趋势明显,而微信、抖音、小红书、微博、B站等新媒体的广告效用上升趋势明显。

(2)公共关系的沟通特点:①可信度高,如有关企业的新闻报道比广告更真实可信;②可以解除顾客的戒备心理,使其在不知不觉中接受信息;③利用新、奇、特的手法宣传企业的产品和服务,树立良好的企业形象;④具有与广告相似的信息传播速度和传播面,却不一定支付费用;⑤无法像广告那样重复信息。

(3)销售促进的沟通特点:①能够快速引起消费者的注意;②提供诱因,使用返现、折扣、买送买减等多种优惠活动,让目标顾客能够迅速感觉到所获得的利益;③强化刺激,通过特殊的手段刺激目标顾客立即付诸购买行动。图15-8中康师傅采取的"再来一瓶"促销方式可以给消费者制造一种惊喜的效果。

图15-8 康师傅"再来一瓶"

(4)人员推销的沟通特点:①面对面接触。推销人员能够观察目标顾客的特征并及时调整自己的沟通内容和方式,而目标顾客也比较容易增加其在产品或购买决策中的参与程度,关注和了解推销人员所介绍的产品;②推销人员通过与潜在目标顾客沟通交流,有利于双方建立长期的关系。

专栏15-7　　　　　　　李宁的奥运整合营销传播之路

"源于体育，用于体育"是李宁体育用品有限公司（为叙述方便，以下简称"李宁"）经营管理的起点，就是基于这一经营宗旨，从1990年创业起李宁公司就把整合营销传播作为企业的基本策略。

2008年北京奥运会最大的赢家莫过于"中国"和"北京"这两个品牌，国外媒体几乎一致认为北京奥运会的举办是中国向世界展示成就，甚至是"中国崛起"的标志之一。在本届奥运会上，除了别具匠心的开幕式外，中国代表团也如愿以偿地获得了奥运金牌第一的历史性好成绩。就中国企业而言，众多企业都成为奥运会合作伙伴，提升了企业的知名度和美誉度。然而，奥运会结束后，最大的赢家却是没有成为奥运赞助商的李宁。

2007年1月，在北京奥运会赞助商的竞争中，李宁输给了国际体育用品巨头阿迪达斯，但这并不意味着李宁的奥运战略走进了死角，事实上李宁以中国式的智慧拓展了一条奥运整合营销传播之路。

第一，大众传播方面。李宁选择了大众传播中传播力最广泛的央视奥运频道。在2006年底，李宁就与央视奥运频道达成协议，从2007年1月1日至2008年12月31日，为央视奥运频道所有栏目及赛事节目（包括北京奥运会的所有赛事转播）的主持人和出镜记者提供李宁的服装、鞋及配件。尽管这项赞助在奥运开幕之前被叫停了，但在很长时间内李宁的品牌效果已经达到。这个"擦边球"战略被哈佛商学院当成经典案例收录。

第二，网络等新媒体营销方面。从2008年7月21日至8月31日，李宁品牌携手新浪开展"我的信念，我可以"活动，掀起了一场极具影响力的网络营销传播风暴。该活动呼吁广大网友与明星一起，设计宣扬自己信念的个性徽章，支持国家队胜利夺金。该活动伴随着整个北京奥运会进程在网民中形成了良好口碑。根据艾瑞咨询2008年8月发布的数据显示，大约66%的网民是通过新浪来了解中国队夺取首枚金牌的详情，网民对新浪的高度关注及高度认同，对李宁这次活动的影响力起到了巨大的推动作用。

第三，户外平面媒体方面。由于奥运会的城区户外广告规范要求，北京拆除了全市各环路、放射路及机场高速路的户外广告，户外广告业为此蒙受了空前巨大的损失。但是突破传统户外平面媒体的方式也被李宁运用到了奥运营销之中，李宁首先在北京奥运村周围开旗舰店，其他奥运城市上海、青岛、天津等地的旗舰店也紧随其后。

第四，赞助奥运强队方面。李宁公司巧妙地运用了自己的国际、国内资源，用最少的金钱赞助了最强的奥运队伍，有代表性的是赞助瑞典奥运代表团。瑞典是名副其实的北欧体育强国，2007年1月24日瑞典奥委会正式宣布李宁成为瑞典奥运会代表团的指定体育装备合作伙伴。瑞典奥运代表团全体成员均将身着李宁专门设计的运动及领奖装备参加2008年北京奥运会。

> 第五，事件营销方面。李宁本人做出的点火动作本身就是一个极具影响力的事件营销活动。除此之外，为迎接奥运倒计时 100 天，2008 年 4 月 27 日 100 位运动员从各地汇聚到北京，与 2 155 名志愿者一起组成一张发往全球的巨型明信片，邀请全世界的运动员共享 4 年一度的体育盛会。运动员和志愿者拼出的英文信件大意为"致全世界的运动员兄弟姐妹们：这是我们的舞台，现在该我们上场了，运动让我们走到一起，现在就上场，让比赛开始"。参与其中的所有运动员和志愿者身穿的都是李宁运动服装。
>
> 资料来源：作者根据收集资料整理而成。

15.4.4 整合营销传播策略

1. 整合营销传播的含义

整合营销传播（integrated marketing communication，IMC），也称整合营销沟通，是指企业运用所有与消费者的接触点作为信息传达的渠道、手段，进行全方位的信息传播，从而达到影响消费者购买行为的目标。

不仅企业开展的促销活动是一种营销传播和沟通，企业的其他营销活动，如产品特征、价格高低、渠道类型等都能够实现与消费者的信息沟通交流。因此，从整合营销传播的角度来看，从某种意义上说市场营销就是沟通和传播。

企业不仅可以通过促销手段来影响消费者，事实上企业的每一项营销活动都与消费者密切相关，或者说营销活动中的 4P 策略都承担着促销的功能。企业需要加强内部所有部门与消费者的沟通意识，并进行全面的规划、实施和监督，综合产品、价格、分销和促销等营销所有的要素与策略，将其作为传播手段，与消费者建立良好的沟通，实现吸引消费者、维系消费者、扩大消费者规模的目的，最终为企业创造收益及树立企业形象。

2. 整合营销传播的主要特征

（1）沟通过程始于消费者。整合营销传播过程开始于顾客或潜在消费者，然后再回到品牌传播者，进而决定采用什么形式的信息和媒介来告知、说服和引导顾客或潜在消费者采取对传播者所代表的品牌有利的行动。整合营销传播方法在确定传播方法和传播工具上不是采取由内而外（从企业直接到消费者）的方式，而是采取始于消费者和由外而内的方式来决定哪些才是能够为消费者提供最好服务并激发他们购买动机的传播方式。

（2）全方位包围消费者，使用各种形式的方法和消费者接触。整合营销传播使用各种各样的沟通形式和所有可能的接触方式来作为潜在信息传递渠道。这个营销要素的关键特征在于反映了品牌传播者的意愿，他们愿意使用任何能够为目标消费者所接触的恰当的方式展示品牌。营销传播者不会仅仅使用任何单一媒介或者某种媒介的一小部分，而是尽可能让品牌信息将顾客或潜在消费者包围起来，使他们能够使用任何他们认为最有用的品牌信息。

（3）各种营销传播要素协同发挥作用。整合营销传播定义中包含了对营销沟通要素协同发挥作用的要求。一个品牌的分类沟通要素（广告、卖点标记、营业推广、活动赞助等）必须代表相同的品牌信息，并通过不同的信息渠道或方法传递一致的信息。也就是说，一个品牌的营销沟通必须"用一个声音说话"。信息和媒介的协调对树立一个有利而统一的品牌形象并使消费者注意进而采取购买行动极为关键。如果所有沟通要素没有被很好地整合起来，会导致重复性努力，更为糟糕的是，有可能会向消费者传递相反的品牌信息。

（4）和消费者建立关系。整合营销传播理论认为，成功的市场营销沟通需要在品牌和消费者之间建立关系。可以说，关系的建立是现代市场营销的关键，而整合营销传播又是建立关系的关键。所谓关系就是品牌和消费者之间持久的联系。成功的关系能够引起消费者的重复购买甚至是对品牌的忠诚。

（5）目的是影响消费者的行为。营销沟通不能仅仅影响消费者对品牌的认知度或是加强消费者对品牌的态度，更为重要的是，成功的整合营销传播应该得到消费者行为方面的回应。营销沟通的目标是让消费者采取相应的行动。

3. 整合营销传播的实施

整合营销传播的实施是由以下几个阶段组成的。

（1）确定目标消费者。任何整合营销沟通活动的开始都是对目标消费者的定位研究，目标消费者是产品的购买者，或者对购买决定形成重要影响的人。营销人员首先要对目标消费者进行定位，研究消费者特点，如消费者的媒体习惯、消费偏好或态度等。

（2）明确传播沟通目标。一旦明确了目标消费者，营销人员必须确定营销沟通的目标。营销沟通目标不仅仅包括购买，购买是最终目的，但不是唯一的方向。比如，某些产品的购买决策时间较长，营销人员就需要知道消费者目前处于哪一阶段，以及发展方向。如果处于喜欢阶段，企业就把重点放在使用各类营销工具的组合上，对消费者进行说服工作，帮助其建立预期的产品偏好，推动消费者购买。

（3）设计传播沟通信息。第一，确定信息沟通主题。确定沟通的主题是寻找消费者购买产品的理由或卖点，主题越明确，理由越充分，越容易说服消费者。依据AIDA（attention，interest，desire，action）模式，把消费者的注意力吸引或转变到产品上，使消费者对营销人员所推销的产品产生兴趣，这样消费者的欲望也就随之产生，然后促使其采取购买行为，达成交易。因此，沟通主题要有效地促使消费者产生相应的消费行为。

第二，确定信息沟通的内容。信息沟通的内容包括介绍产品的外观、质量、性能、产地、用途、价格及购买时间、地点等。这类沟通的主要作用是使消费者及时了解某种商品的信息。沟通时可以采取理性诉求和感性诉求的表现方式：理性诉求采取"晓之以理"的方式，信息中明确展示会给消费者带来其期望的好处；感性诉求采取"动之以情"的方式，更多的是激发消费者情绪，用感性的文案和图片使其产生购买欲望。

第三，选择合适的信息沟通形式。在信息沟通中，由于可能存在的"噪声"或障碍，如消费者的年龄、性别、受教育水平、职业、收入等不同会影响其对推广信息的理解不同，营销人员需要选择适当的信息传递形式，以适应消费者的心理和习惯，包括采用图片、视频、声音、色彩、文字、触感、味觉等多种形式传递信息。

（4）选择传播沟通渠道。以往，企业习惯于使用广告或人员促销等单一的渠道来促进产品的销售，但在当今的信息时代新的传播手段越来越多，这就要求企业在营销传播过程中注意整合使用多种渠道，特别是整合运用互联网营销、电子商务、数字化媒体、事件营销等新手段，还要重视营销4P策略在传播沟通中发挥的作用。

总体来看，有以下两种传播沟通渠道形式。

1）人际传播渠道。人际传播沟通渠道包括人员推销、演艺明星、体育明星代言、电话销售、直播带货等渠道。

2）非人际传播渠道。非人际传播渠道是指除了人际传播沟通之外的其他沟通形式，其特征主要不是通过人与人之间的沟通来完成，而是通过报纸、杂志、广播和电视等大众传播媒体、新媒体，或通过策划活动来实现沟通的目的。

（5）编制预算。具体的整合营销传播沟通活动需要编制活动预算，这是整合营销传播活动中重要的一环。一般采取量入为出法、销售比例法、目标任务法等来编制预算，其中目标任务法是指为了达成销售目标预计完成所需任务的费用。

（6）收集反馈。当具体的整合营销传播活动结束后，营销人员应及时收集消费者反馈的信息，听取消费者的意见，保持和维护与消费者的互动关系，评估沟通互动的效果，从而积累经验。

总体来说，整合营销传播活动需要从目标消费者出发，研究消费者的特点，从其角度明确传播沟通目标，涉及传播沟通信息，选择整合多种传播沟通渠道，以影响、激发、吸引、说服消费者，达成最终转化，实现企业预期的传播沟通效果，取得较好的销售业绩，并谋求企业长远发展的空间。

本章小结

本章讨论的是市场营销组合因素对消费者行为的影响。

在产品与消费者行为方面，主要论述和分析了产品接触与品牌忠诚。产品接触是消费者了解产品、产生品牌忠诚的一个重要方面。在产品定位和产品环境中阐述了通过产品定位，企业能够影响消费者如何来感知某一品牌相对于竞争产品的特征。产品环境影响消费者的认知、情感和购买行为。典型的产品环境包括产品特征、包装、包装色彩以及品牌识别和标签信息。

在价格与消费者行为方面，主要阐述了产品价格直接影响消费者的购买行为及企业的利润水平，而消费者的价格心理主要表现在选择性、相对性、习惯性和敏感性等方面，在这个基础上，企业可以灵活地运用心理定价策略和差异定价策略。消费者的行为与价格的内在联系还可以通过消费者对价格变动的反应表现出来。

在渠道与消费者行为方面，主要论述了渠道选择的因素与消费者行为、终端销售点的选择原理和终端销售点选择与消费者行为等。

在促销与消费者行为方面，主要论述和分析了消费者不同阶段的促销目标。从信息沟通的特点来看，促销组合中的四种促销类型各有不同的沟通使用范围和局限性。

在整合营销传播策略方面，论述和分析了整合营销传播的主要特征和整合营销传播的实施要遵循一定的程序和步骤。

复习思考题

1. 简述产品接触的方法。
2. 简述以购买序列表示的品牌忠诚程度。
3. 典型的产品环境包括哪些要素？
4. 消费者的价格心理表现在哪些方面？
5. 分析定价策略与技巧。
6. 简述消费者对价格变动的反应。
7. 从消费者角度出发，在选择分销渠道时应考虑哪些因素？
8. 简述消费者不同购买阶段的促销目标。
9. 如何理解整合营销传播？
10. 简述实施整合营销传播的步骤。

实践活动

1. 访问10名同学，询问他们喜欢下列产品中的哪些品牌，了解他们的品牌忠诚度。
   （1）饮料　（2）服装、休闲运动装　（3）小食品　（4）手机　（5）电脑
   （6）网站　（7）化妆品　　　　　　（8）牙膏　（9）香波类产品
2. 设计一份调查问卷，用拦截调查法，了解消费者对当前主要商品价格变动的反应。
3. 以班级为单位，观看"央视：星巴克咖啡价格调查"视频，结合本章专栏15-2《网友留言：指责星巴克"暴利"缺乏财务学常识》分小组进行讨论。
4. 访问当地一家商店的经理，了解该终端销售点是如何吸引顾客光顾商店的。
5. 以小组为单位，为某个新产品上市策划一则广告、一次新闻发布会和展览会。

> 案例选编

最会"玩"的奥利奥

"扭一扭,舔一舔,泡一泡",听到这一句,大多数人都会想起奥利奥。当年也正是凭借这句广告语,奥利奥成为美国最畅销的饼干,并火遍全球。

1. 把握中国文化精髓

仅美国在售的奥利奥口味就多达 40 多种。奥利奥的口味创新有明显的地域性,奥利奥会根据当地人的饮食习惯选择特定的食材制作成不同口味的奥利奥饼干。

进入中国市场后,奥利奥始终在探索如何更加贴近中国消费者,不仅充分尊重中国消费者的口味,在品牌营销上更是善于将中国元素与品牌进行深度融合。比如,奥利奥与故宫食品的跨界营销"启'饼'皇上,奥利奥进宫了"(见图 15-9),从产品口味、包装到文案再到中西文化融合的海报,奥利奥还原了众多故宫元素,将中国风韵体现得淋漓尽致。

图 15-9 跨界营销"启'饼'皇上,奥利奥进宫了"

奥利奥还脑洞大开地用 10 600 块饼干搭建了一座"舌尖上的故宫",将故宫元素与小饼干的结合,别有一番风味。

2. 洞察年轻人心理

从 2016 年的填色定制包装盒,到 2017 年的奥利奥饼干音乐唱片机,再到 2018 年的饼干 DJ 台,利用年轻人热衷的 AR 等黑科技,奥利奥完美诠释了"玩在一起"的品牌主张,树立了拟人化的品牌人设。

通过将 AR 技术营销赋能消费者感兴趣的内容,与之产生强互动,奥利奥把小饼干变成一个脑洞大开的竞技游戏,与年轻消费者打成一片,"会玩"形象深入人心。同样的饼干,不一样的新玩法,奥利奥用 AR 重新定义了品牌资产"扭舔泡"。

为了将"玩"进行到底,奥利奥还与首次开放合作的蚂蚁庄园推出了联名趣味活动,奥利奥小鸡换装互动不仅增添了游戏的多样性和新鲜感,还联合更多圈层和场域的人做公益。

3. 引发全民狂欢

打造爆款话题无疑是社会化营销的关键一步，在话题制造上奥利奥可谓是高手。在"你是最会玩奥利奥的人吗？"活动的推广过程中，奥利奥以产品体验制造话题，快速引爆了社交网络，相关微博话题阅读量达到6.3亿次。在"奥利奥坚果抱抱"营销活动中，奥利奥利用"奥利奥出坚果了"话题及一系列精美有趣的小动画充分激发了消费者的好奇心。

奥利奥的营销之所以出彩，本质上是因为注重产品本身。奥利奥母公司的相关负责人曾说过："我们提供的是一个超乎消费者预期的产品体验，而非营销体验，产品体验比单纯的传播体验更有效。"

资料来源：徐立，最会"玩"的奥利奥，江苏商报，2019-11-01.

仔细阅读本文，回答下列问题：

1. 举例说明在中国市场上奥利奥是如何将品牌营销与中国元素进行深度融合的？
2. 简要说明奥利奥是如何重新定义品牌资产"扭舔泡"的。
3. 在电商平台或商超持续观察奥利奥某款饼干价格变化的情况，记录并做简要的点评。

第 16 章
消费者权益与消费伦理

随着我国市场逐渐完善和成熟，更多研究消费者行为的学者，甚至企业经理们开始关注消费者权益与消费伦理的研究。本章重点讨论消费者权益、消费伦理、消费者的非伦理行为，同时对营销道德和企业社会责任也做了比较深入的探讨。

16.1 消费者权益

16.1.1 消费者权益的含义

消费者权益是指在社会生产发展到一定阶段，在某种商品经济关系和社会制度下，消费者在进行具体消费行为和完成具体消费过程时所享受的权利和利益的总和。

消费者权益包含着两个相互关联的要素：一是消费者权利，即消费者通过消费什么、消费多少以及怎样消费而对社会生产发生的一种决定作用，它是消费反作用于生产的一种表现；二是消费者利益，即消费者在一定生产关系和消费关系下通过消费而实现的具体利益。

消费者权益的两个方面是密切联系的。消费者权利是消费者利益的保证，而消费者利益是消费者权利的实现。一般来说，消费者权益概念的核心内容是消费者权利，广义上的消费者权利已包含了消费者的利益，权利的有效实现是权益存在的前提和基础。

消费者权益的内涵包括以下七个方面：①获得正确的商品购买、使用和操作及维护方面的信息；②付出相应的费用后，获得质、价、量相符的商品的效用及相应的服务；③获得不断改善、更为舒适的和更少污染的环境；④获得健康、安全、享受和科学知识；⑤时间和精力的节省；⑥消费者人格得到尊重，没有被欺骗、敲诈、侮辱的情况；⑦消费者经济、人身安全、精神等受到损害时得到相应的补偿或赔偿。

16.1.2 消费者运动与消费者权益保护

消费者是市场经济运行中不可或缺的一种市场主体，其作为单独的个体，在资源、信息、自我保护意识等诸多方面与企业相比处于弱势。因此，随着市场体系的不断完善和消费者权利意识的觉醒，消费者对自身权益越来越重视，从而形成了声势浩大的消费者运动。

消费者运动是指在现代商品经济条件下，消费者为争取社会公正、维护自身权益，同损害消费者利益行为进行斗争的一种有组织的社会运动。众所周知，消费者权益的保护离不开消费者长期坚持不懈的斗争，如果没有消费者运动就不可能有效地保护消费者的权益，就不能促进一部部保护消费者的法律的诞生。

1. 发达国家消费者运动历史回顾

（1）美国的消费者保护运动。美国是成熟的市场经济国家，也是消费者保护运动开展最早、影响最深远的国家。1891年纽约消费者协会成立，这是世界上第一个以保护消费者权益为宗旨的组织。1899年，美国消费者联盟诞生，成为世界上第一个全国性的消费者组织。美国于1914年设立了第一个保护消费者权益的政府机构——美国联邦贸易委员会。到了20世纪60年代，美国消费者运动的规模进一步扩大。1962年3月15日，美国总统肯尼迪在《关于保护消费者利益的总统特别国情咨文》中首次提出消费者享有的"四项权利"，即安全的权利、了解的权利、选择的权利和意见被听取的权利。1969年美国总统尼克松进而提出消费者的第五项权利：索赔的权利。消费者权利的提出使消费者运动进入了新的阶段，同时美国联邦政府和州政府都设立了消费者保护机构。

（2）日本的消费者保护运动。日本的消费者保护运动兴起于第二次世界大战后。1948年深受劣质火柴之害的日本家庭主妇召开了一次"清除劣质火柴大会"，成立了日本主妇联合会，揭开了日本消费者运动的序幕，到20世纪60年代逐渐形成高潮。进入20世纪70年代以后，日本消费者运动目标进一步扩大，除了食品及日用消费品的卫生和安全问题外，在实现公平交易、制止不正当营销手段、取缔不公平交易习惯等方面也提出了更高的要求。

日本的消费者保护运动主要有3个特点。一是各种类型的消费者组织在维护消费者权益中发挥特别作用。比如1969年成立的"日本消费者联盟组织"除了向内阁、地方议会和行政机关反映消费者意见外，还组织专题讨论、开演讲会、发行刊物。二是政府颁布了各类法律并形成体系。政府为调节企业与消费者的利益关系，保护消费利益，先后颁发了《保护消费者基本法》（又称"消费者宪法"）、《消费生活用品安全法》《计量法》《家庭用品质量表示法》等。三是规定了对消费者侵害的巨额赔偿制度。日本政府规定，对于因产品质量安全问题对消费者造成的损害，企业要重金予以赔偿。

（3）欧盟的消费者保护运动。1953年德国消费者同盟成立；1957年英国成立了消费者协会；1962年欧洲消费者同盟成立。1972年欧洲消费者代表协商委员会成立，通过了《保护欧洲消费者计划》，确认消费者享有健康和安全不受损害的权利、经济利益得到尊重的权利、要求赔偿的权利、获得信息和教育的权利等。此外，欧盟各国还出版了消费方面的法律程序材料，对消费者施以教育和影响。

消费者运动在其他国家也如雨后春笋般蓬勃兴起。比如，1969 年韩国成立国内第一个消费团体——主妇俱乐部联合会。1960 年美国、英国、荷兰、澳大利亚、比利时 5 国消费者组织在海牙发起成立国际消费者组织联盟，1994 年其会员和通信会员组织来自 110 多个国家和地区，达到 300 多个。1983 年国际消费者组织联盟将每年的 3 月 15 日定为"国际消费者权益日"，消费者运动从此成为席卷全球、势不可挡的历史潮流。

2. 我国消费者运动和权益保护

改革开放以后，我国的消费者保护逐渐被提上日程。

（1）中国第一个消费者组织的诞生。1981 年，我国政府第一次受邀参加在泰国曼谷召开的国际保护消费者会议"保护消费者磋商会"。1984 年 12 月 26 日，全国性的消费者权益保护组织——中国消费者协会，经国务院批准在北京诞生。中国消费者协会的成立，标志着在全国范围内有组织地保护消费者的运动正式拉开了帷幕。

专栏16-1　　加拿大鹅（CANADA GOOSE）的虚假宣传

作为近几年爆火的羽绒服品牌，加拿大鹅（CANADA GOOSE）备受中产阶级和时尚潮人的喜爱。加拿大鹅自 2018 年进入中国市场以来，掀起一股消费热潮。2018 年 12 月底，加拿大鹅北京三里屯店开业，消费者一度需要排队才能进店选购。根据《时尚商业》快讯报道，2021 年初上海加拿大鹅旗舰店出现排队抢购情况，进店需排队 1~3 个小时不等，售价近万元的羽绒服几乎卖断货。在线上，加拿大鹅天猫旗舰店的销售数据也不错。2020 年其天猫旗舰店网页点击量达到 1.81 亿次，销售额为 1.67 亿元。

2021 年 6 月，由于被曝出实物与宣传不符，加拿大鹅被上海市黄浦区市场监督管理局罚款 45 万元。原因是加拿大鹅官方声称所用的 Hutterite 的羽绒"是最保暖的加拿大羽绒""最佳越野夹克"，但其使用的填充绒含 69% 蓬松度 625 的鸭绒。此外，还存在"涉及已损坏或已经使用过的商品，若因质量问题退货，如有必要需经权威质检部门或者 CANADA GOOSE 质量部门鉴定，CANADA GOOSE 保留最终判定权"等文字内容。

上述宣传涉嫌违反《中华人民共和国消费者权益保护法》第二十六条第二款及《中华人民共和国广告法》第九条第（三）项的规定，构成了经营者排除消费者权利和广告使用"国家级""最高级""最佳"等用语的行为。同时，根据行政处罚决定书，加拿大鹅存在"既当运动员，又当裁判"类似情形。上海市黄浦区市场监督管理局认为，加拿大鹅的上述条款内容擅自扩大了自身对产品的判定权，排除了消费者因产品质量瑕疵问题依法应享有的其他权利。

随着波司登羽绒服等国货品牌崛起，以及 Moncler、ARC'TERYX、The North Face 等国际品牌逐渐进入中国消费者视野，加拿大鹅将面临不少挑战。

资料来源：作者根据《中国新闻周刊》及腾讯新闻相关内容整理而成。

（2）"3·15国际消费者权益日"的确立。自1987年开始，我国加入了国际消费者联盟组织确定的3月15日"国际消费者权益日"活动。每年3月15日，全国各地消费者组织联合各有关部门共同举办纪念活动，运用各种形式宣传保护消费者权益的有关法律法规及其成果，促进全社会关心、支持消费者权益保护工作。"3·15国际消费者权益日"的宣传活动已成为具有广泛社会影响、意义深远的社会性活动。

（3）"中央广播电视总台3·15晚会"成为有代表性的、维护消费者权益的公益晚会。1991年3月15日，中央电视台经济部首先推出现场直播的"3·15国际消费者权益日消费者之友专题晚会"，简称央视"3.15晚会"。"3·15晚会"作为中央电视台的品牌节目，唤醒了消费者的权益意识，成为规范市场秩序、传播国家法规政策的强大平台，使"3·15"也从一组简单的数字变成了维护消费者权益的代名词。

（4）《中华人民共和国消费者权益保护法》的颁布实施，以及相关法律法规的颁布，标志着我国保护消费者权益走上了法制化轨道。1992年初，国家工商总局在全国人大法工委的指导下着手起草《中华人民共和国消费者权益保护法》。经过多次考察、调研、论证，国家工商总局于1993年3月底将《中华人民共和国消费者权益保护法》（送审稿）报送国务院，经过修改形成该法的《草案》，并于1993年8月提交八届全国人大常委会三次会议进行审议。1994年1月1日《中华人民共和国消费者权益保护法》正式实施。

随着社会不断发展，我国消费方式、消费结构和消费理念发生了重大变化，特别是信息技术的广泛应用，通过网络、电视、电话等销售商品或者提供服务的方式逐渐兴起，在消费者权益保护领域出现了不少新情况、新问题。2014年3月15日新修改的《中华人民共和国消费者权益保护法》开始实施。新《中华人民共和国消费者权益保护法》有九大亮点：①网购商品消费者有权七日无理由退货；②网购平台承担先行赔付责任；③遭消费欺诈最少获赔500元；④侵犯消费者权益的霸王格式条款无效；⑤耐用商品或者装饰装修维权实行举证责任倒置；⑥加强对消费者个人信息保护；⑦受害人可以要求精神损害赔偿；⑧中国消费者协会可以提起公益诉讼；⑨虚假广告代言人承担连带赔偿责任。新《中国人民共和国消费者权益保护法》的颁布和实施，体现了新形势、新阶段对调整消费关系的新要求，涉及面广，内涵丰富，是对现行消费者权益保护法律制度的重要完善。

另外，我国吸收国外相关经验并结合我国的国情，形成了一系列由《中华人民共和国消费者权益保护法》《中华人民共和国产品质量管理法》《中华人民共和国食品安全法》《中华人民共和国反不正当竞争法》《中华人民共和国广告法》《中华人民共和国价格法》《中华人民共和国合同法》（2021年1月1日起废止）等法律法规组成的消费者权益保护法律体系，明确了消费者的权利，确立和加强了保护消费者权益的法律基础。

（5）全国12315投诉与举报电话和平台成为消费者维权的新渠道。1996年5月2日，福建省漳州市工商局为贯彻落实国家工商局在全国工商系统开展的公平交易执法年、工商形象建设年活动，在全国率先创建了"3·15消费者申诉举报服务台"，开通了专门受理消费者申诉举报的电话。国家工商总局对这一新生事物给予高度重视，在做了大量调研工作的基础上，于 1999 年 3 月 15 日正式宣布在全国工商系统统一开通号码为 12315 的消费者申诉举报电话。

2017 年 3 月 15 日，由国家工商总局开发建设的全国 12315 互联网平台正式上线，消费者在平台上登录注册后可以通过电脑、手机等多种途径 24 小时进行投诉、举报，并可随时关注处理进度和结果。

16.1.3 消费者权益保护的意义

1. 保护消费者权益有利于鼓励公平竞争，限制不正当竞争

损害消费者权益的行为实际上就是不正当竞争行为，必须限制和打击。如果放任经营者损害消费者利益，就会使广大合法、诚实的经营者的利益受到损害，影响竞争环境。

2. 保护消费者权益有利于提高人民生活水平和生活质量

在过去计划经济体制下，由于供应短缺，消费者很难顾及商品质量，对服务状态也无法提出较高的要求。这实际上是生活水平低下的反映。在市场经济条件下，通过保护消费者权益，让消费者能够购买到称心如意的商品和服务，有利于提高人民生活水平。

3. 保护消费者权益有利于提高企业和全社会的经济效益

假冒伪劣产品的出现、服务质量不高的原因虽然是多方面的，但是缺乏对消费者权益的强有力的保护，缺乏对损害消费者权益的行为的严厉打击和惩罚也是一个重要因素。如果政府能够切实保护消费者权益，那么，那些靠制造假冒伪劣产品，靠欺骗消费者赚钱的企业和个人将无法生存下去。大多数企业的合法权益也可以得到充分保护，从而在全社会形成一种靠正当经营、正当竞争来提高经济效益的良好商业道德风气。这样就有利于促使企业努力加强管理，不断提高产品质量和服务质量，提高经济效益，推动社会进步，促进社会发展。

16.1.4 我国消费者权利的内容

早在 20 世纪 60 年代初，国际消费者联盟就已确定了消费者有下列基本权利：①安全保障权；②知悉真情权；③自主选择权；④公平交易权；⑤依法求偿权；⑥求教获知权；⑦依法结社权；⑧维护尊严权；⑨监督批评权。

根据我国 2014 年 3 月 15 日开始实施的新《中华人民共和国消费者权益保护法》中的有关规定，我国消费者享有如下权利。

1. 安全权

消费者在购买、使用商品和接受服务时享有人身、财产安全不受损害的权利。消费者有权要求经营者提供的商品和服务符合保障人身、财产安全的要求。

2. 知情权

消费者享有知悉其购买、使用的商品或者接受的服务的真实情况的权利。消费者有权根据商品或者服务的不同情况，要求经营者提供商品的价格、产地、生产者、用途、性能、规格、等级、主要成分、生产日期、有效期限、检验合格证明、使用方法说明书、售后服务，或者服务的内容、规格、费用等有关情况。

3. 选择权

消费者享有自主选择商品或者服务的权利。消费者有权自主选择提供商品或者服务的经营者，自主选择商品品种或者服务方式，自主决定购买或者不购买任何一种商品、接受或者不接受任何一项服务。消费者在自主选择商品或者服务时，有权进行比较、鉴别和挑选。

4. 公平交易权

消费者享有公平交易的权利。消费者在购买商品或者接受服务时，有权获得质量保障、价格合理、计量正确等公平交易条件，有权拒绝经营者的强制交易行为。

5. 求偿权（索赔权）

消费者因购买、使用商品或者接受服务受到人身、财产损害的，依法享有获得赔偿的权利。

6. 结社权

消费者依法享有成立维护自身合法权益的社会组织的权利。

7. 消费者受教育权

享有获得有关消费和消费者权益保护方面知识的权利。消费者应当努力掌握所需商品或者服务的知识和使用技能，正确使用商品，提高自我保护意识。

8. 受尊重及个人信息保护权

消费者在购买、使用商品和接受服务时，享有人格尊严、民族风俗习惯得到尊重的权利，享有个人信息依法得到保护的权利。

9. 监督权

消费者享有对商品和服务以及保护消费者权益工作进行监督的权利。消费者有权检举、控告侵害消费者权益的行为和国家机关及其工作人员在保护消费者权益工作中的违法失职行为，有权对保护消费者权益工作提出批评、建议。

在我国，消费者权益保护机关有两类：行政执法机关和行业主管部门。行政执法机关包括工商行政管理部门、技术监督部门、卫生监督管理部门、进出口商品检验部门等。

工商行政管理部门保护消费者权益的主要职责是：①通过对市场经营主体的监督管理，制止违法经营，防止损害消费者权益行为的发生；②通过对各类市场的监督管理，查处各种市场违法行为，维护市场交易秩序，为消费者提供公平，安全的消费环境；③通过对广告的监督管理，查处虚假广告和引人误解的宣传行为，维护消费者的选择权和合法权益；④通过商标的管理，查处商标假冒行为，为消费者选购优质商品创造条件；⑤通过制止各种不正当竞争行为，打击和查处各种侵害消费者权益的行为；⑥指导消费者协会的工作。

16.1.5 消费者维权方式

如果消费者的权益受到侵害，根据新《消费者权益保护法》第39条规定，可以通过以下五种途径和方式维护自己的权利。

1. 与经营者进行协商

发生问题可先与商家交涉，自行协商，同时注意收集相关证据。如能协商解决，省时省力，如果分歧不大，消费者要求合理，通常还是可以自行解决的。如果商家一直态度良好，但久拖不决，建议消费者不要一直等待，及时采取其他措施。

2. 寻求消费者协会的帮助，进行调解

消费者权益受到侵害，可以向当地消费者协会反映，寻求帮助。消费者协会也可介入进行调解，也可由消费者协会向相关主管单位反映。但要注意，消费者协会并无强制执法权，调解也要建立在自愿的基础上，如分歧较大，仍可能调解不成。

3. 向工商、卫生、税务、房管等行政主管部门举报要求处理

发生侵害消费者权益的事件，消费者可以视不同的违法行为向商家的主管行政机关投诉举报，如可以向工商局投诉。如果商家还涉及其他资质管理，如食品卫生问题，可以向卫生部门举报，涉及房产问题，还可以向住建委等主管单位投诉。这些投诉，一是可以让相关行政主管部门处罚不良商家，净化市场。二是消费者维权问题，通常也可一并处理。

4. 与经营者达成仲裁协议，提请仲裁机构仲裁

仲裁是指当事人自愿将争议提交第三方予以判断、裁决的一种法律制度。消费者与经营者采用仲裁方式解决消费纠纷时，应当注意：①消费者必须与经营者达成仲裁协议，即双方都同意采取仲裁方式解决纠纷；②自主选择仲裁机构。

5. 向法院起诉，通过诉讼方式来解决

如果通过前述程序解决不了，消费者可依法向有管辖权的法院提起诉讼，法院可依法判决，如任何一方不自动履行判决，另一方可申请法院强制执行。

但是，向法院起诉要注意提前收集证据，如双方发生交易事实的证据、消费者付款的证据、消费者受到损失的证据、损失与商品质量或服务质量有关的证据。如果不注意收集证据，可能会造成消费者主张得不到充分支持的可能。

专栏16-2　"车顶维权"事件暴露车企服务漏洞

2021年4月19日，在第19届上海国际汽车工业展览会（以下简称"上海车展"）上一名车主在特斯拉展位车顶维权后被安保人员拖走的视频在网络广泛传播，引发舆论哗然。当日，特斯拉公司相关负责人的表态也引发了争议。随着事态发展，国家市场监督管理总局、中国消费者协会等有关部门和组织接连就此事件发声，回应舆论关切的问题。

2020年11月广州车展上也曾出现车主现场维权的情况。舆论认为，车展维权现象屡现主要反映出三方面的问题：一是消费者在汽车领域特别是智能网联汽车领域的维权仍然存在痛点、难点和堵点；二是面对消费者维权，车企要及时给消费者合理的解释，回应舆论关切，而不当的回应处置往往会进一步加剧企业与消费者之间的矛盾；三是车展维权事件屡现影响汽车行业舆论形象，不利于汽车产业高质量发展。对此，舆论呼吁：一方面，车企应严把安全关，保障车辆使用安全和消费者权益，同时也要做好售后服务工作，理解消费者维权诉求，并给出切实有效的解决方案；另一方面，有关部门及各级消费者协会要进一步畅通消费者投诉渠道，引导消费者通过合理合法手段和法律途径维护自身权益。

资料来源：作者根据2022年1月24日人民网报道整理而成。

16.2 消费中的伦理

从20世纪90年代以来，消费中的伦理问题开始受到国内学者的关注。消费伦理不仅是要告诉人们如何理性地消费，更重要的是告诉人们如何通过消费实现幸福生活的人生目的。事实上，这不仅是一种消费伦理，更是一种人生哲学。

16.2.1 消费伦理的含义

1. 消费伦理的概念

伦理一般是指一系列指导行为的观念，是从概念角度上对道德现象的哲学思考，它不仅包含着对人与人、人与社会和人与自然之间关系处理中的行为规范，也深刻地蕴涵着依照一定原则来规范行为的深刻道理。

消费伦理是伦理道德体系的一个分支，主要是指人们在消费水平、消费方式等问题上产生的道德观念、道德规范以及对社会消费行为的价值判断和道德评价。消费伦理反映了人们通过对消费生活正当性的追问、反思和批判，确定消费行为应遵循的道德原则，从而为人们理性地规划生活、享受生活和创造生活提供根据与担保，它的终极目的是追求人的幸福。一般而言，消费伦理的内涵包括两个方面：一方面是指消费本身的伦理意蕴，它是对人类消费生活和消费行为的价值理解；另一方面是指人们在消费中应遵循的道德原则和规范，它关乎对人类消费生活与道德生活的关系的理解。⊖

2. 消费伦理的产生

从表面上来看，消费就是指人们把生产出来的物质资料和精神产品用于满足个人生活需要的行为。似乎只要有经济实力，消费就会自然而然地发生。实际上，消费不但体现了经济状况，更具有社会性。

消费者是处于社会关系中的人，因此，个人的消费总是在与他人的社会经济关系中展开的。消费的社会性表现在以下几点：首先，个人的消费具有社会的内容。个人消费什么、为何消费、怎么消费、消费多少都取决于消费观，而人们的消费观主要是在社会化过程中形成的，不同的群体、阶层和民族的消费观是不尽相同的。其次，个人的消费具有社会的性质。个人消费行为受社会的消费取向和其他社会因素（比如消费主义潮流、时尚消费趋向、广告等）的影响，导致消费的社会模仿性。消费行为又是一种象征性竞争，通过不断创造消费差异来表现某些特殊阶层的优势地位，消费能力成为现代人某种社会地位、身份和生活方式的象征。最后，个人的消费具有社会的形式。随着社会分工的发展，消费的供应社会化了，消费者的消费是通过交换来获得对劳动产品和服务的享用，而不仅是自给自足来满足对消费的需要。由于个人是错综复杂的社会关系网中的一个网结，个人消费就绝不是个人单独的事，而是与社会和他人有着密切的关系，因此，个人的消费行为必然对社会经济生活秩序产生一定的影响（积极的或消极的）。⊜

随着人民生活水平的提高，消费不仅要满足人们最基本的生活，更重要的是体现人们的生活方式。在消费过程中，人们会越来越多地考虑消费所带来的内心感受和他人对自己的评价，强调消费的社会责任感。

因此，消费需要以经济实力为前提和基础，但消费者做出怎样的消费选择，不仅受到消费意愿、个人心理、性格特征的影响，也体现了消费者的价值观和社会责任感。可以说，消费是一种经济现象，同时也是一种文化现象，折射出一定时代社会的经济水平、价值取向和道德风尚，渗透着伦理观念。

16.2.2 消费伦理的原则

消费伦理的原则要反映人类的共同利益，并以此调节人们的行为。

1. 人与自然和谐的原则

消费是一个自然过程，在这个过程中，消费主体或多或少地要消耗来自自然的物质资料，以满足自身需要。因此，消费必然涉及人与自然的关系问题，必须对人与自然的关系有正确的认识。人与自然和谐的原则包括两大方面：一是在消费中减少资源的占用，

⊖ 徐新. 消费伦理研究 [D]. 长沙：中南大学，2008.
⊜ 同⊖.

特别是能源的占用；二是在消费中减少对环境的污染，加强对垃圾的无公害处理。

在古代社会，无论中国还是西方，都对消费中的节俭给予了充分肯定。这其中有着深刻的社会历史背景。由于科学技术的不发达，人类向自然索取的能力还很弱，人类的消费空间非常有限，减少消费、抑制消费是应有之义。在强大的自然界面前，整个人类是"弱势群体"。但当人类开始跨入近代以后，由于科学技术的迅猛发展，人类对自然改造和索取的能力大大提高，人与自然的关系也发生了重大变化，人们的消费欲望空前膨胀，无止境地追求物质财富，毁灭性地利用自然资源。到了 20 世纪以后，人类中心主义遇到了现实社会的强烈挑战，人与自然的矛盾以新的形式出现了。面对地球上人口的急剧增加和资源消耗的直线上升，生态环境不堪重负。这里有两大矛盾，一是消费的增加与地球资源有限性的矛盾。人类消费总量的迅速增加，给地球资源的供给造成了空前的压力，特别是一些无法再生的资源加速枯竭，为人们敲响了警钟。二是消费的增加与保护环境的矛盾。消费越多，生产也越多，往往产生的污染物和生活垃圾也越多。不断增长的生产污染物和生活垃圾恶化了人类生存的环境。当前，人们意识到在消费问题上尊重自然、顺应自然、保护自然的重要性，消费不仅要实现经济上的合理性，而且要实现伦理上的合理性，即履行对生态环境的社会责任。人们要充分认识到人与自然和谐对于人类生活而言具有重要意义。

2. 物质生活与精神生活和谐的原则

消费不仅是自然过程，而且是一个社会过程，社会的道德风尚、个人的价值偏好都对消费的内容、数量、形式等发生重要影响。消费伦理对消费行为的调节分析，如何处理物质消费与精神文化消费的关系是一个基本问题。

物质消费是人类生存不可缺少的基本要求，然而精神文化消费又体现了人的特质。物质消费与精神文化消费和谐原则的主旨是：既要注重物质消费，更要注重精神文化消费，应把两者有机统一起来。物质产品的匮乏导致物质消费不足，会给人生带来痛苦，人生的目的在于追求幸福，幸福中必然包含物质生活的内容。但一味热衷于追求物质生活享受，就会导致物质生活与精神生活严重失衡，在社会上产生了种种弊端。一个具有良好社会风尚的文明社会，是一个物质生活与精神文化生活、物质消费与精神文化消费和谐的社会。

当前，强调精神文化消费有着重要的现实意义。首先，它进一步拓宽了消费的领域，极大地推动了经济的发展。其次，它提高了人们的生活情趣，促进了人的全面发展。最后，它推动了良好社会风尚的建立和社会文明的进步。

16.2.3 消费伦理的规范

消费伦理作为一种意识形式及价值规范，通过影响社会中每一个消费者的消费伦理观念，进而影响整个社会的消费行为。作为人的一种社会活动，消费的行为需要消费伦理的规范来引领和约束。21 世纪以来，我国在消费市场繁荣发展以及消费水平提高的同时，也存在攀比消费、过度消费或畸形消费等问题。消费伦理规范体系可以从适度消费、绿色消费和科学消费三个方面来构建。

1. 适度消费：崇尚节俭和合理消费相统一

在消费中对奢或俭的认识，从古至今不同的人乃至不同思想流派对于两者关系处理给出了不同的答案。在我国古代消费思想史上，人们对奢与俭的认识，大致可分为三种，即节用论、奢靡论和中庸论。

提倡节用，主张"黜奢崇俭"的代表人物是墨子和老子。墨子在其书《墨子》中有节用、节葬等篇，都是主张节用贵俭的，其中心思想是"诸加费不加于民利者弗为"，即不做劳民伤财而无益民的事。墨子还认为一个国家"俭节则昌，淫佚则亡"。老子从"小国寡民"的社会蓝图出发，将"黜奢崇俭"推向极端，认为只要"实其腹，强其骨"，即"罪莫大于可欲，祸莫大于不知足"等，并把俭视为人生三大宝之一。

奢靡论的代表人物是管子、荀子。管子在他的文章《侈靡篇》中论述了侈靡消费，中心思想是"富者靡之，贫者为之"。荀子认为"圣人纵其欲，兼其情，而制焉者理矣""使欲必不穷乎物，物不必屈于欲，两者相持而长"等。

儒家主张奢俭中庸论。孔子的观点可概括为"奢则不逊，俭则固，与其不逊也宁固"。他认为奢或俭两者都有问题，但与其是奢，宁可陋。孔子并不是说俭好，所以董仲舒说"俭非圣人之中制也"。孔子又说"礼，与其奢也，宁俭"，对奢与俭的判断没有变化，但这里指出，奢与俭是指在礼的范围内的行为，即奢与俭的区分是以礼为标准的。

可以看出，以上我国古代关于奢俭的论述，主要是从社会道德或伦理的角度来阐明的。

在思想史上，与消费有关的还有禁欲主义和纵欲主义的争论。禁欲主义者重视精神文化消费而贬低物质消费的价值，他们认为物质欲望是人类低层次、原始、偏向于动物本能的需求，如果放大这种欲望，那么整个人类社会将会陷入一种低层次的状态，个人也会变得庸俗并走入迷途，只有禁除掉这些欲望，提高自身的精神追求，过着简易而质朴的生活才有利于人类身心的健康发展。而纵欲主义者则恰恰相反，他们认为欲望是人类与生俱来的本能需要，应该极力满足人的欲望需求。人应该及时行乐，追求欲望的满足而不管这种欲望是否合理，物质享受才是人生活的本质价值。二者极端对立地站在了物质消费和精神文化消费的两端，不能以客观的心态辩证地看待两者间的关系。

其实，个人的消费是离不开具体的社会实践状况的，个人消费应适应于一个国家的经济发展战略，也应该有助于营造健康良好的社会消费氛围，推动社会和个人的全面发展。因此，合理的适度消费是必然的选择。适度消费就是在消费观上采取适度原则，做到"俭而有度，合理消费"。经济学家把合理的消费支出概括为三层含义：第一，等于或接近于社会平均消费水平；第二，与个人收入、财力相适应；第三，在资源的社会供给量为既定的条件下不过多地占用或消耗该种资源。节俭是"略低于"社会平均消费水平的消费支出，是"略低于"个人收入水平或财力状况的消费支出，是"较少地"占用或消耗该种资源的消费支出。正如经济学家萨伊（Jean-Baptiste Say）的观点"节俭是经过深思熟虑的消费，节俭没有固定的规则……不为奢侈品而牺牲必需品，不像财奴那样为随时可享用，而始终没享用的奢侈品而牺牲现今的生活舒适品……节俭是适度的、合理的、正当又大方的消费。"

在此前提下，社会应该充分尊重消费者的自身决定，而消费伦理的关键就在于调控、引导人们在消费过程中存在的炫耀、攀比等不正常的消费心理，突出精神生活的重要影响，合理规范消费者的消费行为。

2. 绿色消费：确立符合保护生态环境要求的消费

绿色消费是指一种以适度节制消费、避免或减少对环境的破坏、崇尚自然和保护生态等为特征的新型消费行为和过程，是符合人的健康和环境保护标准的各种消费行为和消费方式的统称。绿色消费不仅是消费无污染、质量好、有利于健康的产品，还包括物资的回收利用，能源的有效使用，对生存环境、物种环境的保护等。绿色消费伦理观念要求人们在购买物品和消费时，一方面要注意对自身健康和生存环境是否有益；另一方面，要有利于环境保护，有利于生态平衡。

绿色消费的产生与人们在经济发展过程中对自然资源、自然环境的认识相关。人类与自然的物质变换过程必须建立在平衡的基础上。一方面，人类向自然取得物质资料，要以自然的再生产能力为前提，而自然界许多资源本身是不可再生的；另一方面，人类将排出物返还自然，要以自然的"净化"能力为限，否则就会对环境造成污染。20 世纪 80 年代后半期，英国掀起了绿色消费者运动，号召消费者选购有益于环境的产品，促使生产者转向制造有益于环境的产品，即通过消费者来带动生产者，通过消费领域影响生产领域的环境保护。由此，绿色消费在多个国家共同呼吁的绿色运动中被提出，绿色消费得到国际社会的广泛认同。

具体而言，绿色消费的具体内容包括：①倡导消费时选择未被污染或有助于公众健康的绿色产品；②在消费者转变消费观念，崇尚自然、追求健康、追求生活舒适的同时，注重环保，节约资源和能源，实现可持续消费；③在消费过程中注重对垃圾的处置，不造成环境污染。绿色消费符合"3E"和"3R"，即经济实惠（economic）、生态效益（ecological）、平等（equitable）、减少非必要的消费（reduce）、重复使用（reuse）和再生利用（recycle）。

绿色消费作为消费伦理的重要内容和关键命题，需要具备伦理基础和原则。要真正实践绿色消费，必须加强消费道德教育，培养消费者合理的消费伦理观念，加强伦理观念教育。

3. 科学消费：建立科学、文明、健康的消费方式

消费方式的"文明、健康"与"消极、颓废"相对立，文明的消费方式是指那些对社会进步、个体自我完善有积极意义的消费方式。健康不仅指身体健康，而且还指心理健康、社会适应良好。

坚持科学消费，就是以科学的内涵指导全社会消费群体的日常消费。科学揭示了自然界和人类社会发展的本质规律，要以科学的精神指导消费，尊重现实和规律，反对愚昧和迷信的消费。同时，科学的消费方式应该是鼓励人们身心健康发展的、文明的，文明的表现就是能反映出时代的进步性与合理性。

不可否认的是，我国还存在一些与科学、文明、健康消费相悖的陋俗。比如在逢年过节、婚丧嫁娶、添丁增岁等聚餐活动中大操大办，铺张浪费。因此，有必要宣扬科学消费理念，普及科学消费知识，提高消费者素质，促进消费市场环境改善，引导消费者合理、科学的消费，促进经济和社会发展。

专栏16-3　美丽无需伤害

稀有的皮草产品一度是人们彰显地位及财富的一种手段，而随着社会不断发展，这种"野蛮时尚"逐渐不被现代文明认可，不少商家及消费者更趋向"无需伤害也一样时尚自在"的消费观。

亚洲善待动物组织（PETA Asia）的 Keith 表示："2016 年中国的水貂皮草产量下跌了超过 40%，狐狸皮草的产量每年以 12.75% 的速度减少。但很可惜，目前大众对皮革产业的认知程度还不够成熟，皮革产业需求量一直在增长，消费者对'真皮'及特殊皮革的追求仍然火热。"

"皮草制品的消费者以"80 后"人群为主。值得注意的是，用作冬季衣帽饰边的皮草用量，甚至比整衣式的皮草大衣造成的牺牲更大。"行动亚洲（ACTAsia）生命关怀能力发展中心传播与项目研究专员龙缘之说道。

也许你穿的皮草来自一只貂、你脚下的皮鞋来自一只羊、你的包来自一只鸵鸟、你的皮衣来自一条鳄鱼、你的方向盘来自一头牛、你的手套来自一只狗……你身上穿的，脚下踏的，手上戴的，可能都是历经折磨后逝去的生命。正如 PETA Asia 所言："人们往往被美丽的外表蒙蔽，却不知时尚的代价是鲜活的生命。"随着"反皮草""零残忍"等呼声渐起，责任消费的概念愈渐深入人心，越来越多的企业开始弃用皮草皮革，选择其他替代材料。

2018 年 12 月 4 日，香奈儿宣布不再使用皮草和特种皮革（包括鳄鱼皮、蜥蜴皮、蛇皮）。2018 年 9 月 6 日，英国奢侈品品牌巴宝莉宣布不再使用动物皮草以及安哥拉兔毛。2017 年 11 月 16 日，美国服饰零售巨头威富公司宣布将携旗下所有服装品牌（包括大家所熟知的 Vans、The North Face 等）加入国际零皮草销售厂商，不再使用皮草、安哥拉山羊毛或珍稀动物皮革。2017 年 10 月 11 日，意大利奢侈品牌古驰宣布自 2018 年起旗下产品将全面停止使用动物毛皮。2016 年 6 月阿玛尼宣布将全面禁用动物毛皮。此外，美国服装品牌 Calvin Klein 早在 1994 年就宣布不再使用皮草。世界知名奢侈品牌 Hugo Boss，Tommy Hilfiger 和 Stella McCartney 均加入了零皮草零售商，认同新一代时尚消费者的道德关怀，承担企业社会责任。"'零皮草零售商'是一个由国际零皮草联盟（Fur Free

Alliance)针对品牌及企业而成立的项目。"古驰 Gucci 总裁比萨里（Marco Bizzarri）曾对媒体表示，皮草其实已经有点过时了，创意有很多表现方式，不一定要用皮草。

有业内人士表示，以 Gucci、Armani 等巨头企业对行业的影响力也许能推动皮草这种表面光鲜、实则野蛮的"时尚"逐渐退出历史舞台。

实际上，现在有很多既时尚又美观的替代选择。英国设计师 Stella McCartney 认为，可以用"合乎道德交易法"的面料和材质来引导新一代消费者做出环保的时尚选择，香奈尔推出的"假皮草"就是一个例子。香奈尔等大品牌刮起的假皮草风，刷新了不少时尚人士对传统皮草的新认识：它不残忍但却相当时髦。同时，包括英国在内的数个国家，陆续全面禁止皮草养殖；荷兰（曾是全世界主要的水貂生产国之一）、丹麦等皮草生产大国亦在民意基础及伦理考量下逐步禁止皮草养殖。

不推崇以虐杀动物为手段、牟取暴利为目的、彰显财富为观念的"时尚"才是符合现代文明的消费观的时尚。"终有一天，人们会觉得'一身貂'并不是一件值得骄傲的事情。"Keith 说。

资料来源：作者根据相关网络资料整理而成。

16.3 消费者的非伦理行为

16.3.1 非伦理行为的含义

一般来说，消费者的行为是基于一个社会所认可的标准或准则来进行的，即在消费伦理的引导下进行决策。但有时也会出现一些异常的行为，比如一个顾客在餐厅用餐，因为服务员上菜慢而大声斥责服务员，这会对服务员造成情绪困扰或心理负担，还会破坏其他消费者的用餐体验。在这种情况下，不仅消费者被别的消费者的行为影响，而且给餐厅带来了间接或直接的经济损失。这种情况就是消费者的非伦理行为。

美国学者巴里·巴宾（Barry Babin）和埃里克·哈里斯（Eric Harris）将消费者非伦理行为（Customer Misbehavior）定义为违反人们普遍接受的行为准则的行为，这样的行为通常打乱了消费活动的正常进行。也有学者认为消费者非伦理行为是消费者行为中"黑暗的一面"，并常用"异常""违法""否定""功能失调""不正常"这些词来描述。

国内一些学者称此为顾客不当行为，并定义为：违反消费情境中可接受的行为规范，并且破坏消费秩序的顾客行为被称为顾客不当行为，如拥挤、喧哗、随处弃物、违背习俗礼仪、过度品尝、顺手牵羊等。

随着人与人之间交互的增加和公共活动空间的扩大，消费者非伦理行为现象越来越突出，消费者违反了某种规则和法律时也伤害了其他人。因此，防范和控制消费者非伦理行为、维护消费秩序是非常重要的。

需要注意的是，由于观念、习俗、文化等差异，在不同消费背景下，对消费者非伦理行为的认定存在差异。

16.3.2 非伦理行为的动机

消费者行为的结果源于他们所做的决定，消费者的价值观和道德理念会影响消费者的选择。对于非伦理行为的动机，归纳学者的研究有以下几种。

1. 道德感的缺失

从社会学的角度来看，道德感的缺失可以解释非伦理行为的产生。个体道德感的形成既有历史原因，也有经济的影响；既有制度的原因，也有文化的影响；还与家庭因素、教育因素等密切相关。在美国，哥伦比亚大学商学院的学生有一门关于道德规范的必修课，学校方面指出，道德规范并不是让学生拒绝高薪工作，而是让他们思考应该用什么方式赚钱。哈佛大学的 MBA 学员毕业宣誓的誓词里，第一句话就是"我将以最正直的方式行事，以符合道德规范的方式从事我的工作"。我国古语"君子爱财，取之有道"或"盗亦有道"等都反映了人们的行为需要遵守社会道德规范，所谓道德性规范是一种自律的力量，要求行为主体进行自我约束，没有外在力量强迫其做什么和不做什么。

消费者酒后驾车、参加保险诈骗、偷盗等行为不仅是违法的，也是不道德的。有些消费者认为以最小的成本或不付出任何代价获取价值、寻求最大利益是理所应当的，这些价值观错位、缺少道德约束等促使消费非伦理行为的产生。

2. 机会主义

机会主义行为源于人的逐利本性。根据经济学对人的假设，人是追求效用最大化的，人们所从事的各种经济活动最终目的是满足自身的需要。人们在追求自身效用最大化时，常常会走到机会主义上去，会借助各种不正当的手段谋取自身利益，不惜损人利己。另外，信息不对称和人的有限理性给机会主义行为存在提供了活动空间。在这种情况下，一些人就可能利用某种有利的信息条件如信息不对称，向对方说谎和欺骗，或者利用某种有利的谈判地位背信弃义，要挟对方以谋取私利。例如，如果保险公司的保险费率提高时，健康者不愿投保，而体弱多病者则积极参加人身保险。

3. 消费情境的影响

在商场拥挤不堪、餐厅等候时间过长或飞机延迟等情境下，这些糟糕的体验给消费者带来负面的情绪，进而容易产生过激行为。现在，多数零售商都采取开放式的售卖方式，诱惑性太强的商品陈列方式似乎也诱使一些消费者通过偷窃去获得这些商品。

4. 爱占小便宜心理

在零售百货店，特别是超市中可以先尝后买的开放式水果、小吃柜台前，总能看到有个别人受爱占小便宜心理的驱使，在那里尝个没完没了，甚至连尝带拿。

5. 寻求快感

有些消费者简单的行为快感会导致非伦理消费行为的产生。例如，超速驾驶让消费者非常兴奋。实际上，寻找快感是许多消费行为的动机，非伦理行为也不例外。

另外，有的青少年为了能够融入某一小团体或被小集团接受，甚至为了炫耀自己而进行偷窃等，这时消费者的反常行为是一种归属于一个特殊团体的方法。

16.3.3 非伦理行为的具体表现

具体的消费者非伦理行为可以归纳为以下三类。

1. 违反道德性规范行为

违反道德性规范行为是指在消费情境中消费者违反依靠社会舆论、人们的内心信念和风俗习惯来调节消费者与消费者之间行为原则和规范的行为。具体可分为以下三类。

（1）违反社会公德行为。这类行为是指消费者只考虑自己的利益，不考虑公众利益的行为，主要表现在破坏公共设施和公共环境方面。例如，在消费环境中乱丢垃圾、废弃物，在文物或服务设施上乱刻乱画。

（2）不讲文明礼仪行为。这类行为主要是指在消费场所着装、举止不当，不礼让的行为。比如，在购物、就餐、等车过程中的争抢、拥挤、推搡等行为。

（3）不良习惯。这类行为是指消费中的不良卫生习惯或其他陋习，包括随地吐痰、擤鼻涕、吐口香糖等，也包括在餐厅、超市、公交车、机场、火车站、酒店、电梯等公共场所的大声喧哗、高声说笑的行为。

2. 违反契约性规范行为

这类行为是指在消费情境中违反规程或规定的契约关系的行为。

（1）违反显性契约行为，是指违反明示的服务规程或规定的行为，如在非吸烟区吸烟。

（2）违反隐性契约行为，是指违反以消费者和消费提供方、消费者与消费者默认设置为特征的契约的行为。随意触动、乱摆、乱扔、私拆、捏坏商品等行为不但给零售企业造成经济损失，而且给其他顾客购物带来不便。

3. 违反行政性规范行为

这类行为是指在消费情境中消费者侵犯其他消费者，并且违反法律、法规或企业制度的行为，主要表现为偷窃其他消费者的随身财物，对其他顾客的身体侵犯等。另外，通过电脑非法下载资料、进行网络攻击行为或网络电信欺诈行为也是经常被讨论的非伦理行为，甚至是违法行为。

除此之外，当消费者发生无理由投诉行为时，原因可能是为了得到免费的商品，或是为了回避对产品的错误操作的责任，以及为了得到其他更多的补偿等——这也属于非伦理行为。

> **专栏16-4　利用网购"七天无理由退货"的诈骗**
>
> "七天无理由退货"是目前很多网络购物平台提供的退货服务，但是因退货机制存在一些漏洞而容易被不法分子钻空子，实施诈骗。
>
> 消费者WL就是通过"买二退一、全额退款"的方式，利用退货机制漏洞侵占多家网络购物平台的名牌服装等商品。近期警方侦破了这起网络买家利用退货环节的诈骗案，涉案金额达14万余元。根据警方调查，消费者WL共有4个网络账户、多个收件地址，但购买人及收货人都是她本人，即账户是WL用亲朋好友的身份信息进行注册的，实际操作的是她本人。
>
> 警方披露了WL的作案细节：WL用同一账户在同一网络购物平台购买两件相同的商品，等待两件商品均到货后，再同时提出"七天无理由退货"申请，申请通过后填写退货快递运单号时，故意将两个单号都写成其中一个的单号，只将其中一件商品寄回。
>
> "卖家收到寄回的商品，根据单号给WL退款，而另一个单号也对应这件寄回的商品，卖家再一次给WL退款。"警方说。实际上网络购物平台进行了两次退款，却只收到同一件寄回商品，WL将另一件商品非法侵占。
>
> 警方补充说，此案暴露出网络购物平台在退货环节监管不严，建议对于退货、退款的订单要及时跟进处理，以防不法分子钻空子。
>
> 资料来源：韩宇.当心！有人利用网购"七天无理由退货"：漏洞诈骗[N].法制日报，2018-08-03.

16.3.4　消费者的问题行为

消费者的问题行为（customer problem behavior）和消费者非伦理行为（customer misbehavior）在多数情况下是有区别的。非伦理行为往往表示在消费交换过程中伤害到他人或团体的行为；消费者的问题行为则倾向于消费者无法控制自己所做出的行为，比如，一些人沉溺于毒品，一些人酗酒等。在这种情况下，消费者想放弃这种行为但发现很难放弃。以下分析了几种常见的消费者的问题行为。

1. 强迫性消费

强迫性消费（compulsive consumption）是指反复的、经常的过度购物行为，有时甚至产生上瘾性消费（addictive consumption）。

心理专家表示，如果购物仅仅是癖好，通常对生活没有太大影响。比如，一些老年人喜欢囤积东西，多数是因为年轻时物质匮乏，等到年老了有条件的时候，会用囤积来满足内心曾经缺失的感觉，同时也是一种寻找安全感的体现。还有一些家庭主妇，喜欢购买打折商品，进行囤积，这是多数人都有的喜欢占小便宜的心理。如果消费者能够用理智控制他在自己经济能力范围内的消费欲望就是正常的，但如果购物时无法用理智控制，过度购买，进而影响自己的生活，便已经具有强迫性消费倾向了，这类人需要根据情况对其进行心理干预，或者找心理咨询师寻求帮助。

心理专家认为，购物成瘾的人，多是缺乏自信心、没有安全感、生活压力过大，或者想要满足被人羡慕的虚荣心这几个原因造成的。但这些人疯狂购物之后，通常更加消极，强迫性消费就成为一种恶性循环。根据已有的研究发现，强迫性消费群体中，女性消费者所占比例超过男性消费者。

专栏16-5　　　　　　为什么要不停地"买买买"

对很多人来说，购物似乎已经成为一种可以治愈自己的方式，所谓"没有什么难过的事情是买买买解决不了的"。但如果一个人总是冲动消费，不需要的东西也要买，那么他可能已经陷入了强迫性购物的怪圈。

事实上，早在一个世纪以前，就有心理学家提出了"购物癖"这个概念，到了20世纪90年代，"购物癖"现象真正开始成为精神健康领域的研究对象。通常，心理学界的研究都倾向于将强迫性购物划分为成瘾类。比如有些人形容自己买东西的感受就像喝酒一样容易上瘾，因此强迫性购物也被称为消费成瘾。

心理学家分析，有些人会强迫性购物首先与他们的童年经历有关。如果在小时候曾经受到父母或他人的不平等待遇，孩子会从玩具、零食中寻找安慰。成年之后，购物便取代了玩具和零食，成为他们新的情感支持。其次，压力太大也是人们"买买买"的一大理由。很重要的一个原因是"有压力、去购物"这种刺激反应联结形成后被不断强化了。比如，当一个人偶然发现购物可以释放情绪时，他就会觉得包包、口红、衣服全都能给他带来好心情。有这样一个奖励在，当然就会陷入不断"剁手"的状态。再次，孤独感也是购物的催化剂。研究表明，当一个人在一段时间内感到非常孤单时，大型商场里明亮的灯光、彩色的招牌和欢快的音乐都会带给人强烈的刺激。美国的一项研究还发现，老年人群存在大量通过电视和网络进行过度消费的情况，这和这一人群的特质有关：孤独、无聊。

不可否认，购物确实能在一定程度上帮助人们放松、减压、缓解负面情绪。然而，它并不是真正意义上的心理治疗，它也许能够转移注意力，但并不能帮助人解决长期的焦虑或抑郁问题。所以，让购物发挥出它应有的积极作用非常重要。我们可以尝试设立一个独立的资金账户，专门用这里面的资金来购物，这可能会帮助我们有效控制预算；列购物清单也是一个不错的选择，这会让人产生一种完成任务的成就感和满足感；如果实在想通过购物来释放压力，那么不妨选择一些放松舒缓的小物件，比如香氛蜡烛、不同口味的茶包、书等。面对压力，与其沉浸在"买买买"的状态里逃避困难，不如学会复盘整个过程，看看怎样才能做得更好。

说到底，每个人都要找到一个更适合自己、更具有适应性的情绪缓解法，唤醒内心理智的那一面，遇到问题，解决问题，而不是用"买买买"的方式忽略问题。

资料来源：作者根据网络资料整理而成。

2. 饮食失调

无论暴饮暴食还是厌食症都是饮食失调的表现，反映了消费者心理和身体的不良状态。

对患有暴饮暴食症的人来说，食物是一种瘾，当吃得过多成为一种慢性病时，这些人就会以暴饮暴食来安排时间，这种隐蔽行为意味着患有暴饮暴食症的人完全把自己孤立起来，变得精神沮丧，没有自信。而且暴饮暴食伴随着肥胖和其他很多疾病的风险：高血压、高胆固醇、血管阻塞、心脏病、中风、糖尿病等。

厌食症是由于怕胖、心情低落而过分节食、拒食、厌食、挑食或偏食而形成的，造成人的体重下降、营养不良，甚至存在生命危险。

3. 酗酒

个人价值观与酒精消费的态度有关。例如，年轻人为了融入社会群体酗酒的可能性较高，为了逃避问题选择酗酒的也不在少数。虽然酒精可以给消费者带来暂时的兴奋和愉悦，但酗酒会引发打架斗殴等不安全行为，甚至造成自杀等更严重的后果。

4. 赌博

与许多强迫性行为一样，赌博和消费者的其他冲动行为有关。例如，研究表明赌博和疯狂购物以及吸毒有密切关联，因对它们产生依赖性而成瘾。如果一个人喜欢赌博，越输越赌，一旦上瘾，就可能置抛家弃子或倾家荡产等后果于不顾，以至于不能自拔，即行为成瘾，在心理学上被称为"病态赌博"。研究结果表明，赌徒的成瘾是行为刺激大脑产生的后果，他们可以从赌博中体验到陶醉和欣喜，其程度与药物成瘾者旗鼓相当。寻求刺激、对金钱的欲望、侥幸心理、投机冒险、争强好胜等，都是十分常见的赌博动机。

5. 吸毒

吸毒作为一种问题行为是由人们生理病变和反常心理活动引起的。好奇心、寻找刺激、逆反心理、环境影响都可能导致一个人吸毒。吸毒不仅对吸毒者的身体造成极大的损害，也会使人出现精神障碍，不仅危害家庭，还会诱发许多违法犯罪活动，扰乱社会治安，给社会安定带来巨大威胁。

16.4 营销道德与企业社会责任

现代社会中营销已成为企业最重要的一项职能，营销无处不在，无时不在。营销的手段更是五花八门，令人目不暇接，营销活动对公众和社会的影响日益加深。然而，在人们享受有益营销活动所带来的好处的同时，营销活动也受到了越来越多的非议。例如，在"双11"促销期间，有的电商推出了"限时抢购""爆款秒杀""巨惠特卖"等促销活动，但实际上存在虚标价格、弄虚作假、夸大宣传的情况。因此，现代营销必须讲求营销道德，实施诚信营销，担负企业社会责任，使企业在消费者心目中树立起良好的形象，才能实现企业的可持续发展。

16.4.1 营销道德和企业社会责任的概念

1. 营销道德的含义

"道德"一词被用于社会的许多方面，是社会意识形态之一。道德是人们共同生活及行为的准则和规范，道德通过社会或一定阶级的舆论对社会生活起约束作用。营销活动既是企业的管理行为，也是企业的社会行为，每一种具体的市场营销行为都要由社会依据一定的标准评价其是否合乎道德，这些标准的总和就构成营销道德。

根据巴里·巴宾和埃里克·哈里斯的观点，营销道德是指营销者在开发和实施营销策略时，被期望遵从建立在正确而公平的实践基础上的社会及专业的标准。营销道德是用来判定市场营销活动正确与否的道德标准，即判断企业营销活动是否符合消费者及社会的利益，能否给广大消费者及社会带来最大幸福。

2. 企业社会责任的定义

企业社会责任是指企业在创造利润、对股东和员工承担法律责任的同时，还要承担对消费者、社区和环境的责任。简单来说，企业社会责任可以定义为企业需要履行的社会义务。企业的社会责任要求企业必须超越把利润作为唯一目标的传统理念，强调在生产过程中对人的价值的关注，强调对环境、消费者、对社会的贡献。

古典经济学理论认为，一个社会通过市场能够最好地确定其需要，如果企业尽可能高效率地使用资源以提供社会需要的产品和服务，并以消费者愿意支付的价格销售它们，企业就尽到了自己的社会责任。企业可以通过多种方法表现其社会责任感。例如，生产货真价实的产品、完成为国家纳税的任务、执行环境保护标准、坚持可持续发展、捐款及开展公益活动。

一些国际组织对推进企业社会责任非常重视，并成立了相关机构和组织，如联合国2000年实施的"全球契约"计划，提倡包括人权、劳工、环境和反腐败等4个方面的10项原则，已有2 900多家世界著名企业加入该计划。此外，SA 8000（Social Accountability 8000，社会责任标准）是依据国际劳工组织条例所建立的国际性社会责任标准。企业社会责任工作正在全球迅速扩展。

16.4.2 对营销道德和企业社会责任的关注

从西方发达国家市场经济发展的历程中看，在市场经济发展的初期，人们并没有给予市场行为的道德问题过多关注，社会环境对企业的引导和约束力度很小，营销道德作为一种社会规范尚未形成。而随着经济的不断发展、消费者的日渐成熟，人们发现市场秩序与市场经济发展的矛盾日益凸现，各种不道德市场行为不仅直接损害了消费者的利益，而且严重地扰乱了市场秩序，影响了市场的健康发展，从而对营销道德问题的研究引起了人们的重视。

具体来说，对营销道德问题的研究始于 20 世纪 60 年代的美国。第二次世界大战后，美国在恢复战后经济的基础上实现经济的飞速发展，同时出现了一系列违背道德的营销行为。例如商业贿赂、欺骗性广告、价格共谋、产品安全问题等。当时美国宗教界人士率先呼吁人们重视对企业道德的研究。1972 年，菲利普·科特勒在环保主义和消费者权益保护主义运动的新形势下提出了"社会市场营销观念"，这一观念是对市场营销观念的新发展，它弥补了市场营销观念只关注目标顾客的眼前需求而忽视消费者长期利益和长期社会福利的缺陷，要求企业营销者在制定市场营销政策时要统筹兼顾三方面的利益，把营销道德和社会责任纳入营销战略的制定和实施中，对于指导企业承担应有的社会责任、实施可持续发展有着重要意义。

20 世纪 80 年代之后，以美国为代表的西方发达国家除了对传统营销中各环节的道德问题的研究之外，对新兴的服务营销、绿色营销中的道德问题也十分关注。20 世纪 90 年代之后，不仅在营销道德的范围研究方面不断扩大，在研究内容方面，从国内企业的道德研究扩大到对国际市场营销道德及跨国营销道德的研究，从中揭示各个国家文化的差异性、道德观念的区别以及各国营销道德之间的矛盾。

随着市场经济的引入和发展，我国企业在 20 世纪 80 年代中后期开始重视企业营销道德的问题。学术界从 20 世纪 90 年代中期提出要重视对企业营销道德的研究，认为企业营销道德是企业经营中必须解决的重大问题，它不仅关系到企业兴衰，对于维护市场经济秩序、提高社会主义精神文明水平具有重要的理论意义和深远的现实意义。

16.4.3　营销活动中的道德问题

根据市场营销组合理论（通常简称 4P），营销活动过程中的道德问题主要涉及以下几点。

1. 产品（product）策略中的道德问题

为消费者提供货真价实、优质的产品及服务是企业最基本的社会责任，如果违背这一原则就会违背营销道德。虽然有些产品或服务本身有风险，例如滑板、蹦极、驾驶，但一般消费者完全了解这些危险，因此他们会注意自我防范，企业对这些产品或服务通常不负责任。但如果企业销售假冒伪劣产品或对消费者健康、社会环境造成危害的产品，就属于道德问题。

2. 价格（price）策略中的道德问题

企业为消费者提供真实及合理的价格是企业履行社会责任的重要组成部分。如果为牟取暴利而欺骗顾客，诸如变相涨价、哄抬物价掠夺消费者的利益、为了压垮竞争对手而实行差异性歧视价格、实行垄断价格、实行价格共谋。这些都严重地损害了消费者的利益，扰乱了正常的市场经济秩序。

3. 分销（place）策略中的道德问题

在制定和实施分销策略时，各渠道成员会根据各自的利益和条件相互选择，并以合约形式规定双方的权利和义务。违背合约有关规定损害任一方的利益都会产生道德问题。例如生产商与经销商不履行双方签订的合同，或生产商不按时供货、不如数供货给经销商、经销商不按期付款给生产商、生产商与经销商相互推诿产品售后服务的责任等。另外，用贿赂方式寻找分销商，或在分销商品的过程中进行欺诈、骗买骗卖等都属于分销策略中的道德问题。

4. 促销（promotion）策略中的道德问题

促销本质上是企业和消费者的信息沟通，如果在信息沟通程中存在虚假和误导性广告、操纵或欺骗性的销售促进、诱饵式的销售技巧或夸张的宣传报道，就会产生道德问题。促销策略中的道德问题具体问题包括以下几个方面。①产品包装上的产品宣传言过其实或言不符实，或过度包装，加大成本，造成资源浪费；②播放欺骗性广告推销产品，使消费者做出错误的购买决策；③为了搞垮竞争对手以提高自己产品或企业的身份而播放攻击竞争者的广告；④为了诱惑消费者购买产品而制作夸大其词或隐瞒缺陷的广告；⑤采用含糊其辞、模棱两可的广告做广告宣传，从而引起消费者对广告真实含义的误解；⑥不负责任地向消费者开"空头支票"，进行欺诈性承诺；⑦诱惑消费者购买不需要的产品或不想买的产品，或推销伪劣产品和滞销产品；⑧制造产品"紧俏"的假象，诱使不明真相的消费者上当；⑨炒作概念、制造噱头、蒙骗消费者、促进产品销售等。

此外，随着互联网的发展和网络购物的普及，网络营销中的道德问题也值得关注。例如，在收集信息的过程中侵犯消费者的知情权；在使用信息的过程中违背收集信息的初衷；在网上发布虚假、不健康甚至违法的商业信息；网上交易中的欺诈行为等。

营销中道德问题的产生与企业片面追求高利润、缺乏道德约束机制、营销人员素质不高、行业缺乏自律等原因有关，也与一个社会市场体系不健全、法制不健全、执法不严、消费者不健康的消费心理、自我保护意识不强等有关。这些不道德的营销行为不仅损害了消费者的利益，而且破坏了公平竞争秩序，损害了其他竞争者的利益，同时也给企业自身带来了严重的危害。

专栏16-6　　　　　　　你会买"有机蔬菜"吗

在不少大型超市的蔬果销售区，除了普通散装蔬菜，往往还销售专门的有机蔬菜，它们与普通蔬菜大堆散装不同，大多都是以小包装为主，贴有"无公害""绿色""有机"的标签，价格更是高出普通蔬菜数倍甚至十倍以上。"有机"对于消费者来说就是天然、环保、安全的象征，但这些打着"有机"标签的蔬菜真的是有机蔬菜吗？

实际上，有机蔬菜与普通蔬菜的营销渠道不同，且认证、质量控制程序较复杂。有机蔬菜通过认证后，认证机构会根据认证的地块大小和种植蔬菜的种类等计算出大概的产量，然后配发相应数量的有机产品认证标志。因此，确定有机蔬菜"身份"最简单有效的方法就是有机认证标志。

根据记者的调查发现，许多超市中的有机蔬菜和非有机蔬菜混在货架上销售，如果不仔细看根本分辨不来，仅凭包装难以确认。另外，有些超市将"有机蔬菜"标明为"生态蔬菜"，称标有"生态"字样的蔬菜跟有机蔬菜是一样的，品质、价钱各方面都没有变动，只是换了一种称呼。这种生造概念打擦边球的现象在有机蔬菜网购中尤其普遍。专家表示，这种包装的目的就是商家的营销套路。

此外，即使销售的菜盒上写着"有机"两字，包装上"有机"的字样也很醒目，但是它们却不一定就是有机菜。因为只有"有机标"的是有机菜，没有"有机标"的就不是有机菜。按规定，有机食品的包装上都应该有一个有机认证标志——一个有机码，这是认证机构赋予有机产品的唯一身份代码，可供消费者追溯查询产品的具体生产信息。

然而，即使有的蔬菜有有机认证书，这些蔬菜的真正来源也并不那么可信，甚至有的普通蔬菜冒充有机蔬菜来销售。有的蔬菜批发商表示"蔬菜都有农药，没有农药的不可能长得那么好看"，并声称如果需要检测证明他们可以提供。这种挂羊头卖狗肉的行为虽然为企业带来巨大利益，但损害了消费者的利益和有机食品的声誉！

看来，让消费者买上真正的、放心的有机蔬菜并不那么容易。

资料来源：作者根据 2018 年 5 月 10 日《江南都市报》及《焦点访谈》节目等资料整理而成。

16.4.4 呼唤企业社会责任

20 世纪 80 年代，企业社会责任运动开始在欧美发达国家逐渐兴起，它包括环保、劳工和人权等方面的内容，并由此导致消费者的关注点由单一关心产品质量转向关心产品质量、环境、职业健康和劳动保障等多个方面。一些涉及绿色和平、环保、社会责任和人权等的非政府组织以及舆论也不断呼吁，要求社会责任与贸易挂钩。迫于日益增大的压力和自身的发展需要，很多欧美跨国公司纷纷制定对社会做出必要承诺的责任守则（包括社会责任），或通过环境、职业健康、社会责任认证应对不同利益团体的需要。

20 世纪 90 年代，美国劳工及人权组织针对成衣业和制鞋业发动"反血汗工厂运动"。因利用"血汗工厂"制度生产产品的美国服装制造商李维斯被新闻媒体曝光后，为挽救其公众形象制定了第一份公司生产守则。在劳工和人权组织等的压力下，许多知名品牌公司也都相继建立了自己的生产守则，后演变为"企业生产守则运动"，又称"企业行动规范运动"或"工厂守则运动"，企业生产守则运动的直接目的是促使企业履行自己的社会责任。

2000 年 7 月，"全球契约"论坛第一次会议召开，参加会议的 50 多家著名跨国公司的代表承诺，在建立全球化市场的同时，要以"全球契约"为框架，改善工人工作环境、提高环保水平。"全球契约"行动计划已经有包括中国在内的 30 多个国家和地区的代表、

200多家著名大公司参与。

近些年来，我国政府要求企业依法履行社会责任，注重社会诚信，依法保护劳动者权益、消费者权益和相关利益群体的权益。我国在劳动关系、劳工标准、安全生产、工会组织、环境保护、经营纳税、消费者权益等方面都制定了相应的法律法规。

实际上，企业承担相应的社会责任不仅为企业树立了良好的声誉和形象，提升企业的品牌形象，获得所有利益相关者对企业的良好印象，提高市场占有率，营造和谐的消费环境，还能够增强投资者信心，更加容易地吸引到企业所需要的优秀人才。从长远来看，这有助于保护资源和环境，实现企业的可持续发展，促进社会主义和谐社会建设。

本章小结

本章讨论的是消费者权益、消费伦理、非伦理消费行为以及营销道德和企业的社会责任。

在消费者权益中，界定了消费者权益的概念，回顾了消费者运动与消费者权益保护；讨论了消费者权益保护的意义，特别是重点强调了新《中华人民共和国消费者权益保护法》的主要内容以及消费者维权的方式。

在消费中的伦理中，阐述了消费伦理的含义和消费伦理的产生；消费伦理的原则、消费伦理的规范等内容。

在消费者的非伦理行为方面，阐述了消费者非伦理行为的含义，论述了消费者非伦理行为的动机；分析了消费者非伦理行为的具体表现和消费者的问题行为。

在营销道德与企业社会责任中，阐述了营销道德和企业社会责任的概念，讨论了对营销道德和企业社会责任的关注，最后分析了营销活动中的道德问题和呼唤企业社会责任的问题。

复习思考题

1. 什么是消费者权益？在我国消费者运动和权益保护的发展过程中有哪些大事件？
2. 在新《中华人民共和国消费者权益保护法》中，我国消费者享有哪些权利？
3. 我国消费者有哪些维权方式？
4. 简述消费伦理的含义及消费伦理的原则。
5. 简述消费者的非伦理行为以及非伦理行为的动机。
6. 什么是消费者的问题行为？
7. 什么是营销道德？什么是企业社会责任？
8. 举例分析营销活动中的道德问题。

实践活动

1. 访问周围的同学，询问他们对新《中华人民共和国消费者权益保护法》中网络购物七天无理由退货的理解。
2. 访问周围的同学，询问他们在购物中遇到的商家拒绝退货、欺诈消费者的事情是如何解决的？
3. 小明在网站购买了一部智能手机，但收货之后发现是高仿的。请你查一下，按照 2014 年 3 月 15 日开始实施的新《中华人民共和国消费者权益保护法》，小明该如何维权呢？
4. 找出 3 则你认为具有误导性的广告，说明你选择这 3 则广告的理由。
5. 进入链接 http://finance.cnr.cn/315/gz/，选择 1~2 个案例进行讨论。
6. 去一家超市，调查了解该超市的商品失窃情况，访谈该超市的管理人员，了解超市采取了哪些防范措施，在此基础上写一篇访谈短文。

案例选编

追求纯素主义的美妆品牌 The Body Shop

2021 年 6 月，英国美妆品牌 The Body Shop 表示将在 2023 年成为 100% 素食品牌。这意味着该品牌的产品将在此后确保产品配方中不含任何动物成分。同时，该品牌还宣布 2021 年将在全球 500 家门店推出重复灌装站项目（Refillstations），通过推广可重复使用的包装宣传可持续发展理念，并计划在 2022 年再覆盖 300 家门店。到 2021 年底，The Body Shop 在 14 个市场的 800 家门店扩展其店内回收计划"Return、Recycle、Repeat"（即品牌著名的"3R"政策，意为再回收、再利用、再填充）。

1. 什么是纯素主义

The Body Shop 由安妮塔·罗迪克（Anita Roddick）于 1976 年在英国创立。创始人安妮塔·罗迪克是一位坚定的环保主义者，她不仅仅做生意，更在意通过生意追求社会和环境变革。这个品牌崇尚天然护理、自然美容和绿色环境，所有产品的原料都取自大自然，包装都很朴实无华，并且都是再生材料，连产品标签都强调简单、环保。

简单来说，The Body Shop 声称的纯素主义是指化妆品生产过程中不添加任何含有动物成分的材料，这类美妆产品也受到恪守全素主义的素食者们的欢迎。2021 年，The Body Shop 品牌 60% 的产品都明确标记为"纯素"。在接下来的两年内，The Body Shop 所有产品的配方都将通过严格素食协会(the Vegan Society)的认证，以确保成为 100% 素食品牌。

严格素食协会是一个注册慈善机构，1944 年在英国成立，也是世界上最古老的严格素食协会。该协会在检验和认证产品时会采取极其细致的方法，因为该组织与几乎每一个原材料供应商和生产商都有合作。据悉，为确保完全符合要求，The Body Shop 的大约 3 700 种原材料都经过了精心分析和整体检查，颁发的证书也将印在该品牌的所有包装上。

2. 全球纯素美妆市场已爆发

Data Bridge 的报告显示，2021 年全球纯素美妆市场正在蓬勃发展，到 2027 年，市场估值将达到 236 亿美元（约合人民币 509 亿元），预期年增长率为 6.52%。在美妆界，纯素主义在欧美国家早已不是个新概念。2016 年 3 月，美国平价彩妆品牌 e.l.f. 宣布转型为纯素美妆品牌；2017 年 12 月，彩妆品牌 Hourglass 宣布将在 2020 年转为纯素食品牌；网红美妆品牌 Milk Makeup 也是素食主义崇尚者；2018 年 12 月，德国消费品巨头汉高集团推出纯素食美容品牌 Nature Box；2019 年 8 月，快时尚品牌 Primark 也推出了全新素食护肤品系列。

3. 动物测试的反抗者：The Body Shop 的品牌价值观

除了将纯素主义写进企业价值信条，The Body Shop 或许是在品牌价值观传递和社会责任行动上最为激进的美妆品牌之一。首先，在价值理念中，The Body Shop 持续关注女性赋权，维护社区公平贸易，践行环保包装等。以环保为例，The Body Shop 在 1990 年就将环保确立为核心价值观，目标是到 2030 年使用 100% 回收或重复使用的包装。此外，The Body Shop 是第一家反对在化妆品中进行动物试验的化妆品公司，其基本信念是在追求美丽的过程中不伤害动物。品牌在官网强调永远反对动物实验。

中国国家药品监督管理局发布的文件显示，从 2021 年 5 月 1 日起，进口普通化妆品将不再需要进行动物测试，只要公司提供安全评估并获得"良好安全生产规范"的证书即可，但特殊用途的化妆品包括防晒产品、染发剂、防脱产品、儿童用品等仍然需要接受动物测试。随着上述政策的逐渐落地，中国美妆市场或许会迎来新变动。

资料来源：李建子，追求纯素主义的美妆品牌 The Body Shop, 2021-06-07.

仔细阅读本文，回答下列问题：

1. 结合案例谈谈为什么 The Body Shop 品牌追求纯素主义。
2. 查阅更多资料，了解分析 The Body Shop 的品牌价值观对其目标消费者的影响。
3. 你认为美妆品牌的纯素主义对未来我国美妆市场有何影响？

参考文献

[1] 中华人民共和国国家统计局.中国统计年鉴2022[M].北京：中国统计出版社，2022.

[2] 中国互联网络信息中心.中国互联网络发展状况统计报告：第33~51次.https://www.cnnic.net.cn/6/86/88/index.html.

[3] 吴健安，聂元昆.市场营销学[M].7版.北京：高等教育出版社，2022.

[4] 符国群.消费者行为学[M].4版.北京：高等教育出版社，2021.

[5] 白玉苓.消费者行为学[M].北京：人民邮电出版社，2021.

[6] 希夫曼，维森布利特.消费者行为学[M].江林，张恩忠，等译.北京：中国人民大学出版社，2021.

[7] 江林，丁瑛.消费者心理与行为[M].6版.北京：中国人民大学出版社，2018.

[8] 潘晓波.在线消费者初步态度矛盾性与口碑信息处理研究[M].武汉：武汉大学出版社，2015.

[9] 霍金斯，马瑟斯博.消费者行为学[M].符国群，等译.北京：机械工业出版社，2014.

[10] 高连奎.中产的日子为啥这么难[M].北京：北京时代华文书局，2014.

[11] 王官诚，汤晖，万宏.消费心理学[M].2版.北京：电子工业出版社，2013.

[12] 特维德.逃不开的经济周期：历史、理论与投资现实[M].董裕平，译.北京：中信出版社，2012.

[13] 沈蕾.消费者行为学实验教程[M].上海：上海财经大学出版社，2012.

[14] 张中科，谢春昌.口碑传播对消费者品牌转换的影响研究[M].北京：中国经济出版社，2012.

[15] 毕继东.负面网络口碑对消费者行为意愿的影响[M].北京：经济科学出版社，2011.

[16] 刘业政，姜元春，张结魁，等.网络消费者行为：理论方法及应用[M].北京：科学出版社，2011.

[17] 王兴康.价格的奥秘[M].北京：中国发展出版社，2011.

[18] 刘飞燕.消费者行为学[M].南京：南京师范大学出版社，2011.

[19] 霍伊尔，麦金尼斯.消费者行为学[M].崔楠，徐岚，译.北京：北京大学出版社，2011.

[20] 龚振.消费者行为学[M].2版.广州：广东高等教育出版社，2011.

[21] 李宝玲.消费者网上购物的感知风险研究[M].北京：经济管理出版社，2010.

[22] 高阳.微观经济学[M].北京：中国财政经济出版社，2010.

[23] 符国群.消费者行为学[M].2版.北京：高等教育出版社，2010.

[24] 刘文纲.国际营销管理[M].北京：经济科学出版社，2009.

[25] 布莱克韦尔，米尼德，恩格尔.消费者行为学[M].吴振阳，等译.北京：机械工业出版社，2009.

[26] 陈立平.卖场营销[M].北京：中国人民大学出版社，2008.

[27] 张运来.冲动性购买的整合研究：基于情感视角[M].北京：中国物资出版社，2008.

[28] 郑祥福，叶晖，陈来仪，等.大众文化时代的消费问题研究[M].北京：中国社会科学出版社，2008.

[29] 李东进.消费者行为学 [M].北京:机械工业出版社,2007.

[30] 所罗门,卢泰宏.消费者行为学 [M].6 版.北京:电子工业出版社,2006.

[31] 聂志红,崔建华.消费者行为学教程 [M].北京:经济科学出版社,2005.

[32] 迪顿,米尔鲍尔.经济学与消费者行为 [M].龚志民,等译.北京:中国人民大学出版社,2005.

[33] 衡凤玲.消费者行为 [M].北京:北京工业大学出版社,2004.

[34] 叶奕乾,何存道,梁宁建.普通心理学 [M].上海:华东师范大学出版社,2004.

[35] 彼得,奥尔森.消费者行为与营销战略 [M].韩德昌,等译.4 版.大连:东北财经大学出版社,2000.

[36] 李品媛.消费者行为学 [M].大连:东北财经大学出版社,2000.

[37] 姚伟.新编消费心理学 [M].北京:中国商业出版社,1996.

[38] 臧旭恒.中国消费函数分析 [M].上海:上海人民出版社,1994.